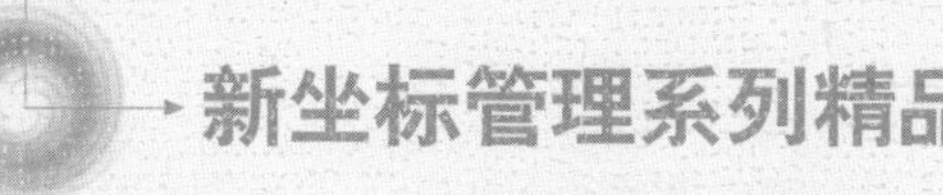

新坐标管理系列精品教材

Marketing Planning

营销策划

（第三版）

叶万春　叶　敏　编著

清华大学出版社
北　京

内容简介

全书共分两大部分，前4章为营销策划的基本理论部分，包括营销策划的原理与理念、操作系统、前期作业、思维创意等内容；后11章为企业营销行为策划的实务操作部分，围绕企业入市、市场定位、企业形象、企业行为、产品推广、品牌延伸、关系营销、物流能力策划、企业融资策划、企业提升发展、国际营销等内容的策划行为逐一阐述。本书对企业进行营销策划提供了较为全面的指导，可操作性强。

本书是适应工商管理一级学科市场营销专业的需要而编撰的，适合市场营销专业的本科生及有兴趣的读者。

图书在版编目(CIP)数据

营销策划/叶万春，叶敏编著. --3版. --北京：清华大学出版社，2013（2017.1重印）
（新坐标管理系列精品教材）
ISBN 978-7-302-32674-8

Ⅰ. ①营…　Ⅱ. ①叶…　②叶…　Ⅲ. ①营销策划一教材　Ⅳ. ①F713.50

中国版本图书馆CIP数据核字(2013)第122329号

责任编辑：刘志彬
封面设计：汉风唐韵
责任校对：宋玉莲
责任印制：何　芊

出版发行：清华大学出版社
　网　　址：http://www.tup.com.cn，http://www.wqbook.com
　地　　址：北京清华大学学研大厦A座　　**邮　　编**：100084
　社 总 机：010-62770175　　**邮　　购**：010-62786544
　投稿与读者服务：010-62776969，c-service@tup.tsinghua.edu.cn
　质 量 反 馈：010-62772015，zhiliang@tup.tsinghua.edu.cn
印 装 者：清华大学印刷厂
经　　销：全国新华书店
开　　本：185mm×230mm　**印　张**：20.75　**插　页**：1　**字　　数**：439千字
版　　次：2005年2月第1版　　2013年6月第3版　　**印　　次**：2017年1月第4次印刷
印　　数：8501～10000
定　　价：39.80元

产品编号：049131-01

序

本书是由清华大学出版社出版的《营销策划》的第二次修订本。

“策划”之说本身就颇具神秘之感。或“运筹帷幄之中，决胜千里之外”，或“策划于密室，点火于基层”，虽一正一邪但均让人有神秘莫测、深藏玄机之慨叹。但我们编撰的这本《营销策划》则要揭去“策划”的神秘面纱，只借用“策划”蕴含的良苦用心、周密安排、设谋求变、出其不意的内核，为企业营销行为锻造“金手杖”。国外有学者把营销策划比作“防止企业跌倒的金手杖”是十分贴切的。

本书仅围绕企业营销活动这个大主题展开。企业营销活动包括企业楔入市场到最终退出市场的全过程，这个过程是丰富多彩、变化无穷的。因而对企业的每一行为、每一活动的策划也是极具变数的，不可能在一本书中样样涉及、面面俱到，只能摘其要者而述之。企业营销这个总主题包括大大小小的主题若干，一次营销策划只是围绕所确定的某一主题展开，本书所涉及的也只能是对其中部分主题开展的策划。

营销策划是研究企业在正确营销理念的指导下对企业各类活动进行事先安排、谋划的操作系统及相关理论应用的科学。应用性是营销策划的首要特征。本书将帮助读者认识和掌握如下问题：应该以什么样的理念指导策划？按照怎样的程序进行策划？如何确定策划的主题？策划主题确定后以什么理论作为依据开展策划？策划如何创意，如何出新、出彩、别具一格？策划文案如何编撰，如何实施？等等。

边缘性是营销策划的又一重要特征。菲利普·科特勒在论及市场营销学的边缘化问题时，曾指出“经济学是其父，行为学是其母”。这里我们不妨借用一下该说法，对于营销策划来说，营销学是其父，策划学是其母。营销学本身就是综合了哲学、数学、经济学、行为学、社会学等学科的精华而形成的跨学科性质的学科，策划学更是集战略学、社会学、美学、文学、美术之大成者，营销策划正是上述学科交叉演变而成的。边缘性正是营销策划的优势所在。

营销策划的根基在于市场营销学。成熟的市场营销学为营销策划提供了完备的理论体系作为依据。市场营销学阐释的企业营销理念是营销策划的指导思想，市场营销学演绎的企业营销战略与策略是营销策划分解诠释的大大小小的主题和破译主题的各项措施的理论出发点。营销策划只是市场营销学的实践和拓展，不过，市场营销学不能取代营销策划。

营销策划与市场营销学的不同之处主要有两点：一是营销策划是对企业营销活动的“事前预谋”；二是营销策划重点在“策划”。“事前预谋”不是主观臆想，闭门造车，随心所欲，而是基于对企业营销的内外环境的正确分析而对企业营销活动的合理安排，而且这种安排是富有创造性的、别具特色的、符合实际的。营销策划之“策划”则是一个“实践—认识一再实践一再认识”的反复过程，在“实践一认识”的过程中通过创造性思维活动以图有所发现、有所发展、有所创新。营销策划是引导人们不断谋求企业实现差异化，不断谋求新的发展空间和新的发展平台的新型学科。

从市场营销学到营销策划的出现有其必然性。我国出现营销策划的实践和理论并不长。营销策划活动的雏形当推20世纪80年代的“点子时期”。当时有部分人士为了适应企业营销活动的需要，开始借助市场营销学中的某个理论或策略措施，帮助企业解决营销活动中的产品问题、定价问题、渠道问题等；因为其并非系统的、科学的策划，常被实业界和舆论界称为“卖点子”。不可否认，这种初期的卖点子行为为日后策划业的发展打下了基础，但正因为这种卖点子的行为缺乏科学性和理论的系统性，一些以牟私利为目的、以欺骗为手段而卖点子者最终跌入了“商业欺诈”的泥坑。但是，“沉舟侧畔千帆过，病树前头万木春”。经过近20年的实践和理论探索，人们逐步认识和掌握了营销策划的规律并取得了实践的成功。太阳神口服液、健力宝、杉杉服饰、锦绣中华、农夫山泉、海尔、长虹、青岛啤酒等企业或产品的策划均为人称道，神州大地也涌现了一批在市场上十分活跃的策划公司。营销策划愈来愈为企业家们所关注。

本书的几位主要作者在长期从事高校市场营销学教学工作之余，为了理论联系实际，曾在20世纪90年代中期先后为湖北元神酒业、武汉远东纸制品公司、福建闽江水电工程公司、湖北白云边酒业公司等企业做过科研探讨式策划，颇有心得，也为此对策划产生了兴趣，在此基础上逐步形成了对营销策划的全面认识。

与此同时，市场上也有同类书籍出版，限于时间，我们未能全面搜集有关信息，但就我们所知，云南、上海、武汉等地均有同类书籍面世。这种现象表明，营销策划的出现不是个别现象，也不是个人行为，是时代发展、企业成长需求使然，也是市场营销学发展的必然。尽管各家的营销策划书在内容、体例上有许多不同，有的甚至差异很大，但大家不约而同地认识到企业需要营销策划，高校市场营销和工商管理专业需要营销策划，时代需要营销策划。

营销策划作为高校本科的教材主要解决两个问题：(1)如何策划，即策划的指导思想、程序、主题确定和创意等；(2)各类主题策划分别用哪些理论支撑，由于主题繁多，一本教材只能摘其紧要主题作示范性分析与阐释。我们就是本着这个指导思想编撰本书的。对于第一个问题，我们认为不可能有多种写法，相对比较稳定；对于第二个问题，教材内容的选择性比较大，根据不同对象的需求可以作不同的取舍。随着时间的推移和经济形势的发展，新的热点问题出现，企业就会面临新的策划需要，我们的理论也会有新的发挥。有哲人说过“理论是灰色的，而生活之树长青”。理论只有与生活的更新同步或有所超前，才会显示自己的光鲜亮色。同万事万物一样，同所有的学科一样，营销策划同样处在动态之中，营销策划的方式方法连同其策划的主题及内容都会被明日的朝霞染上新的色彩。

参加本书研讨、编撰工作的学者有：

武汉理工大学叶万春教授(第1、2、3、4、5、14、15章)，中南财经政法大学万后芬教授(第7、8、9章)，湖北经济学院叶敏老师(第6、10、11章)，武汉理工大学唐文伟副教授(第12章)、杜伟岸副教授(第13章)。此外，武汉理工大学殷向洲博士、何谨然、马迎迎、李晶晶等，浙江大学张学勇博士，暨南大学叶声洪副教授，华中科技大学蔡建湖博士、程鹏博士，上海电力学院容庆副教授，上海金融学院朱捍华副教授，武汉科技大学成韵老师，广州市委党校章泽武老师，深圳市工商局王军等，参与了前期的资料搜集和案例编写等工作。

本次修订未作大的调整与改动，只是在以下几个方面作了局部的修改：

1. 对第2版的第12章、第13章内容进行了更换；
2. 对个别章节已过期限的数据进行了删除、更新；
3. 对原版中的少数地方进行了润色。

本书的疏漏之处在所难免，敬请读者不吝赐教，以使其日臻完善。最后，对清华大学出版社的责任编辑致以谢忱。

叶万春

2013年3月

目　录

第1章　营销策划的原理与理念 …… 1

1.1　营销策划的原理 …… 1

1.2　知识营销理念 …… 5

1.3　辩证营销理念 …… 7

1.4　可持续发展营销理念 …… 10

小结 …… 16

习题 …… 17

第2章　营销策划的操作系统 …… 18

2.1　营销策划组织 …… 18

2.2　营销策划程序 …… 22

2.3　营销策划文案 …… 24

小结 …… 26

习题 …… 26

第3章　营销策划的前期作业 …… 27

3.1　企业调查 …… 27

3.2　综合分析 …… 33

3.3　宣传造势 …… 44

3.4　企业渗透 …… 48

小结 …… 51

习题 …… 51

第4章　营销策划的思维创意 …… 52

4.1　营销策划中创意的运用 …… 52

4.2　创意的步骤及开发途径 …… 56

4.3　创意的技法及效果测定 …… 63

小结 …… 67

习题 …… 67

第5章　企业楔入市场策划 …… 69

5.1　市场形势的判断与分析 …… 69

5.2　企业楔入市场的程序策划 …… 72

5.3 企业楔入市场的战略战术策划 …… 78
小结 …… 81
习题 …… 81
第6章 企业营销定位策划 …… 82
6.1 营销定位系统分析 …… 82
6.2 营销定位策划 …… 86
6.3 营销定位评估 …… 90
小结 …… 92
习题 …… 92
第7章 企业形象系统策划 …… 93
7.1 企业形象整体系统构成分析 …… 93
7.2 企业整体形象系统的核心分析 …… 103
7.3 企业理念识别系统的策划 …… 106
7.4 企业视觉形象策划 …… 114
小结 …… 119
习题 …… 120
第8章 企业行为规范策划 …… 121
8.1 企业组织群体规范策划 …… 121
8.2 企业公共关系行为策划 …… 130
8.3 企业广告行为策划 …… 142
小结 …… 152
习题 …… 153
第9章 产品市场推广策划 …… 155
9.1 产品品牌策划 …… 155
9.2 产品推广的支撑系统策划 …… 160
9.3 产品推广的合格认证策划 …… 166
9.4 产品推广的包装策划 …… 170
9.5 产品推广的商标策划 …… 173
小结 …… 176
习题 …… 176
第10章 品牌延伸策略策划 …… 177
10.1 品牌延伸的正、负面效应分析 …… 177

10.2 品牌延伸策略实施的策划 …… 180
10.3 副品牌与子品牌策划 …… 190
小结 …… 197
习题 …… 197

第 11 章 企业关系营销策划 …… 198

11.1 企业实施关系营销的条件分析 …… 198
11.2 企业实施关系营销的策划 …… 200
11.3 客户关系管理策划 …… 206
小结 …… 210
习题 …… 211

第 12 章 物流能力策划 …… 212

12.1 企业物流能力策划 …… 212
12.2 供应链管理下的物流系统设计 …… 225
12.3 电子商务下的物流设计 …… 238
小结 …… 243
习题 …… 243

第 13 章 企业融资策划 …… 244

13.1 融资方式与融资能力 …… 244
13.2 生命周期融资策划 …… 249
13.3 融资风险规避策划 …… 259
小结 …… 264
习题 …… 264

第 14 章 企业提升发展策划 …… 265

14.1 企业市场生命周期分析 …… 265
14.2 专业化与多元化成长的选择策划 …… 268
14.3 产品营销向资本营运升级的策划 …… 273
14.4 资本营运的方式方法策划 …… 275
小结 …… 281
习题 …… 281

第 15 章 营销国际化策划 …… 282

15.1 营销国际化背景与国际市场分析 …… 282
15.2 企业进入国际市场的条件分析 …… 286

15.3 企业进入国际市场的营销方式策划 …… 290
15.4 企业扩大国际市场份额的策划 …… 293
小结 …… 296
习题 …… 296
附录 案例 …… 297
案例1 “暖阳阳”远红外暖毯市场推广策划案 …… 297
案例2 新咖啡厅进入武汉市场营销策划案 …… 300
案例3 绿普世蔬菜水市场营销策划案 …… 307
案例4 武汉香满楼、天山雪早餐奶上市策划案 …… 310
案例5 康乐绿色食品有限公司营销策划案 …… 314
参考文献 …… 319

第1章　营销策划的原理与理念

营销策划是现代企业适应市场、驾驭市场和赢得市场的智慧行为。营销策划是传统策划行为发展的结果，在现代各类策划行为中别具一格。营销策划与策划者掌握的最具时代特征的营销理念有着天然联系。没有最新的营销理念的引领和指导，就没有成功的营销策划。营销策划者首先必须获取、拥有最具时代光彩的营销理念并切实地遵循营销策划的原理。

1.1　营销策划的原理

一、营销策划的概念

营销策划，简称策划，亦称为企画、企划，它是指在对企业内、外部环境进行准确分析，并有效运用企业经营管理资源的基础上，对一定时间内的企业营销行为的方针、目标、战略及实施方案的预先设计和规划。

营销策划源于传统策划但不同于传统策划。营销策划与传统策划均有营造、谋划、筹措、计划之意，都包含着对未来某一项活动或行动的方向、目标、内容、程序进行周到的预先安排和设计的意思，但营销策划是赋予了现代意识、着眼于企业营销活动的行为。企业的营销活动完全是一种现代的社会实践活动，营销策划则是要通过富有创意的智慧行为以期获取企业营销的最佳效果，或者说营销策划就是通过现代营销理念去获取营销最佳成果的智慧凝结。营销策划是经济管理学意义上的概念，因而具有特定的内涵，与诸如文艺策划、公益活动策划等相比具有不同的特点。

菲利普·科特勒对策划作了这样的解释："策划是一种程序，在本质上是一种运用脑力的理性行为。基本上所有的策划都是关于未来的事物的，也就是说，策划是针对未来要发生的事情作当前的决策。换言之，策划是找出事物的因果关系，衡量未来可采取的措施，作为目前决策之依据。即策划是事先决定做什么，何时做，谁来做。策划如同一座桥，它连接着我们目前之地和我们未来要经过之处。"

策划不等同于人们常说的点子，它具有以下特性：

(1) 策划是一门思维的科学。策划要求定位准确、审时度势、把握主观与客观，辩证地、客观地、发散地、动态地把握各种资源。

(2) 策划是一门设计的科学。策划必须根据企业的需要来设计项目，策划的目标即衡量一个企业项目是否成功，看它是否“出成果、出机制、出人才、出品牌”。

(3) 策划是一门监理的科学。策划就是要在事先设计好的前提下对企业营运过程实施监督与管理。

从现代经济、管理角度认识策划，将赋予策划更具时代特色和清晰意蕴的内涵。现代策划包含如下三个要素：

(1) 崭新的创意；

(2) 与企业目标一致的明确方向；

(3) 人、财、物等资源实现的可能性。

策划不是一种随意的行为，策划必须选准策划对象，策划公司对策划对象的选择主要考虑以下条件：

(1) 策划对象的企业领导人是否认同策划，或者说，被策划的企业的领导人是否具有战略眼光和策划意识，只有确立明确的发展战略的企业才有引进策划的需要；

(2) 企业的产品是否适销对路，或者这类产品是否具有发展潜力和开发价值，只有具有发展潜力的产品，才有策划价值，才能收到策划效果；

(3) 企业是否定位于领先者或挑战者的行业地位，企业是否实施名牌战略，只有具有自我发展冲动的企业和准备创名牌的企业，才有引入策划的认识。

营销策划成功与否的前提条件是：一要设立企业的营销目标，即企业欲达到的理想目标；二要研究企业的营销现状，即企业所处的营销环境和营销状况。营销策划是为消除营销目标与营销现状之间的差距所作的努力。通过对企业的整体营销活动进行谋划、构想和设计，确保营销策划的程序化、理智化、效能化。

二、营销策划的分类

营销策划可依据不同的标准划分类型。

(1) 按营销策划起作用时间的长短分：过程策划（贯穿于企业营销的全过程，属中长期策划）、阶段策划（贯穿于企业营销的某个阶段，属短期策划）、随机策划（在企业营销的某一时点随时策划，属更短期策划）；

(2) 按营销策划的组成部分分：企业形象策划、企业营销组合策划、产品服务开发策划、市场拓展策划、营销诊断策划等。

不论哪种类型的策划，策划活动总体由两大部分组成，即市场环境分析部分和营销活动设定部分。前者为营销策划的基础，后者为行动方案，二者相辅相成。营销策划的最终表现形式为文字报告形式，即营销策划方案或称做营销策划书。与营销策划活动相对应，营销策划书主要也由市场环境分析和营销活动设定两大部分构成。

营销策划有个时限问题。营销策划时限的长短因产品市场生命周期和营销策划的目标、营销策划的类型而异。一般而言，时尚品、季节性产品，营销策划的时限短；技术性强、档次高的产品，营销策划的时限长。战略规划类的营销策划一般时限为 3～5 年、5～10 年，随机性策划为 3～6 个月。美国市场学者霍布金斯曾对营销策划的时限问题作过调查，调查结果如表 1-1 所示。

表 1-1　不同产品、服务营销策划时限表　　%

时限	生产资料	消费品	服务
1 年之内	1	6	0
1 年	80	79	72
1 年以上	19	15	28

营销策划成功与否还取决于以下因素：

(1) 策划由谁担任？策划者的素质如何？策划者对企业的情况了解的深度如何？

(2) 策划过程中掌握的资料是否充分？

(3) 策划者的文化取向是否正确？

(4) 可否有若干备选方案？

(5) 策划书的阐述与设计是否准确、规范？等等。

营销策划既可由企业自己组织力量进行，也可聘请专门策划的公司承担。由于大多数企业尤其是中小企业不完全具备从事营销策划的各方面人才，且缺乏足够的经验，聘请专业策划公司较为常见。中国约有 800 万个企业，其中 99%为中小规模企业，这就为策划业的发展提供了可观的市场。不论是专业策划公司还是一般需进行营销策划的企业，都需要具备营销策划的一般知识。

三、营销策划的原理

营销策划原理是指营销策划活动中通过科学总结而形成的具有理性指导意义和行为规律性的知识。营销策划原理应该具有客观性、稳定性、系统性。营销策划所依据的是整合原理、人本原理、差异原理和效益原理。

(1) 整合原理。营销策划人要把所策划的对象视作一个系统，用集合性、动态性、层次性和相关性的观点处理策划对象各个要素之间的关系，用正确的营销理念将各个要素整合统筹起来，以形成完整的策划方案和优化的策划效果。整合原理要求营销策划要围绕策划的主题把策划所设计的方方面面以及策划文案构成的各个部分统一起来，形成独具特色的整体。

整合原理同时强调策划对象的优化组合，包括主附组合、同类组合、异类组合、信息组合等。运用这一原理指导营销策划，就会产生产品功能组合、营销方式组合、企业资源组合、企业各种职能组合等策划思路和灵感。

(2) 人本原理。人本原理是指营销策划以人力资源为本，通过发掘人的积极性和创造性作为企业进步的动力。这里涉及的人包括企业内部的管理者和员工，也包括广大的消费者。人本原理要求营销策划人在拟订策划方案时要兼顾两个方面：一方面要调动和激发企业人员的积极性和创造性，要有"以人为本"的理念，即企业的行为是企业人的行为，不能撇开人而孤立地设计企业活动；另一方面要体现"以消费者为中心，为消费者服务，令消费者满意"的内容，将企业行为紧密地与销售对象的利益联系在一起，使营销策划方案有利于培育忠诚的顾客群。

同时，人本原理还要崇尚"天人合一"的观念，即营销策划要把企业发展、社会发展、生态发展统一起来，达到绿色营销策划的最高境界，促进全球的可持续发展。

(3) 差异原理。差异原理是指在不同时期、对不同主体、视不同环境而作出不同选择。营销策划没有固定的模式，营销策划工作不能刻舟求剑、生搬硬套。不同的策划主体和客体，不同的时间和环境而形成的策划方案应是千差万别的。那种无视客观生活的变化而盲目照搬别人现成的"创意"或"模式"的营销策划行为是不科学、不现实的行为。对于初学者而言，可能会有一段模仿学习的过程，但真正实战则不能停留在模仿的水平上，而必须创造。

检验营销策划文案优劣的标准只能是实践。只有在具体实践活动中提炼的素材，才是"这一个"企业的，才会在此基础上产生新的创意，形成新的有别于其他企业的营销策划文案，从而产生差异。从这个意义上讲，差异就是创新，就是创造。

营销策划的差异性是由策划文案的特色体现的。体现营销文案特色的因素很多，诸如企业的形象塑造，企业的理念创新，企业的产品特色，企业的营销举措，企业的价值取向，企业的情感倾向，企业的视觉设计，企业的市场运营方式等。正由于形成差异化的因素繁多，才为企业营销策划体现其差异原理提供了巨大的空间，这也为策划人提供了施展才干的广阔舞台。

(4) 效益原理。效益原理是指营销策划活动中，以成本控制为核心，追求企业与策划行为本身双重的经济效益和社会效益。营销策划效益是策划主体和策划对象谋求的终极目的。企业之所以要进行营销策划，就在于谋求企业的经济效益和社会效益。企业不论是采取成本最小化途径，还是采取市场占有率最大化途径，都无例外地是为了提高效益。营销策划主体的行为也是以营销策划对象能获取较佳的效益为生存条件的，营销策划如果不能给企业带来效益，谁还会请营销策划公司进行策划？没有人问津策划公司的业务，策划公司还有存在的可能和必要吗？

1.2 知识营销理念

营销理念是营销策划的指导思想,是企业营销活动的灵魂。营销活动要适应时代的要求和市场的需要,就得不断更新。营销活动的更新来自于营销策划的创新,只有营销理念的出新才会带来营销策划的创新。依据时代变迁和市场变化更新营销理念是做好营销策划工作的本源。在 21 世纪世界进入知识经济时代的大背景下,营销策划必须以知识营销理念、辩证营销理念、可持续发展营销理念等最新的营销理念作为行动指南。

一、知识营销理念是新时代的主导理念

知识营销理念是对市场营销理念和社会营销理念的发展,是以知识经济为核心的理念。知识经济是建立在知识和信息的生产、分配和使用基础上的经济,其中信息是知识经济的燃料和动力,创新是知识经济的灵魂,知识是主导资本,是经济发展最重要的生产力。以知识营销理念作为新时代的主导理念,就是引导企业紧跟知识经济时代的步伐,适应知识经济时代的要求,开展知识经济时代营销活动的全面创新。

知识营销理念从以下几个方面指导企业营销行为:

(1) 促使企业认识知识是资本。知识不只是一般资本,而且是主导资本;知识不仅是生产力最活跃的要素,而且成为生产中最重要的要素。知识的生产和再生产成为企业生产活动和营销活动的核心,因而要重视知识、重视科研、重视教育和重视人才。

(2) 促使企业认识知识经济导致的社会分工。知识经济将促使一部分用知识武装的行业和企业成为"头脑单位",专门向其他行为和企业提供知识、技术、智能和理念;另一部分不能进入知识形态的行业和企业将成为"躯干单位",即专门依赖"头脑单位"提供的知识、技术、智能和理念进行物质生产的经济组织。在这样的背景下,先进与落后泾渭分明。

(3) 促使企业全面调整营销活动的各个环节,从信息收集、产品设计到工艺流程、"4P"组合、信息反馈、全面服务等环节进行适合知识经济要求的调整,使企业在营销活动的各个环节增加信息、技术、智能的含量,并依靠知识来提高产品的附加值和营销活动的适销对路。

(4) 促使企业认识到要全面实施管理方式和管理手段的创新。改工业经济时代的硬性管理为知识经济时代的软性化管理,即人性化管理为主要方式。重点转移到以强调思想、作风、理念、价值取向为内容的教育、培训、引导等手段实施人本管理,而不仅仅是以制度、法规、行政等手段为主的硬性管理。这要求企业在提高人的思想素质、健全人的心智上全面下工夫。

知识营销理念的形成不是某个人的发明和提倡的结果,它是客观促成的,是不容置疑的现实在人们头脑中的反映。知识营销理念相对于市场营销理念和社会营销理念而言有

如下特点。

(1) 高屋建瓴般的宏大气势。知识营销理念让人感到人的境界更上一层楼，对世界的洞察和指导高超睿智，其来势如大军压境，威猛异常，让人生出紧迫感和昂然奋进感。

(2) 水银泻地般的渗透力。知识营销理念将主宰营销行为的方方面面，无时不在、无所不及地左右着企业的营销活动，它将渗透到各个层面、各个环节。

(3) 精金美玉般的高水准。知识营销理念建立在时代发展的制高点，只有拥有知识经济时代所要求的营销产业、营销业态和营销能力的企业才会要求和具备知识营销理念。知识营销理念的前瞻性、高超性、精确性和深刻性是其他层次的理念难以企及的。

知识营销理念是新时代的主导理念。它作为时代发展的特色和象征，从宏观层面上树立了新的里程碑，它是对市场营销理念和社会营销理念延伸与拓展而发生的质的飞跃。知识营销理念与原有理念的根本不同点就在于源泉导向，即知识营销理念从营销活动的本源开始就起着导向作用。知识营销理念强调知识是生产力之本，信息是资源，营销活动从始至终都要贯穿知识，营销的方式和手段也以知识为主宰；知识营销理念是从人类对生产认识的最高层面上进行革命。一直以来，人们主要关注物质资料的生产与经营活动，知识营销理念则强调非物质的知识产品及知识化过程的物质生产和营销，这是全新的境界、全新的思维方式和经营哲学。知识营销理所当然成为新时代的营销理念，它将是新时代企业营销的导航灯塔，以代表当代企业营销的最新高度而载入史册。

二、企业营销理念的多侧面出新

菲利普·科特勒对营销理念的阶段性划分，显然是从宏观角度把握的。事实上，企业营销理念依据其主导理念被划归为某一阶段的时候，并不意味着企业在经营的各个领域、各个环节、产品市场生命周期和企业成长周期的不同阶段都处于某一营销理念阶段，而往往呈现复杂的状态。

首先，企业营销的主辅业的理念存在差异。企业发展到一定的程度时可能会开展多元化经营，但任何一个企业的多元化经营都不是齐头并进的，而是有主有从、参差不齐。有的是主业超前发展，辅业滞后；也有的是个别辅业超前发展，主业和其他辅业滞后。企业在营销活动中，对这种情况自觉不自觉地就会运用不同的理念，用先进的理念指导超前发展的事业，用传统理念维持滞后发展的事业。但作为这个企业的代表理念应是主业发展的理念。理念的多元性与主导性是并存的。

其次，企业营销的不同阶段、企业成长的不同时期理念存在着差异。企业同样存在着起步阶段、成长阶段、成熟阶段和衰退阶段。由于各类企业所处的行业不同、生存环境不同，其成长过程的各个阶段的时间长短有所不同，因而企业在各个阶段为了适应市场的形势和企业的发展态势，其理念也会不同，甚至各个阶段的主导理念会发生更替。同样，主导理念的变化也不会排斥其他处于辅助地位的理念。

再次，产品市场生命周期的不同阶段及其长短也影响着营销理念。在产品的投入期，由于产品供不应求，技术不完备，经营方式滞后，企业需要对内改进生产管理、改进技术和提高产量，企业营销往往滞后于生产理念。当产品进入成长期、成熟期时，需求由功能性转换为非功能性，市场出现供大于求的态势，企业营销会由生产理念转向推销理念，进而转向市场营销理念。产品市场生命周期的长短受多方面影响，就企业而言，市场的经营方式属垄断性还是竞争性是重要的前提条件。垄断经营迫使企业不断更新理念。

最后，企业营销活动是一个系统，企业营销活动的不同子系统在运行过程中具有不同特点，企业对这些各具特色的子系统也会有相应的理念。

因此，企业理念也应该是个系统。企业的主导理念处于何种状态是一回事，企业行为活动中各自不同的理念将呈现各种特色则是另一回事。企业在整体理念上要依据时代的要求不断更新，同时在各子系统的具体行为理念上要不断出新、不断纳新。经营成功的企业都以某侧面的理念出新为世人所欣赏，如：

(1) 表现企业科技水平的理念："世界失去联想，人类将会怎样"(中国　联想)；

(2) 表达社会责任感的理念："以振兴民族工业为己任"(中国　长虹)；

(3) 表达人本管理的理念："创造人与汽车的明天"(日本　日产)；

(4) 表达服务宗旨的理念："为顾客创造价值，为员工创造机会，为社会创造效益"(中国　格力)；

(5) 强调创新精神的理念："没有最好，只有更好"(中国　澳柯玛)。

只有多侧面地使理念出新，才能不断赋予主导理念新的光彩，才能不断地把企业的主导理念推向新的更高层次。

1.3　辩证营销理念

企业在营销活动中的哲学思想和运作方法充满了辩证思维。这种辩证思维的应用，可以营造企业旺盛的销售势头，使企业始终保持主动，不为大势所驱使，不为同行所左右，不为现象所迷惑，不为教条所束缚。企业营销的成功离不开以辩证思维作指导的营销决策。辩证营销不失为营销哲学中的重要一章。

一、辩证营销是企业驾驭市场的法宝

辩证营销是在企业制定营销战略和策略的过程中，始终以辩证的思想作指导，推动营销事业的发展和前进的一种经营哲学。辩证营销是企业驾驭市场的法宝。

市场如同波澜起伏、变幻莫测的大海，驾驭这样的市场容不得因循旧例，容不得刻舟求剑，而要运用辩证思维。企业运用辩证营销主要表现在以下方面：

(1) 辩证营销敢于和善于正视市场的发展变化并采取相应举措。我国市场正经历着从与小商品生产相适应的零星分散的市场到与社会化大生产相适应的大市场、从分割的市场到统一市场、从不完全竞争市场逐步过渡到完全竞争市场的深层演变,市场的结构、市场组织的发展状态、市场的规模在不同时期都呈现出不同的特点。国际市场的重新聚合所表现出的一体化、区域化的特点,在各个时期各个层面也呈现出纷繁复杂的状态。企业辩证营销就是对市场的变化洞察入微并采取相应的举措去驾驭它。

(2) 辩证营销在强调事物共性的同时也能敏锐地捕捉事物的个性,在充分利用个性特点中创造营销机会。当福特汽车公司采取单一化营销 T 型黑色轿车,独领美国汽车市场风骚数十年时,通用汽车公司则反其道而行之,以产品多样化的策略一举超前。当众多企业采取对抗性竞争时,某一企业另辟蹊径或许能赢得柳暗花明;当竞争激烈降价成为通用手段时,某一企业的逆向提价就不一定无人问津;当某些产品以增加功能成为潮流时,反潮流地减少功能也会为较低层次消费者群所欢迎;当众多广告宣传以过分夸张的语言推销商品时,某种产品平实、朴素的广告词反而更能赢得好感。企业辩证营销就是要在充分显示自己个性特色的前提下,形成魅力,扩大影响,创造市场机会。

(3) 辩证营销不把市场看成铁板一块,不把营销手段视作亘古不变的东西,不囿于某种固定的营销模式。营销者十分明确市场是变化的,今日之市场不同于昨日之市场,此地市场不同于彼地市场,目前市场内的结构、组合状态、特征也在不断变化。市场的差异性是存在的,市场的变化是永恒的,因此,对市场的考察和对策必须是动态的。市场营销理论只是历史经验的总结和升华,这些理论不是束缚企业创造性地运用各种营销手段的桎梏。营销手段应该针对不同的情况而灵活运用。金龙百商公司推行"十点利"销售手段是在金龙所处的特殊经济环境的短期促销行为,其他的企业一味模仿不一定收到好的效果;即使是金龙,若长期推行"十点利"销售也可能适得其反,有的企业搞所谓"零点利"销售则显得荒唐。当燕莎商场以高价推出精品而享誉京城时,外地企业依葫芦画瓢则难以成功,其原因就在于市场环境、市场构成、消费者购买力等诸多条件不一样。辩证营销就是一切依条件的变化而采取相应的策略。

市场是处于动态变化之中的,如果企业营销的指导思想和动作方法凝固了、陈旧了、静止了,就难以适应客观形势。面对这种形势,企业运用辩证营销就能以动制动,以变应变,主动地驾驭市场。企业营销不善于运用辩证方法,就难于认清市场的本质,难于把握市场机会,难于驾驭市场。

二、辩证营销是企业营造旺盛势头的利器

企业驾驭市场的成功集中表现为企业产品销售呈现旺盛的势头。从这个意义上讲,辩证营销的目标指向,就是为企业营造旺盛的销售势头。

企业销售的旺盛势头是企业产品扩大市场占有率、赢得消费者普遍欢迎和喜爱的一种景象。企业销售的旺盛势头,表明企业及其产品的知名度、美誉度和信誉度与日俱增;

表明企业的营销事业兴旺发达、蒸蒸日上；同时，也反映了消费者对该企业及其产品的满意度、忠诚度的提高。

旺盛势头的出现不是轻而易举的。它有赖于企业战略决策的正确和各种策略手段的得当、有力。选取恰当的战略，以最恰当的方式去实施战略，都必须以辩证思维作指导。

企业销售旺盛势头出现要抓住三个环节，即初始阶段的推进，逆境阶段的转化和顺境阶段的保持。有了辩证营销作为武器，就能很好地把握这三个阶段，推动销售旺盛势头的持续发展。

当企业产品进入市场的初始阶段时，企业辩证营销的重点是分析市场威胁和市场机会。

辩证营销既不是孤立地只分析市场威胁情况或市场机会，也不是笼统地分析市场威胁和市场机会，而是分别把市场威胁与市场机会依据条件和程度分成几种情况，然后再把二者统一进行综合分析，具体请参见本书 3.2 节有关内容。

企业营销通过辩证分析后，最佳选择是理想型，以促进销售势头的形成；在一定的条件下也可以选择冒险型，只要准备好对付各种威胁的防范措施，通过冒险也是可以促成销售势头形成的。

当企业销售处于疲软状态时，企业辩证营销的重点是促使矛盾的转化。销售疲软除了宏观上银根紧缩等原因外，对于企业来说主要有以下原因：

(1) 产品花色和款式过时、陈旧；

(2) 定价过高；

(3) 分销渠道不通畅，新的渠道未开通；

(4) 促销手段单一、程式化，缺乏针对性；

(5) 企业形象陈旧，缺乏吸引力；等等。

转化矛盾，推进销售疲软转化为销售旺盛，关键是找准问题的症结，找准解决问题的突破口。例如：

(1) “金利来”领带当初销售不旺的原因就在于原来的品牌名为“金狮”，这在粤语中谐音为“光输”，不吉利，后更名为“金利来”，便财源滚滚来。可见，更名成了该企业的突破口。

(2) 在 20 世纪 90 年代初，健力宝的销售一度出现颓势，经分析发现是广告费投入削减使广告宣传削弱，这样增加广告费用的投入就成了健力宝集团的突破口。寻找突破口就是寻找矛盾转化的契机。

企业营销的销售势头还需要长期保持，保持不是静止的、消极的、被动的行为。保持旺盛势头是对事业的发展趋势而言的，要保持这一发展态势，就得处理好静与动的关系，即在充分审时度势的基础上，始终以清醒的头脑来加大销售力度，以动求静，在不断更新营销手段和技巧中求得企业销售旺盛势头的延续。

加大销售力度要采取下列措施：

(1) 加强对俏销产品的宣传，提高服务质量，以产品质量与服务质量双优取胜；

(2) 拓展营销的覆盖面,或密集营销,或产供销一体化营销,或多元化营销,增强后续力量;

(3) 改进促销中的短期行为,着眼、着力于树立企业形象来加大促销力度。

三、辩证营销的核心是倡导创新

企业营销要善于驾驭市场,促进销售势头的旺盛,归结到一点即要观念新、手段新,倡导创新正是辩证营销的核心。

辩证营销强调观念更新要有超前意识,观念滞后是营销决策者的大忌。当社会经济发展进入现代化发展阶段时,就不宜以生产观念、产品观念、推销观念为指导;随着21世纪的到来,营销者开始对交易型营销进行反思和修正,并提倡拥有新的社会营销观念。人们把改善企业与消费者、企业与竞争对手、企业发展与社会生态平衡的矛盾关系,作为企业营销成败的重要因素,以此指导自己的实践。企业产品要引导时代新潮流,营销者的观念必须首先引导新潮流。

辩证营销提倡营销的灵活性。竞争是市场经济的基本特征之一,企业不能不正视竞争,竞争是同处于一个市场的不同企业的存在状态;但是,企业在介入竞争的程度和手段上是可以选择的。采取硬碰硬的方式是不可取的,以远离竞争为战略,采取“人无我有,人有我优,人优我廉,人廉我专”的灵活措施,不失为保存自己,争取市场主动权的有效方式。

辩证营销强调依据企业在市场上的地位和自身特点来制订营销发展计划和创造适应自身发展的组织形式。大型企业可以走跨国集团的道路,走综合商社的道路,中小企业则可走连锁经营的道路。生产企业可以采取直销方式,经销企业则可以采取超级市场、电话购物、上门服务、电视杂志等形式不失时机地使出营销新招,在减少销售环节上创新。

辩证营销对商业欺诈行为予以彻底否定。商业欺诈表现极为顽劣,以次充好,以劣充优,图谋暴利。辩证营销视欺诈为自毙,以诚信图自强。

辩证营销更强调营销手段上的创新。产品设计要翻新,企业形象要标新,包装商标要创新,促销方式要更新。企业营销尽管有一般规律可循,有一定的模式可供借鉴,但又不应拘泥于凝固的模式,而要因时、因地、因条件而异。只有十分灵活又不违背客观规律地处理营销中的定位、组合、取舍、选择,才能有效地夺取营销成功。营销战略策略作为学科的组成部分是完善的、有固定内涵的,但营销者运用这些理论和方法则不应是固定的模式。用辩证思维来指导行动,才更能把握住营销学的精髓并取得更佳的成效。

1.4 可持续发展营销理念

20世纪五六十年代起,人类创造了前所未有的物质财富,极大地推动了文明的进步。然而,在文明的背后,却隐藏着深刻的忧患与不安:资源短缺、环境污染、生态破坏、臭氧层锐减、温室效应、人口剧增，等等。面对这些问题，人们不得不对产业革命以来工业化发展道路、经济增长方式进行重新审视，试图寻找一种不同于传统工业化发展方式的新的发展模式，确立一种全新的社会营销观念，这就是 20 世纪 80 年代所提出的可持续发展营销理念。

一、可持续发展营销理念的界定

（一）可持续发展的定义

可持续发展营销理念是指以持续发展作为企业营销的指导思想的一种新理念。

可持续发展的定义有一百多种，其中，具有代表性，也是影响较大的可持续发展的定义有：

巴伯(Barbier)1989 年在其著作中，对可持续发展的定义为："在保护自然资源的质量和其所提供的服务的前提下，使经济发展的净利益增加到最大限度，以保证维持最多人数的生存。"

雷德利夫特(Redelift)1987 年指出"可持续发展的本质在于维持生产和经济系统的恢复性，即寻求经济与环境之间的动态平衡"。这种观点的明确定义为"保持和加强环境系统的生产和更新能力"，即可持续发展是不超越环境系统再生能力的发展，是寻求一种最佳的生态系统以支持生态的完整性和人类愿望的实现，使人类的生存环境得以持续。

布伦特兰(Brundland)1987 年在她提交给联合国世界环境与发展委员会(WCED)《我们共同的未来》报告中，将可持续发展定义为"既满足当代人的需要，又不对后代人满足其需要的能力构成危害的发展"。这个定义在国际社会得到普遍认同和广泛引用。蒂坦伯格(Tietenberg)在 1988 年更明确地指出，可持续发展的核心在于公平性，使后代的经济福利至少不低于现一代，即现一代在利用环境资源时不使后代的生活标准低于现一代。

（二）可持续发展营销理念的特征

(1) 企业经营的目标是在保证人类生存的前提下获得自身的发展与壮大。

(2) 企业经营重视研究资源的最优利用和可持续利用。表现在具体经营销售活动中，即重视技术的革新和新产品的研制开发。

(3) 国际化企业重视通过寻求经济行动与环境之间的动态平衡，使环境得以保持和持续。

(4) 企业经营活动恪守公平性的原则，不仅要考虑满足当代人的经济福利，而且还要考虑到后代人的经济福利。

（三）可持续发展是人类的共同需要

1. 自然环境的恶化给人类敲响不可持续发展的警钟

20 世纪中期以来，全球自然恶化，表现为森林毁坏、水土流失、温室效应、酸雨增多、臭氧层破坏、环境污染加剧等。当今地球每小时有5个物种灭绝，2 400公顷耕地丧失，1 260公顷森林消失，660公顷土地沙漠化，1 680人死于环境污染，288万吨泥沙流入大海，全球许多地方出现“赤潮”。同时大气的污染使空气中汞含量以平均1.32%的速度增长，导致动植物蛋白质被破坏，形成慢性中毒；由某些药物、塑料、油漆所产生的氧自由基成为60多种疾病的催化剂；汽车释放的铅、一氧化碳、二氧化硫毒害人的呼吸道、心血管、神经；新型反光材料造成的光污染，伤害着人的角膜、虹膜，引起视力下降；合成纤维服装诱发心律失常、皮肤病等。这一切表明自然环境的恶化极为严重，人类赖以生存的空间受到摧毁性的威胁，人类难以在这种恶劣的环境下继续发展了。

2. 工业文明带来的不可持续发展的经济问题加剧了人类生存的危机

人类进入工业文明以后，“我们不是借用父辈的地球，而是借用了儿孙的地球”，工业文明带来的经济问题主要有：

(1) 对资源的利用采取掠夺性开发，发达国家对资源的开发近乎竭泽而渔，占世界1/5的人口，却消耗了世界资源总量的2/3；

(2) 工业发展对资源的索取、掠夺、污染、破坏的循环往复，不仅危及当代人的生态环境，而且危及子孙后代对资源需求的满足；

(3) 社会财富分配不均，贫富两极分化加剧，极度贫穷的国家丧失了经济活力。目前世界上有70多个国家经济不景气，人均收入低于20世纪70年代；占人口20%的富者的收入已由占全球总额的70%上升到85%；1965年最富者的收入是最穷者收入的30倍，1990年却扩大到60倍。贫富两极分化加剧了人类的生存危机，加剧了社会环境的恶化。

3. 可持续发展战略是人类针对环境恶化而提出的警策性的共同战略

可持续发展战略是针对上述不可持续发展的自然现象和社会现象提出来的。对于可持续发展战略的酝酿经历了几十年的时间。

早在1962年，美国海洋生物学家R. 卡逊就在她著述的《寂静的春天》中揭示了人类与自然间的矛盾，提出：“人与自然不应对立而应和谐，‘人主宰自然’的思想必须摒弃！”

1972年，英国经济学家B. 沃德在其著作《只有一个地球》中发出呼吁：“目前人类生活的两个世界——他们所继承的生物圈和他们创造的技术圈——业已失去平衡，正处在深刻的矛盾之中……我们要承担保护人类环境的责任，学会明智地管理地球。”

人类正是在不断地吞咽因破坏环境而结下的苦果的情况下，逐步警醒，逐步倡导合乎环境要求的发展、对环境无破坏的发展、保护生态平衡的发展，从而使人类社会的发展得以连续地或持续地进行下去。

1987年，挪威前首相格·布伦特兰向联合国环境委员会提交了倡议实施可持续发展战略的报告，对可持续发展战略作了这样的界定：既满足当代人的需要，又不对后代人满足其需要的能力构成危害。这一界定被联合国环境委员会采纳而成为诠释可持续发展战略的权威性论述。可持续发展战略要求社会经济发展必须同自然环境及社会环境相联系，使经济建设与资源、环境相协调，使人口增长与社会生产力发展相适应，以保证社会实现良性循环发展。可持续发展战略是生态持续、经济持续、社会持续的综合发展战略，是全人类的共同需要。

二、绿色营销是可持续发展理念的实施

（一）可持续发展战略呼唤企业实施绿色营销

绿色营销是一种化危机为商机的经营趋势，英国威尔斯大学的肯·毕教授将它定义为："一种能辨识、预期及符合消费者与社会需求并且可带来利润及永续经营的管理过程。"绿色营销中"绿色"的喻义是保护环境、崇尚自然、促进持续发展。

绿色营销是企业以保护环境为经营哲学，以绿色文化为其价值观念，通过制定及实施绿色营销策略，满足消费者的绿色需求，以实现企业经营目标的一种营销行为。

绿色营销以消费者的绿色意识的觉醒和绿色消费的形成为前提，通过发展绿色产品和绿色产业，坚持适度消费、清洁生产，谋求人类行为与自然界的融合，以实现人类社会的共同愿望和需要——持续发展。

绿色消费是一种适度节制型的消费，以避免或减少对环境的破坏、崇尚自然、返璞归真为特征的消费。包括消费无污染的物品，消费过程中不污染环境，自觉抵制和不消费那些破坏生态的物品，不食用珍稀动物，不造成能源浪费等。

绿色营销是可持续发展战略的一个方面，绿色消费要求企业实施绿色营销，绿色营销是人类社会可持续发展战略对企业提出的要求。

（二）可持续发展理论是绿色营销活动的依据

可持续发展战略是个理论体系。"发展是人类永恒的主题，可持续发展是当代人类的主题。现代经济社会的可持续发展，是面向 21 世纪人类发展的基本趋势。在当代中国建设有中国特色的社会主义，把我国建设成为'富强、民主、文明的社会主义现代化国家'，实现人口、经济、社会与资源、环境、生态协调发展，走可持续发展之路，这是我国实现跨世纪发展的自身需要和必然选择，它将是我国迈进 21 世纪发展的主旋律。这个主旋律始终是以现代经济的可持续发展为中心。"中国特色的可持续发展理论是中国经济发展的伟大实践的结晶，也是中国现代化建设坚持走可持续发展道路的依据。

可持续发展理论是由以下基本因子构成的：

(1) 发展是硬道理。强调常规产业与环保产业同步发展，常规农业与生态农业相融共生，城建工程、人口工程、生态工程彼此协调。

(2) 发展的持续性。当发展与环保构成矛盾体时，要摒弃"先污染后治理"的错误观念，坚持发展必须减少对环境的危害，要发展更要加强环境保护。

(3) 享有环境和保护环境的统一观。每个人、每个企业既有享用环境的权利，也有保护环境和因破坏环境而加以补偿的义务。

(4) 改善生产方式和生活方式。改变传统的损害环境的生产方式和生活方式，把生产和生活消费的方式限制在生态环境可持续支撑的范围内。

可持续发展理论的这些基本精神已成为绿色营销行为、活动的指导思想。绿色营销的一系列行为和活动无不来源于可持续发展理论。

(三) 绿色营销的方方面面都关联着可持续发展

绿色营销包括引进绿色技术、实施绿色设计、生产绿色产品、引导绿色消费、实行绿色4P组合，加强绿色营销管理等诸多方面，所有这些方面都关联着社会可持续发展问题。

1. 引进绿色技术

一切有生命的物质都是材料和能源转化系统，技术是其手段。企业营销过程中离不开引进技术。绿色营销就是要引进绿色技术，以创造一个更加美妙的、极少浪费的产业过程网络，为人类提供高超的效率和生产力，减少对环境的负面影响，降低原材料的消耗，更好地利用废弃物。如减少产生一定能量的用碳量，尽量利用非碳能源如核能、太阳能、水能，以减弱碳对地球产生的温室效应、烟雾等副作用。

2. 实施绿色设计

企业在产品设计及包装设计时，努力降低材料的利用，降低商品包装或使用过后的残余物，以减少污染。如研制设计以太阳能为动力的新型节能无公害汽车，设计由成品到包装都以硬纸为外壳，报废可回收再造纸的“即可拍”照相机等。设计健康型、环保型、安全型的建筑材料，把对人体有害物质控制在一定限量之内，改善含有二甲苯、甲醛等对人体有害物质的涂料、墙纸、石膏板等建材产品的化学成分设计。

3. 生产绿色产品

绿色产品是安全、无公害的产品。其中绿色食品是优质、营养、无污染的食品，对添加剂、防腐剂等化学合成物有严格的限制。绿色服装是以天然动植物为原材料并加工处理保持原色的服装。绿色用品应以减少森林砍伐、节能、无公害为前提。绿色住房是远离喧嚣、减少化学建材的使用、充分利用太阳能和风能的生态建筑。绿色交通工具以降低油耗、不使用含铅汽油、不排污、降低噪声为特征。美国绿色产品占产品总量的5%～10%，每年约有6 000种新的绿色产品问世。

4. 引导绿色消费

在商品消费过程中，企业尽量设法引导消费者降低对环境的破坏及对他人的危害。推行绿色环保标志是引导绿色消费的手段之一。绿色环保标志是由政府的管理部门依据有关标准、规定，向某些产品颁发的一种特殊标志，它表明该产品从生产到使用、回收处置的整个过程符合特定的环保要求，消费者使用这类商品既有利于自身健康，又对生态环境无害或损害极小，并利于资源的再生。

5. 实行绿色“4P”组合

市场营销的“4P”组合即产品、分销、定价、促销的组合，每一个环节都体现绿色营销的内涵，使绿色营销融入营销活动的各个方面，如定价，绿色产品的定价要高于一般同类产品的3%～15%，甚至更高，以用来解决生产绿色产品所支付的额外成本。渠道则采用绿色产品免受混淆的专门渠道。

6. 绿色营销管理

企业对绿色营销活动的管理除制定专门法规加以约束外，还给企业委派专职“生态经理”，以建立保证绿色营销的组织系统。我国1992年7月成立了“中国绿色仪器发展中心”，“八五”期间建成了8个系列95个重点企业，1995年全国已有620种产品获“绿色食品”标志，这标志着我国已着手进行绿色营销管理。

从上述几个方面可见，绿色营销的实践也就是可持续发展战略的具体实施。

三、推进绿色营销和可持续发展的举措

(一) 国际社会为谋求企业、环境和社会的和谐、均衡、共生而采取了重大的行动

1972年，联合国在瑞典的斯德哥尔摩召开了人类环境大会，通过了《人类环境宣言》。一年后，又发布了《内罗毕宣言》，呼吁建立绿色文明。

1992年，联合国在巴西的里约热内卢召开全球环境和发展会议，共有160多个国家的代表，其中还有国家元首或政府首脑参加，会议涉及贸易和全球资金流动政策、人口政策、消费模式、人类保健、居住环境等可持续发展方面的问题。与会各国达成了以下协议：2000年完全禁用氟氯碳化物、聚丙氟乙烯、四氟化碳；2005年完全停用甲基氯仿。这次会议还作出了保护大气层、有计划地保护陆地资源等14条新规定。

国际社会还通过环境立法和签订公约来推进环保工作和可持续发展。已签订的公约有《湿地会议公约》(1971年)、《动植物濒危物种国际贸易公约》(1973年)、《迁移动物保护公约》(1980年)、《联合国海洋法公约》(1982年)。

(二) 各国增加对环保的投入，努力为绿色营销的实施提供良好的环境

各国投资总额已达数千亿美元，这个数字还在不断上升。1995年欧盟成员国环保投入分别是：法国145亿美元，英国175亿美元，意大利97亿美元，西班牙38亿美元，荷兰43亿美元，德国281亿美元，其他国家52亿美元。

各国在增加投入的同时，纷纷制定法律和法规以维护可持续发展，如美国制定了《水源污染控制法》、《空气污染控制法》、《净化空气法》等。

我国曾在1992年联合国环境保护与发展首脑会议上承诺履行大会决议，于当年7月成立了由52个部门、300多位专家组成的《中国21世纪议程》起草委员会，并于1994年4月继续编制完成了《中国21世纪议程优化项目计划》，最终形成了涉及综合能力建设，可持续农业，清洁生产与环保产业，清洁能源与交通发展，自然资源保护与利用，环境污染控制，消除贫困与区域开发整治，人口、健康与人文环境，全球变化与生物多样性保护等9个领域、62个优先项目。

我国还制定了6部环保法律、9部相关资源法规和30多部行政环保法规。1997年决定将每年6月5日定为环境保护日，关闭了15类7万多家“小化肥、小造纸、小冶炼”企业，并且全力实施《污染物排放总量控制计划》和《跨世纪绿色工程计划》，分期治理“三河”（淮河、海河、运河）、“三湖”（太湖、巢湖、滇池）、“两区”（酸雨区和二氧化硫污染区），从而遏制环境的恶化，努力维护可持续发展。

（三）推行环保标志和ISO 14000（企业环境管理体系）认证制度，促进绿色营销的实施

环保标志是政府管理部门依据有关标准、规定向产品颁发的特殊标志，包括许可性标签、证明性标志和环境信息标签三类。环境标志将同质量、价格一样成为21世纪市场竞争的重要因素。我国已于1993年正式决定实施环境标志制度。

ISO 14000是国际标准化组织从1993年开始制定和实施的一系列环境管理国际标准。该标准向各国政府及各类组织提供统一的环境管理体系、产品的国际标准和严格而规范的审核认证办法。

中国环境管理体系认证指导委员会于1997年5月成立，该委员会具体指导ISO 14000系列标准在我国的实施工作。

推进绿色营销和可持续发展，只有从“硬件”（环境的治理、设施的改善）和“软件”（法律、法规、制度的制定和实施）两个方面全力下工夫，政府、企业和消费者个人一起行动，才能取得成效。绿色营销与可持续发展是关系到全球的大事，中国一定会在其中作出巨大贡献。

（四）推行联合国可持续发展委员会（CSD）的可持续发展指标体系及中国的可持续发展指标体系

1. CSD的可持续发展指标体系

该指标体系试图适应不同国家的国情背景和发展条件以及未来不断发展变化的需要，采用了开放的菜单形式，使得各国在实际应用中，既可保持指标概念、定义、分类的标准化，维持一定的可比性，同时，指标选择又具有较大的灵活性和通用性。该指标菜单分为社会、经济、资源环境和机构制度等方面，共包含147条指标。

2. 中国的可持续发展指标体系

中国国家统计局统计科学研究所和全国21世纪议程管理中心依据我国国情，于1997年5月提出了中国国家级的可持续发展统计指标体系，该体系分为经济、社会、人口、资源、环境和科技六大子系统，对中国可持续发展状况实施全方位的统计描述、监测和评价，为中国可持续发展的宏观管理和决策提供依据。

小结

营销策划是在传统策划的基础上发展起来的现代社会实践活动，是一种富于智慧的创造性行为。营销策划的目的是使企业能理性地发展。营销策划依据的是整合原理、人

本原理、差异原理、效益原理。营销策划成功需要以最先进的理念作指导。

理念即观念或指导思想。营销策划需要正确的指导思想，需要不脱离时代特色的指导思想。知识营销理念具有超前性，它无疑是引导企业营销行为的最新理念。营销策划以知识营销理念为指导，就能高屋建瓴地使企业行为与时俱进，紧跟时代的变迁和发展。

辩证营销理念强调企业营销策划的实践性，强调营销策划应因时、因地、因企业的情况而具体问题具体分析，并进行差异性策划，不囿于某种固定的模式，以顾客满意作为企业行为的目标。

可持续发展理念强调了企业营销策划要适应全球可持续发展的大方向，企业营销策划要着力于规划企业绿色营销的具体实施。

习题

1. 解释下列概念：营销策划、辩证营销、可持续发展、绿色营销。
2. 营销策划要遵循哪些原理？营销策划是什么性质的科学？
3. 为什么说知识营销理念是新时代的主导理念？
4. 营销策划时怎样根据不同的要求表达不同的理念？
5. 确立辩论营销理念对企业营销活动有何意义？
6. 企业营销策划为什么要强调树立可持续发展的理念？
7. 怎样在可持续发展理念下实施绿色营销？

第 2 章　营销策划的操作系统

营销策划是一种富有创意的智慧行为。营销策划的成功和出彩既取决于理念、创意，又取决于操作行为的规范科学。完备的组织构成、高素质的策划人、规范的操作程序是完成最后的成果——营销策划文案的基本要素。

2.1　营销策划组织

营销策划过程的完成主要有如下两种情况：一是企业自行组织企业内的营销管理人员进行策划；一是由企业聘请专职策划公司或科研单位的职业策划人或高校教师进行策划。但无论哪一种情况，都需要围绕所承担的主题组织专门的行动机构，这种机构虽具有临时性的特点，但它仍有一定的权威性、专业性和严密性。参与营销策划组织的人员要依据营销策划组织构成的各类人员的条件进行遴选。

一、营销策划的组织构成

营销策划是个系统工程，营销策划行为是集思广益、广纳贤才进行协作创意与设计的过程，因而营销策划组织必须在充分发挥主创人的智慧的基础上形成团结合作的组织系统。当然这种组织机构只是临时性的，即在从事企业营销策划的时段内加以组织并行使职责，一旦营销策划任务完成，可由企业的常设组织机构如企划部或企业管理部(科)负责营销策划组织的后续任务，如营销策划案的实施及监督管理等。

营销策划组织一般称作营销策划委员会或营销策划小组。该组织设主任或组长一名，副主任(或副组长)2～3 名，成员若干名。营销策划组成员通常包括以下几类人员：

(1) 策划总监。如果营销策划主任由企业总经理担任，那么，策划总监由企业营销副总经理担任比较恰当。其职责和任务是负责领导、保证、监督营销策划委员会(小组)的全盘工作，协调和安排营销策划委员会与企业各部门、各方人士的关系，掌握工作进度和效率。

(2) 主策划人。主策划人应是营销策划组织的业务中心，相当于文艺类的编导。由他负责指挥各类策划人员的业务组织调研，牵头组织业务人员的创意活动并最后负责拟定策划文案。主策划人应有良好的业务素质和各方面的业务能力,并对企业营销行为比较熟悉,富有企业营销策划的成功经验和高度责任感。

(3) 文案撰稿人。营销策划文案的撰稿不应只是主策划人一人的行为,在主策划人的领导下,要有若干撰稿人参与工作。这些撰稿人可能撰写文案中的某一部分内容,但他必须对营销策划的全程系统都非常熟悉,撰稿前的调研工作也应该是全面而系统的,这样才能做到胸中有全局,笔下有特色。对这类人员而言,文字表达的娴熟是起码的要求,认识问题的深刻和富于创新思维则是衡量一个文案执笔者水平的主要标准。

(4) 美术设计人员。营销策划中常涉及企业视觉形象、商标、广告、包装等方面,营销策划的过程也是对商品、企业进行美化包装的过程,美术设计人员可依据美学原理对上述方面进行创新性设计,以增强营销策划文案的吸引力与感染力。

(5) 高级计算机操作人员。计算机操作不仅要起到收集资料、储存资料和随时输出资料的作用,而且还要进行适应多媒体需要的、进行动态链接和形成互动效应的高难度的操作,以备营销策划之需。

总之,营销策划组织是由多方人士组成的、富有创造性的机构。营销策划组织应为开放性的组织,这种组织要善于罗致人才,善于开发智力,这样才会有活力。

二、策划人的素质与能力

(一) 社会对策划人素质的一般要求

策划业在国外是已有 300 多年的历史行业。它作为一个推动企业发展、社会进步的知识产业,发展至今已是无所不包、无处不在,其服务对象包括整个社会,如政府部门、机关团体、各类企业及家庭个人,其服务范围既可为政治、文化领域,也可为社会经济活动的方方面面。仅就为企业服务的范围内,既为企业的发展战略策划,也为企业的形象确立、品牌创优、产品推广、市场营销、广告宣传等进行咨询策划。美国著名的咨询策划公司兰德公司的广告导语宣称:“上帝不能的我能!”这既是兰德公司对世界的广告宣传,也充分体现了策划业对策划人素质的要求。

策划人的行为不是短期行为,不是偶尔为之的卖点子、卖理念的行为,短期行为只会随着时代的推移而风流云散,凭玩几个点子就想包打天下的时代早已随着中国市场的深刻变化而一去不复返了。策划人的行为必须融入市场化的过程和体系中去,这样策划人就必须提高自身的素质。

社会对策划人的素质要求主要体现在以下几个方面:

1. 集理论与实践于一身的复合型人才

策划人首先要有广博的知识,经济学的、社会学的、美学的、管理学的、语言艺术学的、逻辑学的、哲学的等各方面的综合知识。对于这些知识的掌握不是食古不化、食洋不化,不是搞本本主义、搞死教条，而是能融会贯通、举一反三、闻一知十，并在已有知识的基础上产生联想、触类旁通而形成新的创意，既肯学，又有远见卓识。

同时策划人必须有广博的社会阅历，有丰富的实践经验。一个不了解国情、不熟悉企业、不把握经济和社会发展走势及各阶段特点的人，无法对其对象进行策划。

2. 敏锐的观察力、判断力和驾驭市场的能力

没有准确、科学、超前、精确的预测，就不是成功的策划；同样，没有特色、没有创意、没有独到的思路和对策，也不是成功的策划。预测的科学性与策划案的新颖性、针对性都来自策划人对企业的内外部环境、优劣条件的敏锐洞察和分析判断。具体问题具体分析，是策划成功的正确的指导思想。那种靠用某种套路去应付各种各类不同企业的需要的策划是无效的策划。策划人要想策划成功就要培养和训练自己的观察、判断和分析能力。

驾驭市场首先是认清市场，把握市场的态势、市场的走势、市场的流行时尚、市场的卖点、市场的发育程度、某行业市场的特色、某区域市场的变化趋势等，只有认清市场才能采取恰当的战略和策略驾驭市场。

3. 良好的社会公德和职业道德

策划人应有以天下为己任的博大胸怀，有全心全意为社会造福的崇高精神境界，不把策划行为当作纯商业行为，更不能搞商业欺诈；不是按照固定的、一成不变的套路去应付各类企业不同的策划要求，而是兢兢业业、扎扎实实地遵循事物发展和人类的思维规律去工作，力争每次策划都是别具一格的“这一个”，是具有很强的针对性而又富有创意的“这一个”，摒弃任何虚假、俗套、粗疏、不负责任的行为。

4. 娴熟的表达技巧

策划人的策划成果要通过策划文案体现。策划文案是由文字、图形、数据表现的。策划人必须具有图像化、数值化、文字表达的能力。这种素质是策划人长期进行语言艺术修养、计算机训练、绘画训练、刻苦学习相关知识的结果，尤其对中国语言艺术包括语法、修辞、逻辑的运用非一日之功，需要策划人长期坚持不懈地努力。

准确、鲜明、生动是表达效果的基本准则。准确是前提；鲜明、生动是表达效果优劣的标志。策划人应在语言艺术的运用上、色彩的选择上、构图的和谐性上充分体现自身的素质。

（二）策划人的能力

策划人所拥有的能力不同于一般专业人士，其能力更为广泛、更为全面、更为扎实，策划人应拥有以下能力。

1. 前瞻性的认识能力

策划人要把握世界历史发展的规律和中国社会前进的方向，并据此认识未来的发展趋势和社会的价值取向，以保证在策划中的预测不背离正确的方向并具有前瞻性。

2. 敏锐的反应能力

策划人要对社会发生的新生事物有敏锐的反应能力，风起毫末便能警觉。只有呼应社会的新风尚、新时尚、新事物，才能使策划体现时代精神和创新特色。

3. 睿智的想象能力

想象是创新的基础，没有想象难以创新。想象能力是人的知识积累和智力开发的结果。没有知识阅历作基础，不可能有丰富的想象；没有睿智的头脑，也难以使自己的头脑在更为广阔的领域自由驰骋。因此，想象能力的培养一要积累知识；二要肯动脑浮想、联想、遐想甚至幻想。

4. 理性的思维能力

理性思维是在一定理论指导下的系统思维。不论顺向思维还是逆向思维，都应有一定的程序和规范，纲举目张，条分缕析，论点明确，论据充分，思考富有逻辑性，而不是头绪紊乱，主次模糊，论据与论点驴唇不对马嘴。

5. 巧用资信情报的能力

策划人要创造、要创新首先必须占有大量的资信情报。在处理和利用所占有的情报时，或浓缩、或引申、或推断、或发挥，应视情况而运用自如。熟能生巧，策划人对资信情报的占有要在熟练上下工夫。

6. 卓越的审美能力

审美能力具有时代性。不同的时代具有不同的审美观，也就有不同尺度的审美标准。策划人审美能力表现为领时代风气之先，符合大众审美标准，而又卓尔不群，不落俗套。策划人的审美能力从策划中的创意、构图、用色、形象设计、行为取向等多方面体现出来。

7. 精当生动的表达能力

策划人的创意需要精当的表达。“当”即适当、恰当，要求具有准确性和分寸感；“精”即精确、精粹、精致，不偏离，不冗繁；“生动”则要调动语言、艺术技巧，使其在色、彩、形、字等诸方面都生机盎然，内涵丰富，动感强烈，感染力强。

8. 融会贯通的整合能力

策划人对策划活动中的系列行为举措需要整合。整合首先要提纲挈领，抓住中心，抓住主干，并要突出灵魂，用灵魂统率策划活动的始终。整合中免不了取舍，取什么，舍什么，如何衔接，如何铺垫，如何突出中心，如何呼应，如何点睛等环节操作的过程和效果是策划人能力强弱的试金石。

总之，策划人应拥有的能力是多方面的、全面的。策划人能力的强弱和全面与否，直接决定策划的质量水平。

2.2 营销策划程序

一、"366646"工程

营销策划的操作程序可以概括为"366646"工程。

"3"即为策划全程的3个阶段：前期准备作业阶段、中期主体作业阶段、后期调整作业阶段。

第1个"6"为全程有6大步骤，即调研、策划、设计、培训、贯彻、宣传。

第2个"6"为调研的6个方面，即对企业的历史和现状、竞争对手的情况、市场情况（需求等）、领导人（理念、风格、作风）、企业文化等方面进行深入的调研。

第3个"6"为策划的内容，即对企业及产品的定位、营销造势、策划意图的表现要求、风格、发展计划以及管理方法及规范措施（制度、规则、公约等）进行策划。

"4"指对企业营销策划部分有关视觉、理念、投资（或赞助）选项、企业行为规范（各类规章制度）等软性项目的设计。设计是形成成品的过程，此前的策划则是对未来成品提出的设想、思路、要求。

最后一个"6"则是营销策划中有关企业硬性项目的设计，如企业办公用建筑及用品的设计、交通工具的设计、员工制服的设计、商业广告的设计、产品包装的设计、办公室室内装饰的设计。

"366646"的调研、策划、设计过程是营销策划中期作业阶段，也是营销策划的主体工程。

营销策划的后期调整作业阶段主要包括两个步骤，即：

第一步：方案调整。方案调整是在营销策划方案基本磨合成形以后，再经过多方征求意见，对方案的某些目标、措施、策略进行调整、修改。既是调整，就意味着对方案不伤筋动骨，而是作局部的改动或补充。

第二步：反馈控制。方案付诸实施后要经过第三方专家或委托方组织的实施人员的评估、鉴定。评估可设计系列评估指标，对方案的设计、表达、实施的可行性，企业对费用的承受能力等方方面面进行综合评价、鉴定，一旦获得认可即坚持实施；如中途发生异议或对方案的可行性产生怀疑，则要当事双方坐下来认真研究提出修改或纠正的意见后重新投入实施。

二、营销策划各阶段的要求

（一）对调研的要求

营销策划人员要对企业采取问卷调查与面对面专访相结合的方法，要获取企业历史和现状、产品竞争力、领导人理念与风格、企业竞争态势、市场份额、员工向心力、企业文化氛围等诸多基本问题的第一手资料，并要通过查阅企业的有关文件、大事年表、领导讲话稿、企业内刊、财务报表、统计资料、营销计划、规章制度等文字软盘资料获取相关的第二手资料。对这些资料要进行“去粗取精、去伪存真、清理头绪、服务主题”的整理、分析，以图认清企业发展的优势、劣势及外部环境状况，为策划做好准备。

（二）对宣传造势的要求

营销策划活动是企业的重大活动。为了策划案的科学性、贯彻实施的畅通性，营销策划准备阶段必须充分发扬民主、调动企业员工的积极性、提高员工的参与意识和自觉的行动，营销策划需要根据策划对象的要求相应地造声势、扩大宣传，使员工们对营销策划的目的、意义、内容、运作方式都有所了解，以便配合行动。造势宣传的方式方法很多，包括：领导动员、专家讲座、媒体宣传、招聘人员、征集商标、举办研讨会、举行新闻发布会、各类专题活动以及开展各种公益类活动和文娱活动等。

（三）对策划设计的要求

策划过程要认真做到“用脚策划”和“头脑风暴法”的有效结合。所谓“用脚策划”即指迈开脚步到群众中去、到企业第一线去，深入调查研究，把握事情的真相，在调研中产生灵感，形成创意，以避免由于闭门造车脱离实际、流于肤浅和形式化、模式化、雷同化的弊端。所谓“头脑风暴法”即集思广益，通过大家头脑的碰撞形成集体智慧的有效方法。“用脚策划”与“头脑风暴法”的结合有助于提高策划设计成果的科学性和实用性，以便收到“准确精致、鲜明生动、别具一格、不同凡响”的效果。

（四）对营销策划后期作业的要求

要实事求是地进行策划费用匡算。依据营销策划的主题及方案的大小，确定实施策划所需的费用和策划方案本身所需费用。应在分别匡算每一项目费用的基础上，测算汇总总费用，并统筹作出安排。费用匡算应本着实事求是的精神精打细算，把钱用在刀刃上，不得借故浪费或无节制地滥用。

对于方案沟通要认识到它是一个程序，不限于一次，如难以达成共识，难以形成最佳方案则应多次反复沟通，直到达成共识获得最佳方案为止。

方案沟通首先是策划者与经营管理者的沟通。通过沟通进一步了解最高决策者的意图，最准确、最具体地体现决策者的理念、思想、风格等。沟通的过程，既是一个整合的过程，也是一个贯彻的过程。

方案沟通同时也是策划者、管理者将企业的实际与营销理论磨合、印证的过程。通过方案沟通使企业行为得到理论的指导。

三、营销策划主题的确定

营销策划主题是营销策划活动的中心内容，是营销策划文案所要表达的中心思想，是企业进行营销策划的目标指向。

营销策划主题是多级次、多层面的。它表达的可能是企业发展战略的大主题，也可能是企业实施某方面活动、推行某种营销策略和具体举措的小主题。一个综合性的大型策划活动所体现的主题可能是单一的，更多的则是多层次的。

营销策划涉及的企业发展战略的主题有：市场开发主题，市场拓展主题，企业入市主题，企业形象主题，关系营销主题，绿色营销主题，整合营销主题，跨国营销主题等。

营销策划涉及的营销策略主题有：营销广告主题，产品延伸主题，多品牌主题，包装改进主题，商标设计主题，商标注册主题，产品认证主题，渠道选择主题，合作伙伴选择主题，渠道风险管理主题，营销融资主题，营销避险主题，营销方式选择主题，商品定价调整主题等。

不论是企业战略性主题，还是营销策略性主题，最终都可归结为扩大市场占有率、降低营销成本、推动企业的发展、获取更大的经济效益和社会效益这些目的和主题。

营销策划文案对主题的表达必须集中、突出。营销策划文案要视其具体目标来确定明确的主题。主题不要多义。

主题的表达既要有简明扼要的文字叙述，还要通过营销创意和设计加以形象化地传递，以期起到扣人心扉、潜移默化地感染人的作用。对主题表达要准确、鲜明、生动，以提高营销策划的质量水准。

2.3 营销策划文案

一、文案的基本结构

营销策划文案又称营销策划书，它是关于营销活动及其行动方案的设定的文字载体，它为企业营销行为作出周到的事前安排。

文案的基本结构分两大部分：

第一部分为策划文案基础部分。主要是对企业营销背景、市场环境进行分析。具体视策划内容而异，具有共性的内容有以下几个方面：

(1) 宏观环境分析，包括政策法律因素分析、经济因素分析、技术因素分析、社会文化因素分析等；

(2) 微观环境分析，包括竞争对手营销战略及状态分析，企业内部优劣势分析等；

(3) 企业概况分析，包括企业的历史情况、现实生存状况及未来发展设想等；

(4) 对调查材料的分析，包括企业目标市场需求调查，购买者购买力调查，购买行为方式调查，企业适应市场需要状况的调查，企业的影响力、知名度、满意度的调查等。

第二部分为行动方案部分。主要对企业营销活动的范围、目标、战略、策略、步骤、实施程序和安排等的设计。就策划的指导思想而言主要谋划两个方面的内容，即：

(1) 如何确定目标市场，包括市场细分、市场定位（含对产品的市场定位和对企业的市场定位)、目标市场的选择与确定等。

(2) 如何占领目标市场,包括产品策略(新产品开发、产品改良、品牌包装等策略)、价格策略(价格制定、价格变动策略)、渠道策略(分销渠道的选择)、促销策略(商业广告、人员推广、营业推广、公关活动等方面的策略)。

营销策划文案构成的这两个部分是相辅相成、前因后果的关系。基础部分为行动方案部分做铺垫,行动方案的内容不能脱离基础部分提供的前提,否则就成了无源之水、无本之木。

对营销策划文案基础部分的要求是:分析要准确,材料要充实。对原始材料的处理必须实事求是,丁是丁,卯是卯,不能随意胡诌,不能任意编造或夸大、缩小。选用的素材要充分,要为行动方案的形成提供充足的、必要的条件。

对营销策划文案行动方案部分的要求是:明确的针对性,强烈的创新意识,切实的可行性。

没有针对性或针对性不强的行动方案是无益于企业的。那种靠某种模式、某种套路去套各类不同的企业的所谓策划行为是不负责的行为,是欺诈行为。任何方案的提出必须根据不同企业的不同情况,不论企业情况如何而一味用固有的、陈腐的、唯一的套路去套用的"策划",只不过是在制造信息垃圾,不仅不利于企业的发展,有的还会带来负面效应。企业应拒绝这类"策划"。

策划成果的价值贵在创新,只有体现创新意识,具有创新精神的成果才最可贵。策划的创新重在策划人思路的创新、知识运用的创新、营销的内容与手段的创新。成功的策划案要给人面目一新、眼前一亮的感觉,给人智慧的启迪和精神的振奋。

策划文案的可行性主要是体现在适合企业的实际需要上。即这些方案不是空穴来风,不是为了束之高阁供人欣赏,而是为了推动企业的发展,为了付诸行动有所收益。文案中的目标一定是通过努力可以达到的,文案中的措施一定是企业有能力实施的。

二、撰写营销策划文案的要求

营销策划文案或称营销策划书,是营销策划的文字报告形式。营销策划文案从形式上要规范、鲜明、具体,具有形象性和可操作性。文案的篇幅要与策划内容的繁简相一致,文案的形式要图文并茂,文案的语言要简约、流畅、生动、绘声绘色,文案的结构要严谨、完善、层层递进、环环相扣、彼此照应。除此以外,营销文案的撰写还需要特别注意以下问题。

(1) 确定新颖、醒目和紧扣主旨的标题。标题具有揭示策划案的中心思想、吸引人们的注意、产生较强烈的感染力和感召力的作用。好的策划案与好的标题是分不开的,如:"龙腾计划"、"凤鸣计划"、"虎跃计划"、"蒲剑计划"等。

(2) 对企业简况的陈述要简约、重点明确。对企业情况的简介一般包括企业的行业性质、所有制性质、规模、特色、创建的历史、经营特色、主导产品、技术力量、行业地位等。

这些简况要根据策划案的内容来确定重点强调哪些方面。如对企业整体形象的策划要强调企业过去的形象状况及设想企业要塑造什么样的形象。

如拯救企业营销萎缩情况的策划要突出企业经营历史中曾有过的辉煌业绩、营销受挫的内外部原因等。

(3) 明确策划案适用的时限。策划案适用的时限因产品而异、因营销策划的目标而异。一般而言,时尚品、季节性产品时限短;技术强、高档性产品时限长。时限短者1年之内,比如3~6个月,时限长者3~5年。依此,分别称作短线策划和长线策划。

(4) 对企业的优势、劣势、机会、威胁分析可依据SWOT理论进行。

在SWOT理论的指导下,要对企业内部的优势、劣势及企业外部环境的机会和威胁进行具体的、实事求是的分析。对内部因素的分析不仅要分析经济的因素,还要分析政治的、社会的、生态的因素。对外部环境的分析,同样既要考虑经济的因素,又要考虑相关的政治、文化、社会、生态等方面的因素。

(5) 对策划目标及内容进行设计要有创新意识。

小结

营销策划操作系统流程必须规范。组织构成是具体实施策划的主体。主体的强弱、优劣直接关系着策划的结果。策划组织可称作策划委员会或策划小组,其中包括策划总监、主策划人、文案撰稿人、美术设计人员和高级计算机操作人员。这些人员的素质和彼此的通力合作是策划成败的关键。因此,对策划人的素质和能力有具体的要求。

营销策划的全过程可简称为"366646"工程。营销策划文案因时、因地、因不同企业、因不同主题分别撰写,撰写文案的篇幅、风格没有固定模式,但写作有一般的规律可循。

习题

1. 营销策划组织机构由哪些人员构成?对策划人的素质和能力应有哪些要求?
2. 营销策划程序大致上有哪些步骤?
3. 营销策划文案的撰写要注意哪些问题?
4. 试以下列要求进行营销策划并撰写文案:

(1) 某一新产品上市;

(2) 某一产品进入新的目标市场;

(3) 某一产品的广告宣传;

(4) 某企业的改组或改制导致营销战略调整。

第3章 营销策划的前期作业

营销策划的前期作业是营销策划的准备阶段。前期作业是基础，它关系着营销策划全程作业是否成功。访问调查的资料和方式方法是否可靠，影响问题分析的准确性；问题分析准确与否，决定在此基础上进行策划和设计的方案能否具有有效性。宣传造势与企业渗透则关系着策划文案的实施和贯彻，宣传渗透到位能防止实施、贯彻过程中横生阻力和障碍，以保证营销策划的顺利进行和健康实施。

3.1 企业调查

在实施营销策划之前，进行一些关于营销策划的访问调查是必要的，我们可以通过这一过程，了解到企业的各利益相关者（包括所有者、管理层、员工、消费者，还有上游的原料供应商、下游的批发商或零售商，甚至还可以包括政府部门和有关的民间组织等）对于该企业营销工作的看法，看看有哪些方面需要改进，哪些方面值得保留和发扬，这样才能做到有的放矢。企业所有者或管理层要求进行营销策划，但他们的看法不一定符合实际情况，通过访问调查可以准确地了解到企业的优势、劣势，还能向有关各方表明企业的态度。从一定意义上说，市场调查的情况直接决定了营销策划的成败，错误的调查结果必定导向不成功的策划，因此，我们有必要认真分析在营销策划前应进行哪些调查以及如何进行这些调查。

一、企业调查的内容

不同的营销策划目的决定了我们进行访问调查的内容不同，但总的来说，企业的市场调查研究不外乎以下一些内容。

（一）企业所处的宏观环境

企业所处的宏观环境影响着企业的生产经营活动，也影响着营销策划所能采取的手段和所能达到的效果，具体包括经济环境、政治环境、法律环境、文化环境和自然环境。

（1）经济环境。主要包括国家的经济发展状况、发展前景、经济体制和经济政策，这都是企业需要了解的。

（2）政治环境。主要包括国家的政治体制、政治主张、政治制度以及政府的变迁与制度的稳定性等。

(3) 法律环境。主要包括政府的法规法令(如企业组织法规、财税和金融法规、财务法规等)、本行业的规章制度等。

(4) 文化环境。主要包括社会的风俗习惯、伦理道德、宗教信仰、主流文化以及世界观、价值观等。

(5) 自然环境。主要是指企业的目标市场所处的地理环境、气候、自然资源、生态环境等。

（二）企业内部的微观环境

企业的微观环境直接影响着企业的生产经营活动,决定了市场营销策划的目标与方向。具体包括企业的组织形式、企业的经营状况、企业文化、企业面临的市场状况及竞争者状况。

(1) 企业的组织形式。主要包括企业的性质、企业的治理结构、企业的部门设置、部门间的职能设置与协调等。

(2) 企业的经营状况。主要包括企业的生产情况、销售状况、产品的技术特点、价格制定及品牌形象等。

(3) 企业文化。主要包括企业所倡导的人文价值观、企业的规章制度和管理手段、企业形象识别及理念识别等。

(4) 企业面临的市场状况。主要包括企业生产的产品所处的寿命周期阶段、市场容量的大小、消费者的收支状况及偏好等。

(5) 竞争者状况。主要包括企业的竞争对手的数量、规模,产品的特色、价格、促销策略等,了解对手的优、劣势所在。

二、访问调查的方法与对象

（一）访问调查的方法

访问调查按照形式的不同,可以分为:

1. 电话访问调查

电话访问调查是指通过电话来向受访者进行调查的一种方式。这种方法的特点是反应快,节省时间,同时费用开支较低;但是不能对未安装电话的调查对象进行访问,同时容易遭到拒绝,另外由于通话时间不能过长,无法进行深入调查。

2. 邮寄访问调查

邮寄访问调查是指将问卷邮寄给受访者,要求他们填好后再寄回来的一种调查方式。这种方法的特点是范围广,费用低,获得的信息比较客观;但是问卷回收率低,所需时间较长,还有可能会造成对问题的误解。

3. 面谈访问调查

面谈访问调查是指调查人员与受访者直接接触，了解所需信息的一种方式。这种方法的特点是直接性与灵活性，能深入探讨问题；但是费用较高，花费的时间也较长，调查人员的素质也会影响到调查结果的客观性。

（二）访问调查的对象

营销策划调查的对象十分广泛，既包括与企业有关的利益相关者，也包括与企业无直接关系的对象，具体来说有：企业的所有者、经营管理人员、企业员工、现实的与潜在的消费者、供应商与销售商、政府财税部门、会计师事务所、营销管理专家等。这些人的意见对企业的生产经营活动都有重要的意义，其中消费者的意见至关重要，是市场营销调查的主要对象，本章所讨论的主要是针对消费者的访问调查。

三、访问调查的步骤

企业获取资料可以通过第二手获得，也可以通过实际调查获得。访问调查是收集第一手资料的主要方法，其具体步骤如下。

（一）制订访问调查方案

首先根据客户的意向与要求制订一个访问调查的方案草案，送客户审定，经确认后再正式形成调查方案。调查方案是整个访问调查活动的纲要，要全面地给出访问调查的方法、时间安排、对象范围、具体组织实施步骤以及经费预算等，描述出整个调查活动的大体轮廓。市场状况瞬息万变，调查方案既要具体化，又要有一定的弹性，便于安排。

（二）问卷设计

问卷设计是整个访问调查活动的载体。我们应根据调查的目的确定问卷的大体内容，并仔细推敲问卷的问题设置、语句语气等，以保证调查得到的结果真实可信、客观准确，同时也应尽量让受访者易于作答。在完成问卷设计的草案之后，可以进行试调查。对试调查得回的结果进行分析研究，找出问卷设计中存在的问题，进行修正，然后再形成正式问卷。

（三）实施访问调查

在问卷设计好以后，就可以进行实际的访问调查了。首先应建立一个完善而有效率的组织机构，由富有市场调研经验的人员负责。具体的调查人员可以使用经过短期训练的非专业人员，以节省经费；但必须保证其基本素质，要求具有认真负责的精神和与人交际的基本技巧，对调查活动的目的有较深的认识。调研负责人应详细安排调查活动，并在实施过程中根据反馈信息适时地进行修正。

（四）整理资料，形成调查报告

问卷回收上来以后，经过“去粗取精、去伪存真”，剔除不合格的问卷后再进行资料的整理与统计，然后“由浅入深、由表及里”，对调查结果进行具体分析，最终形成调查报告。

调查结果的分析十分重要，是整个活动的最终成果，必须由具有一定知识水平和经验丰富的专业人员来完成。相同的统计结果由不同的人来分析，可能得出完全不同的意见，因而有必要选取专业的市场调研人员来承担这项工作。

以上访问调查各步骤如图3-1所示。

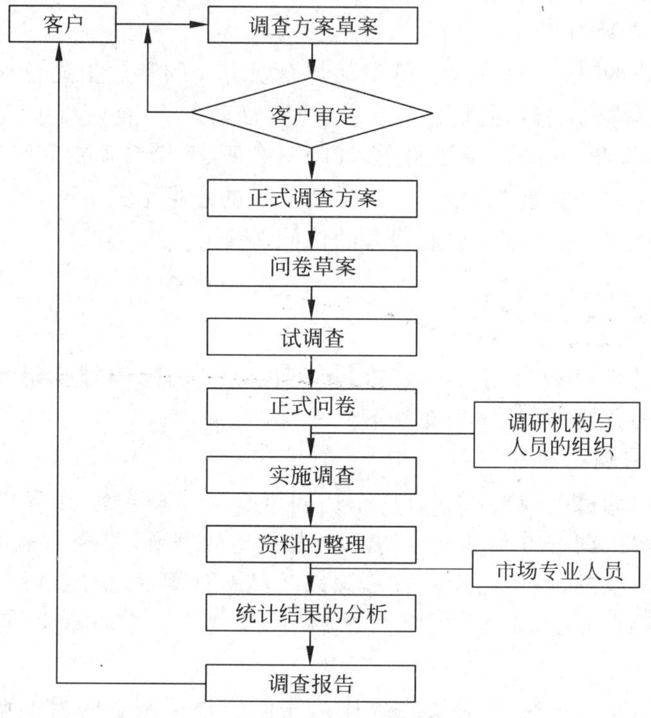

图3-1　访问调查程序图

四、访问调查中的几个重要问题

（一）调查范围的确定

调查范围的确定包括调查地点的选择、样本数量及抽样方法的确定，它直接决定了资料的来源和调查的结果。

1. 调查地点的选择

选择在什么地方，在多大区域内进行调查主要取决于消费者的分布情况。如果消费者分布相对集中，地点选择也就相对容易一些，如果消费者分布十分分散，就需要选取几个有代表性的地方进行访问调查。例如，对私人购车市场进行调查，就应集中力量对北京、上海、广州、武汉等大城市进行调查。对彩电市场进行调查，就要考虑选取地点的代表性，可以在东部、中部、西部各取一两个城市进行调查，费用允许的条件下还应对农村市场进行调查。

2. 抽样计划的确定

首先要确定样本数量。一般来说，大样本比小样本具有更高的可靠性，若能对市场进行普查，得出的结果是最准确的。但对于一般的产品或服务来说，普查是不现实的，也是不必要的，如果采取了可靠的抽样方法，抽取少于 1%的样本也可能获得让人满意的准确性。

根据统计学原理，主要抽样方法及其特点如表 3-1 所示。

表 3-1 抽样方法列表

类别		含义	特点
概率抽样	简单随机抽样	总体中每一成员被抽中的机会均等	费用高 时间长 可以判断误差
	分层随机抽样	把总体按某一特性分成不同的组，然后在每个组内进行简单随机抽样	
	系统抽样	把总体成员按某种特征排队，然后按相同的间隔数抽取	
非概率抽样	方便抽样	依便利情况选择样本	费用低 耗时短 不能判断误差
	判断抽样	判断并选择人口中能提供准确信息的成员	
	配额抽样	按照规定人数来选择样本	

在进行精度要求不是很高的市场调查时，可以选用非概率抽样，其中又以方便抽样法成本最低，操作最方便。在需要运用概率抽样方法时，一般可考虑使用分层随机抽样法。比如对其城市居民空调消费状况进行调查，就可以把所有居民按收入分为几个类群，再在每个类群内按简单随机抽样法抽取若干个体，形成一个样本。

(二) 问卷设计

问卷是与受调查者直接交流的工具，通过问卷可以获得市场调研所需要的信息，问卷必须经过认真的设计、测试与调整，才能得到让人满意的效果。

1. 问卷设计的方法

问题是问卷的基本要素，问卷设计的方法主要是指问题(包括答案选项)的设计方法，总的来说应以目的需要和统计方便为准则，一般分为三类。

(1) 封闭式问题。这种方法在提出问题后，给出几个答案，由答卷人从中挑选合意的，具体又分为：

① 两分法。一个问题提出两个答案供选择，非此即彼。

② 多项选择法。一个问题提出三个或更多的答案供选择。

③ 程度量法。提问者在两个极端回答之间设置了一系列不同程度的答案，答卷人可以选择符合自身的一个答案。例如，

问：您觉得这种牌子的彩电价格如何？

答：A. 很贵　B. 贵　C. 适中　D. 便宜　E. 太便宜了

④ 排序法。这种方法先列出一系列项目，然后由答卷人排出各项目的位次，例如，

问：在下列彩电品牌中，您最常听到的是：________，________，________。

答：A. 长虹　B. 康佳　C. TCL　D. 海信　E. 海尔　F. 熊猫

(2) 开放式问题。这种方法在提出问题后，并不给出答案，由答卷人自由作答，开放式问题常常能揭示出更多的信息。例如，

问：您对本品牌彩电有什么意见？

(3) 半封闭式问题。这种方法是封闭式问题的延伸，在问题之后标明了一系列答案，但还允许答卷人补充自己的意见。例如，

问：您购买这种保健品的原因是什么？

答：A. 电视广告说得合情合理　B. 朋友、家人推荐　C. 医生/医务人员推荐　D. 电视保健专题介绍　E. 自己身体原因需要　F. 其他（具体写出）________。

2. 问卷设计的原则

(1) 科学性原则。科学性原则是问卷设计要遵循的首要原则，它包含了以下几方面的含义。

① 问卷的设计要有针对性，即问题的设置必须与调查主题相关，不能游离于目标之外，纯趣味性的问题应完全删除。

② 问题的设置要有逻辑性，即问题与备选答案本身应具有严密的逻辑性和完整性。例如，

问：您的婚姻状况是（　）。

答：A. 已婚　B. 未婚

这个问题在网上调查和平时问卷调查中经常碰到，但事实上答案并不完整，还应该包括"离婚"和"丧偶"两种状况。

③ 问题的组织要有整体性，即系列问题的设置要注意顺序和搭配。例如，

问：您通常每天看电视吗？

答：A. 每天都看　B. 经常看　C. 偶尔看　D. 不看

问：您经常看哪些节目？

答：A. 新闻　B. 体育节目　C. 娱乐节目　D. 电视剧

问：您一般看哪些电视台的节目？

这样设置问题就显得紧密相关，受调查者也能逐渐深入问题，自然而然地作出回答。

(2) 客观性原则。客观性原则要求问题与答案的设置排除主观诱导，不能为了刻意得到某种结论而有意识地引导受调查者。例如，

问：您认为这种电视的吸引力体现在哪里？

答：A. 便宜的价格　B. 方便的功能　C. 良好的质量　D. 清晰的画面　E. 新潮的设计

这样的问题设置就违背了客观性原则，含有访问者自己的主观色彩，可能会误导受调查者。

(3) 简便性原则。简便性原则是指问卷的设计要尽量予答卷人以方便，让答卷人能很轻松地完成问卷，在可以使用客观选择的时候就不要使用主观问题的形式。例如，

问：您每天有多长时间用来看电视？

这样的问题让答卷人要先考虑一下大致时间，再写在问卷上，拖长了答卷时间，不如在下面设置几个选项：

答：A. 半小时以内　B. 半小时到1小时　C. 1小时到2小时　D. 2小时以上

(4) 易分析性原则。这是基于调查者本人来说的，问卷的设计要考虑调查结果的整理与分析。这就要求问卷中的指标是可以累加的，不能累加的指标没有意义。同时这些指标还要是便于累加的，以使统计工作简单化。最后还要求指标能够简洁明了地说明问题，形成的数据具有说服力。

(三) 调查人员的素质要求

调查人员的素质直接影响着访问调查活动的结果，因此一定要认真选派。一名合格的调查人员应具备以下素质：

(1) 认真负责的态度，不敷衍了事、草草应付；

(2) 热情大方，善于与人交际，能使受访者对调查的问题产生兴趣；

(3) 有一定的语言技巧，促使受访者说出心中的感受，但要注意不能诱导对方；

(4) 心理素质好，有被人拒绝或遭反感的准备，并能迅速地想出解决的方法；

(5) 对所调查的问题有充分的认识，调查中能有的放矢。

3.2 综合分析

企业总是处在一定的内外环境之中，环境影响着企业的市场营销活动，进行营销策划时不能不考虑到企业所面临的内外环境，否则做出的营销策划案就如同建在流沙上的房子，再精美也没有意义。对企业内外环境的分析方法很多，SWOT分析法是常用的一种。

一、企业营销的机会威胁分析

企业营销的机会威胁分析又称外部环境分析，是指对企业外部影响其业务发展和市场营销活动的各种因素进行分析，找出对其有利的因素和不利的因素，确定企业在机会与威胁之间的位置。

（一）外部环境因素的分类

影响企业市场营销活动的外部环境因素主要分为宏观环境因素和行业环境因素两大类。

1．宏观环境因素

宏观环境因素又具体划分为经济因素、法律因素、人口因素、文化因素、自然因素和技术因素六个方面。

（1）经济因素。这是宏观环境中的首要因素，包括国家经济增长率、人均GNP、人均可支配收入、储蓄倾向、收入结构以及个人消费信贷等。

（2）法律因素。主要是指各级政府所制定的与企业有关的法律、法规、政策条文等，例如《反不正当竞争法》。这些规定了企业营销活动的范围。

（3）人口因素。主要包括目标市场内的人口规模、增长率、性别比例、年龄结构、受教育程度以及人口流动的情况等，这直接决定了目标市场的容量。

（4）文化因素。主要包括人们的人生观、价值观、宗教信仰以及风俗习惯等。文化因素的影响没有其他因素表现得那么明显，但其影响是潜在的、长期的，有时甚至是偏执的，不了解目标市场的文化环境，就有可能摔个大跟头。

（5）自然因素。主要是指目标市场的气候、自然资源、地理环境以及生态状况等。这些因素对企业市场营销活动的开展也有重要的影响，比如对企业的原材料价格、运费成本等都有作用。

（6）技术因素。技术是企业发展的一个永恒话题，技术因素主要是指技术的革新。在一定时期内，技术因素对企业的营销活动的影响似乎并不大，但一次技术革新可能会给企业以致命的打击，传统行业甚至会完全消失，因此必须重视技术因素的影响。

2．行业环境因素

关于行业环境的内容，美国战略专家迈克尔·波特提出了五个方面的因素：行业中的新进入者、替代品、买方、供方和行业中原有的竞争者，如表3-2所示。

（二）外部环境资料的收集与整理

1．收集资料的方式

资料的收集既可以通过第一手获得，也可以通过第二手获得，在一般的环境分析中，两种方式都是必需的。

第二手资料是已经由人收集并整理好的信息，由于第二手资料的获得费用较低，而且一般比较系统，企业应首先收集第二手资料，看能否满足分析的需要，对缺省的资料应通过第一手的方式获得。

2．第二手资料的收集

在企业机会与威胁分析中，由于分析的对象是宏观因素和中观因素，第二手资料占了相当重要的地位，有些宏观资料的获得是无法通过第一手资料的收集来实现的。

表 3-2　行业环境因素列表

行业中的新进入者	供方
——实力强弱	——要素的差异性
——成本优势	——厂商的集中程度
——产品特色	——供应量
——销售渠道	——供应价格
——商标商誉	行业中原有的竞争者
——政府政策	——竞争者数量
替代品	——实力强弱
——种类的多寡	——商标商誉
——相对价格水平	——产品差异性
——替代倾向	——行业增长率
买方	——行业的退出障碍
——需求量	
——需求价格	
——买方的集中程度	

第二手资料可以从以下途径获得。

(1) 政府出版物。各级政府对全国或某个地区内的经济、人口、政策、文化等方面的情况会进行调查和监控，并在一定时间内公布数据信息，各行业部门也会每隔一段时间公布本行业的资料，这些数据可靠性强，是获取第二手资料的途径之一。

(2) 商业出版物。在各种营销杂志、协会刊物或统计刊物中，都可以找到需要的环境资料。

(3) 商业资料。这是指商业调查公司或咨询公司通过市场调研获得的资料，也是企业收集第二手资料的主要途径之一。

3. 第一手资料的收集

第二手无法获得的信息就必须通过第一手的方式来取得了，收集第一手资料主要是通过市场调研来获得，可参看在第 4 章中讲到的营销策划的调查访问方法，除此之外还可以使用观察法、深入访谈法和实验法等方法。

4. 资料的整理

在资料收集上来以后，要对其进行整理，剔除掉虚假的、不合适的信息，并按资料的特性进行分类整理，形成一个完整的、系统的体系，为企业的机会威胁分析做好准备。

（三）企业的机会威胁分析

企业在收集并整理了所需的外部环境资料后，就可以开始机会威胁分析了。

1. 机会分析

机会分析是指企业通过对外部环境的分析，找出有利于企业营销活动的因素，并具体分析其影响强度和成功的可能性的过程。

我们可以通过图3-2环境机会矩阵图来分析外部环境为企业提供的每一个机会，将其恰当归类并采取恰当的策略来利用机会。

第一类机会是企业最向往的。吸引力大表明市场营销活动的影响很大，同时企业成功的可能性也很大，企业应抓住这样的良机来加速发展。

第二类机会是企业应谨慎考虑的。虽然这类机会的吸引力很大，但企业成功的可能性小，不宜盲目跟风行动。

第三类机会是企业要着力分析的。虽然这类机会的吸引力不大，但企业成功的可能性大，企业应作好效益分析，如果发现利用这一机会获得的收益大于付出的成本，也可以考虑利用这一机会，促进企业营销活动的开展。

第四类机会是企业不应考虑的。这类机会对营销活动的影响不大，企业利用这类机会的成功概率又小，所以不应采纳。

机会所处的位置是变化的，第二类机会可能因企业自身的改变而进入了第一类，第一类机会也可能因环境因素的相互作用而转化为第三类。企业应作好环境监测，更好地利用机会，推动企业的发展。

2. 威胁分析

威胁分析是指企业通过对外部环境的分析，找出对企业营销活动不利的因素，再具体分析其影响强度和发生的可能性的过程，如图3-3所示。

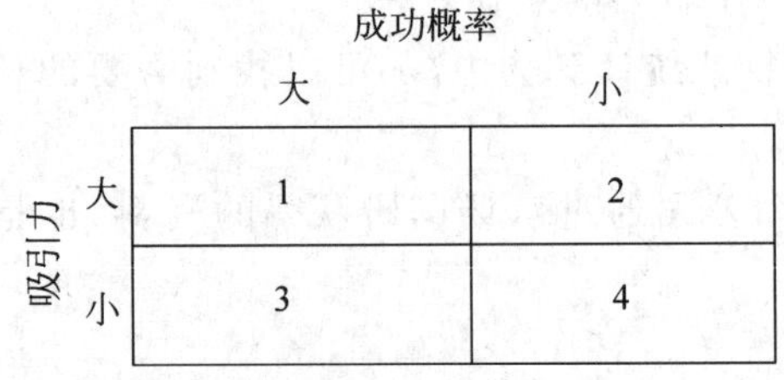

图3-2 机会矩阵图

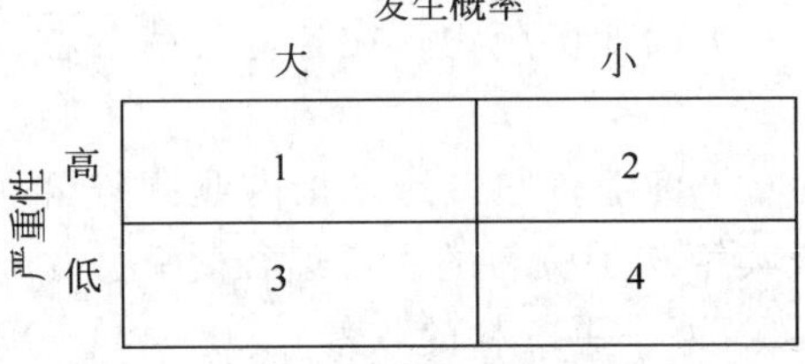

图3-3 威胁矩阵图

第一类威胁是企业要高度重视并着力化解的。这类威胁对企业营销活动的影响很大，同时发生的可能性也很大，企业一方面要密切地监控；另一方面要形成一套良好的常备反应机制，在威胁到来时迅速化解，将损失减到最小。

第二类威胁对企业营销活动的影响很大但发生的可能性小。企业对这类威胁要有一套灵敏的预警机制，不能因为其发生的可能性小而忽略它，同时还要有良好的应对措施。

第三类威胁是企业在生产经营过程中经常遇到的，它对企业营销活动的影响很小，但是发生的可能性大。对这类威胁企业要及时解决，不能因为其影响力不大而搁置起来，不然很可能会发生变化，造成巨大的影响。

第四类威胁对企业营销活动的影响不大，发生的可能性也不大。对这类威胁企业要做的是注意其动向，一经发现就及时解决，避免其转化为其他形式的威胁。

与机会一样，威胁也是会发生变化的。第三类威胁可能因企业不予理睬而变化成为第一类，第二类威胁也可能因为企业应对措施得当而转化为第四类。

3. 综合分析

我们将机会分析与威胁分析结合起来，运用到企业的某项业务上，就可以了解这项业务所处的外部环境，从而为企业的决策提供依据，如图 3-4 所示。

		威胁	
		少	多
机会	多	1	2
	少	3	4

图 3-4　机会威胁分析矩阵图

很明显，图 3-4 中，第一类业务是理想的业务，拥有的机会多，受到的威胁又少，是企业应着力发展的业务。

第二类业务所拥有的机会虽多，受到的威胁也很多，是风险类业务，企业应慎重考虑，作好风险收益分析。

第三类业务所面临的机会与威胁都很少，一般是已经成熟的业务。企业在这类业务中所占的市场份额如果较大，则可加强发展，不适宜作为新进入者来开展这类业务。

第四类业务是企业不愿沾惹的业务，面临的威胁很多，拥有的机会却很少，是企业经营中的麻烦业务，企业可以考虑从这类业务中撤出。

通过机会威胁分析，策划人员就能够清晰地了解到企业所处的外部环境，再根据企业的情况进行恰当的营销策划，推动企业的营销活动。

二、企业营销的优势劣势分析

企业的优势劣势分析又称为内部环境分析，是企业对自身的审视，是指企业通过对内部影响其市场营销活动和业务发展的各种因素进行分析，找出其拥有的优势和劣势，确定企业的市场地位的过程。

（一）优势劣势分析的意义

企业对自身内部环境的审视十分重要，如果对自身的优势与劣势不清楚，就算面临的市场机会再好，也不可能取得成功。企业在进行了优势劣势分析后，就可以在市场营销活动过程中扬长避短，充分发挥优势所在，克服或避开劣势，取得在市场中的有利地位。

对于策划人员而言,了解企业的内部环境是首要的条件,是科学策划的基础。在“点子策划”的时代,策划人在不了解企业内部情况下拍脑瓜想出的点子中,之所以有一些能够取得成功,是因为当时企业的营销理念普遍落后,促销方法也很不成熟。到了科学策划的时代,国内企业的营销理念已经上了一个台阶,一些先进企业还拥有一流的营销理念与实践水平,在这种情况下就必须通过科学策划来为企业出谋划策。而要科学地进行策划,“知己知彼”是必不可少的,本节的前一小节的机会威胁分析针对的是企业的外部环境,此小节则针对内部环境因素进行分析,只有同时做到这两方面,才能真正“知己知彼”。

(二)企业内部环境资料的收集与分类

1. 资料的收集

同外部环境资料的收集一样,内部环境资料也可以通过第一手和第二手两种方式获得。

第二手资料的获得主要是翻查企业过去的会计报表和会计账户,从中了解企业的生产销售规模、增长率、成本费用支出、利润水平、产品价格、市场分布、财务结构等方面的资料。

第一手资料则可以通过调查获得。访问法是最常用的方法,除此之外,还有观察法、深入访谈法和实验法等。调查的对象可以包括企业投资者、经营者、企业员工、中间商、供应商及顾客等,通过调查来获得第二手资料中缺乏的信息。

2. 资料的分类

资料的收集完成之后,先要进行分类整理,企业内部环境信息按其反映的企业实力可以分为:

(1) 制造能力指标。这是反映企业的生产能力的一系列信息的总和,可以包括设备、制造费用、产品质量、技术水平和及时交货的能力等。

(2) 营销能力指标。这类指标用来反映企业开展市场营销活动的水平,包括市场份额、市场覆盖地域、服务水平、定价效果、广告效果和公共关系效果等信息。

(3) 盈利能力指标。这类指标用来衡量企业的盈利水平,包括销售利润率、总资产报酬率、资本收益率及资本保值增值率等。

(4) 抗风险能力指标。这类指标用来反映企业对营销环境变化的承受能力,主要包括公司信誉、弹性管理水平、资产负债率、流动比率、速动比率、应收账款周转率和存货周转率等。

(5) 组织能力指标。这类指标用来反映企业的生产经营活动的计划、实施和控制水平,主要包括管理层能力、员工精神和创业导向等。

(6) 发展能力指标。这类指标用来反映企业的后续发展与可持续发展的能力,主要包括研发开支占销售收入的比重,技术人员占企业员工的比重、员工的受教育程度以及员工培训费用等。

（三）企业的优势劣势分析

在对收集上来的信息进行分类整理后，就可以进行企业的优势劣势分析了。如表 3-3所示，我们可以将企业的各项能力用数量指数表示出来，从而了解企业的优势劣势所在。

表 3-3　企业优势劣势分析一

项目		评价	权数	结果
制造能力	设备			
	技术水平			
	产品质量			
	制造费用			
	及时交货情况			
营销能力	市场份额			
	市场覆盖地域			
	服务水平			
	定价效果			
	广告效果			
	公关效果			
盈利能力	销售利润率			
	总资产报酬率			
	资本收益率			
	资本保值增值率			
抗风险能力	企业信誉			
	资产负债率			
	流动比率			
	应收账款周转率			
	存货周转率			
	弹性管理水平			
组织能力	管理层水平			
	员工协作精神			
	创业导向			
发展能力	研发开支比例			
	技术人员比重			
	员工受教育程度			
	培训费用			

第一列“项目”栏列出了企业内部环境的主要因素。企业可以根据行业情况和企业自身情况进行增减，要注意分类列出。

第二列“评分”栏是指企业对各个项目的评价。把评价结果量化，以百分制的形式给出，分数越高，表示评价越好。比如企业的生产设备，如果是处于同行业领先地位，就可以给80～100分；如果只是一般水平，可以给60～80分；如果是落后于一般水平，则可以给40～60分；若是即将报废的设备，就应在40分以下。

第三列“权数”栏则表明了各个项目的重要性。权数应在0～1之间，项目的重要程度越高，权数应越大，这也应该根据企业所处行业的情况、企业自身具体情形决定，同时也受到分析人的倾向的影响。权数的给定还有一个限制，就是每一类中的各项目权数之和为1。

第四列“结果”栏表示各个类目的最终得分。类目得分＝$\sum$（各项目得分×对应权数）。将各类的得分进行比较，就可以了解企业的长处是什么、短处又是什么了。

有时企业进行优势劣势分析是为了明确企业在市场中所处的地位，即企业在市场竞争中是处于优势还是处于劣势。根据表3-3得出各类得分后再根据表3-4就可以得出企业的综合分值了。

表3-4　企业优势劣势分析二

类　目	得　分	权　数	综合值
制造能力			
营销能力			
盈利能力			
抗风险能力			
组织能力			
发展能力			

各个类目权数的确定与表3-3中各个项目权数的确定一样，受到行业特点和企业状况的制约，还受分析人的倾向的影响。如果分析人属于谨慎型的，抗风险能力的权数就会设得高一些；若是分析人敢于冒风险，该权数就会低一些。

最后得出的综合值就是企业的市场得分，企业的综合值＝$\sum$（各类目得分×对应权数），这一结果表明了企业在市场中的地位。

（四）企业优势劣势分析中要注意的几个问题

企业在进行优势劣势分析后得出的结果在一定程度上表明了企业的市场地位和优势、劣势所在，但要注意以下几个问题：

(1) 这种分析方法虽然比较全面地考虑了企业内部环境的各个方面，但是没有考虑到各个因素之间的关系和相互作用。

这种分析方法使用的是加权平均法，其结果必然是优势类（项）目弥补了劣势类（项）目，使综合值趋于平均。但是有时候一些劣势类（项）目的存在会使优势类（项）目无法发挥作用，这时平均值就没有意义了。根据“木桶效应”，木桶能盛下的水由最短的木片决定，企业的实力也有可能由处于最劣势的类（项）目决定。比如企业的制造能力很强，营销能力较差，分析得出的结果是一个平均水平，但企业事实上在市场上的表现可能很差。

(2) 在企业的各个方面都具有优势的情况下，企业也可能表现不佳。

有时，企业各个部门的工作能力都很强，但总体效益却不佳，问题在于各部门间的协调与合作。因此，企业内部各部门的关系评估也是一项非常重要的内容。

(3) 相反，在企业有些方面处于劣势时，企业也可能表现出良好的态势。

我们必须了解，企业总是很难达到十全十美的，在认识到企业存在暂时无法弥补的劣势时，应该积极发挥优势，以弥补不足。比如企业由于经费问题无法设立足够的维修点时，就应努力发挥在产品质量和服务态度方面的优势。

(4) 企业认识到自己的优势、劣势后，不应只埋头于自己处于优势地位的业务，而放弃处于劣势地位的业务。

在充分认识自我之后，企业要做的是审慎考察各项业务，有优势的要继续保持；没有优势又无机会的可以放弃；但对有可能获取优势的业务要着力分析，把握机会发展新的优势。

三、企业营销的 SWOT 综合分析

企业单单只是进行机会威胁分析和优势劣势分析，是无法全面了解企业的营销环境的，没有做到“知己知彼”，策划人员也不可能据此做出令人满意的策划方案。只有在全面分析企业的内外部环境以后，才能有的放矢，针对企业所要解决的问题提出解决的方案。对企业内外部环境进行综合分析的方法很多，最常用的方法之一就是 SWOT 分析法，除此之外还有波士顿矩阵法和通用电气公司矩阵法等。

(一) SWOT 分析法的含义与意义

把对企业的机会、威胁、优势和劣势的分析综合起来全面考虑和评估企业营销环境就是 SWOT 分析。S 表示优势(strengths)；W 表示劣势(weaknesses)；O 表示机会(opportunities)；T 则表示威胁(threats)。这四个方面合起来就全面地分析了企业的内部环境和外部环境，为企业的营销计划的制订提供了参考。

SWOT 分析法的意义可以概括为“扬长避短、趋利避害、扔掉包袱、加速发展”，具体表现在：

(1) 能够揭示企业的优势与劣势所在，使企业在营销活动中“扬长避短”。

企业在市场营销过程中要做到“以己之长，攻敌之短”，充分发挥企业的优势与长处，对劣势和弱点则应避开。SWOT 分析法可以使企业认识到自身的优、劣势所在，就能够

做到“扬长避短”。

(2) 能够明确企业面临的机会与威胁，使企业在营销活动中“趋利避害”。

抓住市场营销环境中的机遇，避开对企业有威胁的因素，是企业在市场营销过程中竭力追求的。SWOT 分析法让企业了解到外部环境中蕴含的机会和暗藏的威胁，企业就能够做到“趋利避害”。

(3) 能够让企业认识到应放弃的业务，“扔掉包袱”。

对于既处于劣势，又充满了威胁的业务，企业应果断放弃，以免影响其长远发展。SWOT 分析法能使企业认识到这些问题业务的存在，企业就能丢掉包袱、轻装上阵。

(4) 能够让企业把握住要重点推动的业务，“加速发展”。

既充满了机会，又处于优势地位的业务是企业应着力发展的业务。SWOT 分析法让企业明确了这些“黄金业务”，无疑可以使企业抓住良机，加速推动企业的发展。

(二) SWOT 分析的步骤

企业进行 SWOT 分析的具体步骤如下：

1. 收集信息

SWOT 分析实质上是机会威胁分析与优势劣势分析的综合，信息的收集也就是外部环境资料和内部环境资料两方面的收集，可以划分为三个部分：

(1) 宏观环境信息的收集；

(2) 行业(中观)环境信息的收集；

(3) 微观环境信息的收集。

在前两节中已经详细地给出了信息收集的内容、方法、来源等，这里不再赘述。

2. 信息的整理与分析

把收集到的信息分别归类到宏观环境、行业环境和微观环境后，再分析信息的含义，看其是表明了企业面临的机会还是遭遇的威胁，是反映了企业的优势还是劣势。

3. 确定企业具体业务所处的市场位置

在资料收集整理完毕后，再看企业某一项具体业务面临的环境是机会多于威胁还是威胁多于机会，企业在这项业务上是处于优势还是处于劣势，在 SWOT 分析图中标出其市场地位。

4. 拟定营销战略

企业某一项业务的市场位置确定后，就可以根据其具体情况制订相应的营销战略和策划方案，决定企业是否应加大对这项业务的投资，产品组合、促销组合各方面有哪些要改进的。

(三) 企业的 SWOT 综合分析

企业营销方案的制订就是要能充分利用优势，克服或避免劣势，抓住面临的机会，避开威胁或尽量使其损失最小，可以通过象限法来确定企业的营销战略，如图 3-5 所示。

从图中可以看出，企业的每一项具体业务都能在图中找到相应的位置，然后就可以根据它所处的象限拟定相应的营销战略。

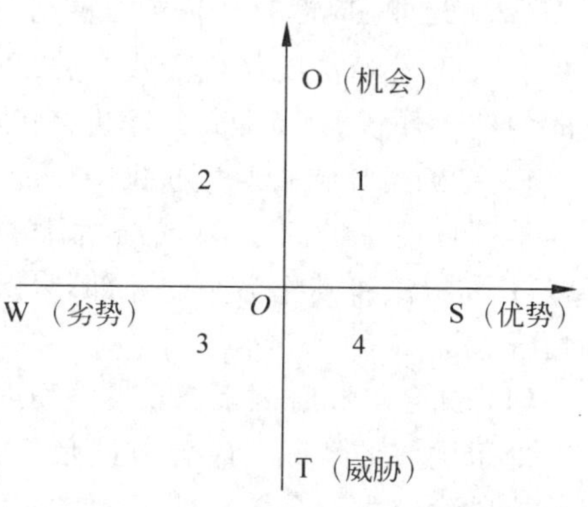

图 3-5 企业 SWOT 分析象限图

1. 扩张战略

在第一象限中，企业的外部环境中机会很多，威胁较少，同时企业在市场中又具有竞争优势，这时企业应果断扩张战略。

企业可以考虑将资金与人员集中起来，在这项业务上进行重点扩张，推动企业以超常规的速度发展。在不能及时筹集所需资金和获得需要的人员时，可以与其他企业进行合并，通过合并来扩大市场份额，取得进一步的优势。企业还可以通过兼并的方式快速扩张，兼并使企业能够获得现成的设备与人员，加速企业业务的扩大。

2. 防卫战略

第二象限中的企业业务面对的外部环境中机会多于威胁，但企业在市场中不处于竞争优势，这时企业应采取防卫战略。

因为这一业务存在着巨大的市场机会，企业在处于劣势的情况下，一方面应努力克服自身的弱点，争取化劣势为优势；另一方面也可以考虑合资，与优势企业合并以获得优势，或是与同处于劣势的企业合并，互相取长补短而形成优势。

3. 退出战略

第三象限中，企业业务所处的市场环境是威胁多于机会，同时企业在市场竞争中又处于劣势，在这种情况下，企业应采取退出战略。

在这种很难获得发展的环境下，企业应果断地选择退出该项业务，将资金与人员撤出，投入到其他业务中，退出障碍比较大的可以将其转卖给其他企业，进行资产的重组。

4. 分散战略

处于第四象限的企业业务所处的外部环境较差，威胁多于机会，但企业在市场竞争中处于优势地位，这种情况下企业应采取分散战略。

由于市场环境中威胁因素占主要地位，企业应采取多元化经营来分散风险，而企业在该项业务中占有优势，可以考虑采取相关多元化战略。另外，企业还可以通过合并或兼并来扩大实力，获取规模经济，提高抗风险能力。

企业通过进行 SWOT 综合分析，就可以确定各项业务所处的具体位置，从而采取相应的对策，促进企业的发展。

(四) 运用SWOT分析要注意的问题

SWOT分析法要与机会威胁分析、优势劣势分析结合起来运用，才能全面地剖析企业的内外部环境。SWOT分析法将机会、威胁、优势、劣势结合起来，但是存在两点不足。

1. 将机会与威胁对立起来

外部环境中的机会与威胁并非互相对立、非此即彼的两个极端，两者可以共存。SWOT分析法将其作为企业外部环境的两极，就忽略了机会与威胁因素都很多或都很少的情况。

(1) 机会与威胁因素都很多。如本节的第一小节中分析过的，这是风险型业务。企业在处于优势的情况下应着力扩张，通过合并与兼并一方面扩大规模；另一方面提高企业的抗风险能力。企业在处于劣势的情况下要做好风险收益分析，如果发现风险收益率可以接受，则应采取防卫战略，通过合资与合并的方式来获取优势；如果发现风险收益率不能接受，应采取退出战略。

(2) 机会与威胁因素都很少。如本节的第一小节中分析过的，这属于成熟型业务。企业在处于优势的情况下应采取扩张战略；在处于劣势的情况下则应采取防卫战略。

2. 不能详细列明企业的优势劣势所在

SWOT分析是综合性分析，不能详细列出企业的优势与劣势，这样就不利于企业采取相应措施化劣势为优势，获得在市场竞争中的有利位置。

因此，企业在运用SWOT分析法时，要注意与企业的机会威胁分析、优势劣势分析结合起来使用，这样才能全面地分析企业所面对的外部环境和自身的内部环境。

3.3 宣传造势

营销策划方案实施前和实施过程中，企业要注意进行对外宣传造势，这样能够扩大影响，有助于提升企业形象，改善公共关系。

一、营销策划宣传的意义

(一) 营销策划宣传最主要的作用在于促进营销策划方案的顺利实施

不同的营销策划方案所要解决的问题也不同，根据策划方案的目的进行各具特色的宣传造势，有利于处理好外部关系，促进策划方案的顺利实施。对于产品品牌的策划，宣传造势有利于品牌力的提升；对于价格策划，宣传造势有利于突出产品的市场定位；对于顾客满意策划，宣传造势有利于体现企业为顾客着想的形象。无论是哪一种营销策划，对外的宣传造势都是必要的。

(二) 营销策划宣传的功能在于传播信息

传播信息是策划宣传的立足点。营销策划中的宣传造势就是要向各有关方面传播企业的相关信息，可能是向目标顾客传送产品、价格信息，可能是向销售商传送企业销售渠道管理的信息，也可能是向社会大众传送企业的形象与理念信息。

（三）营销策划宣传有助于提升企业形象

营销策划的宣传展现了企业为提高自身的经营管理水平而作出的努力，对于塑造企业良好的形象、提升企业的知名度与美誉度有促进作用，从而能够改善企业的公共关系。当然，企业形象是日积月累形成的，并非是一时的宣传就能树立起来，而且，如果宣传的内容与实际不符，言过其实，反而会造成相反的效果。因此，策划宣传对于企业形象的作用是双方面的，应注意把握。

（四）营销策划宣传可以促进产品销售

营销策划的宣传将企业的产品信息传播出去，提高了产品的知名度，吸引了目标消费者群，使其有了尝试消费的愿望，有利于建立和促进企业与顾客的关系，促进产品的销售。同对企业形象的影响一样，过度的宣传可能会引起顾客的逆反心理，产生负面影响，应注意适度原则。

（五）营销策划宣传有利于改善公共关系

公共关系是指企业与社会各有关方面的联系和作用，公共关系已成为企业管理中的一个重要部分，包括企业与消费者、供销商、政府部门及民间组织等方面的关系。营销策划的宣传造势展示了企业改善经营管理和公共关系的决心与努力，显示了企业为消费者、为供销商、为社会大众服务的态度，有利于改善公共关系，有利于企业发展。

二、营销策划宣传的原则和对象

（一）营销策划宣传的原则

营销策划的宣传必须遵循一定的原则，否则可能适得其反，不但不能达到预期效果，反而不利于营销策划方案的实施。

1. 准确性原则

这是营销策划宣传的首要原则。真实是新闻报道的生命，对于宣传而言也是极为重要的。言过其实的宣传不仅无助于企业营销策划的顺利实施，反而令社会公众产生不信任感，有损企业形象，不利于企业的发展。即使虚假宣传为企业带来了短期利益，从长远来看也会有碍于企业的发展。

2. 及时性原则

及时的宣传才是有效的宣传，在宣传工作中时间就是效果，过早或迟到的宣传都不能达到预期的效果，应根据整个营销策划活动的实施过程适时地进行宣传，精确地安排时间表，这样才能以最少的花费达到良好的效果。

3. 针对性原则

宣传工作一定要有的放矢，对不同的对象采取不同的方法。营销策划宣传的对象也就是策划活动所要影响的目标，促销策划的宣传就应针对现实的与潜在的顾客，企业形象策划的宣传应针对社会大众。营销策划的宣传不能漫无目的，或是想“一锅端”，必须针对特定对象采取特定方法，才能达到理想的效果。

4. 适度性原则

一般人都有这种感觉，某个广告刚推出来的时候觉得新鲜，经过一段时间的重复变得熟悉，再反复出现就令人生厌了。在营销策划的宣传中要尽量避免产生这种情形，这就需要坚持适度性原则，既能让目标对象熟知将要或正在进行的活动，又不引起反感。

5. 反馈性原则

营销策划的宣传一定要注意反馈分析，将目标对象对策划活动的看法与认识及时地反馈过来，就可以进行适时的修正与补充，使活动的开展更符合目标对象的意愿，同时也能重新确定宣传的重点，突出活动的主题。

6. 创造性原则

创造性原则是指营销策划的宣传一定要有创意，不能人云亦云、毫无新意。个性化的宣传才能吸引人们的注意，为企业的营销策划活动营造良好的外部环境。创造性原则既要体现在宣传的内容上，也要体现在宣传的形式上，做到内容与形式的个性化。

（二）营销策划宣传的对象

营销策划宣传是为整个策划活动服务的，策划活动的对象也就是宣传的对象，总的来说就是企业外部的有关各方，包括：

（1）消费者，包括现实的与潜在的顾客，这是策划宣传的主体对象。

（2）社会公众。

（3）供货商。

（4）销售商。

（5）政府部门。

（6）民间社团组织。

不同的营销策划有不同的目标对象，宣传工作所针对的对象也相应有所不同。促销策划的宣传对象是消费者；分销策划的宣传对象是销售商；产品、价格策划的宣传对象包括消费者和销售商；而企业形象策划和公共关系策划的宣传对象则包括以上所有的对象。营销策划的宣传造势就应根据目标对象的不同采取不同的方法。

三、营销策划宣传的信息传播

（一）信息传播的媒介

营销策划的宣传造势是通过信息的传播来实现的，传播信息的媒介包括：报纸、杂志等公开出版物，企业自印的宣传手册，广播，电视，网络。前两种方式为印刷媒介，后三种方式为电子媒介；前四种方式为传统媒介，网络为新兴媒介。企业在宣传过程中可以交互使用这些媒介，达到理想的效果。

（二）信息传播的形式

无论通过何种媒介来传播信息，信息本身的编写都是至关重要的，在企业营销策划的宣传造势中可以运用的形式包括：

1. 广告

这是最常使用的一种形式，可以通过各种媒介进行传播，影响范围最广。广告也是要求最高的信息传达方式，因为它要求用最简洁的语言表达出最核心的含义。最少的广告语反而能让消费者记得最牢。"真诚到永远"、"原来生活可以更美的"这些广告词已经为广大消费者所熟知了，就体现了简洁的威力。

广告的另一个要求是要有创意，在广告满天飞的今天，人们对广告已经有了反感心理，但是对于有创意的好广告，人们还是乐于欣赏的。可口可乐有个这样的广告：洒满阳光的沙滩上，一只可爱的企鹅躲在躺椅后偷偷喝别人的可乐，躺在椅子上的男士伸手拿了个空，感到很困惑："咦，我的可乐到哪里去了？"炎热的海滩上出现企鹅，自然让人感到不可思议，再加上人格化的企鹅形象和戏剧化的场景都令这个广告趣味盎然，令人百看不厌。

2. 新闻稿

这是利用大众传播媒介向公众传送信息的重要手段，也是企业与新闻界保持密切联系的方式。可以由企业内部人员编写，也可由新闻记者撰写。利用这种方式传播信息，更具有说服力和可信性。新闻稿的首要要求是真实准确，虚假的新闻稿不仅使企业形象受损，也会影响到企业与新闻媒介之间的关系。新闻稿的另一个要求是及时，迟到的报道是无助于企业营销策划方案的实施的。

3. 对外宣传册

这也是常用的信息传播方式之一。宣传册包括海报、传单、小册子、产品说明书、专题报告等，常见的是海报和传单。海报和传单的制作一定要新颖，能够引起观看者的好奇心，否则就不能达到理想的效果。如果运用得当，就能以极低的代价赢得良好的效果。

"博爱生命元"曾经在成都搞过一次"宣销"投递活动，很有特色。它以卡通动物广告（活体广告）开路，鲜艳的旗帜（绘有广告语）作标识；再让投递员（全身广告）拿着传单边解说边投递；最后是小组负责人发放调查表。

4. 宣传性的文学作品

这种形式较少使用，宣传文字主要是应用性的，但也不排斥用文学作品的形式表示出来，这种方式更具有潜在影响力，也能引起公众的兴趣。

5. 多媒体作品

这是一种日渐兴起且具有发展前景的宣传形式，包括歌曲、MTV、影视短片、动画等。这种信息形式可以借助电子媒介传播，对年轻人的吸引力最大，是最具潜力的传播形式。

一些广告的制作也越来越倾向于使用这种形式，将纯粹的商业性广告转化为具有一定艺术性和欣赏性的多媒体作品。例如张信哲的广告歌曲《心要让你听见》已成为年轻人喜爱的歌曲。

3.4 企业渗透

营销策划的造势工作不仅体现在对外宣传上，对企业的内部渗透也是必要的环节。只有企业内部的认识统一了，企业员工齐心努力，才能实现企业营销策划的目标。

营销策划的企业渗透是指在企业营销策划方案实施之前和实施过程中，通过各种方式使企业全体员工了解策划方案，理解策划活动的必要性，从而支持并认真执行企业营销策划方案的过程。

一、企业渗透的作用

（一）统一内部认识

这是企业渗透最主要的作用。营销策划涉及对企业经营管理中存在的问题进行纠正与改善，充分挖掘企业潜力的过程，必然会影响到企业的某些方面，触动原有的利益关系，带来一些误解、不满和抵触。企业渗透的实质就是要协调这些关系，使企业员工深刻了解策划的必要性和可行性，保证策划方案顺利有效地实施。

（二）了解员工意见，对策划方案进行必要的修改

企业员工（包括管理层和普通员工）是最了解企业的人，他们在各自的角度上对企业经营管理过程中的一些问题有自己的认识，对营销策划方案也会有不同的看法。如果能够详细地收集员工对策划方案的意见并进行分析，一定能发现一些有益的意见和建议，将其吸收到策划案中去，就能使策划案更符合企业的实际情况，也有利于员工接受和认真执行方案。

（三）提高企业的经营管理水平，增强企业凝聚力

通过营销策划的企业渗透，管理层和普通员工之间、各个部门之间都进行了信息的交换和意见的交流，有利于企业内部关系的协调，从而增强企业的向心力和凝聚力。在企业渗透的过程中一定要注意充分重视各具体职能部门和员工的意见，将其有益部分消化吸收。不能只做表面工夫，看起来很重视，实际上并未认真对待，这样不仅会影响到策划方案的实施，还有可能让员工觉得自己不被重视，增加了企业的离心力。

（四）有利于塑造企业文化，更新企业经营理念

企业文化已逐渐成为企业的核心竞争力，未来的企业竞争很可能表现为文化的竞争，但是国内很多企业缺乏这种理念和机制。营销策划的企业渗透过程无形中加强了企业员工间的沟通，形成了良好氛围，同时也疏通了渠道，使企业文化的建立有了良好的基础。

营销策划的企业渗透过程也就是将策划案中包含的经营理念传播给企业员工的过程，让他们充分理解并认识到实施的必要性，这就有利于更新企业的营销理念。顾客满意策划要求企业员工接受CS(customer satisfaction)理念，价格策划、促销策划则要求接受市场观念、竞争观念。先进的经营理念随着企业渗透的深入被员工接受并用于实践。

（五）企业渗透本身就是营销策划方案实施过程的一部分

在企业形象策划、公共关系活动策划中，企业员工也属于策划案的实施对象，这时的企业渗透就不仅是为营销策划造势，而且也成了活动的一部分，企业员工接受和理解营销策划方案的过程也就是其实施过程。

二、企业渗透的操作方法

营销策划的企业渗透可以通过各种方法进行，具体包括：

（一）印发内部刊物

内部刊物是企业内部传递信息的重要媒介，主要有报纸和杂志两种。策划人员可以通过内部刊物向企业员工解释说明策划活动，企业员工也可以通过这种形式反馈意见。这种方式花费低，覆盖范围广，但效果有限。

（二）举行报告会

这是策划人员通过作报告来影响企业员工的一种形式，在需要传达新理念、转换员工观念时有一定效果。

（三）进行培训

这是一种较为有效的方式，通过培训可以深入地解析策划案，同时收集学员意见，但是成本高、时间长，培训范围也有限。

（四）召开座谈会

这是较常用的一种方式，通过召开座谈会或是讨论会可以充分地交流意见，容易营造出平等民主的气氛，但是涉及的人员有限，只能由企业员工代表出席与策划人员交流。

（五）填写调查表

通过发放、回收调查表的方式来收集企业员工的意见，可以较为客观地获得信息，但是员工对调查表的内容可能产生误解，影响调查结果。

（六）进行非正式沟通

策划人员不是通过正式的场合和方式与企业员工交流意见，而是以一种比较随便的方式造访员工，与之交谈。这种方式比较容易让员工说出自己的心里话，沟通的效果较好，但是涉及的范围有限，同时耗费的时间太长。

无论是哪一种企业渗透方法，都各有自己的优、缺点，策划人员要考虑综合使用，取长补短，以立体方式来和企业员工沟通，获得员工的支持，保证策划方案顺利、有效地实施。

三、企业渗透的程序

营销策划的企业渗透实际上也是信息在企业内部的传播过程。信息的传播方向有三组，如图3-6所示。

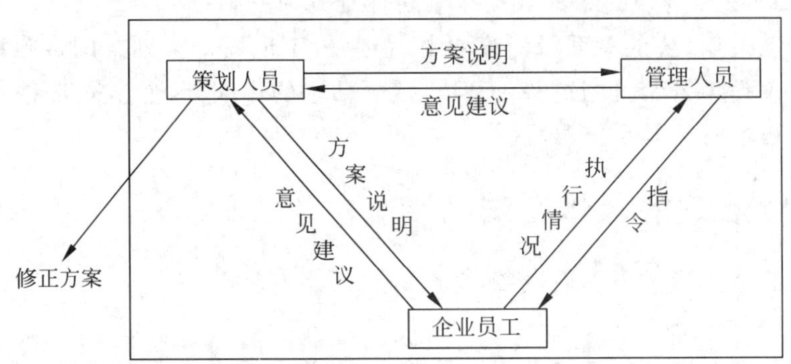

图3-6 营销策划的企业渗透的一般程序图

（一）策划人员与企业管理人员之间的信息传递

策划人员在完成策划方案后，首先会交给企业评审委员会，由其决定是否具有可行性。通过评审并作出适当修改后就会与企业管理人员沟通，让其了解策划方案的目的、程序、方法等，并寻求管理层的合作。因为策划案的实施最终要各个部门实际执行，各部门的管理者必须有充分的认识和积极的态度，否则就难以真正实施。管理人员也会对策划案提出自己的意见和建议，从各部门的角度来衡量策划案的优劣。策划人员一方面要认真听取意见；另一方面对不得不触动部门利益的要做好解释、说服工作，让其负责人了解活动的必要性，最后形成一个策划修订案。

（二）策划人员与企业一般员工之间的沟通

企业的一般员工是策划方案的具体实施者，如果不能赢得他们的支持，就算在管理层的要求下方案被执行了，也一定达不到理想效果。因此，策划人员与普通员工之间也要做好信息的沟通工作。策划人员可以通过印发内部刊物、举行报告会等形式来传达、解释策划方案，通过调查表的形式来回收信息，还可以通过座谈会、讨论会等形式来交流意见和看法。总之要使企业员工认识到策划方案实施的必要性以及自己可以在其中发挥的作用，并使策划方案更完善。

（三）企业管理人员与企业一般员工之间的沟通

在策划案为管理层和一般员工广泛接受后，管理人员根据方案的程序与步骤下达相应的指令，由一般员工具体执行。在执行过程中遇到的问题和情况应反馈到管理层，由其整理后再反馈给策划人员，由策划人员分析并找出原因，对方案进行必要的修正，再经由管理层传递给具体执行人员。

信息传播的这三组运动缺一不可，它们之间互相联系、互相作用，才能使信息迅速有效地传播，达到企业渗透的目的，为营销策划方案的实施营造内部气氛。

小结

企业总处在一定的内外部环境之中，环境影响着企业的营销活动，企业营销策划不能不把对企业营销环境的分析作为前提和基础。

企业营销的外部环境须从宏观环境和行业环境两个层次着手，分别从经济因素、法律因素、人口因素、文化因素、自然因素、技术因素几个方面加以分析。企业营销的机会威胁可分别运用机会矩阵、威胁矩阵，并将两者综合起来进行分析。

企业营销的优势劣势可从企业的制造能力、营销能力、盈利能力、抗风险能力、组织能力、发展能力等几个侧面进行加权分析。

企业的 SWOT 是将优势、劣势与机会、威胁综合在一起进行分析，依据四象限图确定营销战略。以上分析要彼此结合进行才能准确全面。

习 题

1. 营销策划的造势包括哪几个方面？
2. 营销策划的宣传应遵循哪些原则？
3. 营销策划对内渗透采取哪些步骤？
4. 营销策划对内渗透有什么作用？
5. 设计一份产品市场推广的问卷。
6. 企业外部宏观环境的分析要考虑哪些因素？
7. 企业行业环境的分析要考虑哪些因素？
8. 如何运用机会矩阵进行企业营销机会的分析？
9. 如何运用威胁矩阵进行企业营销威胁的分析？
10. 由机会和威胁综合分析可形成哪几类业务？
11. 企业营销的优势劣势分析主要从企业具备的哪些方面的能力进行量的评价？
12. 企业营销的 SWOT 综合分析如何展开？
13. 试对某企业的 SWOT 的实际状况进行综合分析。

第 4 章　营销策划的思维创意

营销策划是根据企业营销的历史、现状而谋划未来的行为。营销策划是一种创新行为，营销策划文案是智慧的凝结。营销策划要出智慧、要创新，就要把思维创意贯穿于营销策划的过程之中，创意成功与否是营销策划是否出新、出彩、别具一格的关键，从某种意义上说，创意是营销策划的灵魂。

4.1　营销策划中创意的运用

一、创意的内涵

"创意"一词是在一些特殊的范围内使用的概念。它适用于企业形象和企业活动设计与策划、广告艺术创作、市场营销技巧以及现代文化娱乐活动等。创意是人们经济、文化活动中产生的思想、点子、主意、想象等新的思维成果，是一种创造新事物、新形象的思维方式和行为。前一层是名词性的应用，后一层则是动词性的应用。如，"有什么好创意呢？"这是名词性的应用，表明创意是点子、思想的含义；"要塑造好这个企业形象，我们要好好进行创意"，这里的创意显然是要进行创造性的思维，以想出好的点子来，是指好思维活动所带来的结果。创意的核心是创造性思维。

创意是人类智慧的表现。人类生活中充满创意，人类发展离不开创意。创意导致了事物新陈代谢，也推进了人类弃旧图新的发展。创意在文学艺术、绘画、建筑等领域无处不在，在营销活动的战略、策略、战术各个环节也需要令人惊异的创意。

我国古代文学作品中创意的例子不胜枚举。如由于"春风又绿江南岸"诗句中一个"绿"字的提炼和创意，使得"到"、"至"、"回"、"返"等动词在这里黯然失色，而使人产生翠柳拂岸、莺飞草长、春水盈盈、春意盎然的联想。"鸟宿池边树，僧敲月下门"，不仅把万籁俱寂、夜色空灵的美妙意境传递给读者和感染着读者，而且使"推敲"二字成为习用俗语。再如"大漠孤烟直，长河落日圆"，"落霞与孤鹜齐飞，秋水共长天一色"等皆引起读者多少感慨和遐想！

绘画中的创意也是提高绘画作品价值的重要因素。在"野渡无人舟自横"的山水画中，一只歇于舟上的水鸟的点缀，尽点主题。在"踏花归来马蹄香"的画马图中，马蹄被蜜蜂追逐恰到好处地实现了“马蹄香”的创意。在“十里蛙声出清泉”中，齐白石不经意的几条溯泉而上的小蝌蚪，笔墨传神地描绘了十里之外蝌蚪妈妈的鼓噪呼唤。

杨丽萍编舞的《雀之灵》之所以享誉海内外，就在于她用灵巧的手指和婀娜的舞姿给舞台创造了亦真亦幻的美丽孔雀的情趣。阿房宫、黄鹤楼、岳阳楼、贵州苗家圆形土楼等建筑正因为各自承载着富有特色的文化创意，才为历史所传承并至今为人们所称道。

创意不仅使事物产生魅力，而且为广大受众带来情趣、联想和智慧的启迪，使人眼前蓦然一亮或内心怦然一动，瞬息产生共鸣，它还能引发思考、增长智力、诱发灵感。

好的营销创意应引发受众 AIDMA 这个心路历程。AIDMA 是“注意—兴趣—欲望—记忆—行动”的英文单词的缩写，即：

attention——(引起)注意

interest——(激发)兴趣

desire——(刺激)欲望

memory——(加深)记忆

action——(采取)行动

营销策划有关产品、企业、广告、品牌等的创意无非是引起人们注意导致消费者最终作出购买的决定。好的创意就是要寻求消费者的兴奋点、产品的卖点、企业的亮点、消费者对企业及其产品的共鸣点。

创意是人们主体的意与客体的象的结合。客体的表象是感性认识的产物，不具备理性的内容，表象可分为回忆性表象和想象性表象。当人们的表象转化为意象，即被作为意念、意绪、情感深深地印在人们的脑海里就变成意象。这个由表象向意象的转化过程完成后，进一步进行创造性思维，就可以形成创意。这种创意一旦作用于企业形象策划或其他有关领域，就可以形成别具一格的方案来。

创意产生于创造性的思维。创造性思维是一种辩证思维，即认为事物是运动、变化、发展的，并要用逻辑思维去把握、驾驭整个世界的万事万物的变化，而不是以形式逻辑的静态、固定要领进行推理。

创意来源于对生活的积累。创意的创新要求创意者深入观察生活、积累资料、提高知识素养，文学、美学、经济学、管理学、工艺学、结构学、生理学等学科都要全面涉及，处处留心、事事思考，日积月累、厚积薄发。

二、创意的特征

创意作为一种辩证性思维，具有不同于其他思维的特征，这些特征是：

(1) 积极的求异性。创意思维实为求异思维。求异性贯穿于整个创意形成的过程之中，表现为对司空见惯的现象和人们已有的认识持怀疑、分析和批判的态度，并在此基础上探索符合实际的客观规律。企业形象策划活动既是一种创意活动，也是一种求异活动，只有建立在积极的求异思维基础之上，才能别树一帜，引起公众广泛的关注和支持。

(2) 睿智的灵感。灵感是人们接受外界的触动而闪现出的智慧之光，它是人们在平时知识积累的基础上，在特殊情况下受到触动而迸发出来的创造力。灵感是随意迸发的，是不可刻意企求的。但灵感是思维的积累，有知识、经验的积累，才有灵感的迸发。灵感产生于有准备的头脑。

(3) 敏锐的洞察力。洞察力是以批判的眼光，准确入微、入木三分地观察并认知复杂多变的事物之间的相互关系，并能提出正确的问题的能力。敏锐的洞察力是创意者提出构想和成功地解决问题的方案的基础。缺乏洞察力就会遗弃和漏掉大量的创意资源。

(4) 丰富的想象力。想象是表象的深化，想象力是人们凭借感知而产生的预见、设想。想象力是发展知识的源泉，也是推动创意发展的源泉。想象力包括联想、怀想、设想、幻想，它是思维无拘束地自由驰骋，也是智慧的发散和辐射。想象力应该是奇妙的。只有出奇的想象，才能在“山重水复疑无路”时，“柳暗花明又一村”；只有美妙的想象，才能产生诱惑力和色彩斑斓的世界。

创意是企业形象策划的生命。没有创意的策划是生硬的拼凑或无趣的模仿；只有蕴含创意的策划，才是富有鲜活个性和持久影响力的策划，才是真正意义上的策划。

三、创意在营销策划中的表现形式

营销策划及其实施的过程是企业与公众相互沟通的过程。公众印象、公众态度、公正舆论对企业形象起着重要的作用。创意则是左右公众印象、公众态度、公众舆论的源泉。

创意直接影响公众对企业的印象。印象是客观事物在人们头脑中的折射。印象的好坏取决于企业形象的好坏，企业形象的好坏最初是由创意塑造的。只有好的创意塑造出良好的企业形象，才能在公众头脑中形成良好的印象。印象是公众对企业的初步认识，印象与形象可能一致，也可能不一致。印象所反映的可能是实态形象，也可能是虚态形象。实态形象是企业实际的经营成果、水平、产品质量、利润和规模。虚态形象只是社会公众的主观印象。实态形象和虚态形象可构成三种状态，即实态形象等于虚态形象，公众印象与企业形象重合；实态形象大于虚态形象，公众印象对企业了解流于浮浅；实态形象小于虚态形象，公众印象对企业估计过高。创意就是要通过视觉识别系统、理念识别系统和行为识别系统的统一化，使企业的实态形象得到准确的传达，并使之与公众的印象重合。

创意可以影响公众的态度。态度是人们主观的内在意向，其主观性远胜于客观性。态度的倾向性较强，比起模糊的印象，显得更具稳定性。态度由认知因素、情感因素和行为因素构成，其中情感因素起主导作用。创意就是要影响公众的态度。创意影响公众态度的关键就是掌握公众的情感因素，托物寄情、借物传情、以情感人、以情动人，从而引起公众对企业态度的倾向性，使公众对企业形成良好的支持态度。

创意是引导公众舆论的依据。舆论是社会大多数公众的看法和意见，是公开在社会上发表的议论。如果说印象只是嵌于人脑的初步认知，态度只是公众个人的情感表露，那么，舆论则是社会公众彼此之间的交流和传递，因而更具有影响力和煽动性。创意更应面对社会公众舆论，并充当引导公众舆论的依据。

营销策划中好的创意必然会起到以下作用：

(1) 顺应社会时尚，顺应民意动向，把公众舆论当作塑造良好企业形象的契机；

(2) 防微杜渐，防患于未然，设计创意能预先避免不利的公众舆论，一介入社会即以令人信赖、令人钦佩的形象出现；

(3) 准确的切入点和超前的先导效应，能以石破天惊之举制造新闻，能以先人一步的远见卓识引导公众舆论，并能在企业成长过程中化危机为提升企业形象的契机。

创意寓于营销策划之中，创意是企业营销策划的灵魂。创意在营销策划中的基本表现形式有如下几种。

(一) 理论思维

理论思维是指理性认识系统化的思维方式。企业形象策划中事物发展的规律和企业形象整体要求，对策划对象进行系统思维。理论思维具有科学性、真理性，它要避开情感因素和主观愿望，对客观环境造成的机会和威胁、对企业发展的起点和可能达到的目标、对企业已具备的条件和不完善的因素都要进行理论思维。

(二) 直观思维与逆向思维

直观思维是指在生活中人们的大脑对外界事物所产生的直接感觉。它具有具体性、生动性、直接性的特点，是触发创意产生的基础。直观思维取决于人的观察力、记忆力和想象力。在企业形象策划中，对企业的发展历史和生存现状的认识就是一种直观思维。

逆向思维是指人们的思维循着事物的结果而逆向追溯事物发生的本源的思维方式。它引导人们透过事物的现象探究其本质，然后根据事物本质发展的逻辑作出与原发展态势截然相反的判断，为创意者标新立异甚至反其道而行之开拓新的思路。

(三) 形象思维与抽象思维

形象思维是创意者依据现实生活中的各种现象加以选择、分析、综合，然后进行艺术塑造的思维方式。生动性、具体性、艺术性是这种方式的特点。企业形象策划中，对企业视觉形象系统的创意、对产品品牌的确定、对企业理念广告用语的选择等都需要形象思维。

抽象思维则是用科学的抽象概念揭示事物的本质，表达认识事物的结果。它是人们在认识过程中，借助概念、判断、推理反映现实的过程。抽象思维要把具体问题抽象化再去思考，以便突破具体问题的束缚，突破层层障碍，从多角度寻求启迪，从意想不到之处加以发掘。在企业形象策划中，对企业良好形象的树立必须依赖抽象思维创意，以突破常规窠臼，另辟蹊径，别开洞天。

（四）联系思维与倾向思维

联系思维是指运用事物存在着普遍联系的哲学观点，努力发现事物之间的联系，寻求新的发展机会的思维方式。企业形象策划中有关企业行为识别系统的创意，就要用联系思维的方法。市场的开拓、广告效应、公共关系的运用、企业的拓展等无不需要联系思维。

倾向思维是指人们在思维活动中，常常依据一定的目标和倾向而进行的思维方式。在企业形象策划中，创意人的创意往往沿着如何提升企业形象，如何美化企业视觉识别系统，如何使企业的理念识别系统更具有号召力、吸引力，如何使企业的行为识别系统更具有影响力等思路进行思维，通过反复思考，有时会在有意或无意、必然或偶然中突然开窍，获取灵感，找到最好的创意。

在营销策划中，创意成功应该有如下积极效应：

(1) 企业形象独树一帜。独树一帜是企业形象鲜明、富有特色和魅力的表现，是企业实施差别化战略所追求的目标。成功的创意必须通过这一目标来体现。肯德基、麦当劳的创意都产生了这样的积极效应。

(2) 企业营销活动引人注目。引人注目是企业形象创意所追求的又一社会效果。引人注目必须依靠自身的特色，并在不知不觉、潜移默化中让社会公众接受其形象以及相关的理念、行为举措。引人注目是企业实力的扩张，也是企业个性的张扬和企业魅力的辐射。创意就是解决如何张扬、如何宣传的问题。收到引人注目的效果，创意就成功了。

(3) 借冕播誉名扬四海。营销策划还要在公共关系方面进行创意，即如何借助新闻媒介的力量，宣传企业及其产品，达到提高企业的声誉的目的。营销策划就是要依次提高企业的知名度、信赖度和美誉度。企业借新闻媒介之冕，使自身的“三度”提高了，创意也就获得了成功。

4.2 创意的步骤及开发途径

一、创意的基本步骤

创意既是思维创新，也是行为创新。创意本质上应该是丰富多彩、灵活多变、不受拘束的。它不应该墨守某种成规和固定某种模式。但为了便于初学者领会创意过程，学者们还是归纳了若干步骤。以下介绍三种基本步骤的划分方法。

（一）日本学者江川朗把创意过程划分为4个阶段、15个步骤

1. 第一阶段（含4个步骤）

(1) 发现创意对象；

(2) 选出创意对象；

(3) 明确认识创意对象;

(4) 调查掌握创意对象。

2. 第二阶段(含 4 个步骤)

(1) 描绘创意的轮廓;

(2) 设立创意目标;

(3) 探求创意的出发点;

(4) 酝酿创意,产生构想。

3. 第三阶段(含 3 个步骤)

(1) 整理创意方案;

(2) 预测结果;

(3) 选出创意方案。

4. 第四阶段(含 4 个步骤)

(1) 准备创意提案;

(2) 提案;

(3) 付诸实行;

(4) 总结。

(二) 中国台湾学者郭泰把创意过程划分为 6 个步骤

1. 界定问题:将问题弄明白,并界定清楚,使问题突出显露于众;

2. 搜集资料:从书刊、政府文件、企业档案、财务报表中获取信息,形成创意的基础;

3. 市场调查:明确目的、对象、方法、工作程序;

4. 资料整理:将资料分析、加工,转换为情报;

5. 产生创意:在对各种资料分析的基础上,触发灵感、深入思索,形成符合实际的创意;

6. 实施与检验:实施创意方案,并对创意的结果进行评价。

(三) 国内学者把创意过程划分为 6 个步骤

1. 明确目标

创意者必须弄清委托者的本意、要求并从中提炼出主题,把有限的时间与合作者的智慧汇聚其中,避免产生歧义或南辕北辙。

2. 环境分析

企业的内外部环境是进行创意的依据,因而要对企业的内外部环境分析透彻,以引发出合乎环境的正确创意。

企业的外部环境包括政治环境、社会环境、经济环境、文化环境等。

企业的内部环境包括生产状况、经营状况、管理状况等。因第 5 章有详细的分析,此处不赘述。

3. 开发信息

创意者要对企业提供的第二手资料和亲自深入企业各方面所取得的第一手资料进行认真分析,从而获取、开发信息。开发信息要借助人脑与电脑的合作,借助电脑对信息的量化分析和人脑对企业实态的感性分析进行整理加工,去粗取精,去伪存真,在反复的调研、探究、切磋的过程中,创意者不仅对情况把握十分清楚,而且产生了强烈的创意冲动,这时可进入下一步骤。

4. 产生创意

创意既是创意者灵感闪现的过程,也是一种可以组织,并需要组织的系统工作。引发创意一般要具备以下11个条件:

(1) 即刻反应的灵敏反应能力;

(2) 卓越的图形感觉;

(3) 丰富的情报信息量;

(4) 清晰的系统概念和思路;

(5) 娴熟的战略构造和控制能力;

(6) 高度的抽象化提炼能力;

(7) 敏锐的关联性反应能力;

(8) 丰富的想象力;

(9) 广博的阅历与深入的感性体验;

(10) 多角度思考问题的灵活性;

(11) 同时进行多种工作的能力。

5. 制作创意文案

创意文案或称创意报告,可分以下几个部分:

(1) 命名。命名要简洁明了、立意新颖、蕴含深远、画龙点睛。如“虎跃计划”、“蒲剑计划”等。

(2) 创意者。说明创意人的单位及主创人简况。注意适度地体现创意者的名气与信誉,使人产生信赖感。

(3) 创意的目标。突出创意的创新性、适用性,目标概述的用语力求准确、肯定、明朗,避免概念不清和模糊表达。

(4) 创意的内容。说明创意者的创意依据、对创意内容的表述,创意者赋予的内涵及创意的表现特色。

(5) 费用匡算。列支说明创意计划实施所需的各项费用及可能收到的效益,以及围绕效益进行的可行性分析。

(6) 参考资料。列出完成创意的主要参考资料。

(7) 备注。说明创意实施要注意的事项。

6. 总结

创意文案付诸实施后半年或一年要进行总结，对执行文案前后进行对比分析，以总结经验、吸取教训。

二、创意的开发途径

开发创意是研究创意、从事企业形象策划活动中的关键。开发创意的途径有如下几条。

（一）培养创意意识，克服惰性思维

人的创意意识有习惯性创意意识和强制性创意意识之分。习惯性创意意识是指不需要主体意识的主动、特别的干预就能有效地支配人的创意活动的意识。这种创意意识一经形成，就具有稳定持续的特点，因此要从小培养。强制性的创意意识是指创意意识的产生必须有主体意识的强制性干预而形成的创意意识，它受创意主体目的性支配，当创意活动的目的性达到后，这种创意意识多归于消灭。培养创意意识要从培养习惯性创意意识和强制性创意意识两个方面着手。

1. 习惯性创意意识的培养途径

习惯性创意意识的培养要从小抓起，注意开发右脑，注意从品格上加以磨炼。

(1) 开发右脑

人脑有左、右两个半球，一般认为，左脑主司逻辑思维，表现为语言、运算功能，右脑则主司形象思维，表现为形象识别、艺术鉴赏等。开发右脑，即开发人的创造性思维的核心。开发右脑就是多做一些与形象思维有关的活动，即要多用右脑。开发右脑要从幼儿开始，甚至从胚胎期开始。

① 胚胎期开发。母亲怀胎 5 个月后，可多听听优美的音乐，欣赏优美的绘画、图片或去风和日丽的户外漫步等。

② 学前开发。人的脑细胞的 70%是在 3 岁前形成的，6 岁前是脑细胞发育最旺盛的时期。此时应多运动左侧器官，如左手写画，左腿跳蹦，左耳单听等。

③ 常规教育。加强开发右脑形象思维的音乐、美术、绘画、体育、诗歌的教育。

④ 成年开发。要有意识地增加形象思维。当你记忆某一事物时，尽量记忆它的形象；当你构思一架机器时，尽量从整体上去把握其形象及其内在关系。

(2) 品格磨炼

创意性品格是一种稳定的心理品质，它一经形成，就可以激发创意意识的持续延展。

创意性品格包括：

① 尊重知识、崇尚科学、仰慕创意的品质

从小养成尊重知识、认识知识的价值，并进而崇敬知识的创造者，笃信“知识就是力量”，并鼓舞自己终生为之奋斗。对心中的偶像由仰慕而模仿，由模仿而产生强烈的创意欲望。

② 勤于思考、善于钻研、敏于质疑的习惯

勤于思考、善于钻研、敏于质疑是富于创造性的成功奥秘。这里必须摒弃惰性思维，要从小培养勤于思考的习惯，形成一天不思考新问题就有空虚感的心态。

③ 勇于探索、刻意求新、别树一帜的创新精神

这是人的精神品质的磨砺，坚定而不彷徨，勇往直前而不半途而废，致力于探究根由，锐意创新，直至获取成就。

2. 强制性创意意识的培养途径

强制性创意意识的培养途径有外部强制和自身强制之分。

外部强制是指一切由外部因素激发的创意意识，如上级布置的指令性课题、领导委派的开发任务等。对于具有一定的敬业精神和责任感的人来说，外部强制也可以在一定时期保持旺盛的创意意识。

自我强制是由自我需要的目的性而引发的创意意识。自我需要的目的性既有经济利益的需要，如奖金、转让费等，而强制自己去创意；也有个人显示心理的需要，如要借此显示自己的才能，认为发明创造是一种享受，可以满足心理上的成就欲和成功感，故强制自己去创意；更高境界的则是宏伟的抱负和崇高的理想的需要，从而激发创意意识。

如果说习惯性创意意识是一种自我行为，是自然流露，那么强制性创意则是一种自觉行为，是人们理智地驱使自己按照一定目标创意的行为。

（二）突破思维定式，训练发散思维

思维定式是一种严重的创意障碍。思维定式的要害是总是不知不觉地把人们的思维规范到旧的逻辑链上去，并确信这是唯一正确的选择，表现在生活中即：循规蹈矩、墨守成规；唯书为上、迷信权威；人云亦云、步人后尘；理性至上、囿于逻辑；谨小慎微、追求完美等。

突破思维定式的途径之一就是要训练发散思维。发散思维是指人们的思维不是沿着一个确定的方向展开，而是不受任何限制地向四面八方任意展开的一种思维方式。发散思维也称为辐射思维，它是收敛思维的对称。发散思维和收敛思维都是创意性思维的一部分。

发散思维的最大特点是其思维的流畅性、变通性和创新性。流畅性是指从一个思路转向另一个思路其阻力很小，因而在单位时间内获得的思路很多。变通性是指思路的种类变化灵活，因而易于获得种类繁多的设想。创新性则是指新提出的想法是前人不曾有过的新颖的思路。训练发散思维的主要方式有以下几种。

1. 善于进行非逻辑思维

非逻辑思维是与逻辑思维对应的。逻辑思维是指人们在感性认识的基础上，运用概念、判断、推理等形式对客观世界的反映过程。非逻辑思维则是指不需要运用概念、判断、

推理等理性思维形式，就可达到对客观世界的认识，它是人们认识过程中所产生的灵感、直觉、顿悟等的总称。

非逻辑思维是一种非线性的立体思维，它可以使人的思维从多角度、全方位去寻找新的逻辑链的起点，常常给人以突如其来的感觉，因而非逻辑思维具有很强的突破性，是创意活动中逻辑思维所不能取代的。但是，非逻辑思维的成果是朦胧的；要形成一个完整的科学理论有赖于逻辑思维的细致加工，所以，非逻辑思维与逻辑思维是不可分的，二者是创意性思维的两翼。突破思维定式就要善于进行非逻辑思维。

2. 放纵模糊性思维

模糊性思维是人类思维中不可分割的一部分。正是模糊与清晰的对立统一，才推动人类思维的发展。没有模糊，也就没有清晰，创意正是从模糊到清晰的过程。创意者在保持追求清晰、明白的思维习惯的同时，要放纵模糊思维。当思维处于模糊状态时，所出现的某些歧义或自相矛盾的含义，会激发人们的想象，突破原有的狭窄思路，而产生新的创造性思维的胚芽。李白“斗酒诗百篇”正是在放纵模糊思维的过程中产生灵感和创意的例子。

3. 解开知识链的环扣

人的思维定式往往是在被动地接受知识的过程中形成的，一切知识都是靠逻辑链串联的，突破思维定式就是要不断主动地去认识知识链的形成并主动去解开知识链的环扣，并对新知识提出大胆的假设。勇敢地进行假设是克服思维惯性和惰性的有效方法。科学就是在假设的基础上产生的。牛顿发现万有引力定律就是建立在假设的基础上的。陈景润研究 1＋1＝2 的过程就是不断进行假设，不断地对其中的某些条件进行肯定或否定，从而将研究工作步步引向深入的。营销策划的创意也要不断作出假设，用这些假设冲击原有的知识链，以求得新的发现和新的认知。

4. 独辟蹊径寻求多种答案

条条道路通罗马，条条道路通长安，任何事物发展的轨迹不可能局限于一种模式，而会有多种途径、多种前途，突破思维定式就是要独辟蹊径寻求多种答案。有一个实例可给我们很多启发：一位教授收了来自中国、美国、日本和俄罗斯的 4 位学生，教授要求他们解决一个问题，即一个烧杯盛有水，比水面低一点的杯壁上有一个小孔，水不断从小孔中涌出，如何迅速制止杯中水向外流。经思考后，4 位学生分别作了不同的回答。俄罗斯学生用一套焊接工具从杯壁外将小孔焊住；中国学生把一小张纸沿杯内壁贴到小孔处；日本人则在烧杯小孔那边的底部垫了几枚硬币，使杯子倾斜，小孔高出水面；美国人上台则把日本人的办法重复一遍，教授指出这是日本人用过的办法，美国人则说：“对！这是日本人的办法，我的办法是根据自己的需要投资引进别人开发的技术，日本人已向我转让了技术。”4 种不同的答案都达到解决问题的目的，它很好地破除了思维定式造成的单一性、凝固性的弊端，而让人们全方位、多角度地去看问题。“当你只有一个点子时，这个点子再危险不过了。”

（三）寻求诱发灵感契机，提高想象力

灵感是人类心灵深处的一种体验。人的思维有理性状态和非理性状态之分，理性状态是思维受主体意识支配的状态，是一种有控状态；非理性状态则相反，可称为无控状态。灵感是人在非理性状态条件下，由于外界的触发而在人的心灵产生突如其来的感觉。

当人的思维处于有控状态时，理性和逻辑占主导地位，人脑表现为清醒；相反，如果大脑处于非理性的无控状态时，就有可能突破思维定式，产生许多颇富创新价值的创意，但这些创意会由于缺乏理性的梳理而稍纵即逝，因此把心态调整到理性与非理性共存的临界状态才有可能诱发灵感。

(1) 当人们的意识水平在无控和有控状态反复摆动时，产生灵感几率的可能性就更大。人们的意识水平从紧张到松弛，或从松弛到紧张总要经过临界状态，反复的次数越多，产生灵感的可能性越大。

(2) 灵感的产生不可以浅尝辄止，要求人们把要解决的问题常挂心上、反复多次思考，使无控和有控状态交替出现，从而触发灵感。

(3) 对灵感的产物不能求全责备，要机敏地予以捕捉，然后进行理性加工，形成创意。

灵感的触发是与丰富的想象力分不开的，人们要获取灵感即要提高想象力，想象力是创造性思维的核心。爱因斯坦认为：“想象力比知识更重要，因为知识是有限的，而想象力囊括着世界上的一切，推动着进步，并且是知识进化的真正源泉。”提高想象力的途径主要有：

(1) 排除想象的阻力。想象的阻力就是指一切创意障碍，包括外部环境障碍，失去了创意的前提条件如资金、科研立项等；非智能障碍，如怠惰、涣散，就不会去想象；智能障碍如思维定式等。排除想象的阻力，就是要克服外部环境、智能和非智能障碍。

(2) 扩大想象的空间。这里说的想象空间是指人的知识结构的质和量所形成的个体认识空间。一般而言，想象空间是没有边界的，但是每个人的想象空间则是有差别的，知识面广、丰富的人素质高，想象空间大；相反，想象空间小。因此不断丰富各类知识、改善知识结构、提高知识水平是扩大想象空间的根本途径。

(3) 充实想象的源泉。想象产生于人脑，人脑是想象的载体，知识积累则是想象的源泉，为此要充实知识，积累素材，具体而言可以采取以下方式：

① 上天入地、海阔天空地漫谈，活跃思维，激发想象，并以“头脑风暴法”集思广益，互相激发；

② 欣赏文艺、音像作品，如诗歌、绘画、电影、电视、磁带等，从众多的文艺类型中广泛涉猎，以图厚积薄发；

③ 阅读科技、科幻资料或作品，提高思维资质，开拓想象的新空间；

④ 有意识地训练联想能力，以物及物，由此及彼，引发想象，或强制自己去想象，让思

维放松地自由翱翔。

4.3 创意的技法及效果测定

一、创意的技法

创意的常用技法由易到难有以下五种。

(一) 模仿创造法

模仿创造法是指通过模拟仿制已知事物来构造未知事物的方法。模仿创造法又分为仿生法和仿形法。

仿生法是指被模仿的已知事物是我们熟知的某种生物而进行模仿创造的方法。

仿形法是指仅仅模仿已知事物的形状而进行模仿创造的方法。

模仿创造法是人类创造性思维常用的方法。当人们欲求构建未知事物的原理、结构和功能而不知从何入手时,最便捷易行的方法就是对已知的类似事物的模仿而进行再创造。几乎所有创意者的行为最初总是从模仿创造法入手的。

模仿创造法不是抄袭、照搬,而是因时、因地、因物、因势而采取最适合的创意,对已知事物的模仿只是借鉴,是基础,通过借鉴在此基础上作出适合未知事物的选择、再造。模仿只是入门的钥匙,紧接着必须致力于创造。齐白石老人曾说过:“学我者生,似我者死。”一针见血地说明了模仿创造法不是生搬硬套地依葫芦画瓢,而要立足于创造。

模仿创造法的应用途径包括:

(1) 原理性模仿创造。即按照已知事物的运作原理来构建新事物的运作机制。例如计算机人工智能即模仿人脑神经元素设计而成。

(2) 形态性模仿创造。即对已知事物的形状和物态进行模仿而形成新事物。深圳世界之窗“锦绣中华”等微缩景观就是模仿世界各种代表国家和中华民族的形貌修建的;军人的迷彩服就是对大自然色彩的模仿性创造。

(3) 结构性模仿创造。即从结构上模仿已知事物的特点为创造新事物所用。如复式住宅来自于对双层公共汽车的结构模仿;决策树方法是对自然界中树干与树枝结构的模仿。

(4) 功能性模仿创造。即从某一事物的某种功能要求出发模仿类似的已知事物。如人们从智能相机的启发,正试图研制出全智能操作的傻瓜电脑、傻瓜汽车。

(5) 仿生性模仿创造。包括原理性仿生、技术性仿生、控制性仿生、信息性仿生等。人们以生物界事物的生存发展的原理、形状、功能为参照物,进行仿生性模仿创造。

(二) 移植参合法

移植参合法是指将某一领域的原理、方法、技术或构思移植到另一领域而形成新事物的方法。它是人们思维领域的一种嫁接现象。生物领域的嫁接或杂交可以产生新的物种，科技领域的移植、嫁接可以产生新的科技成果，同样企业形象策划可通过对不同领域、不同行业的企业的某些方面进行移植、嫁接，从而形成新的企业形象，蕴含新的创意。

移植参合法包括如下类型：

1. 原理性移植

原理性移植即把思维原理、科学原理、技术原理、艺术原理移植到某一新领域的方法。如维纳把反馈原理应用于电子线路中，形成了系统控制论；把价值工程应用于市场营销实践，便形成了营销价值分析法；把社会化大生产原理用于改造传统零售商业，就创造了连锁经营的形式等。

2. 方法性移植

方法性移植即把某一领域的技术方法有意识地移植到另一领域而形成的创造的方法。如模糊数学的产生便是美国数学家把经典数学统计理论的研究方法移植到对模糊现象的研究之中的结果；文艺界中各种戏剧的相互移植，如意大利歌剧《图兰朵》，被移植成中国川剧《中国公主杜兰朵》等。

3. 功能性移植

功能性移植即把某一种技术或艺术所具有的独特功能以某种形式移植到另一领域的方法。如将电视机的音像功能移植到计算机领域；戏剧舞台常常采用电影蒙太奇的组接，立体地进行时空转换；电影导演设计画面往往移植油画的凝重或国画的写意功能等。

4. 结构性移植

结构性移植即把某一领域的独特结构移植到另一领域形成具有新结构的事物的方法。如蜂窝是一种费料少但强度高的结构，把这一结构用于制砖，做成的蜂窝砖既能减轻墙体的重量，又能保暖、隔音；把诗歌体裁的韵律结构用于理念识别系统，能使锤炼出来的企业理念产生音韵美。

（三）联想类比法

联想类比法是指通过对已知事物的认知而联想到未知事物，并从已知事物的属性去推测未知事物也有类似属性的方法。例如，A与B两个事物，A具有a、b、c三个属性，B有a、b两个属性，通过联想类比，可推断B或许也有与A类似的属性c。维纳的《控制论》之所以有副标题《关于在动物和机器中控制和通讯的科学》，就是为了揭示动物和机器看似两类相去甚远的事物之间，通过联想类比而存在着彼此联系的规律性东西。

联想类比法包括以下类型。

1. 直接类比

直接类比即简单地在两事物之间直接建立联系的类比方法。如鲁班因野草的边缘割破手指而发明了锯子；高尔基的《海燕》，以高傲的海燕在阴霾的乌云浓重的天空中飞翔，使人联想到十月革命前的俄国沙皇统治的严峻形势与无产阶级英勇奋斗的情景。

2. 拟人类比

拟人类比即将问题对象同人类的活动进行类比的方法。赋予非人类的具体事物以人的生命及其思维和想象。企业形象设计本身就是把企业拟作人进行设计和策划，赋予人的理念、人的视觉美感和行为方式，使之在社会公众中产生美好形象。

3. 因果类比

因果类比即一种从已知事物的因果关系同未知事物的因果关系有某些相似之处，而寻求未知事物的方法。如鸟类飞行距离是与其翼长有关的，信天翁这种鸟，翼长达4米，故可连续飞行数月，于是人类研制出了远距离飞行的U-2型飞机；IBM之所以成为蓝色巨人，与其重视企业形象设计不无关系，因此，企业形象设计从美国传向世界各国，从20世纪50年代延伸到21世纪。

4. 结构类比

结构类比即由未知事物与已知事物在结构上的某些相似而推断未知事物也具有某种属性的方法。如把经济运行结构与城市交通运行结构进行类比，就可以由红绿黄指示灯对车辆的管理推及国家宏观调控与市场运作的关系。

（四）逆向思维法

逆向思维法是指按常规思维去解决问题而不见效时，反其道而行之进行逆向思维以获得意想不到的效果的方法。

逆向思维法改变了人们的固定的思维模式和轨迹而提供了全新的思维方式和切入点，这无疑拓宽了创意的渠道。如固定的8小时工作制改为非固定的弹性工作制；到商店购物改为送货上门；传统的汽车都用金属材料制造，而现代有些汽车则采用非金属的塑料制造；电动机是由电能转换成机械能的装置，发电机则是将机械能转换成电能；等等。

逆向思维与顺向思维往往交替进行，在交替使用这两种思维方法时，不断在变换解决问题的途径，这就要求人们灵活变通地思维并寻求最恰当的方法，此路不通，别谋他途，不死钻牛角尖，撞了南墙即回头。

（五）组合创造法

组合创造法是指将多种因素通过建立某种关系组合在一起从而形成组合优势的方法。组合创造法是现代生产经营活动中常用的方法。如计算机辅助设计系统是把工程绘图技术、几何造型技术、有限元计算方法及仿真技术组合在一起的结果；市场营销学是经营哲学、数学、经济学、行为学、社会学等众多学科元素组合而形成的新型学科；市场营销行为的实施则是产品、定价、分销渠道、促销等可控因素的组合；营销意识下的产品是核心产品、形式产品和延伸产品的组合。

组合的基本前提是各组成要素必须建立某种关系而成为整体。没有规则约束即为堆砌，有了规则约束才会形成新的事物。

企业商号和产品品牌的命名是由词来体现的，词是词素的组合，两个毫无关系的词素组成的词没有意义，只有两个在含义、平仄等方面建立关系组成的词才能表情达意而又优美响亮，如长虹、海尔、方正、联想、太和、索尼、奔驰等。

组合同样可以是原理组合、结构组合、功能组合、材料组合、方法组合。不论什么组合，一是要考虑其前提条件能否组合；二是要考虑组合的结果能否优化、是否有更佳的效果。

二、创意的应用效果测定

（一）创意效果测定的原则

创意效果是指应用以后对生产、销售、管理等各方面产生的影响与发挥的作用，是通过劳动消耗和劳动占用而获得的成果和效用。

创意效果按其内容划分，可分为经济效果、心理效果、社会效果。

创意效果按产品市场生命周期划分，可分为导入期的创意效果、成长期的创意效果、成熟期的创意效果、衰退期的创意效果。

创意效果按活动程序的测定划分，可分为事前测定的创意效果、事中测定的创意效果、事后测定的创意效果。

创意效果按活动周期的长短划分，可分为短期的、中期的、长期的三种类型。

创意效果的测定应遵循一定的原则，这些原则是：

1．目标性原则

在进行创意效果评价时，必须以创意目标为准则。事前评价，主要考虑目标的可行性与可用性，如果创意目标根本不可能实现，或即使能实现也对企业毫无用处，这种创意应予否定。事中评价，看其创意是否朝着既定目标前进，如果出现偏差，应及时纠正。事后评价，看创意的效果是否达到既定目标，达到了就是成功的，否则就失败了。

2．可靠性原则

即保证评价方法和手段的可靠性以及资料的可靠性，因此对创意效果的评价应由有关专家进行，以避免非专家的误导和瞎指挥。

3．综合性原则

评价创意应综合考虑创意的经济效果、社会效果和心理效果以及影响这些效果的各种相关因素，包括企业可控因素和社会不可控因素，以便准确地评价出创意的效果。

4．经济性原则

企业是以营利为目的的组织，企业行为都应考虑经济性原则，进行创意效果评价也不例外。

（二）创意效果测定的方法

1. 创意的经济效果的测定

创意的经济效果事后测定可采用以下指标进行测定：

（1）经济收益额。即创意后的经济收益较之创意前的收益的差额。

$$经济收益额=创意后的经济收益-创意前的经济收益$$

（2）成本利润率。即企业利润额与所支出的创意成本之比。

$$成本利润率=\frac{利润额}{创意成本}\times 100\%$$

（3）经济收益率。即企业经营收入总额与创意支出成本之比。

$$经济收益率=\frac{经营收入总额}{创意成本}\times 100\%$$

除了事后测定之外，还可进行事前预测和事中测定。事前预测主要是研究创意的可行性，以企业目标为准则，以实现经济效益最大化为标准，运用各种手段进行综合分析。事中测定是为了检验创意是否按计划实施，并取得预期进展，以定性分析为主。

2. 创意的社会效果的测定

创意的社会效果是指创意实施以后对社会环境包括法律规范、伦理道德、文化艺术、自然环境的影响。一般采取定性分析的方法。

创意的社会效果如能运用某种实物佐证、图表说明、相关群体评价等方法更有意义。

小结

营销策划过程是对企业整体或局部营销行为进行创造性地谋划的过程，创意正是开启策划人的智慧为企业设计鲜活个性和鲜明形象的关键活动。创意通过理论思维、直观思维与逆向思维、形象思维与抽象思维、联系思维与倾向思维等方式表现出来。创意既是思维过程也是行为过程。创意需要开发，其开发途径按习惯性和强制性两种途径分别进行。创意有模仿创造法、移植参合法、联想类比法、逆向思维法、组合创造法等技巧。创意应讲究应用效果。创意效果的测定要坚持目标性、可靠性、综合性、经济性原则，创意的实用效果要从经济角度和社会角度进行测定。营销策划的创意要力求创新，力求收到良好的经济效果和社会效果。

习题

1. 解释下列概念：

创意　理论思维　形象思维　直观思维　逆向思维　抽象思维　联系思维　倾向思

维　创意效果

2．创意的基本步骤有哪些？

3．创意的开发有哪些途径？

4．创意有哪些技法？

5．创意效果测定的原则是什么？

6．创意效果测定使用哪些方法？如何测定？

第5章　企业楔入市场策划

企业楔入市场包括新成立的企业进入已有的市场和老企业进入待开拓的新市场。企业入市是企业生存或发展之始。企业入市也是企业获得消费者认知、认同、认可的过程。企业对入市的策划往往是最迫切的，也是最重要的。好的开头是成功的一半，任何企业都希望谋求一个良好的开局。企业入市的策划是在对市场进行充分调研的基础上进行产品、市场决策的过程，一般包括入市程序的决策、对国内国际市场的分析、入市条件及市场风险的分析以及企业进入市场的规范行为策划等内容。

5.1　市场形势的判断与分析

一、市场形势判断的一般思路

企业营销决策前要对市场形势作出判断。市场形势的判断包括两个方面：

(1) 市场状态处于卖方市场还是买方市场；

(2) 市场平稳还是波动，就波动程度而言，是轻度波动还是恶性波动；就波动状况而言，是处于过热(即波动的峰顶)还是低迷、疲软(波动的谷底)。

判断市场形势主要依据下列标准：

(1) 市场总供应与总需求在总量上的比例；

(2) 市场供应结构和需求结构的适应性；

(3) 主要商品的供求比例；

(4) 市场商品量与仓储量的比例；

(5) 市场价格总水平的稳定状态；

(6) 货币流通状态、币值稳定状态、货币供求比例是否协调等。

当市场商品从总量到结构都处于供不应求的态势，价格呈上升趋势，市场形势对卖方有利，这样的市场形势是卖方市场；反之是买方市场。

当经济发展循着不平衡—平衡—不平衡循环往复地运动，反映到市场就出现了波动—平衡—波动的态势。

市场波动分轻度波动(或一般性波动)和恶性波动(市场危机)。

市场危机是大工业时期的特有现象，是市场供求比例局部乃至整体被破坏，局部乃至整个市场比例失调的状态。市场危机表现为生产过剩危机，这种生产过剩是相对的过剩而不是绝对的过剩。相对过剩是商品找不到货币，找不到购买者，生产超过了有支付能力的需求。社会主义条件下也会由经济过热、工业发展脱离农业基础、经济建设脱离国力、国民收入超分配、财政赤字等政策性控制失灵而导致市场危机。

企业应对宏观市场形势作出正确的判断，正确的判断是作出正确决策、制定明确的战略规划的前提。

市场形势的变化既有一定的规律性，又受多种因素的影响而难以完全预料。这就要求企业家随时把握市场动态、洞察变化形势，提高自身的应变能力来适应市场形势的变化。

二、企业营销应遵循的规律

企业营销都必须遵循市场规律、坚持市场原则、恪守市场道德。

（一）市场规律

企业应遵循以下市场规律。

1. 时间节约规律

马克思指出："正像单个人的情况一样，社会发展、社会享用和社会活动的全面性，都取决于时间的节省。一切节约归根结底都是时间的节约。"时间节约规律要求社会生产适应社会需要，社会资源的配置形成最优化组合，产品的实现能以最短的时间进行。企业营销行为遵循这一规律就是要预测企业生产的产品的适应性，保证产品结构适应社会需求比例，以防止结构性或全局性的劳动时间的浪费。

2. 价值规律

价值规律是商品价值量由社会必要劳动时间所决定的规律。价值规律既作用于生产领域，也作用于流通领域。生产领域的劳动只有符合社会需求的劳动才是社会必要劳动，同样，流通领域的劳动也只有符合社会需要的劳动才是社会必要劳动，这样才能创造或实现价值，劳动才是有效劳动。而且，要使本企业的个别劳动低于社会必要劳动才能获取超额价值和利润。

3. 供求规律

供求规律是商品供求关系与商品价格之间相互作用的规律。它包括如下三方面含义。

(1) 供求变化引起价格的变化；

(2) 价格的变化引起供求的变化；

(3) 供求与价格的相互作用引起对方变化，达到临界点后会向相反方向运动。

企业营销遵循供求规律就是要把握市场的供求动向及行情变化，以决定本企业投放市场的产品量及其价位。

4. 竞争规律

竞争规律是不同的个别价值平均化为市场价值,为此而在同种商品生产者之间产生竞争的规律。竞争规律要求企业营销过程中必须以质优、价廉、形象佳、业态独特超出同类以获取优势。竞争是处于互相对立和独立的商品生产者的最高权威,是形成社会价值的法宝。

这四种基本的市场规律是企业必须遵循的,违背这些规律将受到市场的惩罚。

(二) 市场原则

企业还必须执行下列市场原则。

1. 自愿让渡原则

这一原则要求交易双方在没有外来干预下自愿地让渡商品。它表明了交易双方共同利益要求的意志关系。

贯彻这一原则意味着以下三层含义。

(1) 排除倚仗非经济力量的强买强卖;

(2) 抵制政府、行会和经济共同体的干预,限制封锁和禁止行政垄断;

(3) 意味着贸易自由,但不等于取消贸易保护,对国际贸易仍要审时度势采取合适的贸易保护政策。

2. 等价交换原则

马克思说"商品是天生的平等派"。这一原则表明商品交换既是使用价值的交换,又是商品所有权的交换,交易双方在市场上处于同等地位。当交换双方实力悬殊时,或是供不应求,或是存在垄断,则等价交换会遭破坏。在双方交易过程中,价值是价格的轴心,价格围绕价值波动。等价交换原则对企业在市场上采取暴利行为或低于成本的强行倾销行为是一种约束。

3. 公平竞争原则

市场上的经济主体在市场竞争中要有公平的外部环境和条件,以使竞争得以正常进行。市场上无论经济主体规模大小、行业地位高低,在政治、社会、法律、文化等环境中享有公平的待遇,在同一起跑线上展开竞争。

市场上违背上述原则的事时有发生,企业一方面自身要恪守这些原则;另一方面发觉对手违背这些原则时,应据理维护上述原则。

(三) 市场营销道德

市场营销道德是人们在市场活动中应该恪守的,靠社会舆论、传统习惯和内心信念来维系的行为规范的总和。市场营销道德的基本准则是:

(1) 自愿。购买者有挑选权和退换权,市场视强买强卖、不许挑选、不许退换、强行搭售为不道德。

(2) 公平。市场买卖双方应互利互惠，等值交换，平等竞争。市场视哄抬物价、弄伪售劣、商品贿赂、窃取商情、贬低竞争对手为不道德。

(3) 诚实。购买者有认知权，营销方应保证购买者知晓真实情况，市场视虚假的特价或减价、夸张的“还本销售”、隐瞒产品的缺陷或副作用为不道德。

(4) 守信。市场上买卖双方应信守承诺，严格履行合同或约定。市场视毁约或违约为不道德。

市场营销道德是意识形态。市场营销道德的形成是对市场法规的补充。只有法律、法规与道德行为的结合，才有助于市场秩序的规范，有助于市场软环境的改善。企业营销应自觉进行道德规范，讲究、维护市场营销道德应是参与市场活动的所有企业应尽的义务。

5.2 企业楔入市场的程序策划

一、企业入市的行为及过程

企业入市或称做市场进入，是企业根据自己的启动或扩张战略而决定进入一个本企业尚未涉足的行业领域或市场的行为或过程。这一界定包含以下要义：

(1) 企业入市是企业营销战略行为的启动。入市不是企业的孤立行为，它只是企业实施营销战略的最初行为，这是企业采取一系列行为之前在市场上最先的展露。

(2) 企业面对的是新的市场。此地的“新”是对该企业的营销行为而言的。新市场既指新的行业领域，也指某个地理区域，或二者兼而有之。

(3) 入市的主体是企业。常有“政府搭台、企业唱戏”的说法，但政府的行为不能取代企业行为，政府监管市场不能取代、包办企业入市。

(4) 企业入市既是一种行为，也是一个过程。即企业入市活动不能在瞬间行为中完成，必须在一段时间中完成。

企业入市作为一个过程包括三个阶段及相应的入市活动，具体如表 5-1 所示。

表 5-1　企业入市过程分期表

企业入市阶段	入市活动状态
启动期	试探性进入
开业期	正式进入
立足期	初具规模进入

(1) 试探性进入包括营销策划、调研和试销等。

(2) 正式进入包括正式成立分支机构或确立合作关系、针对当地进行广告宣传、办妥许可手续等。

(3) 初具规模进入包括连续稳定地向新市场追加销售，进行市场渗透和初期扩张等。

企业入市就内容而言，主要解决以下问题：

(1) 为什么要进入这个市场？

(2) 采取什么样的方式和途径进入这个市场？

(3) 企业入市后预计和实际上产生什么后果？

(4) 企业入市后采取哪些相应的战略战术和措施？

企业入市就其表现形式分为全面入市和单面入市两种情况。全面入市表现为既进入新的行业领域又进入新的地域；单面入市则表现为单面进入新行业领域或单面进入新地域。

企业入市是企业在市场上的生存状态，企业入市与市场占领、市场垄断是企业处于不同市场阶段和境况的范畴。市场占领是指企业入市后经过一段时期的生存竞争和扩张后已取得相当地位的一种生存状态；市场垄断则是在企业取得市场占领地位后企业在市场竞争过程中逐步淘汰了竞争对手而获得了控制市场的主动权的市场生存状态。

市场进入与市场渗透、市场扩张，也是既有联系又有区别的范畴。如果说市场进入所表达的是企业的生存状态，那么市场渗透和市场扩张则是企业生存发展的方式。市场渗透是指企业进入市场时所采取的渐进地、逐步地扩大进入范围和深度的行为。市场渗透是小心翼翼地、瞻前顾后地、较长时间缓慢运作的过程。市场扩张则是企业入市取得成功后，向更高台阶、更大目标发展的行为。相对而言，市场扩张行为是一种大胆决断、快速推进的过程。一旦这种过程纳入企业发展的整体战略，则企业的市场扩张不再是局部的行为，而是全局的行为时，企业的成长也就进入了市场扩张期。企业的市场扩张期是企业发育成长的一个阶段，企业处于市场扩张期时的市场扩张不同于企业入市后的市场扩张，企业入市后的市场扩张只是局部的、非战略性的。

二、企业入市的能力分析

营销策划面对企业入市的课题，除了明确相关概念外，还要对企业的入市能力进行分析。

市场进入能力包括市场策划调研能力、启动能力、冲破阻力能力、落地生根能力、驱逐竞争者能力等。市场进入能力如图 5-1 所示。

市场进入能力集中反映出企业的开拓创新能力和整体的经营管理水平。因为市场进入的成功意味着企业又取得了一个新的利润增长点，从而为企业的进一步发展创造了良好的条件。反之，进入失败，则不仅造成经济损失，更重要的是，还会造成双重的信心损失，即打击消费者的信心和自己对企业开拓市场、进入新市场的信心。市场进入能力强，则企业扩张和发展能力强；市场进入能力弱，则意味着企业只能在原有基础上缓慢运作，

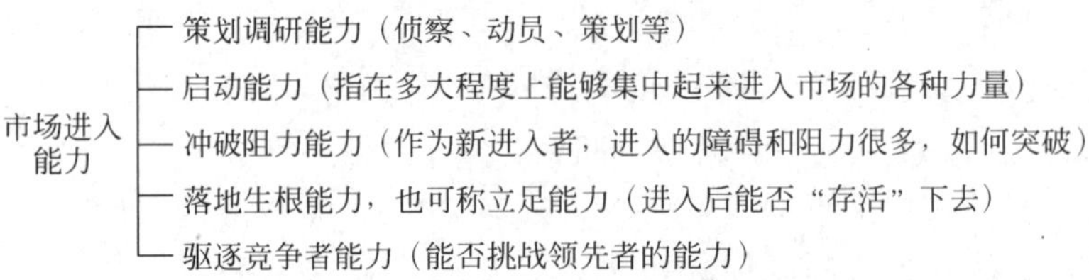

图 5-1　市场进入能力构成

如果难以灵活转换生产经营活动，就可能被淘汰。

市场进入能力主要体现在以下几方面：

(1) 选择突破口的能力。很多企业的市场进入不成功，除了定位错误、策划不周全等原因外，大多为突破口的选择不当所致。突破口不当，要么花费很大代价才能进入，要么千辛万苦还不能进入。这就像战争中的攻坚战，如果主攻方向不对，往往会影响整个战役的发展。因此，一个成功的企业总是能选准“市场切口”，轻松进入。在这方面，宝洁公司不失为一个典范，其成功的主要表现是不断地推出新产品，且推出一个成功一个。

(2) 有效突破能力。一个企业在进入市场时，即使其他各种条件都具备，也可能由于临战时的“组织进攻”能力不够或组织调度的“火力”即产品品种、供货量、广告活动、促销手段、服务保障等不到位，而败下阵来。有些企业完全是因为在进入过程中，没有有效突破当地市场的“无形火网”即民俗、文化、时尚等，根本没有唤起消费者的注意，甚至使当地消费者产生误解，结果白费了力气。

(3) 排除干扰和反排挤能力。在大多数的情况下，市场进入意味着给其他企业带来压力和损失，因为它要“分别人的饭吃”，因此，它必然要遇到除了体制、习惯、文化等干扰以外的原有企业制造的各种排挤。当亚细亚集团的“仟村百货”进入广州后，由于入市策划有误，加上自身定位及其他内、外部原因，结果遇到广州本地企业的强大阻击力量，如不让批发商给“仟村百货”送货等。在这种情况下，如果“仟村百货”有足够的抗排挤能力，那么就可以顽强地生存下去。然而，“仟村百货”似乎既认识不到这种排挤力量的来源和原因，也想不出缓解这种排挤的办法，结果在不到一年时间就被挤出场外，其行为仅仅在广州掀起了一层波浪。

与市场进入能力相联系的另一个环节就是市场进入的深度。所谓市场进入的深度，就是企业市场进入的影响范围。作为衡量市场进入深度的标准有两个，一是消费群体的面积；一是消费者心理上的认知程度。利用两个指标作图如图 5-2 所示。

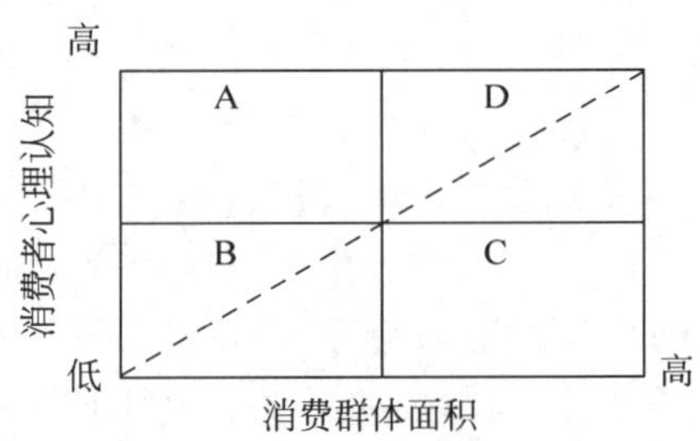

图 5-2　衡量市场进入的深度

图 5-2 表明 D 区是理想的“双高”区域；B 区是应予避免的“双低”区域；A、C 区两个区域均应作相应的有针对性的改善才能保持稳定的发展。

三、企业入市策划的流程

企业入市策划是个系统工程，策划过程包括评估产品、市场调查—确定目标市场和突破口—选择进入路径—市场营销组合要素策划—经营实施—监督并修正策划方案，如图 5-3 所示。

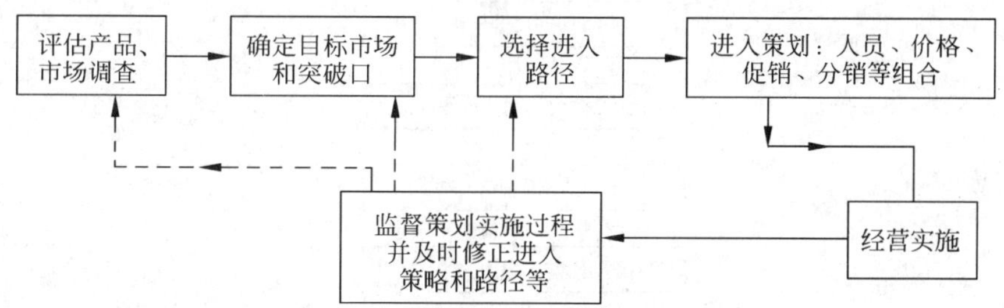

图 5-3 市场进入策划流程图

在企业入市策划中重点要解决好以下问题。

（一）拟销产品的评估

对拟销产品的评估主要涉及以下问题：

（1）拟销产品的竞争力如何？其优势与劣势各是什么？

（2）拟销产品能满足哪方面的需要？在拟进入的市场上是否存在同类需要？

（3）拟销产品的创新卖点有哪些？其面临的竞争程度如何？

（4）拟销产品的使用是否需要售后服务或互补性产品？是否具备相应的条件？

（5）拟销产品是否需要在实体样式、包装、服务等方面作出适合拟进入市场的更新？等等。

（二）拟进入的目标市场选择

拟进入的目标市场的选择可按照图 5-4 进行。

（三）发现市场空当

市场空当是指不同企业在不同类产品或同一类产品的不同型号或品种之间所形成的空隙地带。市场空当不同于潜在市场，而只是潜在市场的一部分。市场空当是指那些市场启动条件基本趋于成熟的潜在市场。市场空当属于目标市场的一种形态，它大多属于边缘市场机会。市场空当的存在是由以下原因决定的：

（1）市场天宽地阔，需求千差万别，环境千变万化，总有尚未被发现的市场空当存在；

（2）市场情况复杂，需求变化多端，总会出现生产落后于需求的空当产品；

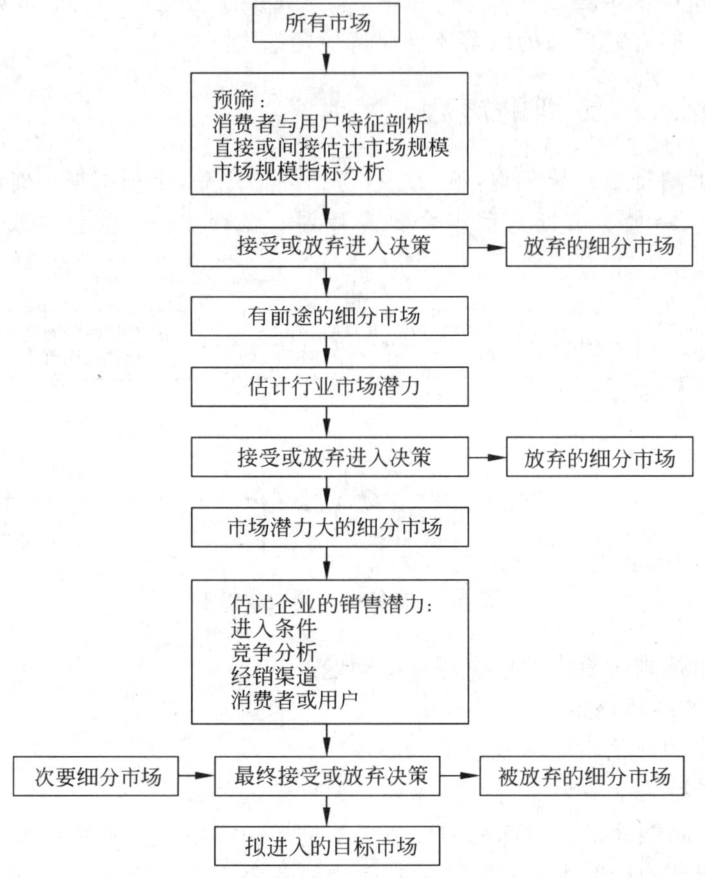

图 5-4　寻找拟进入的目标市场流程图

(3) 市场竞争激烈，企业竞争能力有限，这就会出现一些尚未有人涉足争夺的空当市场；

(4) 科技不断发展，新技术层出不穷，必然不断引发有待满足的新需求，产生新的市场空当；

(5) 经济技术发展不平衡，产品有先进，也会有落后，必然会出现开发新产品来替代落后产品的空当；

(6) 企业和人的能力及认识水平总是有限的或者有障碍的，总有许多未发现的领域，总是存在判断和选择的局限，因此，市场空当总是存在；

(7) 企业研制出一种特有产品，投入市场，引起新需求，使新的市场出现即形成新空当。

所以，市场空当总是客观存在，会不断产生，会经常出现的。无疑，那些总是跟在别人后面，在本来已经竞争激烈、发展空间很小甚至生产能力已严重过剩的领域"凑热闹"的企业，无疑是那个挥舞着长矛，勇敢地和风车打仗的堂吉诃德了。除非你拥有了某种新武器，或者是发现了新的市场，否则，显然这是不明智且反市场规律的。

（四）市场进入的营销组合要素

营销策划中市场进入是企业的战略行为。营销策划所采取的进入战略方式与一般销售方式有诸多区别，二者不能等量齐观。营销策划包括扩大市场份额，实现利润目标和投资收益率目标，实现产品、企业的市场定位目标以及销售渠道的开拓、销售网络的构建等。因此营销策划的市场进入与一般销售方式有质的区别，具体表现如表 5-2 所示。

表 5-2　市场进入战略方式与销售方式的区别对照表

	进入战略方式	销售方式
时间长度	长期（如 3～5 年）	短期
目标时间	基于对市场及销售潜力的分析作出选择	无系统选择
主要目的	建立永久性的市场地位	即刻销售
资源投入	为取得永久市场地位所必需的一切	仅仅足以获得即刻销售
进入模式	系统地选出最合适的进入模式	无系统选择
新产品开发	既为原有市场也为新市场	专为原有市场
产品更改	依据新市场买主的偏好、收入水平及使用条件对国内产品进行改进	（为满足法律与技术要求）仅对原有产品进行必要更改
销售渠道	为达到市场目的与目标而努力控制	无控制的努力
价格	不但取决于成本，而且取决于需求、竞争、目标及其他营销方针	由总成本确定，依具体销售情况作出调整
促销	广告、公关、营业推广和人员推销相组合，以达到市场目的与目标	主要限于人员推销或以中间商为主

在营销策划过程中的市场进入要素组合涉及产品、价格、销售渠道、促销四要素，具体如表 5-3 所示。

表 5-3　市场进入策划中的要素组合

产品	有形特征和无形特征的结合，将利益传递给用户。这些特征分为三个方面：实体，包装装潢（包括商标）与服务（售前及售后）。既定产品可能拥有其中一个方面、两个方面或三个方面
价格	企业的定价自主权受自身产品与市场上已有同类产品的差异程度影响
销售渠道	连接生产商与最终买主的营销环节。单个渠道运动是最后将所有权交给最终买主的一系列交易。生产商可能不拥有销售渠道机构，可能拥有一部分，也可能拥有全部
促销	卖方给最终买主、渠道成员或公众的所有通讯，旨在创建产品及公司的好形象。促销方式包括人员推销、广告、营业推广和公共宣传

5.3 企业楔入市场的战略战术策划

一、企业入市战略和战术

战略是使各个局部行动朝着一致性的方向努力的计划，战略本身不是一种目标，战略计划要设定战略目标。战术即实行战略的各种具体部署和方法。战略指导战术。

企业入市之所以要进行战略谋划，是因为企业入市行为是企业整体营销行为的一部分。确定入市战略是确定具有一致性的市场营销方向的行为。战略将贯穿于企业的一切市场营销活动，战略的全面性、深刻性、系统性、指导性长期支配着企业的市场营销行为。

企业入市战略的确定是企业在入市前对企业面临的SWOT进行全面分析的结果。一个准备有所作为的新企业要进入一个新的产业市场，它首先要面对各种必须经历的客观障碍，这些障碍包括：

1. 产品差异

在信息技术共享的今天，产品差异化已越来越具有难度，当今世界，大多数产品的差异不在产品本身，而在于产品的文化内涵与附加的服务。产品差异迫使入市者耗费巨资去建立自己的忠诚客户群，并借此对其他竞争对手入市造成障碍。对于众多拟入市者产品差异即成为障碍。

2. 规模经济

产品生产企业入市后要想获利必须谋求规模经济，规模经济是某项产品的单位成本随着绝对产量的增长而下降所形成的经济状态。企业规模经济的取得受到两个基本条件的影响：一是自己的生产能力；二是社会需求能力。企业入市要达到理想的规模经济并非易事，涉及企业每一个职能部门，其中包括制造、采购、研发、营销、服务、销售能力等方面依照规模经济的配套问题，如果有一个职能部门不能配套，根据“木桶原理”，企业的规模经济就不能实现。规模经济成为企业入市望而生畏的障碍。

3. 资本存量

企业入市需要大量的资金支持，除了生产设施、设备需要资金外，市场开发也需要大量的资金，同时企业的融资能力和进入资本市场获取资金的能力都受到自身原有资本存量的限制，企业拥有资本存量的多少影响着企业入市的可能与顺利程度。资本拥有量也是企业入市的重要障碍。

4. 流通渠道

产品的市场实现必须建立在流通渠道畅通的基础上。流通渠道通达，产品价值的市场实现顺利，该企业扩大再生产成为可能；否则，该企业往往无法继续生存下去。流通渠道也是企业能否顺利入市的关键因素，忽视了这一因素造成流通阻塞也会成为企业入市的障碍。

5. 政府政策

政府政策是维护社会经济及整个生态环境发展的宏观保证。政策上有支持、有禁止、有限制的不同态度及其措施。企业入市必须在认真研究政策导向的基础上作出决策，微观经济的发展应以社会总体进步为原则作出自己入市的正确决策；否则，盲目地筹划入市有可能正好违背了政府的政策，这样政策也成了障碍。

除上述障碍以外，还有区域壁垒、目标市场经济发展程度、文化屏障、心理情感等方面的障碍。克服这些障碍是企业入市战略要解决的诸多问题中的一部分。

从营销策划的角度看，战术就是用以显示企业在各种营销活动中的优势和达到目的的方法和行动举措。战术具有时效性、局部性、具体性和奇异性等特点。战术不能与战略相分离，每个入市企业都必须寻找选择符合战略的战术。

二、企业入市战略战术类型的选择

企业入市战略战术类型的选择是企业能否实现成功入市的关键。企业入市战略一般包括：

(1) 市场渗透战略。即采取渐进或缓慢地浸润式进入，稳扎稳打逐步扩大市场份额的战略。

(2) 借船出海战略。即借助相关企业的渠道或市场进入市场空当，然后逐步扩大市场份额的战略。

(3) 强势开发战略。即凭借自身的资金实力，聚集各方力量，对某一目标市场进行大刀阔斧、风风火火猛烈开发的战略。

(4) 总成本领先战略。即企业在进行充分市场调研的基础上，进行周密筹划以获取规模经济的态势大规模地扫荡市场，以低成本、低价位战胜竞争对手赢得市场份额的战略。

(5) 差别化战略。即致力于创造与同类产品有显著差别的特色产品和别具一格的营销方案，以便有可能成为本行业的等级领袖的战略。

(6) 密集性入市战略。即集中力量为可能的少数几个细分市场服务，而不是追求在所有市场上的份额的战略。

企业入市战略一般适用于企业进入市场及其发育成长初期一段时期内，但也不排斥企业在今后发展成长的较长时期仍然运用企业入市的战略，这要依企业当时的情况而定。但是，企业入市战略的运用又不是一成不变的，由于时间的推移和企业的变化，企业在入市后的成长发展期会变换新的战略。战略的运用存在着一个选择问题，不同时期、不同情况的企业可以选取相应的战略。

企业入市战略确定后要配合施以适当的战术，战术更是千变万化的，一般说来有以下战术可供选择：

（1）对抗战术。即与原市场力量的直接对抗。直接对抗包括正面对抗、特定对抗、价格对抗、开发对抗等。

① 正面对抗即入市企业与竞争对手以产品对产品、价格对价格、宣传对宣传的方式展开较量。采取这种战术必须十分慎重，不是自己的各方优势绝对超过竞争对手不宜采用这种战术。

② 特定对抗是正面对抗的一种修正形式。这种战术采取把进攻重点集中在特定的消费群身上，全力以赴地把这部分顾客从竞争对手那里争取过来，然后逐步巩固和扩大市场占有率。

③ 价格对抗即企业入市时着力实现规模效益、降低成本，从而在入市时以低价、降价作为主要手段与某些其他条件基本相当的对手竞争，以便顺利巩固和占领市场。

④ 开发对抗即入市企业不断开发能降低生产成本的工艺，或是提高产品性能和信誉，生产出优势产品，以开发和创造新的价值战胜竞争对手。

（2）紧逼战术。即入市企业对竞争对手采取步步为营、步步紧逼的战术，在一步步消耗竞争对手的有生力量和市场地盘后，最后达到从实力上压倒对方再战而胜之的目的。

实施紧逼战术的入市企业必须具备以下条件：

① 对竞争对手的情况了如指掌；

② 制订了明确的发展战略和市场开发方案；

③ 具备了开展积极的市场活动所必需的资金和技术；

④ 企业入市的发展态势较好。

企业入市实施紧逼战术要把握以下要点：

① 集中资源投向市场范围明确的产业市场，切忌投向范围模糊不清的市场；

② 在运用此战术的过程中要十分注重培植自身的竞争优势、修补自身的缺陷；

③ 认识紧逼不是目的，实现自身的长期发展战略才是目的，调动企业各个职能部门集中实现企业发展的长期目标。

（3）围歼战术。这是一种对竞争对手在价格上采取控制手段，在产品的种类、款式、型号、规格、花色等方面推出层出不穷的新产品以使竞争对手陷于重重包围之中的战术。

入市企业除了对竞争对手采取产品包围外，还可以采取市场包围作战的方式，即在竞争对手毗邻的市场上全场设置网点扩大销售，迫使竞争对手沦为被动防守者。

围歼战术的成功关键在于入市企业的战略目标和企业长期作战的营销理念。企业只有坚持长期的投入，才能使用围歼战术坚持下去，并且企业的战术构想受其营销理念的支配，只有具备长期作战和持续发展的营销理念的引导，才能取得这一战术的成功。

（4）迂回战术。即入市企业不把竞争的目光只盯在个别产品的局部地区某一时段的胜败得失上，而是把眼光放在更长远的目标上，在市场竞争中采取退一步进两步的方法，从其他侧面与对手展开竞争的战术。

迂回战术就其竞争范围而言更为广阔；就其竞争的内容而言则更为深刻；就其形式而言更为多样。一般说来，迂回战术有以下三种形式：

① 产品迂回，即用新产品打开新市场，以取代原有产品领域的竞争；

② 市场迂回，即实施多元化经营，从单一行业转向多个新领域；

③ 地域迂回，即向新的地区扩张。

迂回战术形式的选择，要根据竞争领域迂回程度的不同而定。

(5) 游击战术。即“打一枪换一个地方”的灵活机动的战术，置自身于暗地，便于自我保护，对手则处于明处，易于攻击。游击战术以逐步削弱和瓦解竞争对手、挫伤其斗志、改变双方力量的对比为目的。

游击战术一般分为市场中心和非市场中心两种形式的战术。所谓市场中心的游击战术即从几个子市场同时发起进攻袭击对手，然后建立自己的市场地位的一种战术。所谓非市场中心的游击战术是着眼于非市场的因素突袭竞争对手的战术，如从拉拢对手的优秀管理、技术人才，收集和占有对手绝密资料和信息，巧取对手的流通渠道等。

小结

企业入市首先要对市场形势进行正确分析与判断，判断分析行业市场形势的前提是准确把握国内市场的总态势。我国企业在认清形势的前提下，还要遵循市场规律，恪守市场原则和营销道德。

企业入市行为须经历三个阶段，入市之初要解决好一系列有关问题，要对自身的能力进行恰当的分析，从而作好入市的准备。企业入市的能力表现为许多方面，要根据内外部条件决定入市后是采取销售方式还是采取战略推进方式。

企业进入市场的战略战术要依据产品差异、规模经济、流通渠道、资本存量、政府政策等因素来决定战略，并在战略选择的基础上确定相应的战术。

习 题

1. 如何对市场形势进行分析和判断？
2. 市场规律、市场原则分别有哪些？营销道德包括哪些方面的要求？
3. 企业的入市能力表现在哪些方面？
4. 企业入市要依据哪些因素进行战略选择？
5. 企业入市可采取哪些战术？

第6章　企业营销定位策划

企业营销定位是指企业及其相关实体在市场上的定位。企业及其相关实体不只是企业本身，还包括企业所在的行业、企业拥有的产品群以及各种各类产品，故企业营销定位是个系统。关于企业营销定位的策划应依次予以展开。

6.1　营销定位系统分析

营销定位系统包含两个内容：一是定位主体系统；一是定位过程系统。即给“什么”定位是个系统，“怎样”定位也是个系统。营销定位系统分析就是要对这两个子系统分别予以明晰的辨识。

一、营销定位对象系统分析

营销定位是在市场上定位，那么首先必须明确是什么在市场上定位的问题，或者说是给什么在市场上定位的问题，即营销定位对象问题。营销定位对象是指需要在市场上确定自身位置及形象特征的实体，这个实体并非唯一，而应包括行业、企业、产品、品牌、广告等一系列相关实体，这些相关实体组成了市场定位的主体系统，这个系统是一个多层次的系统。一般而言，我们可以从以下几个层次来策划企业的市场定位。

(1) 行业定位。即把某行业作为一个整体在国民经济发展的诸多行业中予以定位。

(2) 企业定位。即把企业或某个机构、组织作为一个整体在其归属行业中进行定位，或在众多的企业群中进行定位。

(3) 产品定位。即对某种产品或某些关联产品组合群在消费者的心目中定位。

(4) 品牌定位。即对企业的品牌在市场上进行定位。

(5) 广告定位。即对企业广告的诉求对象定位，以提高广告的针对性和社会效益。

在以往的市场营销学中，由于缺乏对定位对象系统及其层次性的细化分析，因而使定位问题流于空泛。在这个系统中，行业定位是前提。不同的行业其面对市场的重心是不一样的，如航空业与日用化工业，珠宝业与针织业，冶金业与鞋业等，都应在市场上有不同的，甚至是差别极大的定位。企业定位与产品定位是重点。现在人们论及的定位主要是对这两个层次主体的定位，品牌定位和广告定位是连带性质的定位。品牌定位与广告定位是因企业定位与产品定位连带出现的，但又不完全等于前者，而具有自身的特点和要求。营销策划中关于营销定位的策划主要集中于对企业定位和产品定位的策划，有时也会涉及品牌定位和广告定位的策划，后者只是进行品牌管理策划或广告管理策划时才会予以考虑。

市场定位是企业及其产品对消费者心智的占领。要实现这个目标，就得切切实实地从一点一滴做起。定位是从产品开始的，可以是一件商品、一项服务，甚至是某种产品功能增减、服务方式的更换，其实质就是使企业与产品拉近距离，并从消费者的角度看问题，即采取逆向思维，由外向内，由市场到企业内部的营销行为协调一致。“只有可口可乐，才是真正的可乐”，可口可乐公司以“真正的可乐”在消费者心目中占据了独特位置。“我们是行业中的老二”，百事可乐的这一广告传递了百事可乐公司所进行的企业定位的信息，它以追随者的定位紧盯可口可乐，不仅赢得了可观的市场份额，也从可口可乐的余晖中沾了光。“七喜，非可乐”，七喜公司的反向定位为本企业与可乐类企业的产品区分开来，并树立了非可乐饮料中第一品牌的形象及地位。

二、营销定位过程系统分析

市场定位过程就是解决企业“做什么”、“在哪里做”、“为谁做”的过程，这个过程也是一个环环相扣的系统，相应的包括市场细分、确定目标市场和定位三个相互关联、依次进行的组成部分。

（一）进行市场细分

市场细分是依据消费者不同的需求特征将整体市场划分为若干个消费者群的过程，其中每一个消费者群是具有相同需求、对特定营销活动作出类似反应的子市场。市场细分是根据美国通用汽车公司（以下简称通用）在与福特汽车公司（以下简称福特）竞争中取得胜利的事例总结形成的理论。创办于 1903 年的福特实行的是专业化发展战略，初创时期一直领先于通用，1908 年成立的通用其市场占有率直至 1928 年一直低于福特。但在 1923 年，通用通过对市场需求的研究，发现消费者需求的多样性、差异化和个性化的特点，决定实施多样化发展战略。在这一战略的指导下，通用在国内的市场占有率由 1923 年的 12%，上升到 1928 年的 30%，1956 年达到 53%，远远超过福特和另一家大型汽车公司克莱斯勒，这一竞争优势一直保持到现在。通用汽车公司的多样化战略就是建立在市场细分的基础上的。随后人们对市场细分的内容进行丰富和发展，从而形成市场细分理论。市场细分就是为企业实施多样化、差异化战略服务的。

市场细分主要依据消费者由于年龄、性别、收入、家庭人口、居住地区、生活习惯等因素的决定和影响而造成不同的需求进行划分的，因而这些因素可称作细分变量。细分消费者市场所依据的变量可分为四大类：地理变量、人口变量、心理变量和行为变量，每类变量均包括若干细目，具体分类如表 6-1、表 6-2、表 6-3、表 6-4 所示。

表 6-1 地理变量依据

变量细目	典型划分
地区	欧洲；亚洲西部；东南亚；非洲
城市规模	20 万人以下；20 万～50 万人；50 万～100 万人；100 万～400 万人；400 万～600 万人；600 万～1 000 万人；1 000 万人以上
密度	城市；郊区；农村
气候	热带；寒带；亚热带；温带

表 6-2 人口变量依据

变量细目	典型划分
年龄	6 岁以下；6～11 岁；12～20 岁；21～30 岁；31～40 岁；41～50 岁；51～60 岁；60 岁以上
性别	男；女
家庭规模	1～2 人；3～4 人；5～7 人；8 人以上
家庭生命周期	青年，单身；青年，已婚；青年，有 6 岁以下子女；青年，有 6 岁以上子女；中年，有 6 岁以上子女；老年，子女在 18 岁以上；老年，无子女
职业	专业技术人员；经理、官员或业主；职员；工人；农民；学生；家庭主妇；服务人员；退休者；失业者
家庭收入	300 元以下；300～600 元；600～1 000 元；1 000～2 000 元；2 000～3 000 元；3 000～5 000 元；5 000～10 000 元；10 000 元以上
教育	文盲；小学以上；中学；大学专科；大学本科；研究生
宗教	不信教；佛教；天主教；道教；其他
种族	汉族；朝鲜族；回族；布依族
国籍	中国；印度；日本；新加坡；俄罗斯

表 6-3 心理变量依据

变量细目	典型划分
社会阶层	下层；中层；上层
生活方式	前卫型；参与型；自由型；传统型
个性	冲动型；内敛型；进攻型；保守型；自负型；活跃型

表 6-4 行为变量依据

变量细目	典型划分
时机	一般时机；特殊时机
追求的利益	经济；便利；易于购买；节约时间
使用率	不使用；少量使用；中量使用；大量使用
忠诚度	无；中等；强烈；绝对
准备阶段	不了解；了解；熟知；感兴趣；想买；准备买
对产品的态度	热情；肯定；不关心；否定；敌视

市场细分包括七个步骤：

(1) 选定产品的市场范围。范围的选定以消费者需求为标准，而不是从产品本身的特性出发。

(2) 列出选定市场范围内潜在顾客的所有需求和产品的所有效用。

(3) 评议各种需求，确定其中最迫切的几种需求作为细分的主要影响因素。

(4) 摒弃消费者共同的需求特征，保留各种差异性特征作为细分的依据。

(5) 根据不同消费者的不同需求划分相应的消费者群，并对每一消费者群予以命名。

(6) 分析每一个细分市场的不同需求、购买行为特征及产生的原因，找出各细分市场的变量细目。

(7) 分析各细分市场的规模及市场中消费者群的潜在购买力，结合本企业的资源选择目标市场。

(二) 确定目标市场

目标市场是指企业在市场细分的基础上确定作为本企业营销对象的一个或者若干个消费者群。选择目标市场的前提是进行正确的市场细分。市场细分是将异质性市场划分为若干个同质性市场的过程。目标市场确定的则是选择某一个或几个细分市场作为营销对象的决策结果。

从市场细分到目标市场的确定过程中有一个重要的环节就是对细分市场的分析评估。分析评估主要围绕三个方面展开：

(1) 细分市场的规模和潜力。主要考评细分的市场其规模与企业应市能力是否相匹配；细分市场是否具有开发潜力，其潜力的挖掘是否会引来更多的竞争者等。

(2) 细分市场特征的关联性。考评细分市场即消费者群需求特征与企业的关联性是评估细分市场对本企业的吸引力和对其他竞争对手的排斥性。

(3) 细分市场与企业目标和资源的协调性。考评细分市场与企业的目标是否一致，与企业拥有人力、物力、财力是否匹配，以避免企业资源浪费或企业资源不足，捉襟见肘，贻害企业。

确定目标市场后，企业即可进一步决定是实施成本经济型的无差异性市场策略，还是实施销售额最大化的差异性市场策略，或是限于资源有限性而实施的集中性市场策略。

(三) 明确市场定位

市场定位是企业为本企业自身和产品在公众中确立形象和位置的过程。企业通过明确的市场定位来谋求与目标市场的对接。定位不是定位对象本身的独立表现，而是定位对象在社会公众心目中由品质、特征、联想、价格、使用、购买方式等因素综合形成的特色和形象，是对消费者的攻心战。正确恰当的定位是培养消费者对产品、企业的信赖感和忠诚度的前提和法宝，也是促成销售势头形成的武器。定位准确与否直接关系到目标市场确立的准确性，定位出现偏差，会导致对目标市场认识与确立的失误。

6.2 营销定位策划

营销定位策划主要阐述如何进行产品定位、企业定位、品牌定位、广告定位。本节侧重分析产品定位和企业定位，简要涉及品牌定位和广告定位。

一、产品定位策划

产品定位是企业根据消费者对某种产品属性的重视来规划产品在消费者心目中的位置的过程和结果。企业的定位系统从产品定位开始。产品定位的关键是在消费者心目中寻求空隙，以求填补。这种空隙来自于多方面，可能是由于产品价位、购买者自身性别和年龄等因素导致的消费者内心对产品某种属性的偏好。消费者这种偏好可能导致企业对产品名称、价格、包装等方面进行有明确目标指向的设计或改进，其目的就是保证产品在顾客心目中留下值得购买的印象。

产品定位包括产品基本定位与特色定位两个层次的定位方式。

基本定位是指企业确定把自身生产的产品定位为高端产品（或称做精品）、中端产品（或称做"大路货"），还是低端产品（地摊品），以产品在消费者心目中的基本分类来定位。一般而言，价格反映产品质量，优质高价，中质中价，劣质低价。经基本定位的产品进入市场后会分为高档商品、中档商品、低档商品进入不同的销售区。

产品特色定位是指企业为突出产品的某个特色使其在消费者心目中形成突出印象。具体而言，分别有下述几种特色定位的方式。

1. 成分定位

突出产品具有某种特殊效用的成分，如双氟牙膏突出双氟这种能治牙病的成分，以赢得部分牙病患者的青睐。

2. 功能定位

强调产品的某种功能，以区别于同类产品，从而获取差异优势，如洁齿牙膏强调清洁牙齿的功能。

3. 情感定位

强调产品某种情感色彩，迎合目标市场对产品品位的需求，如"一见喜"、"福临门"等品牌传递喜悦、温馨、喜庆、祝福的情感。

4. 关联定位

将本产品与市场上的名牌联系起来，以争取竞争优势，如柴油机生产厂强调本厂是为一汽、东风汽车公司等著名生产厂家生产配套产品的厂家。

5. 竞争定位

强调本企业产品与著名品牌的相异之处来争取竞争优势，如"七喜"饮料，强调"七喜"

为非可乐型——柠檬型。

6. 多重定位

强调产品不仅具有消费者预期的某种用途，而且兼具常人未曾预期的某种用途，如“两面针”中草药药物牙膏，不仅有满足顾客洁齿的需求，还可满足顾客杀菌的需求，药物牙膏兼具洁齿和治病多重功效。

对于产品定位方法的策划，策划人可根据产品的不同情况创造性地作出各种定位策划。

二、企业定位策划

企业定位是指企业根据自身的资源状况和主导产品在消费者心目中的形象规划空隙位置的过程与结果。企业定位基于产品定位但企业定位处于定位系统的高层。企业定位是在充分认识和调动自身实力的前提下谋求社会给予统一的最佳形象的认可。企业定位亦可分为基本定位和特色定位。

企业的基本定位是根据自身的资源优势和在市场上的竞争地位作出实事求是的选择：

(1) 市场领先者，即在行业中处于领先地位。

(2) 市场追随者，即在市场中居于“第二”的地位。虽一时不能建立领导者地位，但采取与市场领先者拉在一起的做法，造成“我也是”的平起平坐的企业定位。市场追随者依据追随领先者的状态分为紧紧追随者、保持距离追随者和选择性追随者三种定位。

(3) 市场挑战者，即在同行业中虽居于次要地位，但已发起与领先者的竞争并且迅速后来居上的定位。

(4) 市场补缺者，即实力较弱的企业在市场中的某些部分实施专业化经营，以避免与主要企业发生冲突，仅对市场采取拾遗补缺的办法生产产品的定位。

企业特色定位是企业依据自身的某些突出特色以期在消费者心目中引起强烈共鸣和深刻印象的定位。在企业基本定位的前提下，每一种基本定位方式可分解为若干类特色定位方式，如领先者定位就可以分解为12类企业特色定位，如表6-5所示。

其他的基本定位方式同样可以划分为若干特色定位方式，在此不赘述。除此之外，企业特色定位还可以采取以下方式，如：

(1) 绿色定位，强调企业的环保意识和生态优化状态。

(2) 诚信定位，强调企业在恪守合同、诚实经营、信用保证等方面的特色。

(3) 文化定位，强调企业文化和企业形象特色，以期赢得社会公众的认同。

表 6-5 领先者定位方式的定位选项

定位选项	含义
市场份额领先者	企业的主导产品拥有最大市场份额
产品质量领先者	最好的或最可信的产品或服务
企业服务领先者	最迅速热情地为顾客解难
企业技术领先者	在技术运用上最具创造性
技术创新领先者	在技术运用上最具创造性
营销灵活领先者	企业及其产品最具适应性
顾客关系领先者	企业在致力于顾客关系方面最成功
企业声誉领先者	企业最具排斥力，独一无二
产品折扣领先者	产品具有最低成本、最低价格
产品价值领先者	产品具有最佳的性能/价格比
知识含量领先者	产品具备最好的功能和知识
全球竞争领先者	在国际市场上占据最佳位置

三、品牌定位策划

品牌定位是指建立或重塑一个与目标市场有关的品牌形象的过程与结果。品牌定位是以一种始终如一的形式将品牌的功能与消费心理上的需要连接起来，通过这种方式将品牌定位信息明确地传递给消费者。品牌定位与品牌化是一体两面。品牌化过程中品牌的确立是吸引消费者的认知，而品牌定位是选择途径将品牌提供给消费者的过程。如"万宝路"品牌的定位是：给强壮、外向、独立男性的品牌，他们有独立思考的能力，追求自己喜欢的生活，做自己喜欢做的事情。

消费者挑选品牌往往综合考虑品牌的功能性和品牌的表现性两个方面，而不是只考虑其中的一个方面。品牌的功能性是指品牌满足消费者物质需要的特性；品牌的表现性则是指品牌有助于消费者表达自身情绪、特定身份或资格的特性。品牌的功能性与表现性的综合考虑会有四种结果，如图 6-1 所示。

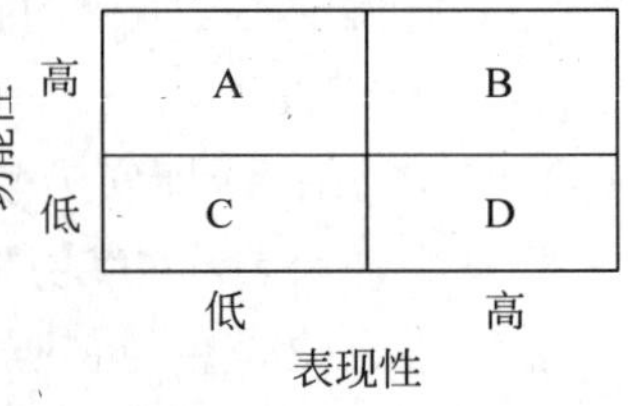

功能性 \ 表现性	低	高
高	A	B
低	C	D

图 6-1 品牌的功能性与表现性综合图

企业品牌定位要依据品牌的基础产品的价值来进行选择。

品牌定位是产品定位派生的。一般而言，产品定位决定品牌定位，但品牌定位又不能完全由产品定位代替。如，"金利来领带，男人的世界"是给"金利来"领带这种商品在定位，表明该企业专门只生产为男人所用的领带，言下之意，不涉及男人的其他服饰用品。而"金利来，男人的世界"，虽只减掉了一个词"领带"，但定位对象却发生了变化，即为"金利来”这个品牌在定位,“金利来”品牌不仅包含了传统的领带产品,还包括了男人所用的其他饰物(服装、皮带、皮鞋等),“金利来”的定位传递了该企业同心多元化的发展等重要信息。当然,在许多情况下,产品定位和品牌定位是一致的。强调品牌定位是企业实施名牌战略的需要,也是企业采取多品牌策略和品牌延伸策略的需要。当涉及一品多牌或多品一牌时就要研究品牌定位。

品牌定位在于张扬品牌的个性形态,具体表现为:

(1) 以吉祥物作品牌迎合部分消费者的心理需要,如“鳄鱼”、“喜登路”等。

(2) 凸显美好的诉求,如“洁尔”、“可口可乐”、“金利来”等。

(3) 显示某种特殊的气质,如“绿丹兰”显示高贵、显赫、与众不同和冷冷的傲气。

(4) 体现一种归宿感,如“李维斯”牛仔裤满足消费者融入西部牛仔族群的一种向往。

四、广告定位策划

广告定位是指实现广告主题及其创意的过程和结果。广告定位是产品定位和企业定位派生的。广告的主题即产品定位或企业定位的诉求点;广告创意则是引发消费者注意、激发兴趣、刺激欲望、加深印象、采取行动的一种构思。

广告的主题取决于产品定位或企业定位的主题,产品定位或企业定位的诉求可以是产品的效用与质量,也可以是产品价格、服务品质,或者是一种精神、意念、情感、概念等。广告的主题和与之对应的产品或企业定位的诉求是基本一致的。广告创意是如何选择一种最佳方式表达广告的主题的呢?过去那些“誉满全球”、“省优、部优、国优”的空调广告乏味而缺少创意,主题不明,已为广大消费者所不屑一顾,而且十分反感。“南方黑芝麻糊”的温馨,“太阳神”的蓬勃朝气,“喝孔府宴酒,做天下文章”的豪情都在准确的广告定位中展示了广告及其背后的产品、企业的魅力。

广告定位的方式也是多种多样的,常见的有如下几种:

(1) 比较定位。将广告诉求产品的功能、价格、使用方式、成分等因素与同行竞争产品进行比较,以突出广告效果的定位。如天津中美史克生产的“康泰克”以“早一粒,晚一粒”的广告诉求优于其他感冒药“一日三次,一次三粒”的服用方式,并成为感冒药的领先品牌;但浙江盖天力公司针对“康泰克”存在药后发困的弱点,推出了新产品“白加黑”速效片剂,其广告诉求是“白天吃白片,不瞌睡;晚上吃黑片,睡得香”。这一有别于康泰克的广告定位在比较中显示了自身的优势。

(2) 比附定位。通过与居市场领先地位的有关参照物进行对比,寻找与其类似的优点,借以宣传品牌的定位。如 20 世纪 60 年代美国赫兹公司是租赁汽车业中的第一汽车公司,后起的“艾维斯”自知不能与其抗衡,自己甘居第二,其广告词是:“艾维斯在出租车行业仅居第二位,这正是我们更加努力的原因。”这一正确的定位使得艾维斯公司市场占有率大大提高,与排行第三的公司拉开了距离。

(3) 悖反定位。这是一种打破思维常规、从与理想相悖的角度思考问题，进行广告定位。如“万宝路”香烟的广告词是：“抽烟有百害而无一利，万宝路首当其冲。”这一诉求在尖锐地指出吸烟危害极大的同时，巧妙地将“万宝路”定位于香烟中的佼佼者位置。

(4) 更新定位。随着企业或产品更新升级，不断重新定位。如海尔产品曾有两次更新，原来用的广告导语是“真诚到永远”，第一次更新为“为您着想”，第二次更新为“海尔中国造”。海尔广告导语的更换反映了海尔广告定位的两次更新，这两次广告定位的更新取决于海尔企业发展壮大，企业战略的变换。海尔第一个阶段（初创期）是以赢得市场份额为战略目标，用企业对消费者的真诚赢得消费者的忠诚；第二个阶段是海尔实行差异化、个性化战略时期，“为您着想”充分体现海尔为不同层次、不同境况的顾客服务的诉求；第三个阶段则是海尔实现国际化战略时期，“海尔中国造”打的是中国牌，是面向国际市场的行为，其受众对象也随着诉求内容的变化而不断扩大范围，不断更新主题。

6.3 营销定位评估

一、营销定位的原则

企业营销活动中，市场定位系统任一层次的定位行为其目标指向均在扩大市场份额，增加新市场，推出新产品和服务并促成企业及其产品的升级换代。营销定位要遵循的最基本原则即差异化原则，不论这种差异化是实质性的，还是感觉上的，抑或是二者兼而有之。这种差异化可从以下几方面予以评估：

(1) 重要性。该差异体现的需求对消费者来说非常重要。

(2) 独占性。这种差异不易被对手模仿。

(3) 显著性。与竞争对手之间存在着明显的差异。

(4) 沟通性。能为消费者所认知和理解，易于赢得消费者的认同与欣赏。

(5) 可支付性。消费者认为因差异而支付出的费用是值得的，也乐意并有能力为此支付。

(6) 营利性。企业能够通过差异性而盈利。

企业营销定位的成功除了遵循差异化的基本原则外，还要从以下几个方面进行审视。

(1) 时代感。不同的时代有不同的时尚，营销定位忽视了时代感这个大前提就会失败。如美国奇异公司在1945年圣诞节前夕推出圆珠笔并以广告宣传为“原子时代奇妙的笔”，一时开发了市场，若在当今这样的广告导语就难以奏效。尤其是推出新的概念定位时，如果不紧扣时代脉搏，就会贻笑大方。

(2) 独创性。营销定位过程是一个不断创新的过程，人们只有不断推出新的创意，才能发掘与众不同、别具一格的定位。如，“万宝路”香烟本与美国西部牛仔、马匹没有任何联系，但“万宝路”定位策划人却挖掘了感觉上的相通点，让消费者在抽烟过程中产生联想：广袤无垠的西部草原，自然、奔放的骏马与消费者奔放的豪情尽情地释放出来，以达到渲染气氛、宣泄情怀的刺激效果。

(3) 可信性。营销定位所体现的特色应该令消费者深信不疑。不能造成言过其实、刻意夸大、难以置信的印象。这种可信性既有企业、产品本身的品质或质量作保证，又有策划中技巧的高超与诚实。

在长期市场营销实践中，不少企业进行了成功的营销定位策划，如“金利来，男人的世界”的定位；“健力宝”，运动饮料的定位；迪斯尼乐园的世界上最大的主题公园的定位；“红豆”衬衣的文化定位，很自然使人想起“红豆生南国，春来发几枝？劝君多采撷，此物最相思”的动人诗句；北京燕莎商城专门销售高档豪华商品的定位；IBM 蓝色巨人，每时每刻为每个顾客快速可靠服务的定位；通用汽车公司推行多样化战略、市场份额最大的定位等。下面仅以轿车为例，各种品牌轿车的不同定位如表 6-6 所示。

表 6-6　几种轿车的特色定位

轿车产品的品牌	定位特色
劳斯莱斯	成功男人的标志
奔驰	高贵、王者、显赫、至尊
沃尔沃	安全与耐用
桑塔纳	大众廉价型
富康	环保型

二、营销定位的误区

营销定位过程中，由于定位思想不明确或定位方式方法不当，会导致营销定位陷入误区，表现为：

(1) 无意义的定位。如某企业给生产的热水器定位，其宣传导语是：“龙头一开，热水就来。”任何热水器都具有这种功能，其导语等于白说，该产品也未能在消费者心目中形成有别于其他同类产品的印象，这种“定位”无意义。

(2) 过宽的定位。如有的企业对自己生产的矿泉水定位于“生命之水”，有的将蒸馏水定位于“雨露阳光”，这样既没有突出矿泉水、蒸馏水的特色，以“生命之水”、“雨露阳光”作比也太泛化、夸大了。只有像“农夫山泉有点甜”的定位，强调其山泉的天然性，才是较恰当的定位。又如，有的企业将板蓝根的口服液定位于“能治癌症等 10 多种疾病”，也过宽过泛，使人们对板蓝根的功能疗效反而产生怀疑。

(3) 过窄的定位。如某种发酵型乳酸饮料只定位于少年儿童，这就过窄，因而会失去更大的市场，该企业应将这种产品作出更合适的定位。

(4) 错位。有些企业在给自己生产的产品定位时，没有认真地分析消费者对本产品的心灵空隙和认可的特色，而盲目模仿成功企业定位的宣传导语，造成自己产品的错位，弄得不伦不类。如香港某企业生产的美酒"人头马"专门定位为消费者喜庆、祝捷之用，所以使用的宣传导语为："人头马一开，好运自然来。"而我国内地有些厂商盲目模仿、生搬硬套，使人啼笑皆非，像某酱油产商也东施效颦，其广告导语写道："××壶一开，好事自然来。"无独有偶，某地某制鞋厂也如法炮制："穿上××鞋，好运自然来。"

除此而外，不少企业在营销定位的宣传上还存在如下误区，这应该引起我们在策划中加以注意：

(1) 宣传虚假或华而不实，不顾及本企业是否有能力证实这种市场形象；

(2) 片面强调市场形象的塑造，而不重视企业给消费者带来的利益；

(3) 只强调功能性形象，而忽视象征性形象的塑造；

(4) 不确立企业与竞争对手的区别，反而宣传与竞争对手雷同的形象；

(5) 不了解消费者的看法，盲目宣传不受欢迎、无法吸引消费者购买的市场形象。

小结

营销定位是个系统，这个系统包括给"什么"定位子系统和"怎样"定位子系统，即营销定位对象系统和营销定位过程系统。营销定位策划则是解决如何进行具体的产品定位、企业定位等问题。产品定位和企业定位分别包括基本定位和特色定位两个层次。特色定位的方式方法分别涉及诸多方面。产品定位派生出品牌定位，品牌定位与产品定位有关联但二者不能等同。广告定位虽是产品定位和企业定位的派生品，同样后者也不能等同于前二者。广告定位有一些独特的方式。营销定位要正确、明确和准确，就必须把握营销定位的原则，防止定位陷入误区，评估营销定位主要从时代感、独创性、可信性等方面展开。

习题

1. 为什么说营销定位是个系统？这个系统是如何构成的？

2. 产品与企业特色定位分别有哪些方式方法？

3. 品牌定位与产品定位、广告定位与产品定位、广告定位与企业定位分别是什么关系？

4. 营销定位应遵循哪些原则？要防止陷入哪些误区？

5. 草拟一份某企业对产品或企业进行营销定位的策划案。

第 7 章 企业形象系统策划

企业营销的市场竞争除了表现为传统的价格竞争、质量竞争、促销方式和手段竞争外，在现代社会逐渐凸现出企业形象的竞争。西方发达国家以 IBM 公司从 20 世纪 50 年代开始，至 20 世纪 70 年代已经卷起了自塑企业形象的世纪潮。西风东渐，我国企业从 20 世纪 90 年代由南至北、由东向西开始了导入 CIS，即重塑企业形象的行动。企业形象的优势已成为企业营销成功的重要因素。对企业形象的策划成为企业营销策划的重要组成部分。

7.1 企业形象整体系统构成分析

一、企业形象的整体系统构成

企业形象整体系统习惯上简称为 CIS。CIS(corporation identity system)为企业形象识别系统。所谓企业形象识别是指一个企业区别于其他企业的标志和特征，它是企业在社会公众中占据的特定位置和确定的独特形象。

企业形象是企业的相关者对企业的整体感觉、印象和认知。企业的相关者包括消费者、竞争者、股东、投资者、企业员工、希望就职者、金融机构、原材料供应商、大众媒体、产品分销商、政府机构、社会公共团体。企业营销行为是不间断地与这些相关者的往来行为。企业形象就是企业营销活动中给这些相关者传递信息而形成的感觉、印象和认知。

企业形象的形成取决于三个因素，即公众印象、公众态度和公众舆论。公众的印象有深浅、好坏之分。公众印象与企业形象可能一致，也可能不一致。人们把公众印象所形成的企业形象分为实态形象和虚态形象。实态形象是指企业实际经营的成果、水平、产品质量、利润、规模；虚态形象是指公众(相关者)对企业的主观印象。在企业营销活动中，企业的形象就会由于其实态形象与虚态形象的同与不同构成三种不同的结果，当实态形象好于虚态形象时，表明需要导入 CIS；当实态形象逊于虚态形象时，表明导入 CIS 时陷入了误区。企业形象塑造应以赢得公众美好的印象为前提条件。

公众态度是人们内在意向的反映。公众态度较之公众印象深了一层，它是公众具有倾向性的意向，较为稳定，而印象则较为模糊、不稳定，可改变。公众态度直接影响行为。

企业形象塑造应以取悦于公众作为前提条件。

公众舆论是公众对企业持肯定或否定意见的议论，公众舆论使意向通过不同的语言表达出来了。企业美好印象的贬损也可能是公众的指责、鄙夷造成的，因而塑造企业形象要将公众引向有利面，这一点十分重要。

CIS 产生初期，在不同的国家有不同的称谓，如产业规划、企业设计、企业形象、特殊规划、设计政策、企业身份等。这些称谓都从不同角度揭示了 CIS 的特点。目前，这些称谓均为"企业识别系统"这一概念所取代，或更直接称为企业形象或企业文化。

CIS 是个整体系统，它由 MIS、BIS、VIS 三个子系统组成，这三个子系统的内涵分别是：

MIS(mind identity system)，理念识别系统；

BIS(behavior identity system)，行为识别系统；

VIS(visual identity system)，视觉识别系统。

三个子系统有机结合在一起，相互作用，共同塑造具有特点的企业形象。

企业的理念识别系统(MIS)包括：企业的经营方向、经营思想、经营作风、进取精神和风险意识等。企业的理念识别系统是 CIS 的灵魂。它是最高决策层次，是导入企业识别系统的原动力。

企业的行为识别系统(BIS)包括：对内行为与对外行为。对内行为主要指干部教育、员工培训、生活福利、工作环境、内部营销、研究发展、环境保护等管理活动。对外行为主要指市场调查、产品开发、公关活动、股市对策、公益性资助、文化性赞助等。BIS 表现为动态识别形式。

企业的视觉识别系统(VIS)包括：企业的物质设备形象(如厂房、办公楼、仓库、设备、企业标志、建筑物式样、外部装修、色彩搭配、环境绿色与美化、内部装饰格调等)、企业员工形象、产品质量形象、品牌包装形象等。VIS 表现为静态识别符号，是具体化、视觉化的传达形式，项目最多，层面最广。

MIS、BIS、VIS 三个子系统构成 CIS。三者的关系是：理念识别系统(MIS)是 CIS 的灵魂，是企业识别系统的基本精神所在，也是整个企业识别系统运作的原动力。MIS 影响企业内部的活力、制度、组织的管理与教育，并进一步对社会公益活动、消费者的参与行为的规范，即影响 BIS。最后，经由组织化、系统化、统一化的视觉识别系统(VIS)计划传达企业经营的信息，塑造企业独特的形象，达到企业识别的目标。

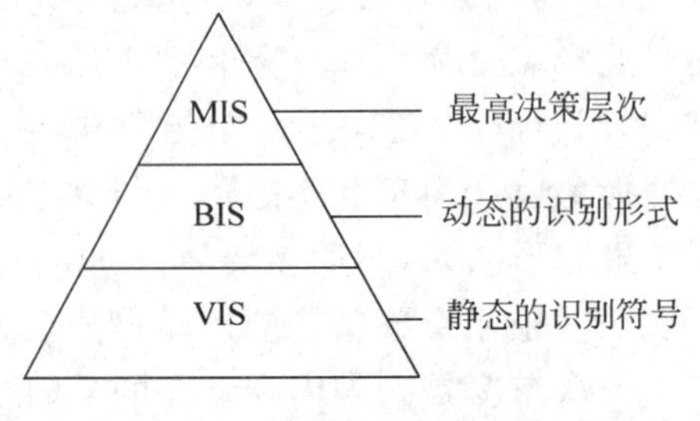

图 7-1 企业识别系统结构

企业识别系统的子系统结构如图 7-1 所示。

企业识别系统各构成子系统相互交融、彼此烘托而构筑美好的企业形象，展现企业魅力。

CIS 的魅力主要来自两方面：

首先，通过一致的价值取向和行为规范的确立，实现规范化管理，增强职工的归属感和凝聚力，从而使全体员工心往一处想，力往一处使。

其次，通过对企业的视觉要素标准化设计，有利于实现信息传播的高效率。企业视觉形象的规范化设计往往给公众以强烈的视觉冲击力。它使得消费者一眼便能认出企业和产品的品牌，并留下深刻的印象。

企业导入 CIS 形成的魅力并非来自表面的粉饰、包装、广告所构成的视觉形象，而是来自 CIS 三个子系统及其更小的各个要素的均衡发展和彼此协调，由表及里、表里如一地策划与设计的 VIS、BIS、MIS 三个子系统的全面整合，才构筑出美好的企业形象。CIS 的三个子系统各自包含的要素如图 7-2 所示。

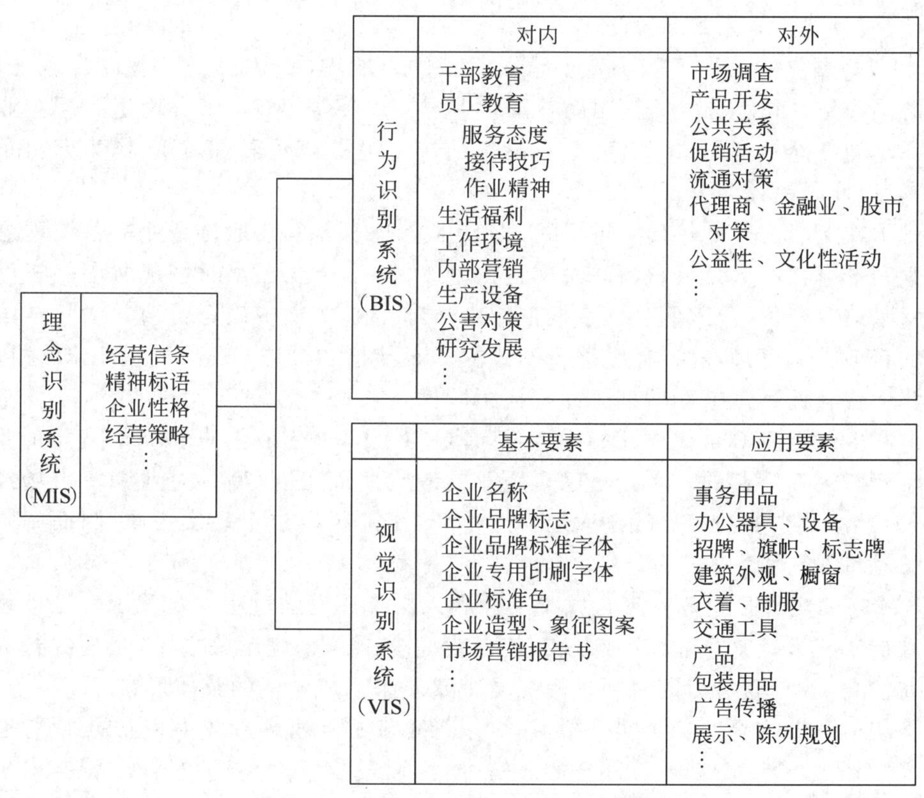

图 7-2　企业识别系统各子系统包含要素

以我国台湾食品业的统一企业为例，该企业的 MIS 为开创健康快乐的明天，兼秉承“三好一公道”(品质好、信用好、服务好、价格公道)的经营理念。

BIS 方面，推出“统一”超级商店，震动了我国台湾杂货、日用品业，吸纳各地的加盟店，开展24小时服务，在“母亲节”等节日开展慰问、赠品活动，表达了企业对社会的反哺、回馈。

VIS部分，该企业设计了可爱的小白鸽展翅迎向健康快乐的明天，暖色调的红橙色带呈现产品的营养、健康的特征；“统一”小格言的感人语句均在传达着统一公司对顾客无微不至的关怀；统一、规格化的编排模式、多元化经营的产品包装及其表现形式的同一性，都体现了该企业管理制度的健全和完善。

二、企业形象策划的实质

企业形象策划是指通过现代设计理论结合企业管理系统理论的整体运作，把企业营销管理和企业精神文化传达给社会公众，从而达到塑造企业个性，显示企业精神使社会公众对企业产生认同感，在市场竞争中谋取有利空间的整合系统的行为。企业形象策划的过程也就是俗称的“导入CIS”的过程。

对CIS侧重点的认识不同决定了导入CIS的目的不同。CIS这一概念出现之初，美国强调的是VIS，即视觉冲击力，因而美国企业导入CIS被称做“工具论型”，即企业策划导入CIS着重于企业标志、标准字体、标准色的选用等视觉元素，把CIS作为突出企业特色的工具，以此吸引社会公众的眼球。

当日本在20世纪70年代引进CIS时，日本企业不容争议地将企业的营销理念和企业文化紧密结合在一起，因而被称做“文化论型”。日本企业在当时祭起所谓的三件神器“年功序列、终身雇佣、内部两会”，它们曾作为日本企业文化中最有价值并为日本国民引以为豪的企业营销管理经验，伴随着日本式的CIS传播和推进，直至20世纪末，才因日本经济形势的变化而逐渐被新的理念和文化所取代。

中国在20世纪80年代末开始导入CIS，是与中国国有企业的改革和民营企业的蓬勃兴起紧密联系在一起的。不论是已有企业的改头换面，还是新兴企业乘着市场经济的春风成长，都涉及企业的发展战略大局，导入CIS不能脱离这个现实主题，因而中国企业导入CIS往往被称做“战略论型”。

CIS战略的实施是企业实现自我统一性和人格统一性的过程。自我统一性即使企业管理者和员工充分认知企业、认知自我，使自我完全融入企业形象之中，企业的行为准则成为自我的自觉行动规范，同时通过提高员工素质来形成企业的整体形象。

人格统一性即将企业这个实体拟人化，以管理者的经营理念成为企业的经营理念，并借助于视觉形象、企业行动形成整合的人格个性，通过媒体的传递送达社会受众，折射出企业整体的人格形象并为社会公众接受和认知。

CIS战略塑造的是企业的整体形象。商标的造型和色彩的规划只是企业形象直接冲击社会受众的视觉部分；企业的对内对外管理是借助产品营销让人感知其价值观、社会使命感等并赢得社会认同、信赖和肯定的重要内容。而这一切都源于企业的经营理念及其衍生的企业精神和企业文化。塑造企业整体形象不能失之偏颇和停留在表面。应该说塑造企业形象的过程就是构筑企业精神、培植企业文化的过程。企业形象与企业文化应为表里关系，企业形象与企业文化的整合构成企业整体形象系统。

企业整体形象战略实质上是体现企业差别化经营的一种战略。CIS 不仅是企业标识系统的设计，而且是企业整体形象设计，包括企业经营目标、社会地位、内部管理等在内的总体形象设计。企业的这种总体形象的设计就在于实现企业的自我认识和企业向社会的自我介绍，以营造最好的经营环境，并以此作为长期争夺市场的战略武器。

CIS 作为企业识别系统或身份本身包含着差别化经营的内容。企业导入 CIS 的动机也是为了从战略高度运用系统化的差别竞争策略。就 CIS 的实践而言，无论是 VIS、BIS 还是 MIS 都必须而且始终遵循"仅此一家，别无分店"的差别化思想。差别化是 CIS 的核心，没有差别就没有 CIS 的存在和发展。

CIS 脱胎于工业设计，但不能仅停留在视觉设计上。CIS 与工业设计有以下区别：

(1) 设计的基点不同。工业设计的基点是产品，是对产品的材料、结构、外观、色彩和包装进行设计；CIS 设计的基点是企业，是对企业整体的软件设计，即从经营理念、行为到视觉识别的系统设计。

(2) 行为层次不同。工业设计属于企业具体操作层次的行为，CIS 设计则是企业整体战略行为。

(3) 设计目标不同。工业设计的目标是提高产品的市场竞争力，CIS 设计则是以强化企业整体形象从而提高竞争力为目标。

CIS 也不能等同于企业管理。二者的区别在于：

(1) 目标有别。企业管理以提高员工的积极性和工作效率为目标，CIS 则是以提高企业整体竞争力为目标。

(2) 侧重点不同。企业管理侧重于协调企业内部各要素之间的关系，CIS 侧重于协调企业与外部环境的关系。

(3) 职能各异。企业管理的职能是计划、组织、控制、激励和决策，CIS 的职能是识别和整合。

CIS 战略是不能由工业设计或企业管理所取代的战略，CIS 战略的实施也不能取代工业设计或企业管理，CIS 战略是企业战略系统中的一个具有特色的组成部分。

三、中国企业导入 CIS 的动因

导入 CIS 的必要性，是随着商品经济的发展，世界各地市场出现了许多新特点而产生的。

(1) 企业普遍实施多元化经营，造成无业际区别，为了形成企业独特个性，需要采用 CIS。

(2) 商品日渐趋同，为了适应消费者认牌购买的需要，必须使企业及其产品品牌便于识别记忆,有必要实施 CIS 战略。

(3) 企业为了转换经营机制,重塑自身的形象,往往实施拯救性的 CIS 战略,这样可给企业带来下列好处:

① 树立企业新的形象,提高知名度;

② 吸引人才,提高生产力;

③ 激励员工士气,营造良好氛围;

④ 促使销量大幅度增长;

⑤ 吸引投资,推动股票价格上扬;

⑥ 增强股东的好感与信任;

⑦ 稳定企业基础,使之形成向心力、凝聚力;

⑧ 改善广告效果;

⑨ 节省促销费用和产品成本;

⑩ 便于内部管理;等等。

(4) 通过提高企业在市场上的认知力来增强企业的竞争力。在市场上,企业要面对多方面的挑战,如产业结构调整的挑战,成本挑战,竞争者的商誉信用的挑战,传播手段与媒体的挑战,消费偏好变化的挑战,社会责任的挑战等。企业只有在同质化的市场上、同质化的产品中独树一帜,建立差异化的形象,才能吸引购买者的注意,左右消费者购买的愿望。

(5) CIS 是增强企业营销力的动能。当代市场营销除了产品力本身(优等质量、精美包装、完善的保障措施,如保证、标签、条码、商标注册等)和企业的促销力(公关、广告、人员推销能力等)之外,必须引进新的动能——形象力。产品力、促销力、形象力是当今市场的"三轴力"。它们犹如发射导弹的三级火箭一样推动企业的营销活动。企业的形象力的形成是导入 CIS 的结果。反过来说,企业要拥有形象力必须导入 CIS。CIS 的突出特征就是具有自我统一性和人格统一性。自我统一性就是企业实现从理念、行动到外观的表里如一,营销者能由营销理念入手形成自我行为准则,相应地产生营销效果。企业在认知自我的循环中,按照自我行为准则进行自我检讨、自我完善,形成个性特色,在企业群中独树一帜。人格统一性就是使企业的营销理念准确地传达企业的人格形象,在向公众宣传中折射出企业对消费者关切、厚爱、深情和周到的服务,使社会公众感受到企业美好、温馨、亲切、友善的情感传递。形象力是一种更有感召力与感染力的渗透力。企业有了良好的魅力形象,就在对人们耳濡目染、潜移默化中达到促销的效果,它较之完全意义的促销更深入、更奏效。

目前我国企业一方面面临国际企业的挑战;另一方面面临经营机制转换的挑战,尤其是国有企业,过去长期囿于计划经济的圈子而不直接面对市场,往往不必考虑自身的形象,不仅企业名称陈旧、随意,易被误认、误解,企业名称与商品形象不相称,有碍于打入市场，而且企业本身营销活动性差，员工士气低落，企业行为失当，理念陈腐，与时代潮流相去甚远，可以说是到了非重塑企业形象不可的关键时刻。

世界上营销有方且有力的国家，都从企业形象到企业文化进行改革。日本是很好的例子。日本对企业形象的设计、策划和爱护到了细致入微的地步。日本的大型企业不仅以终身雇佣、年功序列、企业工会等制度维系企业内部关系，形成企业的理念、价值取向、向心力和凝聚力，而且在企业的名称、商标、标志等具体方面也毫不马虎。日本"东京通信工业公司"总裁盛田昭夫觉察到把公司全名放在产品上不易认记，读起来也不顺口后，几经推敲于 1958 年将其名改为"Sony(索尼)"，读来有音韵美。Sony 以"技术领先、品质超群"的形象立于国际市场。日本松下电器公司的"National"标志，是带着该公司的创立者松下幸之助的"要生产出像自来水一样取之不尽的电器产品满足大众的需要"这一宏大志向和产品"质量可靠、价廉物美、使用方便"的美誉扬名全球的。本田技研公司的"不模仿，以世界性的眼光来思考"的经营思想及价值观给世界树立了令人仰慕的形象。

形象力不仅可以提高企业声誉，促进销售，而且形象力本身就具有无形的价值。形象力往往集中通过商标体现出来，一些世界著名商标的身价甚至是公司的年营业额的数倍。如 1996 年"万宝路"值 446 亿美元，相当于每年营业额的 3 倍；"可口可乐"值 434 亿美元，是其年营业额的 4 倍多；"雀巢"值 105 亿美元，高于其年营业额 2 倍；"百事可乐"值 89 亿美元，是其年营业额的 2 倍。

在进入新世纪的营销中，我国企业要与世界知名企业竞争，必须有"质量兴企"、"名牌战略"意识。产品质量的标准化，名牌产品的形成需要依靠企业管理的规范化、企业知名度的提高、企业良好形象的维护和支撑。国际市场竞争的深刻性和激烈性，表现为从产品的竞争发展到产品力、促销力和形象力的全面竞争。

建立良好的企业形象可以收到许多社会效果：

(1) 信任效果。获得社会认同、好感、信赖。

(2) 缓和效果。在不利时能得到人们的谅解，减轻外界对自身的杀伤力。

(3) 领先效果。在市场竞争中取胜、领先。

据国际设计协会 1987 年的估计，企业在形象设计中每投入 1 美元，可以获得 227 美元的收益。发达国家的形象往往是和知名大企业的形象联系在一起的，像"可口可乐"、"万宝路"代表美国；"奔驰"、"宝马"代表德国；"东芝"、"富士"代表日本；"皮尔·卡丹"代表法国等。

目前，国内有战略眼光的企业相继导入 CIS，如北京新型材料集团公司、合肥美菱股份公司、四通集团、广东太阳神集团公司、南天电子信息实业集团公司、广州雅芳有限公司、中国电影城、深圳华源实业股份有限公司、中华自行车集团、上海广播器材厂、甘肃武威酒厂、海南新能源股份有限公司、第一投资公司等企业。尽管我国企业界导入 CIS 不过十几年的时间，但是它已经形成了一股冲击波，促进人们对 CIS 在营销活动中的重要性的认识。

四、企业导入CIS的模式及时机

（一）导入CIS的模式

CIS的开发是十分必要的，但企业开发CIS必须根据我国企业现状确定导入CIS的不同模式。主要有下列三种模式：

（1）预备性CIS导入模式。这是针对新建的企业而言的。在筹划新企业时，同时对企业的未来形象及企业文化进行有目的的设计和策划，包括对企业经营思想、口号、信条、标志、吉祥物、标准色、标准字体、企业形象定位、战略选择、计划实施方案、管理办法以及应用系统的设计与策划等。我国20世纪80年代后期到90年代初涌现的新型企业如太阳神股份有限公司、海南新能源股份有限公司、国邦企业股份有限公司、第一投资公司都是在企业建立之初通过企业形象策划与设计给人以全新面貌的典型。

（2）扩张性CIS导入模式。该模式是企业在成长过程中为了实现资本扩张，把企业带进高一级的发展阶段而导入CIS的模式。它是对企业革新换面、脱胎换骨的改造。这时的企业形象策划应该立足于企业原有的基础而着眼于新的发展层次和境界，对企业形象进行完全创新性的策划。

（3）拯救性CIS导入模式，或称医疗性CIS导入模式。对于众多传统型企业来说，为了重塑形象，改变旧貌而重新调整经营理念、经营行为、经营者的视觉形象，通过CIS的导入来拯救企业的生存与发展。我国绝大部分企业都面临着这样的转换。而拯救性的CIS实施比预备性CIS的实施更显困难。因为拯救性CIS导入既要创立新的形象又得基于原有的基础，对传统形象进行甄别、分析、摄取和扬弃，而在对旧的东西的改造之中常常会碰到巨大的阻力，这种来自旧传统的阻力对树立新形象所起的负效应不能低估。因此，拯救性CIS导入将伴随着企业管理体制、组织机构的一系列的改革。

这三种模式是开发CIS过程中逐步形成的。从第一次世界大战期间德国AEG公司在其系列电器产品上，首次采用彼德·贝汉斯所设计的商标，成为CIS的雏形，至20世纪50年代美国IBM公司8条线纹的标准字被誉为“蓝色巨人”、“前卫·科技·智慧”的代名词，直到今天，欧美掀起了一个又一个导入CIS的高潮，人们的观念里只有一种共同的欧美模式，而日本建立了另一种模式。

日本开发CIS比欧美晚20多年，第一个开发CIS的企业是马自达汽车公司，是在1970年。随后“大荣”百货、“伊势丹”百货、“麒麟”啤酒、“亚瑟士”体育用品等企业纷纷建立企业识别系统。稍后的“美津浓”体育用品、“富士”软件、“华歌尔”内衣等企业的CIS导入更是后来居上。

日本企业从20世纪70年代导入CIS至今，其发展过程可分为四个阶段：

第一阶段，70年代前半期。CIS的开发主要重在视觉设计的标准化、统一化，使企业标志、标准字、标准色充分体现企业形象。

第二阶段,70 年代后半期。此时日本有一些企业经营状况不景气,如“松屋”百货、小岩井乳业等企业,这些企业试图通过导入 CIS 重整企业理念,活跃员工士气,带动经营活动,扭转企业困境。因此,人们把这些企业导入 CIS 称作“拯救性 CIS”模式,或称作“医疗性 CIS”模式。

第三阶段,80 年代前半期。日本企业界出现了新的发展态势,企业以员工意识改革和体制改善为目标,以健全企业体制,防患于未然,故称之为“预防式 CIS”模式或称“预备性 CIS”模式。其代表企业有 NTT“麒麟”啤酒和石桥轮胎等著名企业。

第四阶段,80 年代后半期至今。经过前几个阶段的摸索,已形成独树一帜的日本型 CIS 了。日本型 CIS 有以下特色:

(1) 由重视外在视觉形象转向注重企业内在文化与经营理念的传达;

(2) 以人为主,强调人性化管理精神;

(3) 注重企业实际的调查及企业发展趋势的长期规划。

由此看来,开发 CIS 的两种模式是依据企业导入 CIS 时的经营状况及动机所决定的。模式虽不同,目的却是一致的。

(二) 导入 CIS 的时机

企业一旦出现以下现象,即可通过导入 CIS 来解脱困境:

(1) 企业名称老化,易被误认、误解;

(2) 企业实施多元化的经营后,企业形象的一贯性、统一性逐渐丧失;

(3) 与其他企业合并后,需重塑企业形象;

(4) 企业名称与商品形象不符;

(5) 在同行业竞争中,本企业形象竞争力处于不利地位;

(6) 企业知名度低;

(7) 企业形象不好,员工士气低落;

(8) 企业形象因营销活动中某种事故受损,产生负面效应;

(9) 旧的企业形象有碍于进军新市场;

(10) 缺少能代表企业的统一性标志;

(11) 企业某种特定的商品形象成为其他商品的障碍;

(12) 人才吸引力差;

(13) 上市股票显示企业属于劣势或遇障碍;

(14) 商品与商标形象出现分歧;

(15) 企业形象赶不上国际化形象的潮流;

(16) 当前的营销战略与企业形象无法配合; 等等。

企业导入 CIS 要寻找好的时机,以下时机可供选择和利用:

(1) 新公司成立，建成企业集团；
(2) 创业周年或若干年纪念日；
(3) 企业扩大经营内容，朝着多元化发展；
(4) 进军海外市场，迈向国际化经营；
(5) 新产品的开发与上市；
(6) 摆脱经营危机，停滞的事业出现转机；
(7) 消除负面效应，纠正企业过错，端正企业形象，使二者统一；
(8) 企业改组或经营阶段更换，全面创新；
(9) 提升品牌或品牌升格为企业商标；
(10) 竞争产品个性模糊，品牌差异性不明显；
(11) 经营理念的重整；等等。

企业在导入CIS过程中，由于对CIS的整体性、统一性、目的性、科学性认识片面，所以，往往容易进入误区。如单纯靠企业标志图案代替企业形象，企业形象仅靠征集企业标志来提高；企业标志图案运用不合规范；以为完成了VIS设计即完成了CIS设计；在对出口商品进行VIS设计时忽视了相应的外文标志，或是盲目地迎合潮流、忽视企业的个性特色；等等。

CIS是一个整体战略系统，导入这个系统是企业发展的战略行为，绝不是某种权宜措施。因此，导入CIS时，一方面要对本企业的历史、现状、未来发展前景有周详的调研；另一方面要对CIS作出整体规划和设计，即对MIS、BIS、VIS作出彼此照应的、形成耦合整体的策划，仅仅停留在VIS表面做文章就会陷入误区。

经过CIS武装的企业在市场上依据其发育状态往往呈三种境界：

(1) 新姿绰约，别具一格——是成功地开发CIS的最初境界。这样的企业偏重于VIS(视觉识别)，设计BIS(行为识别)和MIS(理念识别)尚处于初始阶段。它们往往致力于对自身新形象的宣传，通过各种媒体把本企业的标志、标准色、口号、商标、企业形象应用系统的特色等外在的东西渗入公众心目中去，它们给市场、各类传媒带来新气象，显示了经济发展的活力和起色，给人耳目一新之感。

(2) 左右逢源，独擅风流——是成功地开发CIS的第二境界。在此情境下，企业完成了VIS的对外宣传而偏重于BIS的策划与实施，企业通过若干真心真意地为消费者、为社会服务的重大举措造成社会影响，扩大知名度，提高企业声誉和魅力，从而广泛地赢得赞誉，赢得市场。

(3) 桃李不言，下自成蹊——是成功地开发CIS的目标境界。企业的VIS、BIS、MIS的实施均已定型，企业形象牢牢树立在市场上和公众心目中，市场占有率扩大，企业拥有大批忠诚的消费者。

这三种境界是循序渐进的。任何企业只要不故步自封，就能把CIS开发从表面引入里层，从形式引向实质，从设计引向实施，从投入引向产出，在新世纪的市场上，开创崭新的局面。

7.2 企业整体形象系统的核心分析

企业整体形象战略的核心在于加强企业文化建设。企业文化是企业精神文明与物质文明的总称，是企业及其职工共同持有的思想观念、价值取向和行为准则。它由经营观念文化、企业管理文化和产品营销文化所组成。任何行业的各类企业一旦走向市场参与竞争，就不能不进行必要的文化建设。现代社会的市场竞争表面上看起来是产品的竞争、价格的竞争，而实质是企业内在活力与动力的竞争，而企业的内在活力与动力正是通过企业文化现象表现出来的。加强企业文化建设是社会主义市场经济的要求，也是企业自身求生存、谋发展的内在条件。

一、企业经营观念文化

企业经营观念文化建设包括确立市场营销观念和营销道德规范。

思想观念是行为的指导思想，市场营销观念是对企业行为以"市场营销"为指导思想。市场营销是生产者个人和经济组织对经营战略和策略的计划和执行过程，以实现生产者或经济组织的经营目标的整体活动。企业市场营销的目的是满足消费者的现实或潜在的需求，其中心是实现买卖双方的交易，其手段是开展综合性的营销活动，这些活动包括对市场和消费者的研究、选定目标市场、进行产品开发和定价、选择分销渠道、采取促销措施、开展售后服务、收集反馈信息等。树立市场营销观念就是要以市场营销所包含的企业活动的目的、中心和手段来作为指导企业行为的思想观念。

显然，市场营销是现代社会大生产条件下的产物，其包容的范围远远超过了我国传统商业活动的范围。一般商业活动过程仅指商品的购、销、调、存等用来沟通生产与消费环节的过程；而市场营销的范围却广得多，企业要推动商品在国际市场流通，就得对这些特定市场实行大市场营销。企业能否切实树立市场营销及大市场营销观念，基本反映了企业文化水准。

确立社会主义的经营道德规范是企业文化不可忽视的内容。企业的社会主义道德是社会主义企业生产经营者处理与本行业或其他行业用户之间关系的行为规范的总和，包括顾全大局，相互支持；实事求是，货真价实；用户至上，服务为荣；公正无私，一视同仁等。企业经营道德与行业风气是互为依存的表里关系。职业道德是本，是核心。道德高尚，风气就正；道德败坏，风气就邪。纠正行业不正之风与树立社会主义经营道德是破与立的过程。只有破陋习，才能立新风。立新型经营道德的过程，也是破行业不正之风的过程。

企业道德水准的高低直接影响企业信誉和形象。企业信誉直接关系着产品销售、市场占有率和企业经济效益。企业对产品实行声望定价的策略，就是基于对产品信誉可带来效益的正确估计。可见，提高企业的道德水准是与企业市场营销密切相关的。

二、企业管理文化

企业管理文化集中表现为通过强化企业管理塑造优良的企业精神，即通过强化企业管理使企业具有执著的开拓精神、正确的价值取向、坚定的团体观念和完善的激励机制。

（一）执著的开拓精神

企业的开拓精神是一种强烈的发展欲望的体现，是企业发展的动力所在。企业的发展应表现为市场的开拓和产品的开发两个方面，企业亦应执著地追求市场开拓和产品开发。在市场竞争的条件下尽可能扩大本企业的市场份额；在产业集中的过程中尽可能促进企业的规模经济效益的提高，并形成产业集中的核心；在国际市场交换中，不为商品大潮所淹没而能自如地在国际市场上纵横捭阖。这种精神贯穿选型、定点和设计，产前、产中、产后。可见，市场营销活动比流通过程更长。虽然市场营销活动要与市场、商品打交道，但是又不限于商品交换。“市场营销”不是“推销”的同义语。市场营销的目的就在于使推销成为多余。美国市场营销学者菲利普·科特勒指出：“推销不是市场营销的最重要部分。推销只是‘市场营销冰山’的尖端。企业市场营销人员搞好市场营销研究，了解购买者的需要，按照购买者的需要来设计和生产适销对路的产品，同时合理定价，搞好分销、销售促进等市场营销工作，那么这些产品就能轻而易举地推销出去。”

树立市场营销观念必须转变传统经营观念。传统经营观念往往表现为生产观念和产品销售观念。生产观念是在产品供不应求，处于卖方市场的条件下形成的企业生产什么就卖什么以适应传统自然经济的一种早期观念。销售观念比生产观念进了一步，是在局部产品积压的情况下，强调把生产出来的产品尽量销售出去。这两类旧观念的特点在于都是以生产者为中心，目标是企业的短期利润，手段是单纯的生产或推销，重点是产品本身。这与市场营销观念的满足社会需求、获取长远效益、实施整体营销手段、始终以消费者为中心是决然相悖的。

在参与国际市场营销活动中，企业还要在确立市场营销观念的基础上，进一步树立大市场营销观念。“大市场营销”是菲利普·科特勒于1984年提出的，指为了成功地进入特定市场并从事经济活动，在策略上协调地施以经济的、心理的、政治的和公共关系的手段，以博得有关方面的支持和合作的一种营销行为。所指的“特定市场”既包括封闭的传统经济市场，也包括高筑贸易壁垒的封锁的保护型市场，这些特定的市场往往被一批拥有固定的供应者、竞争者、经销商和顾客所形成的一个既得利益集团控制，并受一定的政治条件制约。但是，现代社会商品的流通是大流通，体现了企业的精神追求。

产品开发的过程也是个不断创造和提高产品文化的过程。产品文化集中反映在产品的形态、材料、功能三个方面。其中形态包括外观、色彩、包装、商标等；材料即指加工产品所用的物质及加工工艺；功能则包括产品的物质功能和精神功能。物质功能是指产品的实用性、耐用性、科学性。精神功能，则是以适应和满足不同国家、不同民族的审美情趣、消费心理、生产方式、生活习惯为特征的。

（二）正确的价值取向

企业中的共同价值取向是现代管理的核心因素。美国管理学者奥特曼、彼得斯二人合著的《成功之路——美国最佳管理企业的经验》在分析日本管理、美国管理之后，认为搞好现代管理有七个要素，即结构、战略、体制、技巧、人员、作风、共同价值观，其中以共同价值观为核心因素。

正确的价值取向就是将企业的价值摆在社会价值之中考虑和对待。追求企业价值不能忽视或背离甚至损害社会整体利益。一切有利于社会发展同时也利于企业发展的战略、策略、行为、方法是企业可取的；相反，妨碍或削弱社会整体利益，哪怕在短期内可能给企业带来局部利益，也是不可取的；既不利于社会整体，也有害于企业发展的，则更应视为无价值或负价值。正确的价值取向应表现在企业经营的方方面面，如是否发展成外向型企业，确定产品开发方向、市场开拓规模和程度、企业内部管理方式等。

企业正确的价值取向应该是在决策层、执行者以及全体员工中所形成的共识，而不仅限于决策层。只有企业全体人员的共同一致的价值取向，才能形成上下智能、心理的趋同、相互理解以及行动步调的一致。

（三）坚定的团体观念

团体观念是一种社会化的集体主义观念。这种观念要求企业职工时时、处处、事事以主人翁姿态参与企业管理。在实践活动中，企业职工要坚守岗位、恪守职责、敬业乐业。企业领导集团要对职工形成凝聚力。为此，企业领导人要与群众忧乐与共、同甘共苦，对职工的工作、学习、生活要关怀备至、体贴入微、待若家人。同时，群众对领导层要形成向心力，要认识到支持领导层的工作就是急企业之所急，为企业领导分忧解难，甚至为了企业不惜牺牲某些个人利益。要确立“企业兴盛则荣，企业衰退则耻”的同命运、共荣辱的思想。企业有了坚定的团体观念就能众志成城。

坚定的团体观念表现在从事国际市场营销时要上升为坚定的爱国主义精神。在复杂的国际市场上要把企业的兴衰、得失与祖国的荣辱联系在一起。只有大力弘扬中华民族的传统美德，维护民族尊严和祖国的根本利益，才能确保企业的生存之本和满足从事国际市场营销的先决条件。

（四）完善的激励约束机制

企业要有活力必须依法办事、循章管理、按经济规律运作。有利于增强企业活力的人和事就要奖励、提倡；有碍于增强企业活力的现象就要予以排除，包括必要的惩罚。只有奖勤罚懒、奖优罚劣，才能做到是非分明。

激励约束机制应体现在用工制度、干部制度和分配制度上。在用工制度上实行优化组合，职工能进能出，自由流动；在干部制度上实行任人唯贤，干部能上能下；在分配制度上实行联利（润）计酬、联责付酬，以充分调动广大职工和干部的积极性。

总之，无论是执著的开拓精神、正确的价值取向，还是坚定的团体观念、完善的激励约束机制，都是企业管理现代化、科学化的要求，是形成企业管理文化的过程。

三、企业营销文化

企业营销文化包括两个层次：(1)企业营销环境设施的文明化、美化；(2)企业营销的艺术化。

企业营销环境设施的文明化、美化，包括厂房、营业场地的整修、装饰，旧设备的改造和先进设备的引进，商品储运设施、工具、配件，各种信息处理设施的添置，科研设施和人才培训设施的配置等。

企业营销的艺术化包括讲求对产品的美化、营销行为的美化和营销手段的多样性、技巧化。

从产品设计到包装装潢、广告都要遵循美的原则。产品的规格、款式、花色、风格、陈设都要有怡人的美感；产品的包装要力求新颖别致；广告宣传画面要独具匠心，求新、求美、求奇、求佳。

营销行为美化要体现在营销人员的仪表、举止、谈吐、服务态度上。仪表端庄、彬彬有礼、微笑待客、百问不厌、百挑不烦、亲切热情、应答自如，均可以构成营销行为美。

营销行为艺术化必须树立现代公共关系意识，在人际关系中要善于周旋，讲信用，讲情义，以便谋求更多的交易机会。同时在营销活动中要讲究策略、善用技巧，如营销中常用的让利销售、附赠品销售、有奖销售、招徕销售等多种销售术均可因时因地择善而用。营销艺术化的核心是一个“智”字。营销活动要以智取胜，充分利用自身优势，也要充分利用时机和各种有利条件，然后伺机采取最适宜的营销策略，以争取竞争的胜利。

综上所述，企业文化是企业经营观念文化、企业管理文化和企业营销文化三个层次的综合反映，其内容可衍生出观念、道德、精神、共识、追求、情谊、审美、技巧等诸多方面，提高企业文化水准是推动企业现代化的中心环节，研究企业文化对加强企业现代化建设有十分重要的意义。

7.3　企业理念识别系统的策划

营销理念是指企业在组织和谋划企业的经营管理实践活动中所依据的指导思想和行为准则，是企业的经营哲学和思维方法的体现。营销理念的设计是对企业灵魂的塑造，是将企业领导人的理念进行锤炼、抽象并形成企业管理人员和广大员工的共识，从而确定企业的经营宗旨和共同价值观的过程。

一、理念识别系统设计的内容

企业理念识别系统是企业赖以生存的原动力，是企业价值的集中体现。企业理念识别系统包括企业的经营方向、经营思想、经营道德、经营作风、经营风格等具体内容。

（一）经营方向

经营方向是指企业的事业领域（业务范围）和企业的经营方针。企业的事业领域即表明企业在哪一个或哪几个行业、领域为社会提供服务；经营方针即企业经营战略目标及其路线。1983 年，住友生命公司对日本的 3 600 家公司就企业经营方针进行了调查，一般企业的经营方针如表 7-1 所示。

表 7-1　企业方针使用状况表

使用企业 \ 企业方针	和谐	诚实	努力	信用	服务	责任	贡献	创造力	安全
企业数量/家	548	466	380	165	126	98	81	71	70
所占比重/%	15.2	12.9	10.6	4.6	3.5	2.7	2.3	2.0	1.9

北京“全聚德”烤鸭是享誉世界的美味佳肴。“全聚德”之所以能历经百年而长盛不衰，就在于“全聚德”人以继承传统烤鸭技法，推崇饮食文化，弘扬中华民族特色为己任。长期以来，“全聚德”人只知道埋头干，而不太重视企业形象的策划和宣传，20 世纪 90 年代初，“全聚德”也导入了 CIS，他们通过对百年经营之道的总结，提炼出“时刻不忘宾客至上，广交挚友，坚持以精美的菜肴和周到的服务欢迎各国、各界宾朋的光临”的经营方向，与此同时，他们在店堂民族风格的氛围营造、统一操作技术规程和服务规程以及对外宣传上都下了功夫，使“全聚德”在社会公众中树立起了美味可口、技艺精良、品质上乘的产品及企业形象，不断扩大知名度、信任度、美誉度。

（二）经营思想

经营思想是企业生产经营活动的指导思想和基本原则，是企业领导者的世界观和方法论在企业经营活动中的运用和体现。

“蓝色巨人”IBM 公司，自 1914 年老沃森创立该公司起就确立了公司的经营宗旨，直到 1956 年小沃森导入 CIS 时，又重申了 IBM 的宗旨，其内容是：

（1）必须尊重每一个人；

（2）必须为用户提供尽可能好的服务；

（3）必须创造最优秀、最出色的成绩。

索尼公司的两位创始人井深大和盛田昭夫，不断提出一些经营格言，让员工们执行：

(1) 索尼应成为开路先锋，我们干别人没有干过的事，永不步人后尘，披荆斩棘开创无人敢于问津的新领域；

(2) 自己研究，自己思考，自己判断，并拿出自己的东西来；

(3) 人的能力是有限的，而人的努力是无限的，你的任务就是唤醒你沉睡的智慧；

(4) 每个人都应该懂得，人的价值在于他的能力，对于一个人来说，干自己喜欢的工作是最大的幸福；

(5) 每个人都有做创造性工作的愿望，行政领导的工作就是给出课题，培养兴趣并鼓励真正的能力。

可见经营思想的形成非一日之功，它是企业长期经营实践之后形成的精华。这是企业成功之所在，也是企业要永远坚持和维护的传家宝。

（三）经营道德

企业的经营道德是人们在经营活动中应该遵循的，靠社会舆论、传统习惯和内心信念来维系的行业规范的总和。企业经营道德以"自愿、公平、诚实、守信"为基本准则。

中国海尔集团从1984年亏损147万元濒临破产，到1991年全面扭亏为盈，再到1998年实现销售额162亿元，创利税10亿元，快速发展，其中得益于"海尔"的企业文化，尤其是经营道德。"海尔"的理念是：

(1) 无私奉献，追求卓越，要么不干，要干争第一；

(2) 高标准，精细化，零缺陷，创造唯一和第一；

(3) 售后服务是我们的天职，卖信誉，不是卖产品；

(4) 人人是人才，高质量的产品是高素质的人干出来的。

IBM公司在《企业指导手册》总则中明确规定了公司的道德规范，具体如下。

(1) 我们公司有令人羡慕的名声，人们通常认为我们是力量、成功和道德的化身。我们坚持贯彻道德规范，已经对我们公司的职业作风和市场营销方面的成功起到了非常直接的作用。希望每个职工的行为现在和今后都符合高标准的道德规范。

(2) 如果这本手册中有一个唯一的、压倒一切的宗旨的话，那就是：IBM公司希望每个职工在任何情况下，都要按照最高的商业行为准则工作。而最根本的一点，就是在作每一个经营决策时，要像在个人社交活动时一样，负你应负的责任。

(3) 我们依靠你做正确的事情，对你和公司都是正确的事情。毫不夸张地说：IBM公司的名誉在你的手中。

(4) 你必须遵守公司最基本的法规：按道德办事。IBM公司要求你们参与竞争——朝气蓬勃、精力充沛、不屈不挠地竞争，但是，也坚持要求你们道德地、诚实地、和平地竞争。在商业上没有特别的、约束力较小的道德标准，也没有"软"一些的市场道德。

(5) 从一开始，IBM公司就是靠一个超越一切的特点来销售其产品：卓越。靠我们最优的产品和服务，而不靠贬低对手或他们的产品及服务。贬低他人，不仅意味着欺骗，而且是错误的营销方向和非常不公平的表现。这些行为包括对竞争对手的能力表示怀疑或作不公平的比较等，微妙的暗示和影射也是错误的。

(四) 经营作风

经营作风是企业的行为方式和存在方式。

拥有11 000家特许店的"麦当劳"在先后运用"美国口味麦当劳"、"世界通用的语言麦当劳"进行宣传时，同时强调以Q(质量)、S(服务)、C(清洁)、V(价值)为内容的"麦当劳"的企业文化。"麦当劳"的企业文化十分突出其独具的经营作风，如：

(1) Q要求：汉堡包出炉时限10分钟，薯条出锅时限7分钟，逾时不再出售，保证其酥脆；

(2) S要求：环境有家庭般的温馨，服务员脸上挂有亲切的笑容，让顾客有宾至如归的感觉；

(3) C要求：员工行为合乎规范，与其背靠墙休息，不如起身打扫卫生，员工不留长发，要戴工作帽，客走桌面洁净等；

(4) V要求：要提供更有价值的高品质物品给顾客，要努力增加附加价值，时时给人惊喜。

"麦当劳"的经营作风是通过多侧面体现的，它给人的信息是：快捷、方便、周到、热情等。"麦当劳"正是靠这样的行为方式立足于市场。

(五) 经营风格

企业的经营风格是企业精神和企业价值观的体现。企业精神包括员工对本企业特征、地位、风气的理解和认同；由企业优良传统、时代精神和企业个性融会的共同信念；员工对本企业未来的发展抱有理想和希望。企业价值观是全体员工对其行为意义的认识体系和所推崇的行为目标的认同和取舍。

日本松下公司1917年以97美元起家，到现在已发展成拥有20多万名员工的大企业，其领导人松下幸之助总结了公司的经验，对企业理念作了如下概括，其中包括对企业精神和价值观的认定。

(1) 用生存发展的观点看待一切事物，顺应自然规律，顺应时代的变化，正确地认识企业的使命；

(2) 对人要有正确的看法，应该认为社会大众是公正的，要造就人才，要集思广益；

(3) 企业的经营管理是一种艺术，时刻不忘自主经营，实行"水库式的经营"，进行适度经营，树立一定成功的坚定信念；

(4) 贯彻共存共荣的思想，既对立又协调；

(5) 利润就是报酬；

(6) 要关心政治；

(7) 要心地坦诚；等等。

中国海尔集团强调"把人当主体，把人当目的，一切以人为中心"，"尊重人、信任人、理解人、关心人"，"你能翻多大的跟头，我就给你搭多大的舞台"，"按美的规律来进行生产，要给所有的人腾出时间和手段，让他们最充分地发挥和实现自我"，充分地体现了海尔的经营风格。

企业理念识别系统是个完整的体系，上述分层说明是为了表述的方便，其实它应该是个有机的整体，很难截然分开。企业理念的设计和实施是否具有功效，1981年"日经商事"对此问题曾抽样调查了180位人士，结果有146人（约占80%）肯定企业的效力，如表7-2所示。否认理念功效者34人，约占20%，所持理由包括：

(1) 不欣赏多数经营者自我满足的做法(44.1%)；

(2) 仿佛没有生气的文化(32.4%)；

(3) 一味拘泥在固定观念的窠臼里反而有害(14.7%)；

(4) 其他(8.39%)。

显然，多数人认为企业理念设计和实施对企业发展有效，少数人对此难以认同。

表7-2 企业理念的功效调查表

调查内容	所占比例/%
公司和员工之间培养一体的共识意念较能成功	55.6
判断事情之际有依循的准则	17.1
在旧与新的理念间，温故而知新是有益的	12.3
对经营者任意的行动可以判断得出动机	8.2
其他	6.8

中国企业导入CIS及确立各自的营销理念的事实表明，为企业设计最恰当、最适合的理念是非常必要的。理念是企业发展的旗帜和号角，永远指引和鼓舞企业前进、发展。当然企业理念不能无所依傍地发挥作用，它必须向企业视觉和行为系统渗透，通过三者有机地结合来发挥各自的作用和整体作用。

二、理念在视觉识别系统中的渗透

企业形象按其可视性可以分为有形形象和无形形象。有形形象是指通过人的感觉器官可以直接感知的内容对人们产生作用后而形成的形象。企业的有形形象是企业形象策划中视觉识别系统所要表现的。无形形象是指在对有形的东西产生感觉、知觉的基础上，人们的分析、判断、综合等心理活动形成的企业形象，它是对有形形象的抽象。无形形象是企业形象策划中理念识别系统囊括的内容。

企业形象策划是对企业形象的各子系统既进行综合又促进彼此渗透的过程。观念识别系统要与视觉识别系统、行为识别系统综合，才能形成完整的企业形象识别系统。同时，这种综合不是拼凑，而是彼此渗透、融合。理念是无形的，理念的表现必须通过渗透到视觉、行为中才能得以完成；反过来，视觉、行为只有灌输了企业理念才富有内涵。

企业形象策划也是促进企业形象的主观性和客观性的统一的过程。企业形象的客观性产生于企业的现实客观存在，但企业的客观存在反映到不同的头脑里经过加工而形成的企业形象又是千差万别的，这就要求企业形象策划要对企业的各子系统进行相互协调统一的设计，使社会公众对企业形象产生符合客观实际的认同和评价，而不是主观脱离客观。

在企业形象的统一过程中，理念识别系统是灵魂，是主体，它既要引导整个企业，又要渗透到企业形象系统的其他子系统中去。理念识别系统向视觉识别系统渗透，就是以理念为核心，按照理念识别系统的内涵去寻找视觉形象的图景、色彩和表现方法，而不是相反。

上海市第一百货商场(以下简称“一百”)早在 1985 年就开始了企业形象导入。它的经营理念是“永保第一”，即“商品一流，环境一流，服务一流”。为了传达这一理念，上海“一百”先在店内美工人员中征求视觉设计方案，虽征得了 20 多个方案，但不尽如人意；后在全店征求视觉设计方案，一下子征得了 60 多个方案，经店内评选，选出了 5 个候选方案，但几经推敲仍觉得不能表达理念的内涵，且缺乏美感，于是该店第三次向社会征集设计方案。3 个月内，他们收到来稿 1 900 多份，经过反复遴选，最后确定了一份类似现在标志的方案，不过原设计圆中的白条是横着的，呈“一”形，后几经斟酌修改成现在的方案，得到大家的一致赞同。上海“一百”的商号如图 7-3 所示。

图 7-3　上海“一百”标志图

说明：

(1) 竖着的白条：“1”像一幢大楼简约的外形，又是柜台的象征；

(2) 白条左边象征着顾客，右边表示柜台后面员工服务；

(3) 竖着的“1”含有巍然耸立、稳步上升的意蕴，带缺口的圆可作“无绝对圆满”的解释，合起来则是“虽无绝对圆满但追求上进永无止境”的寓意。

上海市第一百货商场的这个标志定型后，于 1987 年商店改建时正式向社会公布并使用，得到上海各界的公认和好评。

理念对视觉识别系统的渗透，要涉及视觉识别系统的方方面面。

建筑物设计要传达企业的理念。南京依维柯汽车公司设计的公司建筑物作了这样的处理：把公司产品即汽车的前身镶嵌在公司主建筑的正面墙上，像是破墙而出，表达了企业在强手林立的市场上脱颖而出、敢与世界名车比高低的企业理念，极具个性和感染力。

商品包装设计要传达企业的理念。广东产的饼干为什么能从南至北一路畅销？除质量与口味外，包装设计强烈的时代风味、令人赏心悦目，使人感到是一种精美的享受。这一切都是通过透明包装纸、美观亮丽的图案、诱人的招徕用语、富有魅力的外形设计等体现的。

员工制服及其他视觉应用系统也要通过色彩、款式、材料等元素体现出来。如IBM公司员工在冬天穿一身深色制服，在夏天则要求白色的衬衣和一条典雅的领带，以传达公司卓越、严谨、平等待人、优质服务的理念。

中国四通公司选择蓝色为公司标准色，借助蓝色给人高尚、冷静、庄严的心理感觉，传达公司对高技术的追求、严谨的作风和对产品的严格要求。

理念与视觉识别系统的关系，是“心”与“脸”的关系。二者为表里关系。理念支配着视觉识别系统，视觉识别系统反映理念的含义。

三、理念在行为识别系统中的渗透

如果说理念识别系统是CIS的“想法”，那么行为识别系统就是CIS的“做法”，即BIS是CIS的动态识别形式。BIS系统分为对外、对内两类活动。对内，就是建立完善的组织、管理、教育培训、福利制度、行为规范、工作环境、开发研究等，从而增强企业的凝聚力和向心力；对外则通过市场营销、产品开发、公共关系、公益活动等表达企业理念，从而得到社会公众和广大消费者的识别认同。企业的对内对外行为都由企业的理念支配，都为表达企业理念服务，企业理念在行为识别系统中的渗透是自始至终、无处不在的。

员工的教育是围绕企业理念展开而又以理念为目的的。韩国三星公司提出“千万不要让顾客等待”的理念后，他们随即召集第一线的维修人员进行培训，接着又对财务人员、行政人员、生产人员、后勤人员进行培训，让全体员工恪守这一理念。中国“小天鹅”为了贯彻“为顾客提供超值服务”的理念，他们要求维修人员坚持自带一双鞋（以免弄脏客户地板），进门说两句话（“您好”、“请让我为您服务”），自备三块布（一块垫脚、一块遮机面、一块擦污物），坚持四个“统一”（统一价格、统一收费、统一管理、统一核算），遵守五“不准”（不准吸烟、不准吃请、不准喝客户的饮料、不准收小费、不准揽私活），使该企业的理念落实到具体活动中。

企业环境的营造也应该突出企业理念这个中心。企业环境包括实物环境和人文环境。实物环境包括视听环境、嗅觉环境、内部装饰、橱窗陈列、企业标语、环境布置等。人文环境包括领导方式、民主气氛、精神风貌、竞争景象、合作氛围等。优秀企业应营造优美、和谐、向上的环境，以体现企业的卓越追求和高超管理，从而为社会公众留下美好印象和产生与该企业打交道的愿望。

市场营销行为是企业对外行为的主导方面。企业的市场营销行为包括产品决策行为、定价行为、分销渠道决策和促销决策以及相关的包装决策、服务决策，都要全面体现企业的经营方向、经营道德、经营风格。

现在知名的科龙集团在导入 CIS 前是名声平平的“广东珠江电冰箱厂”，“科龙”为了成为科学的巨龙，始终坚持以科学技术为龙头，以技术领先来开发产品。该公司严格遵循这样的理念：在自己熟悉的领域里做到最好，胜过求大求全，“科龙”要成为世界最大的冰箱生产商。他们在行动上立足于制冷家电行业扩张，扩张中“只吃生猛海鲜，不吃休克鱼”，坚持专业化发展，实施由顺德、营口、成都三大基地 11 个下属公司组成的“铁三角”组合战略。“科龙”的理念完全渗透到“科龙”的市场营销、资本运营战略行为之中。

四、企业理念的行为化策划

企业理念渗入视觉识别系统和行为识别系统的过程，是企业理念的行为化过程。企业理念行为化的方法有五种。

（一）仪式

在企业庆典或某个营业日，升旗、播放企业歌曲、领导讲话等固定的、严肃的仪式，经常性地传播企业经营理念，促进企业员工对企业理念的感受、理解和接纳。企业应将每天的有序化仪式纳入企业内部管理系统之中，成为不可缺少的部分。仪式虽为惯例，但主持仪式的人要常有新话题，不能让人产生厌烦情绪。

（二）环境

企业理念要转化为标语、文字、图案、壁画、匾额，把这些承载企业经营理念的文字载体安置在企业相宜的地方，从而形成企业的文化氛围和人文环境，使全体员工身临其境，在潜移默化之中接受、认同企业的理念，并以此规范自己的语言、行动。同时，还可以用播放、讲解、反复诵读等方法，强化人们对企业经营理念的记忆。

（三）楷模示范

楷模示范由两部分人组成：一部分是企业领导，以自己的言行严格贯彻经营理念，身体力行，以一致言行给员工作表率，使企业理念不致沦为装饰性、虚有其表的空洞文字。另一部分是通过培养贯彻企业理念的英雄模范来形成强大的影响力和带动作用。企业英模既有外显行为的榜样功能，催人仿效，也有内隐情绪的感染效应，在潜移默化之中，对群众心理起一定的渗透作用。

（四）培训教育

培训教育是一种强行灌输的方式。企业理念的培训教育包括启发教育、自我教育和感染教育的方式。启发教育要联系企业的奋斗史，用历史、事实启发人们加深对企业理念的认识；自我教育是在启发教育的基础上，结合自身的成长经历、岗位职责和对未来美好生活的憧憬及自身的发展前途，自我激励、自我约束、自我加深认识；感染教育是企业利用企业辉煌业绩的实体参观、对竞争对手巨大成就的了解，进行积极性和创造性激励，还可以采用满足需求的激励、目标激励、危机激励等多种激励方式。

（五）象征性游戏

象征性游戏是通过能缓和紧张气氛和鼓励新活动的游戏用来挖掘和贯彻企业理念。游戏的形式多种多样，如即兴表演、策略判断、模拟操作、逗趣比赛、野营郊游、辩论对擂等。通过这些活动把企业理念融于其中，在轻松活泼的气氛中传达理念的内容，激发员工来维护企业理念、自觉贯彻企业理念。

理念与行为识别系统也是表里关系。理念支配企业行为，企业行为体现理念的内涵和意向。理念向行为识别系统渗透，是企业抽象化思维转向具体化实施的过程。

7.4 企业视觉形象策划

企业的视觉形象（VI）是企业整体形象系统的子系统，它是最直接地向消费者传递企业信息的企业形象组成部分。企业视觉形象设计是以商标造型与企业色彩设计为核心，将企业的营销理念、企业管理、产品特色及广告宣传融为一体的视觉沟通技术。企业视觉形象策划是对企业形象设计进行事前规划的思维过程。

一、企业视觉形象选择的依据

企业视觉形象子系统的建立，是将企业的营销理念和战略构想翻译成词汇和画面，使抽象理念转化为具体可见的符号，形成一整套象征性、同一性、标准性、系统化符号的过程。企业视觉形象系统有其自身的构成原理和符号特征，它强调引人注目，寓意隽永，简洁明快，易识易记。企业进行视觉形象的塑造就是要引起消费者的注意和识别，使企业的营销理念和企业特色为社会公众认同。

企业形象可以通过商品本身的造型、包装、款式等风格来表现，也可以通过企业创始人或有名望的领导人形象来表现，还可以通过趣味性强的故事画面或富有代表性的建筑物来表现，甚至可以通过卡通、漫画等艺术形式来表现。其选择主要依据独创性、针对性、趣味性、艺术性等标准展开。

（一）独创性

独特设计或创意是视觉形象的首要标准。独创性要求设计师充分发挥自己的聪明心智，挖掘生活积累和创造潜能，以“独树一帜、别具一格”，“不嚼别人嚼过的馍”的精神进行创作。

（二）针对性

企业视觉形象的选择要求针对不同的诉求对象、不同的民族文化背景、不同地域和历史条件进行设计。选择符合审美规律并且和谐统一的审美表现手法，营造出令人神往和惬意的文化氛围，引导消费者产生认同感。但也不排斥选择反常规逆向思维的审美形式，其与众不同的审美视野和别出心裁的创意可以使人产生好奇，或是产生释放紧张后的审美愉悦，加深对具体产品或描述对象的记忆程度，从而形成较强的视觉冲击力。

（三）趣味性

趣味性要求设计师从“来源于生活又高于生活”的原则出发，将人世间富有情感、幽默感和精神趣味的东西应用于企业标志、商业广告、商品包装、商标设计、商品展示等活动中，以增强吸引力和感染力。

（四）艺术性

艺术性要求设计师通过准确、鲜明、生动的艺术形象，来表现审美主体对审美对象在形式、结构、表现技巧上尽可能达到尽善尽美、美轮美奂的境界。在产品造型、装潢设计、徽章创意，乃至建筑物、室内、办公用品设计等方面都能体现出企业高雅的审美价值和上佳的管理艺术。

二、企业视觉形象设计的内容

企业视觉形象设计的内容包括对企业视觉形象基本要素的设计和六大应用系统要素的设计。企业形象基本要素设计，包括企业标志、标准字体、象征图形及其组合方式、企业标准色等。如 IBM 被誉为“蓝色巨人”，“富士”胶卷和“柯达”胶卷分别以绿色和黄色为本企业的主色调。

企业形象设计的六个应用系统包括办公室陈设系列、办公用品系列、交通工具系列、员工制服系列、产品包装系列、广告用品系列，如图 7-4 所示。

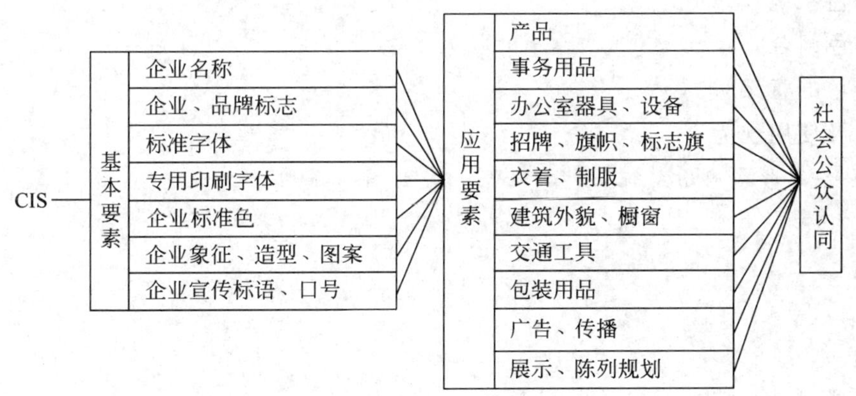

图 7-4　企业形象的设计要素

企业视觉形象设计的主要内容。

（一）企业标志

画法

企业标志的意义

企业标志使用规范

（二）企业标准字体

中文标准字体

英文标准字体

企业标准字体的意义

（三）企业象征图形(如吉祥物)

画法

意义

用途及使用规范

（四）企业标志与企业标准字体组合系统

组合方式

使用规范

（五）企业标志、企业标准字体、企业象征图形组合系统

组合方式

使用规范

（六）企业标准色调系统

主色系统

辅助色系统

主辅色组合

标准色的意义

用途及使用规范

（七）企业形象应用系统设计之一——办公用品系列

(1) 名片

纸质

颜色

用途

设计样式(中文式、英文式)

(2) 公司职员识别证

(3) 信纸、信封(中式、西式)

(4) 便笺纸

(5) 邀请函

(6) 贺卡
(7) 证书
(8) 明信片
(9) 有价赠券(卡)
(10) 票券(卡)
(11) 入场券(卡)
(12) 贵宾卡
(13) 贴纸
(14) 公文卷宗
(15) 公文信封
(16) 公文纸
(17) 报表
(18) 资料卡
(19) 笔记本
(20) 旗帜

(八) 企业形象应用系统设计之二——广告用品系列

(1) 报纸广告
整版样式
半版样式
报头(专栏)样式
(2) 杂志广告
跨页设计样式
整页设计样式
半页设计样式
(3) 直邮广告
横式
竖式
二折式、三折式、四折式
(4) 车厢广告
(5) 墙面广告
(6) 日历广告
(7) 月历广告
(8) 年历广告

(9) 海报(宣传画)广告
(10) 气球广告
(11) 横式路牌广告
直立式广告
立地式广告
霓虹灯广告
告示、指示广告
建筑屋顶广告塔
广告吊旗
(12) 立体传播媒体广告
电视媒体广告
电台媒体广告
多媒体(电脑合成)广告
幻灯片广告
灯箱(静态、动态)广告
模型
(13) 礼品广告
(14) 社会公益性建筑广告
(九) 企业形象应用系统设计之三——交通工具系列
(1) 公司交通车
造型(外部造型与色调)
车体(广告)标志
(2) 公司工程车、工具车
车体(广告)标志
(3) 小车
选型
车用饰物与示牌
(十) 企业形象应用系统设计之四——员工制服系列
(1) 公司职员夏季办公服装
(2) 公司职员冬季办公服装
(3) 管理人员礼服系列
(4) 职员休闲运动服(夏季)
(5) 职员休闲运动服(冬季)
(6) 职员服饰(徽章、饰花)

(7) 职员服装配件系列(领带、皮鞋、饰带、袜、钥匙链等)
(8) 公事包

(十一) 企业形象应用系统设计之五——办公室陈设系列

(1) 办公室环境空间设计
(2) 办公室设备(式样、颜色)
(3) 照明灯
(4) 壁挂
(5) 绿色植物与盆景
(6) 橱窗
(7) 部门牌
(8) 标志符号
(9) 告示牌
(10) 记事牌
(11) 公告栏
(12) 茶具、烟具、清洁用具
(13) 办公桌及其桌上用品

(十二) 企业形象应用系统设计之六——产品包装系列

(1) 包装用封套
(2) 包装纸
(3) 手提袋
(4) 包装盒
(5) 包装箱
(6) 包装造型与图案色调

小结

企业形象策划不仅是给企业整容、美容的过程,而且是给企业强身健体、换血洗脑的过程。企业的整体形象是由其视觉形象、理念形象和行为形象构成的。企业形象策划既是国际CIS潮的推动,也是国内企业转型改制的需要。企业导入CIS有预备性、扩张性、拯救性三种模式。企业导入CIS要善于选择最佳时机。

企业导入CIS是个系统工程。企业形象策划的核心在于强化企业文化建设。企业文化包括企业经营观念文化、管理文化、营销文化。企业文化建设需要企业长期努力。从CIS导入到企业文化建设是一个完整的系统工程,企业形象策划的成功最终要接受时间的检验,要看企业文化建设的成果。

1. 什么是CIS？为什么说CIS战略的实施是实现自我统一性和人格统一性的过程？
2. CIS与工业设计、企业管理分别有何区别？
3. 企业形象系统由哪几个部分构成？各子系统分别包括哪些内容？
4. CIS是怎样兴起与发展的？
5. 中国为什么要导入CIS？
6. 导入CIS有哪几种模式？有哪些时机适合导入CIS？
7. 企业文化建设包括哪些方面？

第 8 章　企业行为规范策划

企业行为识别系统(BIS)是企业形象(CIS)策划中的重要组成部分,企业行为包括对内管理行为和对外宣传行为,这些行为都要纳入规范化管理。

本章主要介绍企业管理制度、企业组织行为等企业群体规范策划,企业员工工作规范、商务社交礼仪规范等企业员工行为规范策划,企业文化活动策划以及对外公关、新闻发布、广告宣传等活动的策划。

8.1　企业组织群体规范策划

一、企业管理制度策划

企业管理制度是规范企业组织群体的行为、塑造良好企业形象的主要约束机制。企业管理的策划和建立是一个系统工程,主要包括企业宏观管理制度和各职能部门管理制度两部分。

(一) 企业宏观管理制度策划

(1) 企业管理体制：以产权制度为核心的企业管理体制。

(2) 企业领导制度：包括企业领导原则、体制和领导权限,其核心内容是解决企业内部领导权的归属、划分和如何行使的问题。

(3) 企业规章制度：企业全体员工共同遵守的各种规则、章程、程序和办法。

(4) 企业经济责任制度：以提高经济效益为目的,实行责、权、利相结合的经济责任制度。

(二) 各职能部门管理制度策划

1. 计划管理制度策划

(1) 战略计划管理制度；

(2) 年度计划管理制度；

(3) 经济合同管理制度；

(4) 统计工作制度等。

2．财务管理制度策划

(1) 企业内部经济核算制度；

(2) 成本管理制度；

(3) 固定资产管理制度；

(4) 流动资产管理制度；

(5) 专项资金管理制度；

(6) 投资管理制度等。

3．人力资源管理制度策划

(1) 企业员工招聘录用制度；

(2) 新、老员工培训制度；

(3) 员工考评制度；

(4) 员工激励和奖惩制度；

(5) 人力调配和流动制度；

(6) 劳动定额和定员制度；

(7) 工资管理制度；

(8) 干部管理制度等。

4．生产管理制度策划

(1) 生产作业计划制度；

(2) 生产作业准备制度；

(3) 生产调度工作制度；

(4) 在产品管理制度；

(5) 生产协作制度；

(6) 全面质量管理制度；

(7) 产品检验制度；

(8) 计量管理制度；

(9) 设备管理制度；

(10) 安全生产和事故报告制度；

(11) 环境保护管理制度；

(12) 物资采购申请和验收制度；

(13) 仓库管理制度；

(14) 运输管理制度；

(15) 能源管理制度等。

5．技术管理制度策划

(1) 科研和新产品开发管理制度；

(2) 科技情报管理制度；

(3) 技术档案管理制度;

(4) 设计管理制度;

(5) 工艺管理制度;

(6) 材料消耗定额制度等。

6. 营销活动管理制度策划

(1) 市场调研与市场预测制度;

(2) 目标市场管理制度;

(3) 产品销售管理制度;

(4) 价格管理制度;

(5) 分销渠道管理制度;

(6) 广告宣传和推广管理制度;

(7) 销售人员管理制度;

(8) 销售服务管理制度等。

7. 行政管理制度策划

(1) 医疗卫生管理制度;

(2) 房产、地产管理制度;

(3) 行政生活管理制度;

(4) 计划生育管理制度;

(5) 治安保卫工作制度;

(6) 消防安全管理制度;

(7) 基本建设管理制度;

(8) 文书档案与保密管理制度等。

二、企业组织行为策划

企业组织是指为实现企业的目标及执行企业的战略策略,对企业的人力资源进行调配所建立的社会机构。企业组织行为策划主要通过组织设计,制定目标,确定组织结构、劳动分工和责权范围。

(一) 企业组织设计

企业组织设计是将组织内的人力合理分配于不同的任务,并通过对人员的分组取得协调一致的行动。企业组织设计主要包括以下几个方面的内容。

1. 劳动分工

将某项复杂的工作分解成许多简单的重复性的活动,实施功能专业化。通过劳动分工,使每个员工都能发挥自己的专长,提高工作技能;也有利于促进工具和设备的专门化,从而使工作效率得以提高。然而,长期从事简单、机械化的重复劳动,也可能会因为令人感到乏味而抑制了员工的工作热情和创造性。因此,组织往往通过轮岗等方式重新进行劳动分工。

2. 部门设计

将专业人员进行归类,形成组织内部相对独立的部门。部门设计主要有以下几种方式:

(1) 职能部门化。即按组织活动的职能划分为营销部、生产部、销售部、财务部、工程部、行政后勤部等。

(2) 产品或服务部门化。按照组织的产品类型来划分部门。例如汽车企业原来一直是按产品品牌划分部门,分为雪佛兰部、凯迪拉克部等。1984 年以后,按产品外形等划分,分为大型车部、小型车部和电子器件部。

(3) 用户部门化。按照组织所服务的对象特点来划分部门。

(4) 地区部门化。按照主要业务发生的地区来划分部门。

一些大型企业往往将以上几种方式结合起来,构成一个层次结构式的部门化组织形式。

3. 确定责任和权利

确定组织中各类人员需承担的责任范围,并赋予其使用组织资源所必需的权利。在组织中,往往是由上级对下级授予责任与权利;责任和权利必须明确,并相互适应;要避免双重隶属关系的授权。

4. 管理幅度和管理层次设计

管理幅度是指一个管理人员能有效地直接领导和控制的下级人员数目。管理层次是指组织内纵向管理系统所划分的等级数。一般情况下,管理幅度与管理层次成反比例关系:由于上层主要承担决策性、组织性工作,管理幅度较小;而下层主要承担执行性、日常性工作,管理幅度可以大一些。管理幅度的大小主要取决于领导者和被领导者的素质,以及管理业务的复杂程度等因素。

(二) 企业组织目标设计

目标是一个组织通过战略、策略的实施所要达到的目的和结果。企业组织目标可以用不同的标准来划分。

1. 依据目标实现的时间来划分

(1) 长期目标;

(2) 中短期目标。

2. 依据目标实施者的类型来划分

(1) 组织目标;

(2) 个人目标。

3. 依据目标的效用来划分

(1) 计划目标;

(2) 实施目标。

以上各类目标相互关联,企业组织目标的设计必须统筹兼顾,在调查研究的基础上,通过反复的分析、比较才能确定。

(三) 企业组织结构设计

企业组织结构是指组织内部的构成及运行方式。现代企业的组织结构一般有以下几种类型。

1. 职能式组织

职能式组织是按照工作过程的不同阶段和工作技能进行专业分工,设置各个职能部门的组织形式。企业高层领导按照分工,分别对各个职能部门进行领导、指挥和协调;各个职能部门在其业务范围内利用专业管理人员发挥专业管理职能的作用。

2. 事业部式组织

事业部式组织又称为分权组织,是按照部门化结构(按产品、地区或用户结构)设置的事业部,各个事业部实行相对的独立经营、单独核算,拥有一定的经营自主权。各个事业部既是在总公司控制下的利润中心,又是产品责任单位和市场责任单位,它拥有自己的产品和独立的市场。事业部式组织按照"集中政策,分散经营"的原则,公司高层管理机构掌握人事、财务控制、监督权,并规定价格幅度,利用利润等指标对事业部进行控制。这种组织形式适用于规模巨大、产品种类多、市场分布面广的企业。

3. 直线式组织

直线式组织又称为军队式组织,是从最高层管理层到最低层管理层按照垂直系统建立的组织形式。由各层领导者统一指挥。这种组织形式结构简单、责权分明,工作效率高,适用于产品单一、规模小的企业。

4. 矩阵式组织

矩阵式组织是将按职能划分的部门和按产品(项目)划分的小组结合起来形成矩阵,使同一职员既与原职能部门保持联系,又能参加产品或项目小组的工作。这种组织形式适用于某些需要集中各个方面的专业人员参加的项目或业务。

5. 多维组织

多维组织又称为立体组织。它由三方面的管理系统组成:一是按产品划分的事业部,是产品利润中心;二是按职能(市场研究、生产、技术研发、管理等)划分的专业参谋机构,是专业成本中心;三是按地区划分的管理机构,是地区利润中心。在这种组织形式下,事业部经理不能单独作出决定,而是由产品事业部经理、专业参谋部门和地区部门的代表三方面共同组成产品事业委员会,对各类产品的生产销售进行决策。这种组织形式适用于规模巨大的跨国公司或跨地区公司。

（四）企业组织活动策划

企业组织活动是塑造良好的企业形象的动态行为，主要包括以下几个方面的内容。

1. 企业环境营造

企业环境包括物理环境和人文环境两个方面。

物理环境营造包括以下几个方面：

（1）视觉环境设计：对室内的采光、色彩，室外的招牌、指示牌等方面的设计。

（2）听觉环境设计：对声响、音乐等方面的设计。

（3）嗅觉环境设计：用花卉、盆景、香料营造一个清香的环境。

（4）温湿度的设计：根据工作性质不同，设计空气清新、温湿度合适的工作环境。

人文环境营造主要是对企业的领导方式策划，民主气氛的营造，以及企业内部的合作与竞争氛围的营造等。

2. 员工教育设计

员工教育是为了进一步规范企业员工的行为，它包括领导干部教育和一般员工教育两个方面。

对领导干部的教育主要包括：理论政策水平教育，法制教育，决策水平教育和领导作风的培养教育。

对一般员工的教育主要包括：企业经营宗旨、企业文化等企业理念的教育，服务态度、服务水平的规定和教育，员工行为规范的设计和教育等。

3. 产品和服务规划

产品和服务规划主要包括对新产品开发和产品组合方面的策划，对产品的品牌、功能、质量、包装及价格、营销手段等方面的策划，对售前、售中和售后服务的内容及水平的规定。

4. 宣传活动策划

企业宣传活动主要包括对广告宣传活动的策划，公共关系和社会公益活动的策划，展销、展示活动的策划，各类新闻发布会的组织和策划，文化性活动的组织和策划等。

三、企业员工行为规范策划

（一）企业员工的工作规范

企业员工的工作规范策划是根据企业的现行制度和各部门、各岗位的职责，规划出员工应共同遵守的行为准则及实现条件。

1. 员工行为准则设计

企业员工必须具有进取心、责任感和敬业精神，积极、热忱地做好自己的工作，具体来讲，应具有如下素质：

（1）团队意识。全体员工应以整体利益为出发点，通过沟通、协调达成一致，形成合力。

(2) 敬业精神。对工作兢兢业业、积极进取，具有百折不挠的毅力和恒心。

(3) 创新观念。科技发展日新月异，市场竞争瞬息万变，企业员工必须接受新事物、新观念，在不断创新中求发展。

(4) 求知欲望。企业员工必须不断学习，不断充实自己，掌握现代化的知识和技能，促进事业的发展。

(5) 专业才能。企业员工必须按照岗位职责要求，熟练掌握业务技能，成为本业务领域的技术能手。

(6) 品德操守。企业员工必须具有良好的个人品德，遵纪守法、严于律己、诚恳待人，适应环境，生活有规律。

企业通过制定合理、规范的奖惩制度，并设计出有利于实现企业员工行为规范的个体工作环境和群体工作环境，来保证企业员工行为规范的实现。

2. 个体工作环境设计

(1) 影响员工行为规范的主要因素

从企业员工个体方面来分析，影响员工积极性和是否达到行为规范要求的主要因素有：

① 知识与技能方面的差异。企业员工在知识和技能方面的差异。表现为员工之间在技能、智能结构方面的差异。在同一岗位上，对岗位职责的完成情况、对收入分配及福利待遇的满足情况也会有所差异。

② 对自身价值的实现和事业发展方面的要求的差异。在此方面要求高的员工更注重通过行为规范获得更高的激励。

③ 对环境因素满意程度的差异。员工对于所处环境中的人际关系、得到重视的程度等方面的满意度，也会影响员工的行为规范。

(2) 个体工作环境设计

针对以上影响因素，营造企业员工行为规范的个体工作环境应注意以下几个方面：

① 因人善任。通过对新员工的轮岗、定岗制，发挥每一个员工的最大潜能。

② 岗位培训。通过定期岗位培训和不同员工的继续教育，提高员工的思想素质和业务素质。

③ 显示各项工作的重要性和可衡量性，使员工体会到自身所从事的工作的重要性和可衡量性。

④ 建立激励机制。从需要、目标、任务、组织、环境、荣誉等方面出发进行激励，促使员工达到行为规范。

3. 群体工作环境设计

一个企业往往由众多群体构成，高层决策层、各个科室、各个事业部、各个车间、各个班组、各个社团组织等都构成不同的群体，员工是各个群体的成员，员工的行为规范，不仅需要良好的个体工作环境，而且需要良好的群体工作环境。群体工作环境的设计要从如下几个方面着手：

(1) 民主型领导氛围。在放任型领导、专制型领导和民主型领导三种领导方式中，民主型领导具有成员自觉性强，工作效率高、质量好，成员间团结气氛浓等特点，有利于员工达到行为规范。

(2) 群体的凝聚力。群体的凝聚力来源于群体成员间强烈的认同感、归属感、安全感和亲和力。一个具有凝聚力的群体，将使其成员感到自信、自豪，并努力按群体的行为规范为群体增光。

(3) 群体目标和个人目标的一致性。群体的工作任务和目标，要能最大限度地发挥每个成员的特长，有利于个人价值的实现；群体中的每个成员都能明确把握群体的目标，并在心理上予以认同。

(4) 群体具有很强的适应外部环境变化和协调内部冲突的能力。

(二) 企业员工的礼仪规范

1. 企业员工的仪容仪表规范

(1) 服饰规范

① 服饰整洁、得体；

② 服饰和饰物配套协调：上衣、裤子(裙子)、帽子、鞋子及领带、手套、提包和其他饰物搭配合适；

③ 服饰适合所处的地位和场合。

(2) 外表形象规范

外表形象除服饰外，还包括体态，头部、手部护理，面部化妆等，都必须达到整洁、得体、协调的要求。

(3) 姿态规范

① 站立姿态挺拔、伟岸而不失谦恭；

② 坐立姿态端庄、优雅；

③ 行走姿态自然、大方、不忸怩；

④ 避免抓耳、挠腮等不良体态。

(4) 神态规范

凝神、关注、微笑的神态，将给人以自然、稳重、亲切和值得信赖的感觉。

2. 商业社交礼仪

(1) 见面的礼节

① 介绍：见面之初，在被介绍、自我介绍或介绍他人的过程中，通过语言和动作表现出随和、可靠、自信、博学等特质，并努力记住初识者的姓名和相貌。

② 握手：注意“出手”的时机、握手对象的先后顺序。握手时微微点头以示谦恭。

③ 寒暄：在握手时，针对不同对象，配之以“您好”、“欢迎”、“好久不见”、“很高兴见到您”等语言，更能协调气氛。

(2) 迎送的礼节

① 进、出门：一般情况下，请客人先行通过；陌生人或 5 个以上的人来访，自己先进门带路；难以开启的门由主人代开。

② 让座、敬茶。

③ 配之以“请问”、“您好”、“欢迎”、“再见”、“走好”、“欢迎再次光临”等礼貌语言。

(3) 宴请的礼节

① 确定宴请形式：酒会、便宴、工作餐。

② 请柬的设计、发放；

③ 酒宴的安排和座次的安排；

④ 司仪和演讲人的安排。

四、企业文化活动策划

配合 CIS 战略的企业文化活动，主要包括文艺演出、舞会、书画展览、企业展览、庆典活动等。企业文化活动的策划包括以下几个方面。

(一) 主要活动

1. 准备活动

(1) 计划安排

① 活动目的；

② 活动时间、地点；

③ 活动形式；

④ 活动负责人(单位及联系电话)；

⑤ 可容纳来宾的最大数量。

(2) 客人名单

① 单位及负责人；

② 各单位应邀者(姓名、头衔、地址、电话号码、回复情况及时间)；

③ 接受邀请的总人数。

(3) 请柬设计及发送

① 请柬设计：设计师姓名、地址、联系电话；设计核准人及核准时间；设计完稿时间；请柬式样和内容；

② 请柬印刷：印刷数量、印刷者及联系电话、完工交货日期；

③ 请柬发送：邮寄或发送地址、经手人及监督人、邮寄或发送时间、回复时间。

(4) 乐队、礼仪队、摄影师的确定及聘请

2. 核心活动

(1) 活动(演出或参展)项目的审查、排序、预演及程序安排。

(2) 活动场所的布置及接待工作:负责人、参与者、所需物资。

(3) 开幕式及主持人。

(4) 演讲者、演讲内容及演讲稿的审查、确定。

(二) 基本预算

1. 总额

核准金额、意外准备金。

2. 具体预算

(1) 请柬设计费:印制费、邮寄费。

(2) 场地租金:场地布置费、视听音响费、花卉租金。

(3) 礼仪队、摄影师、保安人员及其他工作人员酬金。

(4) 接送人员车费及代客停车费。

(5) 演出(参展)单位酬金。

(6) 餐饮及其他费用。

(三) 其他活动策划

1. 新闻采访活动

(1) 有关新闻单位的确定:单位、人数、名单、职责。

(2) 企业负责联系和组织的人:姓名、单位、电话。

(3) 新闻报道内容和个别采访者的确定。

(4) 新闻报道形式的确定。

(5) 本单位摄、录影者及资料汇集。

2. 保安工作

(1) 本单位值勤人员:名单、服饰、值勤地点及班次安排。

(2) 临时外聘保安机构:单位、人数、联系电话、职责。

(3) 当地公安机关协助。

8.2 企业公共关系行为策划

企业营销策划包含企业公共关系促销策划的内容,企业形象的宣传和树立不得不依靠成功的公共关系策划。公共关系策划是对企业开展各种公共关系活动的谋划、运筹,公关策划主要围绕公关目标、公关计划、公关时机、公关效果等问题展开。企业公关策划应纳入企业营销策划之中,以便首尾照应,行动统一。

一、企业公共关系行为策划的一般程序

（一）公关策划的范畴

公共关系常被解释为“争取对你有用的朋友”,“公共关系是一门研究如何建立信誉,从而使事业获得成功的学问”,“公共关系是旨在影响特殊公众的说服性传播”。美国公共关系研究与教育基金会所下的定义是:“公共关系是一种独特的管理职能。它帮助一个组织和公众之间建立和保持相互沟通、了解、接受与合作的渠道,参与问题和纠纷的处理,将公众的意见传达给管理部门并作出反应,明确与加强为公众利益服务的管理责任;它还充当监视预警系统,帮助管理部门预先作好应变准备,与社会动向保持一致并有效地加以利用,它将调查研究以及正确并合乎道德的沟通技术作为主要工具。”

公共关系有三个基本要素,即公关主体——组织或个人;公关对象——公众;传播媒体——载体。公关行为是企业与社会沟通的行为,也是把企业的经营理念、经营主旨向社会传播并获得认同与好感的行为。公关的成功需要事先策划。

公关策划是公关人员通过对社会公众进行系统分析,利用掌握的知识和手段对公共关系的整体活动及其所采用的战略、策略的运筹规划。它不是具体的公关业务活动,而是公关决策的形成过程。它由策划者、策划依据(信息和知识)、策划方法(手段)、策划对象(公众)、策划效果测定和评估五个要素组成。

公关策划在企业整个公关活动中居于核心地位。公关的全过程包括公关调查、公关策划、公关计划、公关行动和公关效果测定五个部分,公关策划处于承先启后的中心环节,如图 8-1 所示。

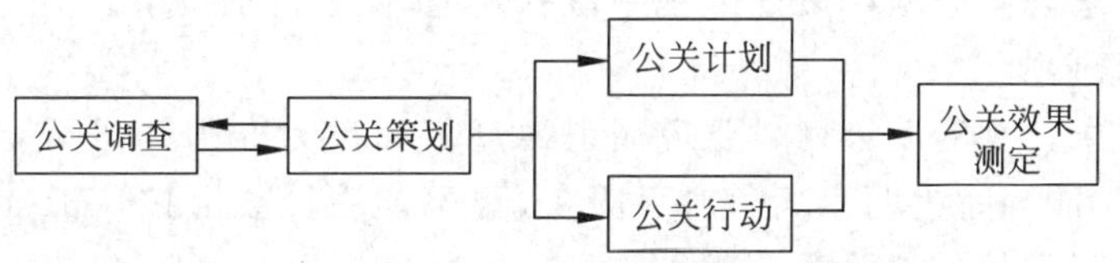

图 8-1　公关策划在公关过程中的位置

公关策划是企业公关活动的目标、对象、策略、时机、媒体等重要内容的源头。只有通过公关策划,才能产生公关活动的这一系列要素,如图 8-2 所示。

公关策划要遵循公关活动自身的原则,这些原则是:

1. 求实原则

这一原则要求公关策划必须建立在对事实的准确把握的基础上,掌握真实的信息,然后再作决策。公关策划首先考虑的不是技巧,而是对事实的准确把握,要通过种种办法收集关于公众情况的资料,收集关于组织与环境的互补情况的资料,收集双方可能存在的不

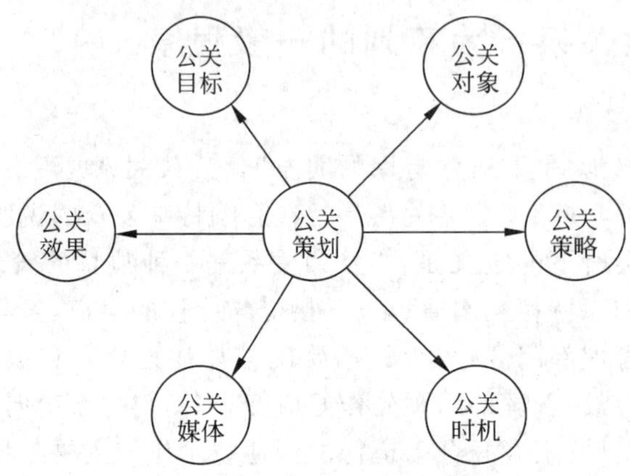

图 8-2　公关策划在公关活动系统中的源头地位

平衡、不协调的种种事实。只有掌握了足够的事实,才能进而策划公共关系的行动计划。

2. 创新原则

这一原则要求公关策划打破思维定式的束缚,刻意求新,别出心裁,使公关活动进行得生动活泼,给公众留下难忘、深刻、美好的印象。创新策划常采用"头脑风暴法"或称"脑力激荡法",这是一种集思广益的方法,它一般要求 5～10 人,在一种特别放松的环境和自由思考的气氛中进行,提倡出奇,不加限制,不加批评,不过早下结论,相互启发迸发思想火花,形成好的创意。

3. 弹性原则

这一原则要求公关策划在策划过程中留有余地,便于机动调节。

4. 伦理道德原则

这一原则要求公关活动策划时要遵循道德规范和行为准则。即不能弄虚作假,不能损害公众利益,不能同时为两家竞争对手服务,更不能用社会上拉拉扯扯、吃吃喝喝的庸俗关系取代企业正常的公共关系。

5. 效益原则

这一原则要求公关策划要讲究企业及社会的经济效益与社会效益。通过公关策划为企业捕捉信息和机会,帮助企业改善市场环境。通过与竞争对手的比较,促进企业的改善和发展,同时尽可能为社会多作贡献。

(二) 公关策划的一般步骤

公关策划一般包括六个步骤,如图 8-3 所示。

1. 收集公关信息

公关策划主要收集政府决策信息、新闻媒介信息、立法信息、产品形象信息、竞争对手信息、消费者信息、市场信息、企业形象信息、流通渠道信息等,然后对收集的信息进行处

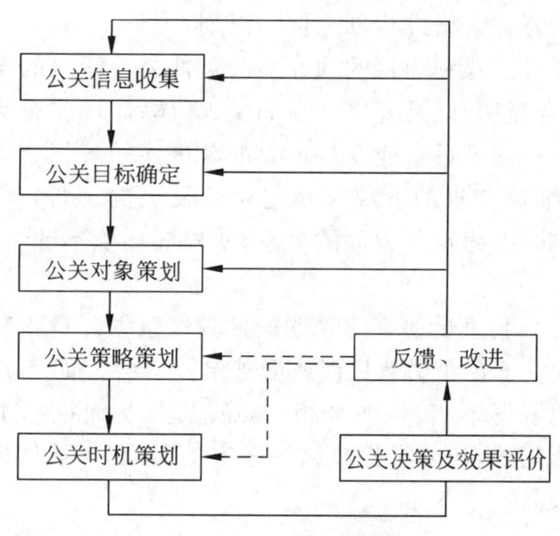

图 8-3 公关策划程序

理、储存。

2. 确定公关目标

公关目标有远期目标、近期目标，一般目标、特殊目标之分。公关目标是一个复合目标系统，其内容包括：

(1) 提高企业的知名度、信任度和美誉度；

(2) 使企业与公众保持沟通，并完善其沟通渠道；

(3) 依据社会环境的变化趋势，调整企业行为；

(4) 妥善处理公关活动中的纠纷，化险为夷；

(5) 帮助企业提高产品及服务的市场占有率等。

公关目标的确定需要建立在大量的调查研究和运用各种科学方法的基础上。公关目标的确定既要使公关目标与企业的整体目标相一致，又要兼顾公关主体和公关对象双方利益，还要对公关目标的轻重缓急排序，并使目标尽量具体化。

3. 公关对象策划

企业存在多种利益关系人，即存在多种公关对象。公关关系活动要针对不同的对象遵循不同的方针。公关对象的策划首先是要鉴别不同对象的权利要求，然后对其进行分析，找出共性和个性，分别采取一般性和特殊性的对策。企业公关活动的对象类别及其权利要求如表 8-1 所示。

4. 公关策略策划

公关策略是为实现企业的公关目标所采取的对策和应用的各种方法的总称。常用的公关策略有：社会性公关、维系性公关、矫正性公关、新闻性公关。公关策略策划，就是围绕企业因时因地使用的公关策略进行创意性的谋划。

社会性公关策划是对以营利为目的的社会公益性公关活动的谋划,如为公众服务,开展普及性教育,开拓社会福利,以及开展其他的文娱、体育、环保等活动。

维系性公关策划是一种维系企业良好形象的渐进式的策划。当企业处于外界环境不利的形势时,企业为了维护自身的形象和稳定企业发展的态势,需要对外界进行不知不觉、潜移默化的公关活动,以稳定各方面的关系,使外界环境不继续恶化,从而维系企业的生存与发展。

矫正性公关策划是企业蒙受损害时采取的拯救性策划。矫正性公关一是矫正有关部门对企业的误解;二是矫正企业偶然失误或受挫给社会各方面造成的不良影响。对于社会的误解要有针对性地澄清事实、说明真相、沟通思想,从而挽回不良影响;对于自身的失误或受挫要冷静分析问题,树立重振雄风的坚定信念,勇于承认失误并以强有力的措施纠正失误,从挫折中奋起。

表8-1 公众权利要求内容及结构表

企业的公众对象	公众对象对企业的期望与要求
员工	就业安全和适当的工作条件;合理的工资和福利;培训和发展的机会;了解企业的内情;社会地位、人格尊严和心理满足;不受上级专横对待;有效的领导;和谐的人际关系;等等
股东	参加利润分配;参与股权表决和董事会选举;了解企业经营动态;优先试用新产品;有权转让股票;有权检查企业账目和资产清理;享有合同所规定的各种附加权利;等等
合作者	遵守合同;平等互利;提供技术、住处和援助;为合作提供各种优惠和方便;共同承担风险等
消费者	产品质量保证及适当的保质期;公平合理的价格;优良的服务态度;准确解释各种疑难和投诉;提供完善的售后服务;获取必要的产品技术资料、消费教育和指导等
竞争者	由社会或本行业确定竞争规则;平等的竞争机会和条件;竞争中的相互协作;竞争中的现代企业家风度;等等
社区	为当地居民提供就业机会;保护社区环境和秩序;关心和支持当地政府;支持文化和慈善事业,赞助地方公益活动;扶助地方企业的发展;等等
政府	依法缴纳各项税款;遵守各项法令、政策;承担法律义务;公平竞争;保证安全等
媒体	公平提供信息来源;尊重新闻界的职业尊严;有机会参加企业重要的社交活动;保证记者采访的独家新闻不被泄露等

新闻性公关策划是调动新闻界舆论界宣传本企业的良好形象。新闻宣传比起商业广告的社会震撼力更大、效果更好,而且不需花费巨额广告费用。作好新闻性策划对于提高企业知名度具有事半功倍的效果。

5．公关时机策划

“机不可失，时不再来”，公关时机的选择很重要。公关的最佳时机是选取潜在公众向知晓公众转化之前。公共关系学中把公众分为非公众、潜在公众、知晓公众和行动公众四级。从潜在公众转向知晓公众这段时期是最佳时期，一方面的原因是企业有时间来进行公关策划和开展公关活动；另一方面，此时企业公关人士如果主动提供必要的真实情况，可以避免公众产生偏见和误解，从而避免公众可能出现的不利于企业的偏激行为。

企业常利用的公关时机有：

(1) 企业创办或开业之际；

(2) 企业推出新产品和新的服务项目之际；

(3) 企业发展很快但声誉尚未建立之际；

(4) 企业更名或与其他企业合并之际；

(5) 企业出现局部失误或遭到某方面误解之际；

(6) 企业遇到突发性危机事件之际；等等。

6．公关决策及效果评价

公关决策是对公关活动方案进行优化、论证与决断。公关优化主要从增强方案的目的性、可行性、降低耗费上下功夫。方案论证包括对目标的分析、对限制性因素的分析、对潜在问题的分析以及对预期效果进行评价。

公关策划效果的评价方法包括定量分析和定性分析。定量分析主要分析公众对企业的兴趣度、企业活动的参与者人次、公关活动中接触的各阶层人次及其对企业公关活动的认同比例。定性分析主要分析企业公关活动产生的社会影响，各阶层的反映，活动的意义，对企业形象带来的影响等。

公关关系效果评估分四个阶段，即再次确认公关目标；收集公关活动资料；分析资料评估成果；给工作主管和全体公关人员作总结报告。

公关行为的策划是从确定企业公关行为的指导思想到选择公关方式方法的一系列行为的策划。最后对公关效果的评估是一个总结性的过程，通过评估可以充分认识公关策划在公关活动中的成效，并为今后进一步策划其他公关活动积累经验教训。

二、企业公关专题活动策划

(一) 公关专题活动策划的内容

公关专题活动是指服务于组织整体公关目标的各项专题活动的总称。公关专题活动策划是对公关专题活动的 5W 进行策划。5W 即何事(what)、何时(when)、何地(where)、何人(who)以及为什么(why)五个方面。

(1) What 即公关专题策划的内容，大致有以下活动：

① 典礼仪式。如奠基典礼、落成典礼、开幕典礼、就职仪式等。

② 周年志庆。如一周年、十周年、二十周年、一百周年……纪念日。

③ 展销会。通过实物(新产品)的展览和示范表演来配合宣传企业的形象和产品。

④ 专题喜庆活动。如消费者联欢会、军民共建联欢会、招待会、舞会、大型文艺演出等。

⑤ 专题竞赛活动。如各种以企业名义命名的体育比赛、演唱比赛、征文比赛、智力比赛等。

⑥ 学术研讨会。赞助和承办全国性、地区性的专题学术研讨会，通过在学术界的传播，扩大社会影响。

⑦ 社会公益活动。如赞助办学或社会募捐活动等。

(2) When 即公关专题策划的时机，公关专题策划应善于分析，“准时”、“准点”地掌握好专题活动开展的时机。最好的时机是：

① 重大事件发生的时间，如企业重大事件发生的时间，企业推出新产品的时间等。

② 社会生活中的节日和企业的纪念日，如国家规定的节日及企业的纪念日。

③ 企业运行过程中所蕴含的时机。企业成长升级换代时期，企业发展受挫或危机转换时机。

(3) Where 即公关专题活动举办的地点，一般选取事件发生地，目标公众所在地，交通便捷、人口流动较多的地点。

(4) Who 即参加公关专题活动的人员及规模大小的策划：

以扩大影响为最终目的，以经济有成效为原则，根据专题活动的具体需要确定人员及规模。

(5) Why 即创造良好的氛围的策划，为专题活动的开展进行必要的预报、铺垫、宣传、广告，使活动能形成良好的氛围。

(二) 公关专题活动策划要求

(1) 诚信可靠。公关专题活动策划要保证举办者的动机纯正、可靠，不带商业欺诈的成分，不设圈套，不隐瞒事实真相，不引人误入歧途。

(2) 富有吸引力。公关专题活动策划应富有文化内涵，抓住大众心理，同时具有启发性和趣味性，能引人注意，引发起人的心理共鸣。

(3) 新颖别致。公关专题活动策划切忌步人后尘，一味模仿，而要独辟蹊径，花样翻新，以形式上的多样化和手法上的奇特化显示其特色。

(4) 影响力大。所策划的专题活动要产生一定影响，影响越大，表明活动办得越成功。

(5) 切实可行。不搞花架子，而从实际出发，充分体现可行性。在活动经费上要考虑举办单位的承受力和活动投入与产出比。

除了满足这些要求以外，还要注意以下几点：

① 明确策划专题活动的目的，制订周详计划；

② 要对计划进行可行性研究；

③ 要设计令人耳目一新的标题和宣传口号；

④ 组织精明能干的班子实施；

⑤ 编制预算，控制经费开支；

⑥ 安排好时间；

⑦ 制订传播计划；

⑧ 加强活动前宣传等。

企业投资赞助的项目选择原则及媒体选择的策划主要围绕以下环节展开：

① 项目选择原则；

② 投资期限(长期、中期、短期)；

③ 投资方向(工业、高科技、学校、房地产、旅游、公益事业等)；

④ 赞助项目(文化体育活动、公益事业、学校、道路修建等)；

⑤ 媒体选择；

⑥ 联谊活动。

如国邦公司以选取中长期具有重大意义的工业、高科技、贸易及房地产、旅游项目为投资项目。在实施赞助等行为时，支持对社会真正有益、有用而非徒有虚名的社会公益活动，如捐建海口滨江大道，为交通警察定制遮阳伞，支持少儿书画大赛等。

(三) 企业公关新闻策划

企业公关新闻是指对有利于一个企业的建立、维持、发展和完善其形象的新近发生事实的报道，其作用主要是：

(1) 增进企业与社会公众之间的沟通和理解；

(2) 矫正或纠正企业在社会公众心目中的不利、片面或失真、被误解的形象；

(3) 扩大企业的影响，维护和完善企业的整体形象。

企业公关新闻策划，是在服务于企业的公关总目标的原则下，对以事实为依据、以最新信息的选择、加工、编辑、传播、反馈等一系列活动以及新闻媒体关系的决策和谋划。就其广义而言，包括新闻选择、制作、传播的全过程，以及与企业打交道的新闻媒介关系的策划；狭义则仅指策划具有新闻价值的活动或事件，即制造新闻。

企业公关新闻策划包括：

(1) 新闻媒体的策划；

(2) 新闻稿件的策划；

(3) 企业与新闻媒体之间关系的策划；

(4) 新闻效果的策划；

(5) 新闻活动(或事件)的策划等。

下面将围绕这些内容作简要叙述。

1. 企业公关新闻媒体的策划

新闻媒体包括印刷类（如报纸、杂志）和电子类（如广播、电视）。公关新闻媒体的策划就是对如何选择合适媒体的谋划。各类媒体各有特点，对新闻媒体策划就是在充分认识各类媒体优缺点的基础上，选择企业所需要的媒体，选择时一般依据企业公关目标、新闻传播内容以及社会效益和经济效益等原则，使新闻媒体选得切实、经济、可行，并收到预期的效果。

2. 企业公关新闻稿件的策划

企业公关新闻稿件的策划，是从企业的大量信息中，进行挖掘、筛选、加工、编辑的过程，包括印刷类（报纸、杂志）和音像图表类两类稿件策划。策划内容包括：

(1) 新闻题材的策划。即要选取最富有代表性、最具有新闻价值的题材。在选材上不拘泥于一点，而要多角度、全方位地着眼于企业的新事物、新情况、新成就、新气象。如：

① 企业发展中阶段性纪念；

② 企业新技术的实施、新产品的开发、新成果的获得；

③ 企业获奖的新情况；

④ 企业联合、合资、重大突破；

⑤ 企业人事变动，英雄模范人物的新业绩；

⑥ 企业参与有意义的社会活动及其贡献；等等。

(2) 新闻结构（布局）的策划。即对新闻材料的组合、安排的总体设计。常见的新闻结构有三种：

① 本末倒置型结构。即先写事件的高潮及结果，然后倒叙事件发生的原因和经过，以起到先声夺人、引人注意的作用。

② 并列双峰型结构。即所报道的几个内容处于相同的重要位置，报道时两条线并列进行，然后在适当地方交代其相互的关联性。

③ 顺流直下型结构。即完全按事件发生的先后顺序，从源头写起，顺流直下，最后交代结尾。

(3) 新闻结构中重要成分写作的策划。即对新闻中标题、导语、背景、主体、结尾五个部分的策划。

① 新闻标题的基本要求是准确、创新、鲜明、简练、生动，有画龙点睛之妙。

② 新闻导语包括叙述式（概括式、结果式、对比式）、描写式（人物描写、事物描写、现场描写）和议论式（结论式、评论式、提问式、引语式）三种。新闻导语写作要求凝练、醒目、明快、生动，突出最主要和最有新闻价值的事实；或者提出问题，制造悬念，以吸引读者。要力求简洁，切忌冗繁。

③ 新闻背景材料的策划。要写得全面、周详，又言简意赅、引人入胜。其目的是为读

者阅读正文提供背景知识，引起读者关注，产生迫不及待探个究竟的效果。

④ 新闻主体的策划。指新闻中的主要部分，对导语中已披露的要素作进一步的叙述，它是发挥主题的关键部分。其结构顺序一般采取时间顺序、逻辑顺序或时间顺序与逻辑顺序相结合三种写法。主体写作的策划要围绕新闻的主题进行，应圆满地说明和回答导语中提出的问题，与内容和背景材料相呼应；所有的材料要真实、具体、充实并富有典型意义。

⑤ 新闻结尾的策划。结尾可采取小结式、启发式、号召式、展望式、分析式等，无论采取何种方式，都要力求简明扼要、明确有力，富有内涵，引人思索。

3. 新闻报告策划

企业策划公共新闻就是要最大限度地利用新闻媒体进行报道，扩大企业影响，提高企业的知名度、信任度和美誉度，以期让更多的公众对本企业形成良好形象。新闻报道是将企业具有新闻价值的新闻准确、及时和最大限度地传递给新闻界，引导新闻界加以报道，常用的方法是举行记者招待会、新闻发布会和接受新闻采访。

(1) 记者招待会的策划

企业召开记者招待会一般是有新闻价值的重大事件要发布，如澄清某重大事件的真相，郑重地宣布企业的某项发明等。企业开好记者招待会一般要做好以下几方面的工作：

① 确定主题；
② 确定应邀记者名单；
③ 选择适当的时机；
④ 做好请柬发放工作；
⑤ 确定主持人；
⑥ 充分准备发言提纲和报道内容；
⑦ 遴选会议的工作人员；
⑧ 布置会场；
⑨ 准备好通信设施；
⑩ 安排好会议程序。

(2) 新闻发布会的策划

新闻发布会是将企业重大决策和重大发明对社会进行公布。对其策划要掌握好分寸，既要引起轰动，又要注意保密，开好新闻发布会还要注意以下几个方面：

① 邀请函要送达给同议题有关的人士；
② 选择好场地，配备好通信设施；
③ 时间安排不要与重大节日冲突；
④ 设置登记处，并提供指导服务；
⑤ 备好新闻文件包，逐一发给来宾；

⑥ 会议时间不要太长，控制在30分钟到60分钟之间；

⑦ 会前、会后约请有关记者进一步采访；

⑧ 对来宾要一视同仁，不能分亲疏、贵贱；

⑨ 要有正式的结尾，不能草率收场。

(3) 接待新闻界的参观访问策划

企业与新闻界的联系，可以是新闻界主动的，也可以是企业邀请的；可以是有特定目的的，也可以是无特定目的的；可以是定期的，也可以是不定期的。企业接待新闻界的策划一般要做好以下工作：

① 明确目的，以邀请目的来决定对象、规模和接待方式；

② 确定邀请对象及规模。视目的不同而作适当安排，联络感情式一般范围广、规模大、对象多；具体目标式则相反；

③ 安排接送。要守时，细节考虑周到，态度热情，服务到位；

④ 制订详细计划。对有关活动的细节进行细致的安排；

⑤ 配套服务。如提供工作场所，完备的资料、交通工具、通信设备等。

(四) 制造新闻的策划

制造新闻必须遵循的原则是真实性和不损害公众利益。一般要在一定时期内借助热闹话题制造新闻，要抓住“新、奇”去创意，并要善于利用特殊节日、社会名流所发散的光环来借冕获誉，借光生辉。

例如，香港亚洲电视台在购买了1988年汉城奥林匹克运动会在我国香港的独家转播权后，提早一年开始有计划地为这件事制造气氛，以引起公众的注意。亚视节目上每天出现这样的口号：“1988年是亚洲电视的奥运年。”亚洲电视在宣传奥运会的同时也宣传了自己。

三、企业公关谈判策划

企业公关谈判是指对谈判双方为了各自特定的利益目标，遵循互利原则，通过对话沟通方式达成协议的过程。公关谈判在现代社会市场经济条件下具有特定含义。企业公关谈判策划主要围绕以下主题展开。

(一) 对谈判双方情报的调研、分析

企业对公关谈判调研活动的内容主要包括甲方情况、乙方情况、背景情况。

1. 对甲方情况的专题调研

主要围绕谈判内容对甲方的谈判目标、优劣势、与对方比较的实力情况、谈判中可能让步的最大限度和最低限度等。

2. 对乙方情况的营销状况的调研

主要着眼于以下问题：

(1) 生产能力、生产布局及近期发展计划；

(2) 对资金的需要程度,营销力量及市场定位,是否还与其他竞争者谈判;

(3) 优势与劣势,在谈判中可能亮出的"王牌"是什么;

(4) 人员素质,包括人员结构、知识与经验结构、人际关系、性格及情感特性;

(5) 主管部门及主要决策者。

3. 背景情况的调研

主要着眼于同行业的生产能力、原材料供应、运输条件、价格、贷款利率、交货时间及有关法规等。

其他方面的背景如政治、法律、文化、宗教、历史、道德、风俗、语言等,也是在某些谈判中需要关注的。

(二) 谈判队伍的策划

谈判队伍一般由 3~5 人组成,其构成包括行政负责人、业务专家、律师。对进入谈判班子的人员要加以遴选,谈判人员必须具备以下素质:

(1) 在公众中有良好的形象和较大的影响力;

(2) 有较强的应变力、判断力,睿智、敏捷;

(3) 积累了丰富的谈判经验,对业务情况熟悉;

(4) 知识素养好,具备渊博而又专业的知识;

(5) 对有关法律知识掌握较好。

(三) 谈判计划的设计

谈判计划设计周密与否是影响谈判成功的重要条件。企业实力和谈判人员素质这两个决定谈判成功的条件是由谈判计划的设计和实施来决定的。设计谈判计划主要是认真、周到地安排如下内容:

(1) 实事求是而有分寸地确定谈判目标。为了留有余地,一般要确定下限目标、上限目标。

(2) 设定谈判策略和应变措施。策略主要是解决主动权的问题,什么时候应速战速决,什么时候采取拖延方法等。此外,谈判时机、谈判地点(除场内谈还可以进行场外非正式接触)等。应变措施主要是估计突发情况下要相应采取的措施。

(3) 选择有利的谈判地点。谈判地点的选择依据"天时、地利、人和"的原则确定,这是出于对谈判人员心理因素的考虑。对谈判地点作出有利选择,可形成一个心理优势,形成一种无形的力量。

(4) 谈判相关活动的策划。对谈判所涉及的有关商品实物、图表资料、证明材料等的准备,对新闻媒体报道活动的引导和解释等。

(四) 模拟谈判设计

模拟谈判设计是对谈判计划的预演活动的设计,其目的是检验谈判计划是否周密,谈判人员能否适应。谈判预演要假戏真做,以便暴露甲方谈判计划中的薄弱环节和疏漏之处，锻炼和提高谈判人员的心理素质和技巧，使他们能娴熟自如、信心百倍地投入正式谈判。

（五）正式谈判环节的策划

谈判由开局、概谈、报价、交锋、妥协、签约六个环节组成。对正式谈判环节的策划就是要对这六个环节的具体细节进行事先谋划。

(1) 开局。简洁明快而又有分寸、有礼貌地进行甲方介绍，并用真诚的话语营造和谐气氛。

(2) 概谈。甲方有所保留地让对方了解自己的既定目标和总体想法。这种简明扼要、用语干脆的概谈具有较大的探测作用，概谈中不乏对对方提出引导性的意见。

(3) 报价。这是核心。报价视谈判进展情况，直接报价连带解释其有关条件和要求，或迂回报价，通过对同类产品的价格比较，报出谈判的商品的价格。

(4) 交锋。这是高潮。谈判双方围绕各自谈判目标和报价等核心问题进行讨价还价，或有关条件的协商、调整，这是一个充分体现谈判人员智慧和应变能力的阶段。

(5) 妥协。双方进行有条件的让步，互相主动满足对方的条件并相应争取对方的优惠。

(6) 签约。设计有关合同。

（六）评估和总结的策划

评估活动主要包括：

(1) 成功率及目标分析：目标实现的程度；

(2) 情报准确性及使用情况分析；

(3) 谈判策略分析：策略是否恰当；

(4) 谈判队伍分析：整体配合情况和个人素质。

8.3 企业广告行为策划

企业广告行为策划主要涉及企业形象广告的概念及类型；企业广告策划的工作程序及广告计划系统；广告创意必须遵循的原则；广告创意的方法；广告创意的表现形式；企业选择广告媒体的依据；企业的广告媒体策略等内容。

一、企业广告策划的程序

（一）企业形象广告的作用与类型

1. 从产品广告到企业形象广告

随着20世纪80年代CIS的导入，企业广告由单一的产品广告发展到整体的企业形象广告。

(1) 产品广告

产品广告是以促进产品销售为目的,围绕产品的功能、个性、特色及品牌形象而设计的广告。随着市场的发展、竞争的激化,产品广告的重点也有所不同。根据其广告目的和广告内容的不同,企业的产品广告可分为以下三种类型:

① 介绍性广告。在新产品投放市场之时或产品差异性较小的情况下,为了帮助消费者了解产品的存在及基本功能,促进产品的销售,企业的产品广告往往是以介绍产品的构成、价格、质量以及带给消费者的效用等为主要内容,广告手法单一,差异性小。

② 定位性广告。随着竞争的加剧、企业产品定位战略的实施,市场上产品的差异化程度提高,特色化加强。为了满足消费者的不同需求,争取目标顾客,企业产品广告往往突出产品的特色,侧重于对目标顾客消费心理的满足。

③ 印象性广告。随着生产技术的日臻成熟,同类产品的质量、性能、价格的差异愈来愈小。为了培养和提高顾客的忠诚度,企业的广告重点往往是突出企业的声誉和品牌形象,给目标顾客留下深刻、良好的印象。印象性广告虽然也注重企业的形象,然而它以促进产品销售为目的,对企业的局部形象进行宣传。

(2) 企业形象广告

企业形象广告是以塑造和提升企业的良好形象,提高企业无形资产的价值为目的,配合 CIS 的导入,面对企业的理念以及体现企业理念的行为、视觉识别系统的宣传。它侧重于对表现企业整体形象的人才、资金、技术、产品、管理方面的宣传,而不是局部的产品宣传。

2. 企业形象广告的类型

(1) 企业实力广告

企业实力广告是展示企业的人才、技术、质量、管理、成本控制等综合实力的整体形象广告。它可以用利税、股息、规模等表现企业实力的指标作为广告内容,并配之以企业的标识(图案、符号或标准字)。

例如:国际电话电报公司(ITT),以高额的股息向股东和金融机构显示自己的实力,并以企业标准字和理念口号相配合。广告如下:

About fifteen companies in the U. S. pay yearly divideds of a quarter of a billion dollars of more.

This year we'll be one.

The best ideas are the ideas that help people.

译文:

在美国大约有 15 家公司每年支付股息 2.5 亿美元,甚至更多。

今年我们将是其中一员。

最好的意见就是有助于人们的意见。

（2）企业观念广告

企业观念广告是宣传企业的管理理念、经营宗旨和价值观念的广告。它以广告形式传播企业理念精神，对内使全体员工树立共同的价值观念，培养和增强员工的凝聚力和同心力；对外在广大公众心目中留下良好印象，以得到社会公众的理解和支持。

例如：

① 海尔集团“海尔，忠诚到永远”的广告；

② 奥克玛集团“没有最好，只有更好”的广告；

③ 飞利浦公司“让我们做得更好”的广告等。

练习：请提出另外三个公司的观念广告。

（3）企业公益广告

企业公益广告是表明企业对公益活动的倡导和对某些公共事业及社会性活动的支持、赞助的广告。通过对计划生育、环境保护、科教兴国、精神文明等涉及人类社会进步与发展的重大问题的宣传与倡导，通过对教育事业、城市建设、文艺体育活动的支持、赞助与宣传，向社会公众表明企业热心公益活动、积极承担社会责任、以社会市场营销观念为指导的良好形象。前者主要是通过制作灯箱、霓虹灯、路牌等方式进行广告；后者则是结合捐赠、赞助等公共关系活动进行广告宣传。

（4）企业招聘广告

企业在向社会广泛招募优秀人才之际，往往通过招聘广告大力宣传企业的成就和整体优势，在社会公众心目中树立良好的形象。企业招聘广告，一方面通过广告宣传吸引有志者踊跃应聘，以优厚条件吸纳优秀人才；另一方面，通过广告宣传，促使社会公众进一步了解企业的整体风貌，也起到了宣传和提升企业形象的作用。

（5）企业事故广告

在企业经营过程中，由于一些不可预测因素的影响，有损企业形象的突发事件在所难免。在事故发生之时，企业应以对社会公众高度负责的积极态度及时处理、补偿对社会和消费者带来的一切损失，并以此为鉴，改进工作，消除一切隐患。同时，以广告宣传的形式，真诚地向社会公众赔礼道歉，并结合公共关系宣传，报道事故发生和处理的全过程。这样的事故广告，可能变坏事为好事，取得社会公众的谅解和赞赏。这样一来，不仅不会使企业形象受损，可能还会进一步提升企业形象。

（6）企业庆典广告

企业庆典广告是在庆祝企业成立多少周年、企业成功进行某种改造、企业累计利税突破多少亿元、企业荣获某称号等庆典活动之际，以广告宣传的形式向社会公众进行报道和表示谢意的广告。例如，“在……之际，感谢……人民对……企业的支持与厚爱！”。

（二）企业广告策划的程序

无论是产品广告还是企业形象广告，都必须遵照一定的程序，按照一定的流程进行策划。

1. 企业广告策划的工作程序

（1）企业广告策划小组的人员构成

广告策划是一项综合性的工作，需由企业内部有关人员和企业外部专业广告公司的人员参加，组成一个专门小组，各负其责，共同完成广告策划工作。广告策划小组除管理人员以外，主要由以下几类人员组成：

① 广告业务主管人员。负责整个广告策划工作的管理。

② 市场调研人员。负责进行市场调查和分析，为广告策划提供依据，为广告计划的实施和监督提供信息，并对广告计划的实施效果进行测定和监控。

③ 策划人员。负责拟订广告计划。

④ 文稿撰写人员。负责撰写各种广告文稿。

⑤ 美术设计人员。负责进行图案及动态视觉形象的设计。

⑥ 媒体联络人员。负责对媒体的选择和联系。他们熟悉各种广告媒体的优劣和价格，与各种媒体建立了良好的关系。

⑦ 公共关系人员。负责对内、对外的联络和关系的协调。

（2）进行广告调查

广告调查包括广告内容调查和广告活动调查两个方面。

广告内容调查是围绕广告目的和广告内容进行的调查，主要包括：消费者心理与行为调查、市场动向的调查、企业经营状况及竞争状况的调查、企业形象的社会反映调查等。

广告策划调查是围绕广告策划工作进行调查，为广告计划的拟订提供依据。主要包括：广告环境调查、广告代理商的状况调查、广告媒体调查、广告效果调查等。

（3）制订广告计划

广告计划是对广告活动的具体安排，分为长期计划和短期计划。

各个公司的广告计划模式不尽相同，一般应包括以下几方面的内容：广告目标、广告预算、广告诉求内容、广告表现方式和制作方法、广告媒体组合、广告发布时间、广告效果预测等。

（4）撰写广告策划书

广告策划书是整体广告策划工作的书面表达和行动指南，是对广告策划过程的概括。广告策划书主要包括以下内容：前言、广告环境分析、市场分析与评价、广告目标、广告内容及表现方式、广告诉求对象、广告诉求地区、媒体计划和组合策略、广告预算、广告效果预测等。

(5) 广告计划的实施与监督

在调查研究的基础上制订出广告计划以后,还必须将广告计划中各项工作落实到各个部门,由广告策划机构中的各个部门制订出具体的实施计划;由业务管理部门监督广告计划的实施情况、实施效果,并根据环境因素的变化,责成有关部门对广告计划进行修正。

2. 企业广告计划系统

世界著名的方法公司——日本电通广告公司提出了一套制订企业广告计划的系统方法,称为"D-MAP系统"(即电通营销广告策划系统)。该系统包括六个组成部分。

(1) 消费者或市场问题

① 今后的动向;

② 商品普及状况及预测;

③ 畅销地区;

④ 消费者概况;

⑤ 消费者购买动机;

⑥ 消费者购买行为;

⑦ 下一期的目标销售额及市场占有率。

(2) 商品及流通问题

① 企业或商品形象;

② 包装或商品名称;

③ 价格是否合适;

④ 流通渠道如何。

(3) 促销方法问题

① 人员推销;

② 营销信息;

③ 大众传播媒介;

④ 促销预算多少。

(4) 广告计划的制订

① 广告对象;

② 广告地区;

③ 广告预算;

④ 广告目标。

(5) 媒介计划的制订

① 报纸或杂志计划;

② 电视或广播计划(何台、何时段);

③ 计划播出次数;

④ 大众媒介以外的其他媒介计划。

(6) 创作计划的制订

① 诉求点是否合适;

② 传达量如何;

③ 构思如何;

④ 表现效果如何。

利用"D-MAP系统"制订广告计划分为4个阶段、19项工作[①]:

第一,构思阶段——确定整个广告计划的基本方针。

① 确定目标消费者;

② 决定目标市场的基本方针;

③ 确定市场目标;

④ 制订构思计划的方针;

⑤ 决定构思计划。

第二,确定课题阶段——确定具体的广告策略和广告内容。

⑥ 制定促销组合预备方案;

⑦ 按促销组合效率排列预备方案;

⑧ 最终决定促销组合;

⑨ 广告计划与其他促销计划的联系;

⑩ 确定不同广告地区的目标值;

⑪ 决定诉求内容。

第三,实施阶段——决定广告的表现方式和发布方式。

⑫ 确定广告表现;

⑬ 制作广告作品;

⑭ 决定不同地区的广告媒介的目标值;

⑮ 限定广告作品的规模;

⑯ 限定各种媒介和不同地区广告发布的规模;

⑰ 确定最适当的媒介组合;

⑱ 制订广告实施计划。

第四,评价阶段——测定和检验广告效果。

⑲ 广告效果评价。

"D-MAP系统"虽然是针对产品广告设计的广告计划系统,但在企业形象广告中也有一定的参考价值,为企业广告计划的制订给出了一个标准化的系统模型。

---

① 引自汪洋,苗杰主编:《现代商业广告学》。

二、企业广告创意设计

(一)广告创意的原则

1. 什么是广告创意

创意,即具有创造性的构思。构,是指构建、结成;思,是指思考、思索,主意、想象、念头、点子。美国著名广告专家大卫·奥格威认为:好的点子就是创意。因此,创意就是通过精心思考,构建和创造意境来表现某一主题的活动过程。

广告创意,是指广告设计人员根据广告主题的要求以及广告诉求对象的心理特征,经过精心考虑,将广告诉求内容以艺术化的手法表现出来的过程。美国广告界权威人士詹姆斯·韦伯·扬认为:"广告创意是一种组合商品、消费者以及人性的活动。真正的广告创作,眼光应放在人性方面。从商品、消费者以及人性的组合去打开思路。"

精彩的广告创意往往具有以下一些共同的特点:

(1) 以出人意料的、有趣的,甚至惊人的方式来表现广告主题。

(2) 主题鲜明,整个创意清晰、明了,不拖泥带水。

(3) 确立独特的广告形象,使社会公众便于识别,而竞争者却无法模仿。如独特的语言、独特的音乐或独特的造型等。

(4) 亲切、自然,使受众喜闻乐见。

2. 广告创意的原则

广告创意既不能简单了事,用干巴巴的语言向诉求对象传递广告主题的有关信息;又不能主观臆断,不着边际地卖弄艺术手法,使消费者不得要领。广告创意不仅需要广告设计人员运用自己的心智和聪明才干,发挥丰富的想象力,思考出别具一格、具有独特性的创意;而且需要紧扣主题,充分反映广告的内容,并与广告诉求对象的特点、广告定位和广告总体战略保持一致。因此,广告创意必须遵循以下原则:

(1) 事实性原则。真实是广告的生命,要保证广告的真实性,广告创意就必须以事实为依据,以新颖的手法反映出广告的实质内容。

(2) 艺术性原则。一条好的广告必须具有艺术感染力,可以选用联想、夸张、幽默、变形等手法,采取图文结合、声像交融的方式来表现广告主题。

(3) 独特性原则。创意关键在于新奇、独特、别具一格。面对千篇一律的说教式广告,或似曾相识的缺乏个性的广告,人们往往会熟视无睹。只有那些具有独特创意的广告才能使人印象深刻、令人回味无穷。

(4) 科学性原则。广告创意必须采取科学的态度、运用科学知识来进行。色彩、声响、造型都要按照诉求对象的心态,进行科学的设计;创意的内容必须符合科学性、逻辑性,不允许用反科学的荒诞、迷信的东西去蒙骗社会公众。

（二）广告创意的过程与方式

1. 广告创意的过程

詹姆斯·韦伯·扬将广告创意的过程精辟地概括为五个步骤，被众多成功的广告创作人员广为采用。

（1）尽可能地收集资料

信息资料是成功创意的基础。广告创意者必须广泛地收集资料，既要收集与广告主题相关的“特定资料”，又要注意积累生活中一切能引起自己兴趣的“一般资料”。

特定资料的收集是一项目的性、针对性很强的工作。围绕广告主题，通过实地调查和查阅有关文字、数据资料，广泛收集与之相关的各类资料，从中发现其相互关联性或特殊性，作为创意的依据。

一般资料的收集是一项终生的工作。广告创意者必须具有广泛的兴趣，注意浏览各个学科的资料，并养成以卡片索引、分类文件夹或资料剪贴簿等方式广泛积累资料的习惯。

（2）信息的咀嚼

广告创意人员要用自己的心智去思考，运用不同方式方法来研究所收集到的资料，探索其含义和内在联系。通过对信息资料的综合汇集，往往会得到一些新的启示，在头脑中形成某些新的概念。然而，在这一阶段，还无法清晰地把握信息组合而成的核心、本质性的东西，还不能形成创意。

（3）信息的消化

通过认真地分析以后，广告创意人员将进入“冷处理”的信息消化阶段。即有意丢下这一课题，不作任何努力，完全顺其自然，将问题置于下意识的心智中，让它在无意中去发挥作用。在这种完全放松的情况下，新的组合才会明朗化。

（4）创意的出现

广告创意，往往是在前三个阶段的基础上“突然出现”的。广告创意者要不失时机地将这一创意的“火花”记载下来，以免一闪而过，前功尽弃。

（5）创意的发展

对前一阶段获得的初步创意进行加工处理，使其更加完备。通过同行们的评价、修正，通过权威人士的批阅、润色，通过实际制作过程中的不断修订、完善，使原有的初步创意得到发展和提升，成为符合实际要求的新颖、独特的广告创意。

2. 广告创意的方法

（1）头脑风暴法

头脑风暴法是组织一批反应敏捷的专家、创意人员和其他相关人员，发挥集体智慧，针对广告主题进行不拘泥于形式的漫谈，相互激发思想，从而产生广告创意。

在讨论过程中，必须保持平等、和谐的气氛，使与会者都能畅所欲言；必须指派高水平的专业人员做好记录，并整理归纳出可供选择的若干广告创意。在此基础上，召开专业人员会议，进行评判、综合，得出最终创意。

(2)“二旧化一新”法

“二旧化一新”法是指由两个互不相干，甚至相互抵触的事件结合在一起，形成一个全新的广告创意。如“古有千里马，今有丰田车”的广告创意。

(3) 水平—垂直思考法

水平思考法与垂直思考法是完全不同的两种思考方法。前者又称跳跃性思维，即不受传统观念的制约，从全新的角度去思考问题，提出超越常规的结论。后者是一种逻辑推理方法，即根据现有的理论、知识、经验和观念，从下面层层深入地进行剖析，得出结论。

广告创意往往是两种思考方法的结合：首先，运用水平思考法获得某种满意的新构思；其次，运用垂直思考法进行深入分析，使这一构思继续深化，得出既新颖又具有逻辑性的广告创意。

（三）广告创意的表现形式

1. 表现广告创意的主要手段

(1) 语言表现。广告语言包括无声的文字和有声的语言，如平面广告中的广告标语、广告标题、广告正文、广告附文等，广播广告中的有声语言，电视广告中的文字说明和旁白等。通过语言，能够准确、精练、完整地传达广告信息，引起人们的注意、联想和记忆，它是表现广告创意的最主要的手段。

(2) 非语言表现。主要包括画面、色彩、人物的体态等。

2. 广告创意的表现原则

概括地讲，在内容上要求真实、准确、公正；形式上要求鲜明醒目、简洁通俗、统一均衡、创新变化。美国广告大师大卫·奥格威提出的广告表现了11条规律：

(1) 广告内容比广告表现方法更重要。

(2) 若你的广告没有上乘的创意，它必遭失败。

(3) 讲事实。

(4) 使人厌烦的广告是不能促使人买东西的。

(5) 举止彬彬有礼，但不装模作样。

(6) 广告宣传要具有现代意识。

(7) 委员会可以批评广告却不会写广告，单枪匹马创作出来的广告似乎最能发挥推销作用。

(8) 若是创作了一则很好的广告，就不妨重复地使用，直到它的号召力减退。

(9) 千万不要写那种连你也不愿自己的家人看的广告。

(10) 广告是对形象和品牌作贡献。

(11) 不要当文抄公(包括“模仿”这种最真诚的抄袭形式)。

3. 广告创意的表现形式

(1) 直陈式表现。即直接说明广告主题。

(2) 比较式表现。与相关事物相比较,以突出自己的个性。

(3) 实证式表现。以获得的奖励、赞誉等事实加以说明。

(4) 示范式表现。以一定的手法展示其个性、特征。

(5) 幽默式表现。通过幽默人物或幽默情节来表现。

(6) 悬念式表现。根据广告主题,制造一定的悬念,引起公众的好奇。

三、企业广告媒体选择

(一) 企业广告媒体选择的依据

1. 广告媒体的种类

人们每天都接触到各种媒体传播的广告。据调查,美国消费者每天接触到1 600条广告信息。广告媒体非常多,归纳起来主要有以下几种类型:

(1) 印刷媒体。主要包括报纸、杂志、广告画册、宣传品以及刊登广告的挂历、各种书籍等。

(2) 电子媒体。主要包括广播、电视、电影、计算机网络等。

(3) 户外媒体。主要包括广告牌、路牌、霓虹灯、灯箱、橱窗、旗帜等。

(4) 交通工具媒体。包括汽车等交通工具的外部和内部。

(5) 其他媒体。如作为礼品的休闲衫、扇子、手提包、气球、模型飞船等。

2. 企业选择广告媒体的依据

企业选择广告媒体,既要考虑媒体的特征,又要考虑广告主题及企业自身的情况,进行综合分析。

(1) 媒体特征。包括媒体的发行量、覆盖率、受众层次、媒体价格等。

(2) 广告主题。广告主题的诉求对象及其接触媒体的习惯,广告主题适合的表现形式等。

(3) 企业自身的情况。包括企业的战略目标、经济实力等。

(二) 企业的广告媒体策略

企业的广告活动往往不是一个单一的活动,而是配合企业形象战略的实施和企业经营目标的实现,而进行的多个地区、多种媒体、多个时段的广告活动的组合。广告媒体的选择也必须依据以上因素,制定出合理的广告媒体策略。企业的广告媒体策略主要考虑以下几个方面:

1. 广告媒体的地区分析

对于广告媒体的地区分布,有以下三种可供选择的策略:

(1) 全部投入全国性的媒体。

(2) 全国性媒体与地方性媒体相结合。

(3) 使用全国各地或某些地区的地方性媒体。

2. 目标受众的媒体比例

企业广告的目标受众往往可以细分为具有不同特色的几个群体。不同群体接触媒体的习惯和频率也不相同。制定广告策略时，必须确定对每个群体的相对侧重比例，以确定不同媒体的广告投入。

3. 媒体的广告时间

任何企业都不可能全年占用各种媒体进行连续不断的广告，必须有计划地分配媒体的广告时间。一般情况下可以选择以下几种策略：

(1) 连续发布策略。节假日或配合企业的重大活动的开展，可以采用集中广告，在一段时间连续不断地发布广告。

(2) 周期发布策略。虽然不中断广告，但不同时间广告量的大小有所不同，一般是以低量广告维持，以周期性广告加强效果。

4. 媒体广告的达到率和频率

根据不同情况，安排媒体广告的达到率和频率。美国知名广告研究专家赫勃·克鲁曼认为，消费者是在漫不经心中接触广告的，广告效果与人们接触广告的次数有关。第一次接触，只会了解广告的大概信息；第二次接触，就会考虑广告内容与自己有无关系；接触38次后，人们就会产生厌倦情绪，导致效果递减。

5. 媒体组合方式

企业广告往往采用多种广告媒体。一方面，不同媒体的受众可能不同，多种媒体可以扩大接触面。另一方面，采用多种媒体，可以发挥每种媒体的特长，加强广告效果。进行媒体组合时应注意：

(1) 相互配合，强弱搭配，以一种媒体为主，其他媒体补充、配合。

(2) 扬长避短，相互补充。各种媒体各具特长，可以相互补充。如可以用报纸等以文字见长的媒体登载叙述性、说理性信息，以补充电视广告信息深度不够的缺陷；而以电视广告弥补其他广告中不够生动、形象的缺陷。

小结

企业管理制度是规范企业组织群体的行为、塑造良好企业形象的主要约束机制。企业管理制度的策划主要包括企业宏观管理制度和各职能部门管理制度两部分。企业宏观管理制度策划主要包括：企业管理体制、企业领导制度、企业规章制度、企业经济责任制度。各职能部门管理制度包括：计划管理制度策划、财务管理制度策划、人力资源管理制度策划、生产管理制度策划、技术管理制度策划、营销活动管理制度策划、行政管理制度策划。企业组织行为策划主要通过组织设计，制定组织的目标，确定企业的组织结构、劳动分工和责权范围。企业员工的工作规范策划是根据企业的现行制度和各部门、各岗位的职责，规划出员工共同遵守的行为准则及其实现的条件。主要包括：员工行为准则设计、个体工作环境设计、群体工作环境设计。企业员工的礼仪规范包括：企业员工的仪容仪表规范和商业社交礼仪规范。配合 CIS 的企业文化活动，主要包括文艺演出、舞会、书画展览、庆典活动等。企业文化活动的策划包括：主要活动安排、基本预算、新闻采访活动、保安工作等其他辅助活动安排。

公关行为是企业对外宣传自身形象的重要行为。公关行为策划是企业形象整体策划的组成部分。公关行为策划依次有六个步骤，并要按求实原则、创新原则、道德原则、弹性原则和效益原则展开。企业公关专题活动、新闻发布和商务谈判活动是公关行为策划的内容，同样是企业公关整体行为中不可分割的部分，因而要按公关整体行为策划的要求，对每一次活动进行缜密的策划。

随着 20 世纪 80 年代 CIS 的导入，企业广告由单一的产品广告发展到整体的企业形象广告。企业广告策划的工作程序：组建广告策划小组、进行广告调查、制订广告计划、撰写广告计划书、广告计划的实施与监督。广告创意，是指广告设计人员根据广告主题的要求以及广告诉求对象的心理特征，经过精心思考，将广告诉求内容以艺术化的手法表现出来的过程，广告创意必须遵循以下原则：事实性原则、艺术性原则、独特性原则、科学性原则。广告创意的方法：头脑风暴法、“二旧化一新”法、水平—垂直思考法。广告创意的表现形式：直陈式、比较式、实证式、示范式、幽默式、悬念式。企业选择广告媒体的依据：媒体特征、广告主题、企业自身的情况。企业的广告媒体策略：广告媒体的地区分布、目标受众的媒体比例、媒体的广告时间、媒体广告的达到率和频率、媒体组合方式。

习 题

1. 企业管理制度包括哪些内容？
2. 企业组织行为策划从哪些方面入手？
3. 企业员工工作规范包括哪些内容？保证措施有哪些？
4. 商务社交礼仪包括哪些内容？
5. 制定某项文化活动的策划案。
6. 为某企业内部管理行为策划方案。
7. 企业公关专题策划包括哪些内容？
8. 公关专题策划要符合哪些要求？
9. 企业投资赞助要遵循哪些原则？

10. 企业公关策划有哪些步骤?
11. 什么是企业形象广告? 它包括哪几种类型?
12. 企业广告策划应遵循什么程序?
13. 什么是广告创意? 试说明企业广告创意的原则及方法。
14. 企业广告媒体选择的依据有哪些?
15. 企业的广告媒体策略有哪些?
16. 试写出某企业的广告策划案。

第 9 章　产品市场推广策划

在现代市场营销中，产品推广的过程就是创立品牌、发展品牌的过程。产品推广必须借助品牌的运作。产品质量的竞争集中在品牌的竞争上。企业的行为以创立名牌、发展名牌为目标和动力。名牌意味着声誉，意味着市场占有率，意味着无形资产，意味着企业的无限生机和希望。品牌名声的大小是相对的，有国际驰名品牌，国内著名品牌，也有一定区域的知名品牌，名牌是个多级别、多层次的宝塔，越到顶尖越少。但企业不能因名牌难以创建而放弃创名牌。不可能每个品牌都能成为世界级或国家级的名牌，但不等于说某些品牌绝对没有成为名牌的希望。创名牌的过程是企业发展、发达、昌盛的过程。任何企业都可以也应该以创立名牌和发展名牌为动力，即通过实施名牌战略来推进自身的成长和壮大。

9.1　产品品牌策划

名牌必须名实相符。名牌既要名声远扬，又要名副其实。名牌的全面营销质量是名牌的核心、名牌的实质。创立名牌的过程就是提高全面营销质量进行品牌运营。

一、产品品牌运作策划

品牌是指产品的一种名称、标记、符号、设计图案或是它们的组合运用，以此标明某个企业的产品或服务，使之与竞争对手的产品或服务区别开来的营销手段。品牌由品牌名称和品牌标记组成。品牌名称是品牌中可以读出声来的那一部分；品牌标记则是品牌中用来识别但不可念出声来的那一部分，如符号、图案、色彩或字母。品牌在政府有关部门注册登记后受法律保护并享有专用权，即成为商标。品牌是一般的商业用语，商标则是法律性用语。中国商标制度实行“自愿注册原则”和“申请在先原则”。未注册的品牌不受法律保护。产品品牌运作过程是一个从给产品命名开始，经过艰苦的创立名牌、发展名牌并为社会公认或成为驰名商标的过程。

产品品牌的确定即命名要符合以下原则：

(1) 简洁明快，易于认读、识别和记忆；音韵美，朗朗上口，便于扬名；

(2) 准确地反映企业及其产品的特色，寓意深远，引人思索与联想；

(3) 符合市场所在国的法律规范和民族习惯，为消费者喜闻乐见。

品牌的注册还要坚持“三防御”原则：

(1) 视觉独占，图形专用。包括文字专用，图案专用，要把笔形相近的商标一并注册。如“虹雁”、“红雁”。

(2) 听觉独占，发音专用。要把发音相近的名称一并注册。如“佳丽”，“家丽”；“红豆”，“宏豆”。

(3) 感受独占，含义专用。要把含义相近的名称一并注册，如“少女之春”、“少女之夏”、“少女之秋”、“少女之冬”等。

从一般品牌到名牌有一个艰苦的创立、宣传、维护、发展的过程。名牌是在任何市场环境里都可以一眼认出或一听便知的名称或符号。名牌必须具备以下基本条件：

(1) 高品质。商品质量包括产品的功能性质和感官品质。功能性质是指产品的性能、安全性、适应性、经济性、时效性等，感官品质是指商品完好的外在形式、造型、色彩、包装、装潢等。

(2) 高特色性。商品的独特个性、独特用途、独特风格。

(3) 高知名度。品牌认知的广泛度，地区的、国家的还是国际的。

(4) 高占有率。商品的市场占有率或市场覆盖面高，并与商品的知名度、美誉度成正比。

(5) 高信誉度。消费者对某一品牌的信赖程度，可以从商品销售后的信息反馈系统和质量保障系统反映出来。

(6) 高附加值。高出社会必要劳动时间的价值，即用名誉和智慧创造出来的价值。

名牌的认定是市场行为，是消费者大众行为，它不靠政府所属部门或群众团体进行评优评奖来认同。名牌的确立不可能一朝一夕完成，而是在市场上长期培育的结果。

国际上流行的合格认证包括对产品质量的认证、质量体系认证、实验室认可、检查人员（含审核人员）及评审员认可等，只是对进入国际市场的企业及其产品进行一般认证，或是起码标准的认证，而不是对名牌的认证。名牌产品一定要经得起检验，要取得起码的认证条件，但认证合格的不一定是名牌产品。

国际名牌大排序往往是由国际上有影响的企业识别单位采取对各种被评价的知名品牌进行综合评分得出的。

世界最大的企业识别顾问——美国朗涛（LANDAU）公司，最近特别选出 400 家国际知名大企业，在日本、美国、欧洲三个地区，不分阶层，分别找出 1 000 人、4 000 人、5 000 人，作面对面调查。调查方法是请这些人分别就 400 个国际品牌的知名度和个人评价来打分，然后将知名度和评价的排名分数进行综合分析，排出全球的总排名，其中前 50 名如表 9-1 所示。

表 9-1 世界名牌前 50 名排序

名次	品牌名	所处行业	国名	名次	品牌名	所处行业	国名
1	可口可乐	食品饮料	美	26	雪碧	食品饮料	美
2	索尼	电子器材	日	27	捷豹	汽车	英
3	奔驰	汽车	德	28	立顿	食品饮料	英
4	柯达	照相器材	美	29	日产	汽车	日
5	迪斯尼	娱乐	美	30	山叶	机械	日
6	雀巢	食品饮料	瑞士	31	凯迪拉克	汽车	美
7	丰田	汽车	日	32	耐克	运动器材	美
8	麦当劳	食品饮料	美	33	壳牌	石油	荷兰
9	IBM	电脑	美	34	劳力士	钟表	瑞士
10	百事可乐	食品饮料	美	35	阿迪达斯	运动器材	美
11	劳斯莱斯	汽车	英	36	美能达	照相器材	日
12	本田	汽车	日	37	富豪	汽车	瑞典
13	松下	电子电器	日	38	吉列	清洁卫生	美
14	李维特	服饰	美	39	雪佛兰	汽车	美
15	可丽舒	清洁卫生	美	40	香奈儿	化工	法
16	福特	汽车	美	41	VISA 卡	金融	美
17	大众	汽车	德	42	法拉利	汽车	意
18	加乐比	食品饮料	美	43	Delmonte	装潢	美
19	波尔舍	汽车	德	44	联合签账卡	金融	美
20	宝丽来	照相器材	美	45	乐高	玩具	美
21	宝马	汽车	德	46	克里斯汀·迪奥	精品	法
22	高露洁	清洁卫生	美	47	香吉士	食品饮料	美
23	精工表	钟表	日	48	金顶电池	电子电器	美
24	雀巢咖啡	食品饮料	瑞士	49	强生	清洁卫生	美
25	佳能	照相器材	日	50	奥迪	汽车	德

我国驰名商标的认定是由工商行政管理总局商标局行使权力的，其他任何组织和个人都无权认定驰名商标，被认定为驰名商标必须符合以下几项条件：

(1) 公众知晓的程度和信誉；

(2) 国内外同行专家的评价；

(3) 商标使用区域；

(4) 商标使用的时间；

(5) 连续使用的年限；

(6) 广告宣传的费用、覆盖面及在同行中的位置；

(7) 在其他国家、地区获得注册和使用的情况；

(8) 商标所有人自我保护意识的强弱。

我国现已确认了87个驰名商标。第一次于1995年认定驰名商标19个，它们是：同仁堂、蝴蝶牌缝纫机、凤凰牌自行车、永久牌自行车、中华牌香烟、霞飞化妆品、大白兔奶糖、英雄自来水笔、贵州茅台酒、青岛啤酒、海尔冰箱、双星胶鞋、北极星钟表、张裕葡萄酒、五粮液白酒、泸州老窖、玉立牌抽油烟机、熊猫牌电视机、常柴牌柴油机。1997年国家工商总局又认定了23个驰名商标，它们是：灯塔牌油漆、马利牌美术颜料、美加净化妆品、金驼牌电解镍、张小泉牌剪刀、长虹牌电视机、康佳牌电视机、小天鹅洗衣机、冰山牌制冷设备、美菱牌电冰箱、澳柯玛牌冰柜、东风牌汽车、嘉陵牌摩托车、红豆牌服装、森达牌皮鞋、雅戈尔牌服装、红梅牌味精、健力宝牌饮料、椰风牌饮料、燕京牌啤酒、杏花村牌酒、郎牌酒、红塔山牌卷烟。1999年1月5日国家工商总局商标局认定了45个驰名商标，它们是：乐凯(胶片、胶卷、相纸)、两面针牙膏、中华牙膏、白猫洗涤剂、大宝化妆品、长城(润滑油)、丽珠(药品)、华北(药品)、999(药品)、片仔癀(药品)、安尔乐(卫生用纸)、钻石(硬质合金)、三环(锁)、虎头(电池)、联想(计算机)、北大方正(电子出版系统)、长城(计算机)、容声(电冰箱)、荣事达(洗衣机)、TCL(电话、彩电)、海信(电视机)、美的(风扇、空调)、春兰(空调)、格力(空调)、夏利(汽车)、轻骑(摩托车)、东方红(拖拉机)、红星(宣纸)、恒源祥(毛线)、鄂尔多斯(服装)、三枪(针织服装、内衣)、回力(胶鞋)、金猴(皮鞋)、富贵鸟(皮鞋)、星牌(台球桌)、维维(豆奶)、露露(饮料)、娃哈哈(饮料)、椰树(饮料)、乐百氏(饮料)、剑南春(白酒)、古井贡(白酒)、古越龙山(黄酒)、全聚德(餐饮服务)、一汽(汽车)。

二、名牌的全面营销质量

产品的市场推广要抓住“质量”这个关键问题。名牌的确立和保持、永续取决于消费者对该产品质量有好的口碑。质量是一种产品的性能和特征的集合。产品的性能有助于区别不同类产品，是各类产品主要功能的集合；产品的特征是同类产品中不同品种的比较。产品以其具有的性能和特征满足消费需求的能力，被消费者视为质量。消费者对某种产品质量的评估，往往是与该产品品牌联系在一起的。某一品牌辅助产品功能评估的能力，即品牌体现质量属性。品牌是产品的标准性、可靠性、耐用性、精确性、操作简便性等有价值属性的综合。消费者的评估是从感性认识出发的，因此，产品的质量在市场上主要通过品牌来体现，研究现代营销中的产品质量，不能不联系市场、联系消费者需求及购买行为、心理。在创名牌、保名牌的企业行为中，营销决策者和管理人员，都要以市场为载体，从消费者需要出发树立全面营销质量意识。全面营销质量包括以下内容。

(一) 产品质量的整体性

现代营销视产品为核心产品、形体产品、附加产品等要素的整合，传统销售只要求核心产品即产品的效用、功能达到一定的技术标准，现代营销则要求产品的式样、规格、包装、附件以及以服务形式出现的送货、安装、维修等均应达到一定的质量标准。产品质量的达标是产品整体及所属各部分均达标。

对质量检查国家有统一的标准实施细则，各个部门有部颁标准及实施细则，是否符合标准要经过国家质量检查机构检查确认。进入国际市场的商品，有国际标准化组织(ISO)所制定的国际标准，企业营销活动既要经得起 ISO 9000 系列标准的检审，也要经得起 ISO 14000 即环境管理系列标准检审，不仅要使产品的功能和利益满足消费者需求，而且其成分计量的准确性以及生产过程、实验过程、管理及自检过程都要达到相应标准。

包装质量也是产品整体质量的有机组成部分，必须纠正过去我国产品在国际市场营销中“一等产品，二等包装，三等价格”的现象。

（二）产品需求的适合性

消费者的需要总是由产品价值、服务价值、人员价值和形象价值等满足的，现代消费者除对商品本身有需求外，还在支付一定时间成本、精神成本、体力成本和货币成本条件下，在购买消费过程中对营销企业的形象、氛围，营销人员的服务态度、仪表等伴生自尊需求、艺术需求、炫耀需求、时尚需求。名牌销售渠道、经营方式、购物环境等也要符合消费者需求，以满足消费者求新、求异、求美、求奇、求优、求名等心理需求。同时，产品的质量与其价格要充分体现质价相符的原则，只有一定价格水平下的质量才会体现产品的价值，价格无疑是产品需求适合性的前提。

以是否符合消费者需求作为产品全面营销质量的一部分，正是现代营销区别于传统商业销售的重要标志。传统销售是从企业自身出发的行为，企业能生产什么就销售什么，有什么就卖什么，其经营观念是陈旧的；现代营销则要从市场出发，从消费者需求出发，识别和满足消费者需求是现代企业营销的职责。消费者评价产品的质量不只是一个“经久耐用”的传统指标，而是形成了考核产品各方面的属性的综合指标，其中包括产品文化的、精神的属性指标。产品的适应性就是要在不同的目标市场上，采取产品差异化策略，分别适合各种身份、职业、偏好、习惯的消费者的不同需求。适者生存，市场将十分严峻地对产品作出裁决和判定。

（三）产品质量的协调性

(1) 企业内部各部门之间，各个营销环节之间的协调。只有局部的协调才能保证成果的优质，国际标准化组织所颁发的 ISO 9000～ISO 9004 五项标准，正是从对产品形成的全过程的检验、认证出发来保证产品的达标率的。

(2) 企业与合作伙伴之间的协调，形成完善的价值链。企业的合作伙伴包括供应商、经销商、代理商等，企业必须与他们持有一致的价值观，以便在各个环节保证产品质量。

(3) 产品的市场生命周期与自然生命周期的协调。企业应在对产品市场周期的分析基础上把握其自然生命周期，当一种产品在市场上已处于衰退期时，即使这种产品的自然寿命可延长很久，对于营销企业来说，这种产品也是无价值的，不能认可它的质量。

（四）产品质量的竞争性

从市场上看，产品质量是在竞争中为消费者判别的。产品质量的竞争性是通过品牌活力和品牌优势体现的。品牌的差别化、特色化与适用性形成品牌活力；品牌在消费者中的知名度、美誉度、信赖感是品牌优势的体现。产品质量的竞争是以品牌实力来表现的。市场竞争不是单一的行为，而是产品力、促销力、形象力的综合较量。消费者对大多数产品的质量主要是从市场上感受到的，消费者购买行为的非专业性以及从众心理决定了消费者很大程度上依据品牌竞争势头来判断产品的质量。

（五）产品质量的动态性

品牌体现的产品质量是依时代的变迁而变化的。不同时期，消费者的需求水平、结构及兴趣会有很大的差异，这必然导致消费者对产品质量的评估标准的变化。不同时期社会、文化的走向不同，消费流行也会大相径庭，此时感兴趣的，彼时却弃如敝屣；此时被束之高阁、无人问津的，彼时却走红市场。消费者的质量观也会受时尚流行的影响而发生变化。因此，名牌产品的营销要不断地调查市场、分析市场，把握消费走向、消费习惯的变化，以便长久地使自己的产品适合消费者需要，成为消费者乐于购买的优质产品。

总之，进入市场的产品，其质量不再只是由生产者自己评价，而是由消费者评价。名牌产品的质量是由广大消费者认定的，因此，名牌产品的生产者必须树立全面营销质量观念，以保证和促进名牌的发展。

9.2 产品推广的支撑系统策划

一、产品推广的支撑系统

产品推广是企业的营销战略行为，应该是企业活动的中心议题和持续努力进行的工作。在这个长期艰苦运作的过程中，除了企业全员要明确树立名牌的全面营销质量观外，企业应千方百计、集思广益建立为产品推广而配套的支撑系统，这个系统包括以下几个方面。

（一）创新机制

创新机制包括技术创新和营销创新。技术创新，就是要专门研究同类产品的新技术、新工艺，不断提高产品的技术含量，引进新工艺，研究产品的市场生命周期和更新、改进、换代的时限和趋势，不断地发展名牌产品的有价值的特色，不断推出市场上的热门“卖点”，以保证名牌产品旺盛的销售势头。营销创新，就是要不断研究市场的消费需求，消费者购买行为的走势，消费者购买习惯的变化和消费流行动向，以便不断地在营销方式、销售渠道、促销措施上推出消费者需要的，既在人们情理之中又在意料之外的招数，引导消费，满足需求。

从 VCD（激光影碟）发展到 DVD（高密度激光影碟）是创新，洗衣机增加烘干、不缠绕功能也同样是创新。

营销过程中实施品牌延伸策略同样是创新，是营销创新。宝洁公司的浴皂、衣服洗涤剂、杯盘洗涤剂、尿布、牙膏、除臭剂、咖啡、土豆快餐等，延伸出多少产品，为企业赢得多少利润，宝洁的市场覆盖面横跨了多少行业！营销创新发展了“宝洁”。

营销过程中的新理念也是创新。有的企业提出让渡价值理念，为企业赢得了无以数计的忠诚顾客。让渡价值即顾客获得的总价值与其支付的总成本之间的差额。总价值是指产品价值、服务价值、人员价值和形象价值的集合；顾客的总成本是货币成本、时间成本、精神成本和体力成本的集合。企业就是要通过自己的名牌产品为顾客提供最好的产品价值，通过周到的服务，提供最佳的服务价值，通过 CIS 导入和员工培训，提供令人满意的购买环境、文化意蕴、人际关系，从而增加顾客对名牌的满意度。同时，也要千方百计通过降低价格、送货、方便陈列、科学管理等措施降低顾客的各类成本支出。海尔集团的“星级服务”方案，实施的“日清日高工作法”及 OEC 管理（高标准、精细化、零缺陷、零烦恼），宣传的以“尊重人、信任人、理解人、关心人”为内容的“真诚到永远”的理念，为海尔赢得了锐不可当的发展势头和声誉日隆的局面。

不论技术创新还是营销创新，都要求企业有完善的机制，不断地为名牌增添亮色和活力。

（二）激励机制

对已享有一定声誉的名牌要进行商标资产评估，其方法可采用成本法、溢价法、市场价格法、综合指标法等。前三种方法较单一、省事，但准确度差，综合指标是由 18 个指标加权构成的体系，虽复杂但准确。这 18 个指标是：商标知名度、市场占有量、相应价格、消费者认可质量、盈利、市场规模、营销支出、广告支出、穿透力、忠诚度、产品线数量、分销实力、与零售商关系的强度、经销商存货、清单、市场领先地位、价格弹性、用户满意度等。通过测算而得出较可靠的资产数据，以此评估数据为依据作为商标资产，形成企业控股、资本营运的基础，以激励全体员工进一步发展名牌。国外名牌的商标价值最高可达 300 多亿美元。我国的名牌虽没有那么高的价值，但经过评估确认，在此基础上进一步发展，名牌的价值进一步提高。对商标资产认定了，既可控股，又可转让特许经营权。

（三）保障机制

现代营销中名牌拓展市场一定要靠必要的保障措施。名牌的保障措施包括商标注册、质量认证、使用条形码等。企业要有促使名牌转换为驰名商标的意识，十分重视商标在国内外市场注册及后续扩展注册，切实采取注册防御性商标的措施。目前国家商标局只认定“同仁堂”、“凤凰”牌自行车等 87 个驰名商标，其他名牌尚待认定。我国许多知名商标都被国外厂商抢注，如“青岛”啤酒在美国市场被抢注；“凤凰”牌自行车、“蝴蝶”牌缝纫机在印度尼西亚市场被抢注；“竹叶青”、“阿诗玛”、“同仁堂”、“标准”牌缝纫机等分别在韩国、菲律宾、日本、泰国、中国香港等市场上被抢注；福建农学院一位教授发明的农产品“851”，获世界发明最高奖，结果也被人抢注了。日本“麒麟”牌啤酒欲打入中国市场，探知我国陕西某酒厂已有同名商标注册在先，日商仅以18万元人民币的价格诱使该厂转让了商标使用权，日本“麒麟”牌啤酒得以在我国市场渗透。我国不少商标意识强的企业都十分重视商标防御，如杭州“娃哈哈”出名后，立即注册了“哈哈娃”、“娃娃哈”等相近商标；“红桃K”最近在中国香港、东南亚市场注册了“红心K”、“黑桃K”、“红桃K”等防御商标。

质量认证也是国际市场通行的做法，它包括合格认证和质量指标体系ISO 9000认证。前者是对具体产品的合格认证。条形码是产品的身份证，是进入国际市场的基本职位，没有条形码会被弃置地摊，有了条形码才配进入现代商场。从市场规范化角度看，建立名牌的保障系统刻不容缓。

（四）宣传机制

名牌绝不能忽视宣传，宣传是扩大品牌认知面和知名度的必要措施。发达国家的商家都重视宣传品牌，重视商业广告的投入。对12个发达国家进行统计，各国一年广告的投入占国民生产总值的1%～3%。美国1981年、1987年的广告费用分别是610亿美元、1 090亿美元；2000年达3 200亿美元。相比之下，我国广告投入过低，1985年、1990年分别是6亿元人民币、32.2亿元人民币，投入小、功效低。1987年美国一些大企业广告费用如下：

菲利普·莫里斯	15.85亿美元
宝洁公司	13.87亿美元
通用公司	10.25亿美元
西尔斯公司	8.87亿美元
百事可乐公司	7.04亿美元
柯达公司	6.58亿美元
麦当劳	6.50亿美元

我国知名度高的品牌，其广告费的投入相对多些，如伊利集团2003年一年仅在中央电视台的广告投入即为1亿元，“健民”广告费支出每年平均3 889万元。如按国际广告水平计算，即广告费占国民生产总值的1%，我国2003年国民生产总值约11万亿人民币，则每年应支出广告费1 100亿元人民币，而我国实际支出的广告费不足这个概数的1/18，与国际水准还有相当的距离。

（五）组织机制

名牌产品必须依赖可靠的组织机构支撑。纵观国际50大名牌，均是世界排名前列的集团公司，名牌需要规模，规模托起名牌；名牌推动发展，发展拓广名牌。因此以名牌为龙头启动组织机制组建企业集团是发展名牌的必要步骤。不论是联合、合股、合作，还是收购、兼并，都是可以采用的方式，当然，这必须是企业行为，是企业的组织机制作用的结果，外界作用的“拉郎配”是不可取的。当前在少数企业出现的“卖牌合资”更是错误的。

一个有生机、有活力的品牌放弃了，就像贾宝玉丢掉了项上的通灵宝玉，卖牌就是出让了市场，就是丧失了企业的主权，这种行为给民族工业带来的伤害是巨大的。有资料表明，我国洗衣粉行业15家排头企业分别与几家国际大公司合资，都放弃了原本已具有一定知名度的品牌，改用外方品牌，结果我方企业竟成了外方的加工厂，生产的产品主要在我国销售，这些企业技术未进步，出口萎缩。洗涤用品行业协会估计，这些合资企业的产品在2000年占中国市场份额的70%，而我方经销权则逐步转让出去了。目前我国有些名牌厂家深切意识到放弃名牌去搞合资是短视的，他们坚持走以名牌为龙头组建集团的道路，像海尔、联想、同仁堂、娃哈哈等在"以名牌组建集团，以集团拓展名牌"的道路上已取得卓著的成绩，这才是良性发展壮大的正确道路。

（六）融资机制

名牌的发展在战略既定的条件下，资金是个重要因素。往往由于资金的短缺造成企业不得不采取急功近利的短视做法，"卖牌合资"即其一。因此，建立企业的融资机制是必要的。融资包括发行股票、债券和获得投资基金等。有了专门的融资机制，企业就拥有了不断输入新鲜血液的渠道，不至于因一种融资方式的失效而导致名牌战略计划的破产。

二、企业进行产品推广的进攻策略

产品推广不能采取守势，而要像创名牌那样主动出击、对外辐射、寸土必争，否则名牌难保。

（一）产品推广采取的进攻策略是由市场竞争的形势决定的

当前的市场竞争，其特点表现为：市场竞争国际化，国际竞争国内化，产品竞争品牌化。

我国的市场是开放的市场，国际上6.8万个大型跨国公司和千百万计的一般企业都可以向中国市场进军，我国企业涉足海外也无时不受各国际企业的抵御。当代社会，竞争已不受疆域国界的限制，可以说，所有的企业当其生产经营活动类似时，即形成了竞争态势。我国企业不只是面对国内同行业的竞争，同时也面对其他各国同行企业的竞争。

非但如此，许多发达国家企业进入国际市场时具有资金、技术、管理等方面的优势，它在大肆抢占包括我国在内的市场。我国企业不出国门，在本国就面临着国外竞争者的威胁和挑战。国际竞争的国内化，迫使企业无回避、退让的余地。

我国企业在国内外市场所接触到的竞争者，大多拥有如雷贯耳的品牌。"索尼"、"万宝路"、"宝洁"、"佳能"、"雀巢"、"可口可乐"等名牌几乎控制了广大消费者的视听空间。发达国家在进军中国大市场的过程中，调动了各种手段，全面展示其产品力、形象力和促销力。可口可乐集团炫耀它的商标价值可达359亿美元，其他众多公司也都毫不保密地标榜自己产品的商标价值额(如"万宝路"330亿美元、"雀巢"150亿美元、"柯达"100亿美元)。商场如战场，得势即胜，失势即败，企业实施产品推广，如不主动出击，就会灰飞烟灭。

（二）产品推广采取进攻策略是由名牌固有的特性决定的

名牌之所以有那么大影响力，名牌所代表的产品质量固然是重要的，但名牌的宣传也是不容忽视的。名牌的宣传要靠媒体，但更要靠自身的展示、冲击力和辐射力。名牌在市场占有的份额情况如图 9-1 所示。

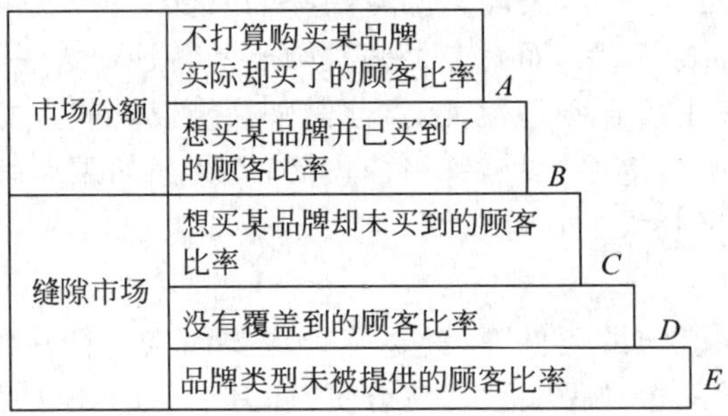

图 9-1　名牌在市场上占有的份额图

某名牌在市场上占有的份额为 $A+B$，其可获得率为 $B/B+C$，注意图中未列出竞争者的实际购买顾客数，故 $A+B+C+D+E$ 不等于 1。对于这个名牌产品而言尚有 $C+D+E$ 的缝隙市场可以进攻、渗透或拓展。同时，在 B 区域，那些想买某种品牌并已买到的顾客群中，并非都是忠诚者，可能还有淡漠者、摇摆者和怀疑者，要使他们永久地对本品牌产生信赖感并乐意长期习惯性地购买本品牌，就需要名牌的持之以恒的宣传和相应的促销措施。名牌若放弃对已有市场份额的控制和对缝隙市场的主动进入，就会失掉市场份额。名牌就是要不断持之以恒地扬名、传名，在未进入的市场要显名、立名，在已占领的市场要做到家喻户晓、深入人心，形成闻名则喜、闻名则亲的社会效应。

（三）产品推广采取进攻策略是企业增强活力、发展壮大的需要

我国企业"身欠壮、力不强"的现象是不容忽视的。我们在国际竞争中面对许多超级巨人，深感自身的力量不够。1994 年中国跻身前 500 名的企业的总销售额达到 12 986.10 亿元（折合 1 527.77 亿美元），比 1983 年 500 强企业销售总额 2 924.67 亿元翻了两番，年增长率达 28.2%。但是，1994 年世界 500 强中第一位的日本三菱（商事）财团，第五位的美国通用汽车公司，这些单个公司的销售额也比我国 500 强的销售总额多。这说明我国企业增强实力的任务非常紧迫。

企业活力和实力的增强靠名牌。青岛 1989 年培植了 24 个名牌产品，这 24 个名牌产品占青岛市县以上工业企业产品种类的 0.3%，却实现了利税 9 亿元，占总体利税的 60%。其中涌现出了"双星"、"海信"、"青岛"啤酒、"澳柯玛"等一批名牌，著名的海尔集团更是以名牌带动企业发展的典范。1984 年该企业亏损额达 147 万元，濒临破产；1985 年海尔股份有限公司成立；1991 年成立海尔集团，集团成立后全力以赴实施"海尔"名牌战

略，从营销理念、现代管理、服务措施、保障机制等方面全方位运作，使“海尔”一路领先，不仅取得了 ISO 9000 的认证，还取得了 ISO 14000 的环保认证，成为进军国际市场的名牌。在发展“海尔”的过程中，海尔集团实力也日渐壮大，1994 年年销售收入达 26 亿元。可见，名牌带动企业发展，企业发展需要发展名牌。

春兰集团的发展也与海尔集团有异曲同工之妙。1986 年，“春兰”只有固定资产 300 万元，产值只有 1 000 多万元，后来该企业以“春兰”为龙头，兼并、控股、代管了 8 个单位，建立 32 个合资企业。通过产权的扩大，企业实力增强，1994 年固定资产达 30 亿元，产值达 52 亿元，创利税 6.8 亿元，产品销往 30 多个国家，并跻身全国 500 强企业的行列，“春兰”的品牌更是深入人心。可见企业的发展也要依靠名牌的发展。

（四）产品推广的进攻策略是多种多样的，要依据市场的状况灵活运用

任何一个企业都要面对国内、国外竞争者的挑战，被动退缩无异于自毙，应当通过分析市场捕捉机会，寻找市场缝隙，有针对性地采用巧妙的方法扩大市场占有率和品牌知名度。这些方法是：

1. 品牌延伸

企业在一个名牌下发展产品线和产品项目(item)，使之形成一个具有相关特性的名牌家庭，使各产品线、产品项目相互关联、相辅相成，收到良好的整合效果。这不仅可以壮大原主力名牌，而且通过推出新产品使人产生新鲜感和企业实力增强的信任感。延伸的产品其质量水准必须达到主力品牌产品的要求，不能因使用新产品而损害主力产品的声誉，只有延伸的产品能受到该品牌忠诚者的欢迎，才能收到提高企业投资效益的良好效果。双星集团在“双星”的品牌下，推出数千种鞋类产品，效果良好；“活力 28”除了洗衣粉用此品牌外，曾经推出的纯净水饮料也使用此品牌，企业试图借消费者对“活力 28”品牌的信任，让大家接受新产品纯净水，但由于两种产品的互斥性，结果并不理想。

名牌延伸常常与品牌同时使用。如美国宝洁公司拥有 70 多种产品，其中一些产品用“宝洁”品牌，如宝洁浴皂、宝洁衣服洗涤剂、宝洁杯盘洗涤剂、宝洁尿布、宝洁牙膏、宝洁除臭剂、宝洁咖啡、宝洁土豆快餐等；洗衣粉系列则推出许多品牌，像“汰渍”、“奥妙”、“欢乐”、“象牙雪”、“佳美”、“保洁净”等，从而形成庞大产品网络，纵横延伸，全面进军市场。

2. 宣传突出卖点

卖点是消费者需求的时尚点，最关注的功能或服务。不同时期，不同消费氛围和水准下有不同的卖点。以洗衣机为例，从 20 世纪 70 年代到 90 年代，其卖点依次为甩干、自动控制节约时间、烘干不缠绕。“美菱”在 20 世纪 90 年代抓住烘干不缠绕这个卖点，巩固自己的市场阵地，巧妙赢得本属于其他品牌的顾客。

3. 企业频送温馨

企业与消费者要建立亲密的关系，真正树立一切为顾客的营销理念。当名牌建立以后，企业更要以亲切的形象留在消费者的心里。“海尔”扬名以后，更注重服务，突出了“真

诚到永远”、“海尔为您着想”的营销理念，使“海尔”的形象在消费者心目中好像亲人一样，消费者得到的不仅是产品，更有无限的关怀、信赖、忠诚等美好的精神慰藉。

4. 产品择良木而栖

名牌产品的销售要选择营销业绩优秀的中间商。中间商营销理念是否前卫，营销方式和手段是否适宜，营销渠道是否通畅，营销信誉是否良好，都影响名牌的产品销售和声誉。名牌好比凤凰，凤凰要择良木而栖，不能因找中间商不慎，而损害了名声。

5. 产权釜底加薪

名牌的发展说到底要壮大产权、壮大资产。以名牌为龙头与有关企业进行合作、联营、合股，或是购买、兼并、代管，均是扩大产权的途径。市场竞争，不发展就会萎缩，名牌就是通过“滚雪球”的办法，不停顿、不间断地发展，名牌才能在国际竞争的市场上占据优势。

市场犹如万马奔腾的赛马场，只有参与其间才有取胜的可能，游离场外是绝无机会的。产品推广只有参与市场大竞争，才能成为真正的名牌，小试锋芒便以为名牌到手而不思进取终将不能保住名牌。发展名牌是永无止境的，绝不能半途而废。

9.3 产品推广的合格认证策划

在现代营销的产品推广活动中，人们越来越重视对产品的合格认证，因为有了合格认证产品在国际国内市场上就取得了通行证。

一、商品合格认证

商品合格认证是由政府或非政府的国际团体进行组织和管理的国际通行的认证制度。由于国际贸易产品的质量无法依靠买卖双方的交接验货来保证，为了消除贸易双方在商品质量评定技术上的差异所造成的贸易障碍，满足对方对商品的安全、质量、卫生和环境保护等方面的要求，就出现了公证机构给予检验证明的第三方认证。各国为进行认证工作都制定了一整套程序和管理制度。国际合格认证是消除国际贸易中的技术壁垒的重要手段。

目前国际上尚无统一的国际认证机构，而由各国政府或非政府组织形成权威性认证机构。各国一般采取以下方式：(1)相互承认对方的合格认证；(2)建立国际区域性认证体系；(3)采用国际上著名的标志作为双边或多边的共同语言。

商品合格认证包括商品安全认证和质量认证。安全认证是指对进入某国市场的某些可能由于质量问题而危害消费者人身安全的产品（如电器产品、食品、医药品等），经各国具有权威性的专门安全认证机构对产品的各项指标逐项进行测试，并对产品的申办企业进行审核检查，最后对产品在使用过程中可能对消费者（或用户）造成的危害及其程度进行评定，如果该产品各项指标符合规定的安全标准，即可获准注册并拥有认证机构签发的安全标志。有了这个标志就获得了进入国际市场的通行证。

目前国际市场上常见的安全认证标志有：UL(美国)、BSI(英国)、APL(美国石油协会安全认证)、FDA(国际卫生组织安全认证)、VDE(德国)、YUV/GS(德国)、CSA(加拿大)、SAA(澳大利亚)、DNV(挪威船社安全认证)。

二、产品质量认证与商品检验的区别

产品质量认证不同于进出口商品检验(以下简称"商检")，二者之间存在以下区别。

(一) 对象不同

质量认证的对象是产品或服务，尚未进入市场形成商品，这种产品没有特定的买方，质量认证工作不受买卖双方合同的约束。

进出口商品检验的对象是进口商品和出口商品，这种商品有贸易合同，有特定的买卖双方，商检必须受合同的约束。

(二) 依据不同

质量认证的依据是国家规定的标准和质量认证管理条例，它只证明产品的质量符合有关标准规定的要求，不考虑产品的生产数量和重量。

商检的依据是贸易合同，不仅包括质量，还包括重量、数量和包装。

(三) 目的不同

质量认证的主要目的是指导消费者和用户选购自己满意的产品，提高企业的产品信誉，提高产品在国内和国际市场上的竞争能力。

商检的目的是确定进出口商品的质量、重量、数量、包装等是否与合同相一致。

(四) 证明文件的作用不同

质量认证的证明文件是第三方认证机构颁发的认证合格证书，合格证书的持有者具备持续稳定地生产符合特定标准要求的产品的能力，产品质量与标准规定相一致。

商检的证明有两种作用：一是作为议付货款的一种单据；二是作为交货的质量、重量、数量、包装等是否符合合同规定的依据。

(五) 事后监督不同

质量认证有事后监督。认证机构批准对某项产品的认证以后，每年还要定期进行监督复查，包括对产品质量的监督复查和对生产质量保证能力的监督复查。

商检则是一次性的，没有事后监督。

(六) 检验的时间和地点不同

质量认证对检验产品的时间没有特别规定，只是在认证机构接受企业提出的认证申请后尽快安排即可。检验产品的地点则规定为在经认可的独立的检验机构内进行。至于检验机构的地理位置，是在口岸或不在口岸，没有特殊规定。

商检则在贸易合同中明确规定检验的时间和地点，以便使买卖双方都能行使检验权和复验权。

三、ISO 9000 标准系列

质量认证包括产品质量认证、质量体系认证、实验室认可、检查(审核)人员及评审员认可等。它是涉及生产、贸易、检验、标准、计量等部门的一项综合性工作。目前国际上已有60多个国家和地区开展了质量认证工作。为了统一质量标准和简化质量认证程序,国际标准化组织于1987年发布了《ISO 9000标准系列》,这个标准系列规定了生产企业要依照产品质量保证体系来运行,从而保证产品质量,再经过有关机构的合格认证行为,确认产品或劳务活动符合标准要求。

《ISO 9000标准系列》包括5个独立标准:(1)《ISO 9000标准》,即《选择和使用指南》,含3种模式、8种形式;(2)《ISO 9001标准》,即《质量体系——开发、设计、生产、安装、服务模式》;(3)《ISO 9002标准》,即《生产和安装的质量保证模式》;(4)《ISO 9003标准》,即《质量体系——最终检验和试验质量保证模式》;(5)《ISO 9004标准》,即《质量成本核算要素指南》。

《ISO 9000标准系列》认证的内容包括:(1)产品:原材料、零件、部件和整机;(2)过程:工艺性和全部加工过程;(3)服务:洗染、商业、出租车、旅馆等第三产业;(4)管理:技术人员素质、水平等。

经国际上有关认证机构认证而取得优质产品标志的分别有:CTL(美国消费者),JIS、JAS(日本林木、食品),DIN、VDE(德国电器与非电器),BEB(英国),NF(法国),AS(澳大利亚),HKQMAPK(中国香港),SSA(沙特阿拉伯)。

我国为适应国际贸易的发展需要,国家商检局同经贸部于1991年10月联合发出通知,决定在我国出口商品生产企业推行ISO 9000系列标准,开展质量体系评审工作。目前已批准成立了10个认证委员会,并由国家9个部门联合组成了"出口商品生产企业质量体系工作委员会",对这项工作进行指导、协调、服务和监督。目前,我国已有一批企业获得我国自己的质量体系评审证书,截至1993年6月,全国共对2 420个生产企业颁发了4 518张认证证书。

我国开展质量体系认证采用ISO 9000系列的国际标准,有利于各国评审机构与我国评审机构的相互认证,有利于我国质量认证与国际惯例对接,方便国际贸易。例如,当外商看到郑州电缆厂已获得我国ISO 9000质量体系评审合格证后,就不再要求我方填写工厂质量控制调查表,也不要求到工厂评审,就签署了几百万美元的电缆合同。

四、ISO 14000 系列环境管理标准认证

随着全球经济的快速发展,环境问题日趋严峻,环境保护成为企业及社会关注的重点问题。一些发达国家要求把环境保护作为一种重要的贸易手段,开始对企业和产品进行

认证工作。为了实现联合国提出的环境“持续改善”和“永续经营”两大目标，在欧美等国建立各自的环境保护法规和标准的基础上，国际标准化组织积极推动建立了一套国际公认的环境管理标准。1993年6月正式成立了技术委员会(TC 207)，负责环境管理工具和体系方面的标准化工作；制定了ISO 14000有关的环境管理系列标准；1995年6月初步确定了ISO 14000的构架，并于1996年7月正式公布实施。

(一) ISO 14000的特征和重点目标

ISO 14000系列环境管理标准的实施，使环境贸易成为国际贸易、国际营销活动的重要内容，改变了过去被动执行的环保管理方式。它的主要特征是适合各种行业和各种状况，也满足了未来发展的需要。它的重点目标是：

(1) 规范企业和社会团体等组织的环境行为；

(2) 有利于环境保护及资源节省和保存的持续改善工作。

(二) ISO 14000的基本框架

ISO 14000系列环境管理标准的基本框架由五个子系统组成。

1. 环境管理系统(EMS)

环境管理系统的工作重点是制定系统标准，作为认证的依据。作为一个系统化的操作系统，希望企业通过自行制订环境方针(政策)、环境目标和环境计划，测定环境变量，检查目标，沟通后再改进，在符合现行环保法令的基础上，把环保观念推广到全企业，成为企业管理的理念及文化。

2. 环境稽核(EA)

环境稽核即环境审核与环境监测系统。企业全面分析其产品、服务、活动等对环境造成的影响。在这一过程中，企业发现问题，界定企业自身的环保政策或目标，进一步拟订修正计划以达到目标。

3. 环境标志(EL)

环境标志即通过实施环境标志制度对企业的环境行为加以确认，通过标志图形、说明、标签等形式向市场展示标志产品与非标志产品环境行为的差别，推荐有利于保护环境的产品，从而影响企业的环境决策，改善组织的环境行为。目前，有以下三种类型的环境标志：第一类为生态标志，即世界各国或国际一般所采用的环境标志制度，通常由政府或政府所支持的非营利私人组织推动，有一定的申请标志及制度。第二类是自我声明的信息标志，系制造商、进口商、经销商或零售商在产品或包装上利用文字、标本、标志、图表作有利于环保的宣传，即针对有关产品的环保进行自我规范的标志。第三类为产品环境质量标志，它以数值指标的形式表达企业所生产产品的环境质量。

4. 环境绩效评估(EPE)

环境绩效评估即建立一套程序，用以测量、分析、评估及描绘组织的环境绩效，并与原定的管理标准相比较，以确保企业的环境管理体系符合ISO 14000系列标准要求或法律、法规。

5. 生命周期评估(LCA)

生命周期评估即用科学的方法,进行系统的清查及盘点活动,对产品或服务在生命周期(从原料的获得、加工制造、流通、使用、废弃物的处理到再利用的全过程)中所使用的能源、资源及排放物对环境的污染,加以量化评估,以了解产品或服务对环境产生的影响。要求企业实现全过程的控制,达到减少资源的浪费和杜绝或减轻环境污染的目标。

ISO 14000 环境管理系列标准的推行和实施,旨在培养企业环境意识,降耗节能,防止污染,保护生态环境,促使企业更好地把经济效益与社会效益结合起来。ISO 14000 环境管理系列标准的运行和发展必将对世界贸易尤其是对中国等发展中国家企业的国际营销活动产生重大影响。它将成为中国环保产业的"加速器",促进中国参与国际经贸新领域的竞争。它也有利于国际贸易商品结构进一步优化,促使绿色环保产品和绿色营销的发展。同时 ISO 14000 环保标准及公约、协议、制度等将构成对中国企业开展国际贸易与国际营销活动的重大挑战。

我国的有关政府机构、咨询部门及企业已经认识到环境保护的重要性。国家技术监督局已于 1995 年 10 月成立了全国环境管理标准化技术委员会,1997 年 5 月 27 日中国环境管理体系认证指导委员会经国务院批准正式成立。一些企业积极开展了 ISO 14000 的申请、认证工作,开始推行环境管理。例如,1996 年 8 月海尔集团率先通过了 ISO 14000 国际环境管理体系的认证,成为通过此项认证的第一家中国企业。据悉,到 1998 年 9 月全国已有 50 家企业通过了 ISO 14000 国际环保认证,为中国企业产品打进国际市场创造了条件。

9.4　产品推广的包装策划

一、包装在产品推广中的意义分析

包装是指设计并生产容器或包扎物的一系列活动。包括:

(1) 首要包装:第一层次的包装,是对产品的直接包装。

(2) 次要包装:第二层次的包装,是居于中层用来保护首要包装的包装。

(3) 装运包装:第三层次的包装,是方便产品储运和辨认所需的包装。

包装是产品整体的组成部分,包装不仅起着保护商品、扩大销售、增加利润的作用,在现代营销中,包装更富有新的意义:

(1) 自助。包装执行推销任务,须具有吸引力,说明产品的特点,给消费者以信心,形成一个有利的总体印象。

(2) 消费者溢价。消费者乐意为精美的包装所带来的方便、可靠性以及外观的雅致、显示声望等精神的、文化的享受多支付货币。

(3) 企业和品牌形象。包装是沉默的推销员。它对在顾客中树立企业形象起了潜移默化的作用。

(4) 创新的机会。通过不断地对包装进行创新，给消费者带来新的吸引力，也给生产经营企业带来销量和利润。

包装化过程即包装决策过程，这个过程包括：

(1) 确定包装创意。确定包装的基本形态、目的、功能及包装大小、材料、文字说明、图案等。

(2) 组织包装设计。包装设计要与产品的价值或质量水平相适应，造型、结构适应营销各环节及消费使用，图案、色彩要美观大方、不落俗套，维护消费者利益，禁止有害包装，文字说明要详尽、明了，指导消费、增强信任感。

(3) 进行包装试验。它包括以下四类：

① 工程试验。检验包装在正常运输、储存、携带等情况下的适应性，主要考核其磨损程度、变形程度、密封性能、褪色程度等。

② 视觉试验。检审包装的色彩、图案、造型是否悦目、新颖，文字说明是否简明易读。

③ 经销商测试。由经销商进行，对其保护商品、利于推销、避免损失和污染等方面进行评价。

④ 消费者测试。由消费者对各方面情况认可。

企业在现代营销过程中常运用的包装策略有如下几种：

(1) 类似包装策略。企业对自己所生产的各种不同的产品，使用相同或相近的图案、色彩、形状形成相同特色的包装策略。这种策略有利于企业通过整体实力来扩大企业知名度，树立企业形象，有利于消费者对企业的认知。

(2) 配套包装策略。根据消费者的特殊需求，将多种相关的、不同类型和规格的商品组合在同一包装里。这种策略既为消费者提供了方便，也扩大了企业的销售额。

(3) 复用包装策略。企业在设计和制作包装容器时，考虑到商品用完后，剩下的包装容器可以带给消费者新的用途。这种策略是从消费者求廉和追求纪念意义的心理角度所使用的策略。

(4) 赠品包装策略。企业在包装内附有彩券、小物件、纪念品或以包装本身(图案部分)换取礼物，以此吸引顾客重复购买。这也是利用消费者求廉心理的策略。

(5) 差异性包装策略。根据消费者的使用习惯和产品性质的差异性，按产品的质量、重量、数量等设计多种不同的包装。

产品包装策略的运用应根据不同产品、不同市场环境灵活使用，要以利于营销为最高原则。在计划经济条件下的忽视包装是有害的；但在市场经济条件下，如果不顾产品本身的价值而一味追求华丽包装，也同样是有害的。发达国家的包装正朝着轻量化、少量化、薄型化、无害化方向发展。对于包装还要考虑其废弃物的回收问题，以利于环境保护。

二、标签化与条形码的运用

标签或标贴是名牌产品包装上不可分割的组成部分。它是用来说明产品而贴在产品或产品包装物上的标识或印在产品包装上的文字图案。一般包括包装内容和产品所包含的成分，品牌标志、产品质量等级，生产厂名、产地、生产日期、使用方法等。

标签上的标识包括：

(1) 指示性标识，如“向上”、“防潮”、“小心轻放”、“新鲜”、“松脆”、“优”等。

(2) 解释性标识，如“面粉制品——无漂白粉”，“速溶咖啡——无咖啡因”，“罐头——无防腐剂”等。

(3) 警告性标识，如“易燃品”、“易爆品”、“有毒品”、“吸烟危害健康”等。

(4) 鼓励性标识，如“哇！真香！”等。

条形码是20世纪80年代以来在发达国家普遍使用的一种自动识别技术。我国企业有了条形码，商品就有了“身份证”，在国际市场上就畅通无阻；没有条形码就难以被国际市场接受。例如，上海所产的质量上乘的床单在国际市场上没有条形码时，售价被压到每套18元人民币；使用条形码后，身价高了十几倍。武汉牙刷无条形码时在我国香港被抛于地摊每支1港元；使用条形码后，昂然进入商场，售价达每支12港元。条形码给商品抬高了身价。

条形码是由粗细不等、间隔不等的黑色线条组成的供计算机自动阅读和识别的特殊代码。每一线条代表一个数字，一条信息，共13位数。其中前3位数代表国名和地名，根据国际物品编码协会EAN的分配，我国条码代号为690，所以凡是我国制造的商品，其条形码前3位必定是690。接下来的4位数为生产厂家代码，这个代码由我国技术监督局所属的“中国物品编码中心”分配。再往后5位数为商品类别代码，最后1位数为校验码。

目前全世界有20家商场建立了条形码电子扫描系统，我国商品要进入国际市场，就必须利用条形码作为保障手段。

条形码是企业维护知识产权、保障自身利益和信誉不受侵犯的有效措施。由条形码数据所形成的特殊标记是企业产品专利的标志，它受到国家法律的保护，以区别任何假冒商品，易于为消费者信赖和接受。

条形码对于提高企业现代化管理也具有促进作用。商品有了条形码，企业营销系统就要安置条形码电子扫描系统，迫使企业加强现代化管理设施的建设。企业有了条形码电子扫描系统，就能科学地控制商品的销售量和商品类别，企业营销系统的管理就淘汰月末盘点等落后的手段，而代之以现代化的计算机控制管理。

是否对商品采用了条形码，既是衡量企业现代化管理水平的标志之一，也是评价企业管理者现代营销意识强弱的指标之一。企业只有通过对商品实行包括采用条形码在内的各种规范化管理，才能保障其产品取得客商的认可，否则就会丧失进入国际市场的资格。

9.5 产品推广的商标策划

商标是企业无形价值的集中反映，商标的价值是企业资本的重要组成部分。从理论上明确商标价值的构成和评估方法是十分重要的，关系着企业资产的确认和实施名牌战略的成效。

一、商标的价值构成及评估

商标是企业的无形资产中最主要的部分。无形资产是指企业拥有并能带来效益但没有实物形态的资产。它通常代表企业拥有的一种法定权或优先权，或者是企业具有的高于一般水平的获利能力。根据我国《企业财务制度》规定，无形资产包括专利权、专有技术、商标权、著作权、土地使用权、商誉。西方发达国家还将特许权、租赁权、开办费、经理人员的智能和经验等作为无形资产的内容。从经营管理的角度看，企业的无形资产主要表现为商标和企业的知名度、美誉度。

商标既然是企业最重要的无形资产，它与有形资产一样是有价值的。国际上一些著名企业十分重视对自身商标价值的评估。如美国权威的《金融世界》杂志评估 1994 年全世界最有价值的商标中，“可口可乐”排名第一，商标价值 360 亿美元，超过其有形资产，相当于年营业额的 4 倍；排名第二的“万宝路”和排名第三的“雀巢”商标价值分别为 310 亿美元和 120 亿美元，均超过其有形资产和年营业额。可口可乐公司负责人说，即使可口可乐公司在世界上的所有工厂一夜之间都化为灰烬，它也完全可以凭借商标而东山再起。

我国企业对商标价值的评估较晚。20 世纪 90 年代初，部分企业曾对各自的商标进行评估，如“青岛”啤酒商标价值 8 亿元人民币，“春都”商标为 6 000 万元，“999 胃泰”商标价值 1 亿元。这表明部分企业已开始重视自己的商标价值。

商标价值的构成主要取决于取得成本和预期收益。预期收益是预测未来的获利能力，包括经济效益和经济寿命。商标和企业的知名度、美誉度是决定商标价值的重要因素。产品的商标和企业的知名度、美誉度是公众对品牌形象、外表形象、内在形象、人员形象、实力形象、服务形象、社会形象等系列形象的综合评价。

商标价值的评估既要预测商标给企业和社会带来的经济效益，也要计算企业在培育和保护商标上所付出的成本。具体可用如下公式表示：

$$\text{商标价值 } V = \sum A + B + C + D$$

式中：A 为商标所附产品当年产值的 5%与该产品从诞生之日起累计产值的 5%，以及该产品今后 10 年潜在经济效益的 5%之和；B 为企业培育商标信誉所花费的广告宣传费；C 为企业设计、注册商标所花费用；D 为企业保护商标所付出的费用，包括打击假冒商标所花费用。

二、商标策略及商标管理

企业从商标设计到注册、使用都要讲究策略，以便使商标成为企业获取成功的重要手段。

（一）商标设计策略

商标设计要具有标识性、宣传性、适应性、艺术性，在具体设计中要讲究以下策略：

(1) 创意独特、激发联想，尽量做到构思新巧、名称动听、独具一格、具有寓意、引人联想。

(2) 简洁明快、引人注目，易看、易记、易理解，音韵美，构图新颖，色调高雅。

(3) 紧扣产品，严守法规，商标要符合产品的性质特征，同时要严格遵守商标法，注意以下问题：

① 不使用国家和国际组织的标志；

② 不违反公共道德，不选用不良影响的题材；

③ 不使用脱离实际的夸大宣传；

④ 不使用县级以上地理名称做商标；

⑤ 不使用与商品名称、图形、特性直接雷同的商标。

（二）商标注册策略

企业所使用的商标只有注册后才受到法律保护。我国商标注册必须遵循“自愿申请注册”和“申请在先”原则。进入国际市场的商品，企业必须向所在国申请注册，各国商标注册制度不同，各国对商标注册的有效期限也不同，企业应了解所进入国的商标法。根据《马德里(商标)协定》和《商标注册条约》的规定，申请人可以直接向世界知识产权组织的国际局申请国际注册，申请国际注册的企业，其所属国须先参加《保护工业产权巴黎公约》(我国已于1984年加入该组织)。国际注册的有效期为20年，续展的有效期亦为20年。商标注册要注意运用以下策略：

(1) 抢先申请。为了预防相关企业抢注商标，本企业采取抢先申请策略，以免被他人侵权。

(2) 按时续展。我国商标有效期一般只有10年，企业必须准确地掌握时机，按时续展，以免被他人抢注。

(3) 防御注册。根据国际商标协议和我国商标法，要对商标的相近音域或相似图形的商标进行防御性注册，如“娃哈哈”，便同时注册了“娃娃哈”、“哈哈娃”等商标；“红桃K”，同时注册了“红桃A”、“黑桃K”等商标。

（三）商标使用策略

企业使用商标往往采用如下策略：

（1）亲族商标策略，或称同一商标策略，企业将生产经营的各种产品都以同一种商标进入市场。这种策略适用于价值、品质、目标市场大致相似的产品。

（2）单一商标策略，企业将生产经营的各种产品分别采用不同的商标进入市场。这种策略有利于对产品起隔离作用，即使某种新产品失败了，也不致影响其他产品；同时有利于吸引不同的消费者，扩大消费额。

（3）更新商标策略，更新商标可采取骤变的方法，也可以采取渐变的方法，以使消费者产生产品质量不断提高、企业不断进步的积极印象。

（4）不变商标策略，企业对老字号传统产品长期固定使用原有商标，以显示该产品为正宗传统产品。

（四）商标管理

我国商标萌芽于东周时期，河南淅川、汝阳一带酿酒者用自己的姓名“杜康”作为标记，以区别同类产品的不同生产者。我国发现最早的成形商标是北宋济南刘家功夫针铺的白兔商标。明清以后，商标使用较普遍，如景泰蓝珐琅制品、盛锡福帽子、张小泉剪刀、同仁堂虎骨酒、六必居酱菜、内联升布鞋等。对商标的管理则是更后一点的事。

商标管理始于欧洲产业革命之后，1803 年法国“关于工厂、制造场和作坊的法律”是最早涉及商标管理的法律。该法律把假冒商标定为私自伪造文件罪。1857 年，法国正式制定《商标法》，规定侵犯注册商标专用权罪判处 500～15 000 法郎的罚金并处以 3～5 年的监禁，对屡犯者从重加倍处罚，法庭废止假冒商标及没收制造商标的侵权工具。

1905 年英国颁布商标法，历经三次修改，现对侵害商标专用权罪的判处罚没和赔偿金没有具体规定，由法院判决。在美国，法院对商标侵权者可作出赔偿高于实际损失的裁决，最多时可高出损失额的 3 倍，并可判监禁、罚金、没收销毁货物、吊销营业执照。

我国于 1983 年起开始实施《中华人民共和国商标法》，我国已成为世界商标大国之一。截至 1995 年年底，国内有效注册商标 43 万件，外资企业在国内注册商标 10 多万件。

商标管理主要有以下内容：

（1）受理、审查、批准、注册商标；

（2）运用法律手段保护注册商标免受侵权；

（3）督促与办理商标续展；

（4）裁决商标抢注纠纷；

（5）评定驰名商标；

（6）评估商标价值；等等。

产品的市场推广既要在产品的生产上下功夫，也要在产品的营销活动上下功夫。仅重视前者、埋头苦干是不易产生名牌的；忽略前者只在营销活动上做花样文章，也是不能达到创立和保护名牌的目的的。名牌或驰名、著名、知名商标的形成是企业整体活动行为的结果，片面的单一行为难以达到预期效果。

小结

产品推广首先要解决好产品的名与实的问题。产品的名即品牌，产品的实即质量。产品营运的成功既要创立知名品牌又要做到名副其实，有过硬的质量保证。产品推广策划要抓住这个要点展开。同时，产品推广策划要为企业建立产品推广的支撑系统，以保证产品朝着提高知名度和美誉度的方向发展。产品形成名牌不能靠守，而要采取持续进取的策略，使企业始终保持锐意进取的态势。

产品合格认证和包装策略是进一步营运产品品牌的几种措施，策划好这几种品牌营运措施有助于企业的健康发展。商标对于产品运营和企业运作都至关重要，产品推广策划不能忽视商标问题，商标注册、商标管理及商标设计使用策略是其中的重要环节。

习题

1. 如何策划产品的全面营销质量？
2. 如何策划产品的品牌并促使其成为名牌？
3. 如何策划企业的产品推广支撑系统？
4. 在产品推广中为什么要策划进攻策略？
5. 在促使产品发展成为名牌产品的过程中，策划应提供哪些有效的方法？
6. 产品合格认证与商标有什么不同？
7. 如何正确认识产品包装的含义？
8. 产品包装策划要考虑哪些因素？
9. ISO 14000 环境认证有哪些内容？
10. 条形码有何作用？13 位数是怎样组成的？
11. 如何认识商标的价值及其构成？
12. 商标的设计、使用、注册有什么策略？

第 10 章　品牌延伸策略策划

当企业进入实施品牌营销的境界时，品牌延伸就成为企业营销策划范畴的重要策略。品牌延伸包括一品多牌和一牌多品两种延伸方式，但不论哪种方式，都与企业实行多元化战略有关。随着企业的发展，企业经营规模扩大，实行多种经营并选择多元化发展战略便成为企业的必然选择。品牌延伸是企业实行名牌战略和多元化战略阶段连带采取的营销策略。品牌延伸是把“双刃剑”，实施品牌延伸必须精心策划，以求得益增多受损减少。

10.1　品牌延伸的正、负面效应分析

一、品牌延伸的正面效应分析

品牌延伸是指把一个现有品牌名称使用到一个新类别的产品上及在同一类产品中推出若干新的品牌名称的营销行为。习惯上简称为“一品多牌”或“一牌多品”。之所以能实行品牌延伸是因为品牌和产品之间存在固有关系。产品与品牌之间的关系如图 10-1 所示。

		产品：现有产品	产品：新产品
品牌	现有品牌	现有产品，现有品牌 (1)	新产品，现有品牌 (2)
品牌	新品牌	现有产品，新品牌 (3)	新产品，新品牌 (4)

图 10-1　产品与品牌的关系

图 10-1 表示如果将产品和品牌分别分解成现有产品和新产品，现有品牌和新品牌，则产品与品牌之间构成了四种关系，即：

(1) 现有产品，现有品牌；

(2) 新产品，现有品牌；

(3) 现有产品，新品牌；

(4) 新产品，新品牌。

显然这个关系图已表明了既可以表现为一品多牌,也可以表现为一牌多品。品牌延伸存在着客观可能性。但是,品牌延伸是否成功则取决于多种因素。一个含金量很低的品牌是不值得延伸的,只有含金量高的名牌才有延伸的必要。

品牌延伸是名牌效应的体现。名牌效应是企业品牌资产的归宿,体现品牌与企业经济效应、社会效益的因果关系。名牌效应具有移情表征,即可利用消费者对名牌的偏好和忠诚使其对与之相关事物亦产生相应的偏好和忠诚,名牌的这种移情效应是品牌延伸的根源和依据。企业进行品牌延伸,正是利用名牌效应使消费者对其延伸产品产生偏好和忠诚,以便于迅速将新产品推向市场。正因为名牌具有雄厚的经济实力和规模优势,名牌不仅代表这一切,还代表所拥有的一群忠诚消费者。所以,如果不是名牌,或者名牌效应不显著,则延伸与否都不会有多少意义和价值。由此可得出这样的结论:品牌延伸只能表现为名牌延伸,品牌延伸的实质是对名牌所创造的无形资产的开发、利用和扩展,名牌效应是品牌延伸能否成功的关键因素,因为只有名牌才能给企业带来正面的、积极的效应。

企业实施品牌延伸着眼于品牌延伸的正面效应及其给企业带来的利益。利益是企业选择品牌延伸的根本动因,也是品牌延伸存在的原因。品牌延伸可能给行业带来的利益主要表现如下:

(1) 有利于新产品的试用和接受,减少新产品上市的风险。随着市场竞争的加剧,新产品上市面临越来越大的风险。据统计,我国在20世纪七八十年代,企业向市场推出新产品的成功率只占20%,另有30%~35%则因为新产品品牌不被认知或不被接受且初期导入费用过高使企业丧失信心而失败。解决这个问题的有效途径是利用已有的品牌名称和品牌资产,通过延伸转移到新产品或服务中去,从而大大降低新产品进入市场的壁垒。运用这种品牌延伸的方法能够借助已有品牌的知名度和美誉度,为消费者接受新产品建立信任感和安全感,因而我国消费者的主流已进入了“认牌购物”阶段,消费者“爱屋及乌”,通过自己信任甚至偏爱的品牌去认同、接受新产品。这样,新产品可大大地缩短市场接受的时间,节约市场接受所需的费用,减少新上市所遇到的风险。

(2) 有利于解决品牌运营中企业与消费者信息不对称的矛盾。在新产品推向市场时,企业掌握新产品的信息,而消费者则对新产品的信息不甚了解,这就造成消费者和企业之间新产品信息的不对称,企业传递信息要增加成本,消费者也会增加信息搜寻成本,买卖双方成本的增加会导致新产品上市的负担。但是,如果采用品牌延伸策略,既可降低企业传递信息的成本,也可降低消费者搜寻信息的成本,使新产品能在买卖双方相对轻松的状态上达成交易。

(3) 有助于丰富企业名牌下的产品线,给消费者带来多样化的选择。品牌延伸的新产品扩大了原有名牌的产品组合,可为消费者提供更多的选择和需求的满足。这样一方面由于企业不间断地推出新产品能有效地满足市场需求,进一步强化名牌与消费者之间的联系，提升品牌形象；另一方面有助于提升企业在消费者心目中的形象，使实施名牌产品品牌延伸的企业在消费者心目中形成富有创新性、永远奋发向上、朝气蓬勃的印象。

(4) 有利于降低企业从事新产品推广的各项促销费用。新产品在入市过程中，从策划、定位、商标注册、寻求目标市场、广告媒体的投入、促销活动的开展到新产品的维护需要企业投入大量费用，实施品牌延伸后，新产品可借老产品品牌的光辉，“借船出海”，只需花费少许费用便可获取原有名牌已开创的市场、渠道、品牌效应，其节省的费用是十分可观的。

(5) 有助于品牌资产与价值的提升，树立行业综合品牌，扩大影响。品牌延伸可产生“晕轮效应”，企业通过品牌延伸，对企业的产品线进行整合，并进行理性的扩张，使企业同一名牌麾下的不同产品在市场上形成彼此呼应、整体推进的态势，从而提高企业整体的知名度和美誉度，提升品牌的价值含量，形成企业的无形资产。品牌延伸使企业原有产品的品牌资产转移到新产品上，形成新的品牌资产，企业品牌资产的增长呈乘数发展趋势。

二、品牌延伸的负面效应分析

品牌延伸成功会给企业带来利益，但一旦对品牌延伸的时机选择不当，或延伸决策失误以及诸多难以预料的问题发生，品牌延伸也会造成负面效果，具体表现如下：

(1) 反损害效应。由于延伸失败而损害原有品牌的形象。实施品牌延伸要深入调研，精心策划，充分认识新产品使用原有品牌的可能性、消费者是否接受、新产品与老产品之间的关联度、新产品与老产品在质量上的差距、新产品能否在原有市场找到适合的缝隙市场等问题，不能轻率地、不假思索地、不考虑前提条件地盲目决策实施，一旦延伸失败就会殃及原有的品牌，使原有的著名品牌或知名品牌在消费者心目中跌价、受损，这是十分可惜的。如 20 世纪五六十年代，美国的“派克”钢笔质优价高，在消费者心目中是绅士身份和体面的标志。然而，1982 年，该公司盲目实施品牌延伸，将“派克”这个高档商品的品牌用在每支 3 美元的低档笔上，由此打破了“派克”在消费者心目中的高贵形象，结果，派克公司非但没有实现打入低档笔市场的初衷，反而丧失了高档钢笔市场的领导者地位，其竞争对手趁机进入和占领高档笔市场。

(2) 株连效应。企业实施品牌延伸中“一品多牌”策略时，同一商品在不同销售区域启用了不同的品牌名称，如宝洁公司洗发水就有“飘柔”、“潘婷”、“海飞丝”、“沙宣”等不同的品牌名称，但是，这些品牌都是宝洁麾下洗发水这种产品适应不同发质消费者需要的产品品牌，这几种品牌系于一身，彼此关联，“一荣俱荣，一损俱损”，任何一个品牌出问题都会殃及其他品牌。宝洁“一品多牌”的品牌延伸是成功的，因而是“一荣俱荣”的正面效应。如果某一个企业决策失误，就会造成“一损俱损”的结果。“一牌多品”也会造成株连效应。如“活力 28”是日用化工的知名品牌，该公司后来投放市场的纯净水也用“活力 28”的品牌，这不仅使消费者难以接受纯净水，也产生了对公司实施多元化经营的质疑。

10.2 品牌延伸策略实施的策划

品牌延伸策略的实施需要精心研究品牌延伸的基础、方式和条件。对这些问题研究透了，才是理性的策划；否则，就是盲目决策。

一、品牌延伸的基础

品牌延伸策略的实施首先必须考虑新产品与老产品的品牌之间是否有共同的基础，这个共同的基础就是彼此的相似性或称相关度、关联度。这个基础决定彼此匹配的程度。新、老产品品牌得以延伸的共同基础或关联度，只能是品牌的核心价值。

品牌核心价值被称做品牌基因，它既是消费者对产品带来的利益的认定和自身的微妙心理需求的折射，也是品牌得以延伸的关键因素。品牌核心价值居于消费者品牌体验的最深层。消费者对品牌的体验由浅入深依次有三个层面，即：

(1) 体验产品，主要是为了获得产品的物理效用与使用价值，对产品的体验是对品牌体验的第一步。如品尝某种饮料，其体验通常是解渴、口感好等。

(2) 感官享受。消费者对一个品牌的产品的物理属性体验产生好感，持续积累，便会上升到感官享受的层面。如消费者对"可口可乐"产生好感，久而久之，便形成一种舒适、渴求的消费感受，这时对品牌的体验已从物理性上升到心理层面了。

(3) 价值主张。消费者对品牌的感官享受超过了一个临界点，便会形成一种价值主张，如通过某种产品来表达自己的人生观、价值观、生活态度。显然这是品牌体验的最高境界。如，"可口可乐"的消费者认为可口可乐承载着可口可乐公司宣传的"乐观奔放、积极向上、勇于面对困难"的价值观和内涵。品牌核心价值就在这个层面，即消费者通过品牌折射的价值主张。

品牌核心价值是消费者能得到或感知到的价值或利益的承诺，是品牌带给消费者的核心利益，它让消费者清晰地识别并记住品牌，也是驱动消费者认同、喜欢乃至忠诚于这个品牌的主要力量。同时，对于企业来说，品牌核心价值既是企业品牌运作的终极追求，也是品牌营销传播活动的原点和品牌延伸的辐射点，企业的一切营销活动都应围绕品牌核心价值展开。

品牌核心价值外在化为品牌的个性。品牌个性是在品牌定位的基础上所创造的人格化、个性化的品牌形象。品牌个性所提倡的生活方式既与产品的特色相适应，又能引发符合目标消费者个性需求的、心理情感上的联想。这种联想是增强消费者认知和记忆的基础，并在很大程度上支配消费者的偏好和购买选择。在产品同质化越来越强的现代社会，唯一能区别于竞争对手，不被技术更新换代所淘汰的就是一个品牌的核心价值，因此全力维护和宣扬品牌核心价值，维护品牌个性特色成为许多一流品牌企业的共识，如表10-1所示。

表 10-1　品牌核心价值

品　牌	品牌核心价值
劳斯莱斯(汽车)	皇家贵族的坐骑
宝马(汽车)	驾驶的乐趣
诺基亚(手机)	科技以人为本
吉列(男士用品)	阳刚、男人味儿
耐克(运动鞋)	超越——强劲有力、生机勃勃、富有进攻性
强生(婴儿食品)	您可信赖的家庭医生
辉瑞(药品)	关爱
海尔(家电)	真诚到永远
雀巢(食品)	温馨、美味

品牌延伸成功与否不在于产品表现的相似性,而取决于品牌核心价值对延伸产品的包容性。延伸产品与原有品牌之间在产品特点、产品所需的技术和工艺上的相似性固然是考虑问题的一个方面,而消费者对品牌个性感受的统一和延伸是更重要的方面。美国有学者曾强调过:品牌延伸的核心是品牌理念的延伸,而不是品牌形式的延伸,只延伸品牌形式而不延伸品牌理念,延伸品牌与母品牌之间可能会因为理念不兼容引发品牌冲突而危害母品牌。该学者所说的品牌理念即品牌核心价值。因而品牌延伸以品牌核心价值为基础,应以尽量不与母品牌核心价值和个性相抵触为原则。

一个成功的品牌有其独特的核心价值与个性,若这一核心价值能包容延伸产品,就可以大胆地进行品牌延伸。反过来,品牌延伸尽量以不与品牌原有核心价值和个性相抵触为原则。几乎所有品牌延伸案例失败的根本原因都是没有遵循这一规律。

以前对品牌延伸的论述只是泛泛地提到门类接近、关联度较高的产品可共用一个品牌。"娃哈哈"与"雀巢"品牌延伸成功也可以从品牌麾下的产品都是关联度较高的饮料的角度来解释。其实关联度高只是表象,关联度导致消费者会因为同样或类似的理由而认可并购买同一品牌才是实质。比如,选择奶粉、柠檬茶、咖啡时都希望品牌能给人一种"口感好、有安全感、温馨"的感觉,于是具备这种感觉的"雀巢"旗下的奶粉、咖啡、柠檬茶都很畅销。但是,许多关联度较低,甚至风马牛不相及的产品共用一个品牌居然也获得了空前的成功。这说到底是因为品牌个性能包容表面上看上去相去甚远的系列产品。"登喜路"、"都彭"、"华伦天奴"等奢侈消费品品牌麾下的产品一般囊括西装、衬衫、领带、T 恤、皮革、皮包、皮带等,有的甚至还有眼镜、手表、打火机、钢笔、香烟等跨度很大、关联度很低的产品,但也能共用一个品牌。因为这些产品虽然物理属性、原始用途相差甚远,但都能提供一个共同的效用,即身份的象征,能让人获得高度的"自尊"和满足感。购买"都彭"打火机者所追求的不仅是点火的效用,而且是感受顶级品牌带来的无上荣耀,购买"都彭"皮包、领带正是为了这份"感觉"。此类品牌的核心价值是文化与象征意义,故能包容物理属性、产品类别相差甚远的产品，只要这些产品能成为品牌文化的载体。同样，“都彭”、“华伦天奴”既然贵为顶级奢侈品牌，如果去生产200～300元一件的T恤、衬衣就会掉价和降低品牌档次，这样的品牌延伸就会失败。

以档次、身份及象征为主要卖点的品牌，一般很难兼容中低档产品，否则会破坏品牌的核心价值。第二次世界大战之前，美国的豪华车并非“凯迪拉克”而是“派卡德”。“派卡德”曾是全球最尊贵的名车，是罗斯福总统的座驾。然而，“派卡德”利令智昏，在20世纪30年代中期推出被称为“快马”的中等价位车型，尽管销路好极了，但“派卡德”的王者之风渐失，高贵形象不复存在了，从此走向衰退。这与“派克”生产3～5美元的低档钢笔而惨遭失败有惊人的相似。说到底都是因为新产品与原有的品牌价值相抵触。

品牌核心价值具有包容力而使类别相差较远的产品共用一个品牌而成功的例子比比皆是。本田以“优秀的动力”为品牌价值的核心定位，产品涵盖汽车、摩托车、割草机乃至发电机。麾下各种产品以被消费者认同的“动力”技术为主要立足点，只要依赖这种核心技术的产品都可共用此品牌。“理光”以“卓越的光电技术”横跨传真机、复印机、照相机等领域，“理光”的系列产品都非常畅销。

法国“毕克”是著名的一次性打火机、钢笔、原子笔的制造商，它给消费者的印象是“优质的一次性产品”、“方便用品”的品牌定位，“毕克”品牌就能涵盖多种一次性方便产品。

新产品并不一定与品牌核心价值的全部内容相适应，只要与主体部分相容也足以支持品牌延伸。如“雀巢”是咖啡的代名词，就不应再朝奶粉等产品延伸。这只是从品牌联想到具体产品这个单一角度推导出的观点，只考虑到品牌与具体产品的对应关系。的确，“雀巢”与咖啡联结很紧密，消费者一提到“雀巢”首先想到的是咖啡，这是因为“雀巢”还意味着“国际级的优秀品质、温馨、有亲和力”，这些才是品牌核心价值的主体部分，能包容咖啡、奶粉、冰激凌、柠檬茶等许多产品。所以“雀巢”的系列食品都广为消费者接受。

在运用品牌延伸策略过程中，通过微调及连续地渐变，提升继承性的新的品牌核心价值，会使品牌延伸能力扩大。“娃哈哈”原为儿童乳酸奶品牌，原来的核心价值是“高知名度、高安全感、卫生有保障及独有的童趣”，其中的“卫生有保障、高可信度、安全”等品牌形象与纯净水、八宝粥等成人食品饮料是相适应的。同时，“娃哈哈”独有的童趣还不至于让成人反感，甚至能获得特殊的偏爱。随着“娃哈哈”成人食品饮料的比重不断加大，“娃哈哈”品牌给公众的主要形象就会过渡为“一流食品饮料，高熟悉感与高可信度”，其儿童味儿会逐渐淡化。即“娃哈哈”品牌延伸后，原有品牌个性大体未发生变化和稀释，只是发生了微调。“娃哈哈”带有继承性的新品牌价值能包容新老产品，延伸能力得以扩大。

“海信”早先的定位是“优质彩电”，随着空调、计算机、电话机、网络快车的上市，慢慢地调整并提升出“技术领先、品质可靠、服务一流、信息家电的前瞻者”的品牌形象，从而对大多数的电子电器产品特别是信息家电产品有强劲的市场促销力。电器业是最适合进行品牌延伸走“一牌多品”模式的行业，如“松下”、“日立”、“夏普”，无论洗衣机、彩电、音响、空调、冰箱、传真机均采用同一品牌。消费者对洗衣机、彩电、音响等电器品牌产生信赖的主要原因,可以归结于一点,即对这一品牌在技术、品质上的认同。可见,对电器类产品而言,技术、品质等共性形象为消费者接受是最为重要的。只要做到这一点,就能带动多种电器销售市场。个性化形象相对电器产品重要性低些。如果连电器行业都无法进行品牌延伸,那么世界上就几乎不存在可以进行品牌延伸的行业了。

二、品牌延伸的方式

(一) 按品牌与产品的关系划分

品牌延伸包括“一牌多品”和“一品多牌”两种延伸方式。“一牌多品”的延伸属于产品线的延伸,具体又分 3 种方式,即向下延伸、向上延伸和双向延伸。所谓向下延伸是指原品牌定位于市场高端,即高档产品地位,为了更好地开拓市场,企业将高档品牌向中低档方向延伸的一种策略,“派克”钢笔就是一个例子;向上延伸正好相反;而双向延伸则是指如果企业将品牌定位于中档产品上,为了大幅度拉长品牌线,同时将品牌向上、下两个方向延伸。一般说来,向上延伸可以有效地提升品牌资产,改善品牌形象。这种品牌高档化做法的缺点是有可能支持力不够,需要配套的营销力量支持。如 20 世纪 80 年代末,在国内冰箱价格战打得火热时,琴岛—利勃海尔(海尔前身)为提高自身品牌形象反其道而行之,冒着经营失败的危险将全部产品提价 10%,就是采取向上延伸的策略,由于海尔的营销手段和服务的跟进,这一决策取得了成功。

向下延伸虽然营销成本低廉且操作简单,但给品牌带来的风险要比向上延伸大得多。因为这种品牌低档化做法的缺点是容易损害母品牌的形象,如“派克”钢笔的例子。再如“金利来”本是高档男式服装,但由于大量低档的假冒产品充斥市场,破坏了“金利来”的品牌形象,致使许多人不敢再买“金利来”产品。据调查,消费者对品牌不利信息的接收,比对有利信息的接收要快得多。美国学者阿迪特(Ardnt)经过研究发现,品牌“坏口碑”比“好口碑”对消费者购买决策的影响力要大两倍!这就给国内一些热衷于将品牌向下延伸的企业敲响了警钟。例如,有资料显示,“五粮液”从 1994 年开始品牌延伸,到目前已延伸出了“五粮春”、“五粮醇”、“五福液”、“五粮王”、“五粮神”、“金六福”等十余个品牌。虽然“五粮液”在品牌延伸后,其家族已创造了年销售 70 亿元的辉煌业绩,并取代“茅台”成为中国白酒之王,但品牌延伸却使“五粮液”的高档品牌形象受到伤害。因为,目前“五粮液”的品牌延伸是一味向下的品牌低档化策略,其延伸出的十余个品牌,价格主要集中在 30~80 元之间,看不出其在风格、个性和消费者群体上有什么差异。从 100 多元的“五粮春”到几十元的“五粮醇”,让人已经弄不明白“五粮液”究竟是高档酒的代表,还是低档酒的象征。而“国酒茅台”从 1998 年开始学习“五粮液”走低档化之路,推出“茅台王子酒”、“茅台醇”、“茅香缘”等系列白酒。这些品牌延伸低档化的结果,短期内肯定会提高企业的销售额和市场占有率,但从长远看,只会使其高档品牌的形象受到损害,动摇其业已形成的至尊品牌地位。如果企业追求的是长期的市场占有率和经济利益,对向下延伸这种策略就必须进行审慎的分析,然后再决定是否予以采用。

瑞士有不同档次的手表,其一级表品牌用“劳力士”、“欧米茄”;二级表品牌用“浪琴”;三级表品牌用“梅花”;四级表品牌用“英纳格”。试想一下,如果不用多品牌,而将高档的“劳力士”品牌延伸至所有档次的手表,那将会怎样?所以,进行品牌向下延伸不可盲目、轻率。相反的,一些品牌如果缺乏向上延伸的品质和名气就盲目地向上延伸,最后结果有可能不但没在高端市场取得成功,而且原有品牌的定位都会受到影响。因此,对于向上延伸,企业应把自己保持在一个相当的品质基础上拓展,待品质提升到一定标准时再谋求向上延伸。

“一品多牌”是企业根据不同营销区域消费者的偏好和审美情趣采取的适合各类地域消费者的需要而对同一种商品采用不同品牌的营销策略。

宝洁(P&G)公司是实施“一品多牌”策略的典范。作为一家国际性综合消费品生产经营企业,它的经营种类繁多,从香皂、牙膏、洗发精、护发品、漱口水、柔软剂、洗涤剂,到橙汁、咖啡、烘焙油、蛋糕粉、土豆片,到卫生纸、化妆纸、卫生棉、胃药、感冒药,横跨了清洁用品、食品、纸制品、药品等多种行业。它从生产之初就采用多种品牌或一类产品多个品牌的策略。比如在我国市场上,香皂用的是“舒肤佳”,牙膏用的是“佳洁士”,卫生巾用的是“护舒宝”,仅洗发水就有“飘柔”、“潘婷”、“海飞丝”、“沙宣”等品牌。正是这种策略使得宝洁成为世界上当之无愧的“品牌大户”。同时,宝洁公司又是“多品一牌”策略的成功实践者,该公司横跨了服务业、制造业、娱乐业。涉足文化用品、女性用品、航空运输、媒体业、金融、零售、CD、软饮料、铁路、服装等多个商业领域的“维珍”(Virgin)品牌,又无疑创造了一个“多品一牌”的成功神话。从1971年“维珍”创立到现在,“维珍”简直无处不在,从维珍唱片到维珍航空、维珍铁路、维珍电信、维珍大卖场、维珍婚纱、维珍影院、维珍金融服务、维珍可乐,“维珍”品牌成为人们生活的一部分。最近在英国进行的一项民意调查显示:“维珍”在英国的认知度达到96%。维珍集团已经成为英国最大的私营企业。因此,对于具体的企业而言,品牌策略永远只有最适宜的,没有最好的。企业必须综合考虑环境和自身的各种因素,从实际出发,寻求最适宜的品牌策略。

(二)按延伸品牌与母品牌产品关联性划分

品牌延伸分为连续延伸和间断延伸。品牌连续延伸是指延伸品牌产品与母品牌关联度大,一般处于同一行业进行的延伸。品牌间断延伸则是指横跨多个行业进行的延伸。

当海尔由冰箱进军空调、彩电、洗衣机,在整个家电行业中延伸时,尚属于连续延伸;当其延伸至手机、整体厨房设备和医药行业时,就已属于间断延伸了。海尔延伸至整体厨房还预示着有潜在的成功因素,因为这符合海尔“真诚到永远”的核心价值及由此映射出的一流的售后服务质量体系。但当“海尔”品牌延伸至手机时,人们觉得手机似乎更像是“通信产品”而非“家电产品”,其良好的售后服务只局限在维修时才能体现,不像空调有安装和调试等。而当“海尔”品牌延伸至医药行业时，其“国际一流售后服务”的特色就更无用武之地了。这样就偏离了自己的核心价值，优势很难体现出来，这或多或少是现在“海尔”手机及“海尔”医药陷入困境的原因之一吧！

又如韩国 LG 品牌下有家用电器、手机、电脑显示器、电子零部件、电梯、乳胶漆、幕墙玻璃等众多产品。LG 作为国际大品牌，给人以卓越品质的印象，所以这些延伸都是可取的。但当 LG 推出化妆品时并没有采用 LG 品牌而是采用新品牌“蝶妆”。因为 LG 的品牌核心价值主要为“品质和技术的保证”，与“浪漫、女性化”的化妆品概念不相容。

三、品牌延伸成功的条件

品牌延伸不仅要考虑是否具备延伸的基础和方式，而且要结合延伸方式考虑各种前提条件，这些条件包括行业条件、企业条件、产品条件和市场条件。

（一）行业条件

由于不同行业状态不一样，因而在品牌延伸上表现不同的情况。日用消费品行业如食品、饮料、服装、香烟、白酒、洗涤用品等适合“一品多牌”的延伸方式。因为这些行业的商品市场容量大、消耗快、需求多样化特别明显、消费者个性化需求倾向突出，实施“一品多牌”可以进行大批量生产，采取不同的流通渠道和区域市场以提高市场占有率，获取丰厚的利润。由此可见，实行“一品多牌”延伸的行业必须是销售量大、消耗快、需求多样化的行业。

而像家电、珠宝、轿车、电子产品、房地产、石油化工、橡胶轮胎等行业则适合于“一牌多品”的延伸方式。因为这些行业的市场存在状况是：消耗周期较长、价格高档、消费者多为理智型购买。相对而言这些行业创名牌更难，一旦成为名牌也不会轻易倒牌，企业创立名牌后进行品牌延伸当然会利用已有的品牌资产而实施“一牌多品”的品牌延伸。

（二）企业条件

实行品牌延伸的企业必须具备财力雄厚、研发能力和营销能力强的优势。企业是否具备品牌延伸的条件，首先要对企业的资金实力、研发能力和营销能力进行评估，由此来判断企业是否有开发和推广新产品的实力以及进而升级为品牌营运的能力，只有具备这样的能力和潜质，才能实施品牌延伸。同时，由于新产品上市的风险性极大，新产品推广的不确定性也难以预料，企业只有拥有很强的抗风险能力，才能抵御市场的各种冲击。日本的“三菱”之所以能从重工业一直成功地延伸到汽车、银行、电子、食品等行业，就在于它实力雄厚，有巨大的承受力、抗风险能力和内部发展空间。除了实力之外，企业产品的质量过硬，也是不可忽视的重要条件。

（三）产品条件

品牌延伸适合于价值易被认知、市场面广、与消费者日常生活联系密切的产品，如家电、日用化工用品、饮料、食品、服装、鞋帽等产品。一些个性大相抵触的产品不宜采取品牌延伸策略，如洗衣粉与纯净水、方便面与蓄电池。但是，如果企业发展新产品的目的仅仅是发挥成功品牌的市场促销力，搭便车卖一点，那么即使不符合品牌延伸的一些基本原则也可以延伸。不过在操作时，新产品应尽量少发布广告以免破坏品牌的原有个性。如"统一"延伸到蓄电池就不符合品牌延伸的基本原则，好在蓄电池基本不在大众传媒发布广告，主要是专业人士知道"统一"有蓄电池。若"统一"发布大量的广告，让每位消费者都在吃面与喝冰红茶时联想到蓄电池，那肯定是难以下咽。同时，"娃哈哈"的"平安"感冒液、酒与"娃哈哈"的个性有所抵触，但都是搭便车销售的产品，广告活动很少，仅有少数专业人士知道这些产品，不足以破坏"娃哈哈"的品牌形象。

（四）市场条件

品牌延伸是否成功在很大程度上还取决于延伸产品所处的市场状况。在竞争不是很激烈、发育不完善的市场，进行品牌延伸时往往凭单纯的品牌知名度就能为企业带来成功，因为巨大的品牌知名度能带来消费者一定的安全承诺、熟悉感和品质认同，使品牌自然而然地列入消费者头脑中的"购买目录"中。比如，TCL从做电话机到生产大屏幕彩电的成功，主要是由于当时大屏幕彩电还没有被彩电业领导品牌所重视；"美的"进军热水器、排油烟机、煤气灶等燃具、灶具行业取得成功，主要原因是燃具、灶具行业的品牌相对"美的"而言都是小品牌，品牌的知名度与美誉度都不可与"美的"同日而语。再如"娃哈哈"是以"儿童营养液"起家的，其名称及视觉识别都非常儿童化，按理讲，"娃哈哈"品牌的可延伸性是比较弱的，延伸的范围是有限的，但由于它处在市场经济的初级阶段，处在发育还不很成熟的市场，消费者的品牌观念还不成熟，消费者对"娃哈哈"企业因较强规模、实力、技术等而表现的卫生、安全、品质等要素更为关心，因而"娃哈哈"才有机会把品牌从儿童产品延伸到如八宝粥、纯净水等成人产品。而后来"娃哈哈"延伸到牛奶产品就不一样了，因为竞争对手如"光明"、"伊利"等国内著名牛奶品牌实力已非常强大了，市场竞争已十分激烈，"娃哈哈"向牛奶产品延伸就遇到困难。那么是否在成熟的市场就一定没有品牌延伸成功的机会呢？答案当然是否定的。专业性、信任感和合理的品牌延伸是创建全球超级大品牌的三大关键要素。在成熟的市场，只要有细分市场，找出并拥有自己在这个行业的核心竞争力，也能在新的行业立足并长远地发展。因为很少有企业能将品牌延伸到行业的每一个角落，若还存在市场空当，就可能采取品牌延伸。比如"厦新"进入了手机这个成熟的市场，表面上这是十分危险的"赌博"，但其找到了市场空当，打出"梦幻魅力，舍我其谁"的精致牌，拥有了自己的核心竞争力。再比如"海信"进入空调这个业已成熟的市场时，通过市场细分找出一个成长型的细分市场，拉起"变频革命"的大旗使自己成为变频专家而一举跻身前列。

在欧美发达国家，市场竞争十分激烈。比如美国市场高度成熟，各种产品都存在着霸主性的品牌。这些品牌是行业的类别品牌，就像"施乐"是复印机的同义词，"英特尔"是CPU的代名词，"柯达"是胶卷的代表等。各行各业的霸主品牌林立，它们几乎在所有的营销资源上都拥有绝对优势。而中国市场竞争的激烈程度看来似乎已很激烈，但与发达国家相比完全是轻量级的，品牌延伸会比欧美发达国家市场有更多的成功机会。目前许多行业还远未出现霸主品牌，近几年出现的也只不过是几个昙花一现的“霸主”。加上国内企业的财力和品牌管理的经验也决定了在推广新产品过程中采用品牌延伸会更有利些。

在应用品牌延伸策略之前，企业需要考虑的一个最基本的因素是新进去的领域是否存在真正的市场空隙？在进行品牌延伸之前，企业要做好这样几项准备工作：第一，企业要对市场进行充分调研及科学论证，使延伸产品进入一个有较好发展前景的产业和业务领域。不论是别人还未开发的领域或者别人已涉足但仍有发展潜力的领域，都是企业可以进入的，该领域中消费者的某些特殊需求不是不存在，而是没有产品能使其需求得到满足。作为企业，就要善于发现这种需求，并生产出能满足这种需求的产品来。此时，企业可实行品牌延伸策略，使其新产品既能满足消费者的特殊需求又能在消费者心目中保留原来产品的质量和功效。如“厦新”手机、“海信”变频的例子。第二，特别是跨市场进行品牌延伸之前，要充分考虑到各类市场的竞争优势。当前竞争日益激烈，并在同一市场上，每一品牌均具有品牌忠诚者，品牌新进入者不能很快建立稳定的顾客群，因而品牌延伸策略往往很难奏效。因此企业最好进入那些竞争相对较弱的市场。

四、品牌延伸成功的保障

成功品牌延伸的保障是品牌资产。所谓品牌资产是指品牌给产品带来的超越其功能的附加价值或附加利益。品牌给消费者提供的附加利益越大，它对消费者的吸引就越大，从而品牌资产价值就越高。品牌资产是这样一种资产，它能够为企业和顾客提供超越产品或服务本身利益之外的价值；同时品牌资产又是与某一特定的品牌紧密联系的。如果品牌文字、图形改变了，附属于品牌之上的财产将会部分或全部丧失。

品牌资产是一种无形资产，是一个系统概念，是由诸多因素决定和反映的。品牌资产分为品牌知名度、品牌美誉度、品牌认知、品牌忠诚度、品牌联想等，如图 10-2 所示。

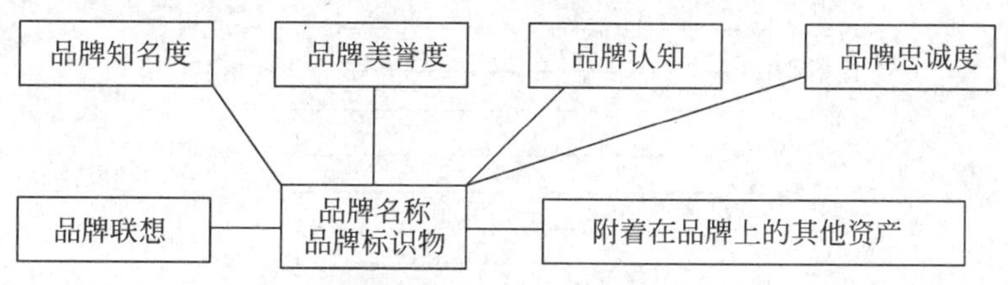

图 10-2　品牌资产的构成

品牌名称和品牌标识物是品牌资产的物质载体，品牌知名度、品牌美誉度、品牌认知、品牌联想、品牌忠诚度和附着在品牌上的其他资产是品牌资产的有机构成。具体分述如下。

（一）品牌知名度

所谓品牌知名度是指消费者想到某一类别的产品时，脑海中能想起或辨识某一品牌的程度，其由低到高依次分为四级：无知名度、提示知名度、未提示知名度、第一提及知名度。它反映的是顾客关系的广度，与销售呈正相关关系。消费者购买决策过程是从认识产品和品牌开始的，只有认识了品牌，才有可能喜欢品牌，才有可能产生购买行为，直至重复购买，最终成为忠实的购买者。因此，知名度是品牌资产的首要条件，如果没有知名度，就没有其他品牌资产要素。品牌知名度的大小是相对而言的，名牌就是相对高知名度的品牌。高知名度可以引发消费者的熟悉和好感，体现品牌背后的实力，因此知名度越高，可转移的资产就越大，品牌延伸就越容易成功。

例如将国内外的一些品牌拿到中国消费者中去测试发现，国际品牌的公众知名度是非常高的，如饮料品牌中，“可口可乐”的认知度达到90.2%；汽车品牌中，“桑塔纳”达到了89.6%的认知度。单从知名度来看，“百事可乐”和“可口可乐”在一般知名度上差距不大，但从第一提及率看，“百事可乐”与“可口可乐”则差得很远，这意味着消费者认同“可口可乐”更能作为可乐类饮料的代表品牌。品牌知名度不完全等同于品牌资产。中央电视台的黄金时间，可以一夜之间造就一个知名度很高的品牌，但它却不能造就一批忠诚于该品牌的消费者。部分产品品牌的认知度排名如图10-3所示，一些饮料品牌的第一提及率如图10-4所示。

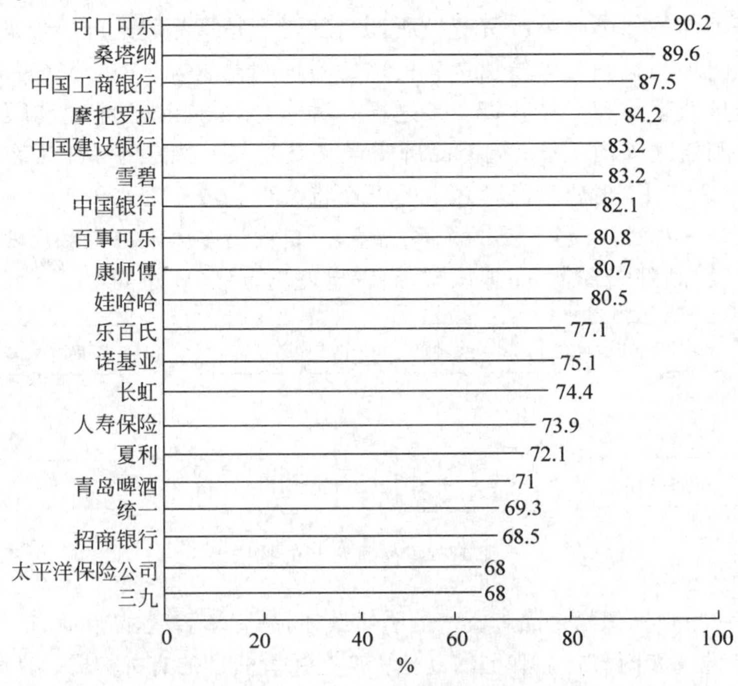

图10-3 部分产品品牌的认知度

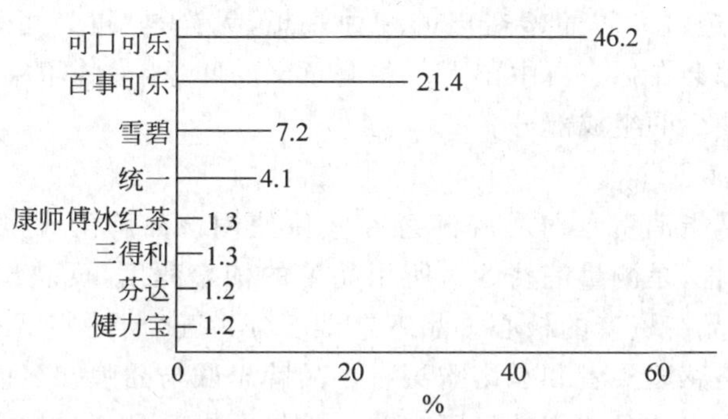

图 10-4 饮料品牌的第一提及率情况

（二）品牌美誉度

与品牌知名度相关的一个概念是品牌美誉度。有了知名度并不意味着就有了美誉度。品牌的美誉度是指某品牌获得公众信任、支持和赞许的程度。如果说品牌知名度是一个量的指标，那么品牌美誉度就是一个质的标准，它反映某品牌社会影响的好坏。品牌美誉度的资产价值体现在“口碑效应”上，即通过人们的口头称赞，一传十，十传百，引发源源不断的销售。品牌的美誉度越高，“口碑效应”就越明显，品牌的资产价值也就越高。

（三）品牌认知

所谓品牌认知指消费者对某一品牌在品质上的整体印象，是消费者的主观认识。它的内涵包括：功能、特点、可信赖度、耐用度、服务度、外观等。品质认知可以产生价值，是品牌的重要资产。在我国市场经济的初级阶段，市场上的产品质量仍为消费者最关心的因素之一，因而品质认知尤为重要。它是品牌差异化定位、高价位和品牌延伸的基础。美国总体系统咨询机构的调查结果显示：购买商品时，认为品质比价格重要的消费者呈明显上升趋势，1989 年较 1978 年提高了 50%，占到了被调查对象的 80%。中国的众多产品品质认知度整体上十分低，也就是说消费者对国产品牌在品质上的整体印象远不如对国外品牌的品质认知度高。已建立品质认知的品牌具有较强的延伸性。国外研究也表明质量出众的产品品牌其延伸成功概率往往大于一般品质的品牌延伸。因此，对中国企业建立品牌资产而言，应该提高品质的认知度，改善和加深消费者对自己品牌的品质印象。

（四）品牌联想

所谓品牌联想指透过品牌而产生的与品牌相关的联想，比如产品特点、使用场合、品牌个性等。这些联想往往能组合出一些新意，形成品牌形象。它是独特卖点传播和品牌定位沟通的结果。它提供了购买的理由和品牌延伸的依据。品牌联想源于企业的品牌传播、口碑和消费者的品牌体验。美好、积极的品牌意味着品牌被接受、认可、喜爱，有竞争力，增强了消费者的购买信心，极大地丰富了品牌的价值和品牌资产。品牌所具有的联想可以用于其他产品上，因为它们可以共享同一种联想，从而成为品牌延伸的基础。纵观世界知名品牌，大多有透过品牌而塑造出的种种联想，无论是“可口可乐”、“麦当劳”，还是“耐克”、“万宝路”，都会在你心目中留下一些有意义的印象，这些印象形成了品牌形象，并成为品牌资产不可缺少的组成部分。

（五）品牌忠诚度

所谓品牌忠诚度指消费者对品牌满意并坚持使用该品牌的程度。它是一种行为过程，也是一种心理过程，是测量消费者对所用品牌的依恋程度，反映出消费者转向另一个品牌的可能性，它是品牌资产的核心。品牌忠诚度分为五个层次：无品牌忠诚者、习惯购买者、满意购买者、情感购买者和承诺购买者。品牌忠诚与品牌知名度、品牌的品质认识、品牌联想及消费者自身产品使用的经历有关。维护并提升品牌忠诚度是企业经营和发展的法则，也是企业的终极目标。品牌知名度可以通过广告迅速建立，但品牌忠诚度则需要长期不懈的投入。消费者忠诚度越高，说明品牌越有价值，消费者越容易产生“爱屋及乌”的心理，喜欢甚至忠诚于延伸品牌，因此延伸策略越容易取得成功。研究发现，吸引一个新消费者的花费是保持一个已有消费者的4～6倍；从品牌忠诚者身上获得的利润是品牌非忠诚者的9倍之多。例如美国通用汽车公司曾在长达20年的时间里，产品品质一直低于竞争对手，但即使在如此逆境中，该公司的产品仍占据美国汽车市场的1/3。究其原因，主要应归功于消费者对该公司产品品牌的忠诚。

综上所述，品牌资产是品牌延伸策略取得成功的根本保障。品牌延伸的前提是必须构建强大的品牌资产支撑，必须准确评估品牌资产价值。品牌延伸是借助已有品牌的声誉和影响向市场推出新产品，因此，品牌资产价值越高，则延伸的范围越广；品牌的影响越大，延伸的成效也就越高。当品牌资产价值不是很高，并且受到许多竞争对手强有力的挑战时，如果急于进行品牌延伸，则容易失败。

10.3 副品牌与子品牌策划

对产品实施副品牌和子品牌策略也是品牌延伸策略中的组成部分。实施副品牌策略和子品牌策略各有不同的情况，需要分别进行有针对性的策划。

一、副品牌策略策划

（一）副品牌的特征分析

所谓副品牌策略是指在主品牌不变的情况下，在主品牌后为新产品添加一个副品牌。其具体做法是以一个成功品牌作为主品牌，来涵盖企业生产制造的系列产品，同时给不同产品起生动活泼、富有魅力的名字作为副品牌，以主品牌展示系列产品社会影响力，而以副品牌凸显各个产品的不同个性形象。它是介于“多品一牌”和“一品(企)多牌”之间的一种做法。它利用消费者对现有成功品牌的信赖和忠诚，推动副品牌产品的销售。例如，到目前为止"海尔"产品已包括冰箱、冷柜、空调、洗衣机、彩电、电脑和手机等69个大门类10 800多个品种,成为拥有白色家电、黑色家电和米色家电的中国家电第一品牌。这么多的产品如果全用"海尔"一个品牌的话,势必只能表达出其家电产品的共性,而每种产品的个性就难以有效地向消费者传播。因此,海尔集团大量运用副品牌:在冰箱上,相继推出了"海尔—小王子"、"海尔—双王子"、"海尔—大王子"、"海尔—帅王子"、"海尔—金王子"等;在空调上,海尔先后推出了"海尔—小超人"变频空调、"海尔—小状元"健康空调、"海尔—小英才"窗机等。在洗衣机上,海尔推出了"海尔—神童"、"海尔—小小神童"、"海尔—即时洗"等;海尔还推出了"海尔—探路者"、"海尔—宝德珑"彩电,"海尔—小海象"热水器等产品,惟妙惟肖地体现了产品的魅力。这样也避免产生类似"海尔就是冰箱"、"长虹就是彩电"的思维定式,于品牌顺利延伸是有益的。选择副品牌策略,能有效引导消费者突破原有消费定式,接受和认可新产品,并将对主品牌的信赖、忠诚迅速转移到新产品上来,从而成功实现品牌延伸。海尔取得跻身世界家电十强的骄人成绩,应该说与其成功地实施了副品牌策略不无关系。

副品牌具有以下基本特征:

1. 广告宣传的重心是主品牌,副品牌处于从属地位

相应的,广告受众识别、记忆及产生品牌认可、信赖和忠诚的对象也是主品牌。这是由企业必须最大限度地利用已有成功品牌的形象资源所决定的,否则就相当于推出一个全新的品牌,成本高、难度大。

比如"海尔—神童"洗衣机,副品牌"神童"传神地表达了"电脑控制、全自动、智慧型"等产品特点和优势。但消费者对"海尔—神童"的认可、信赖乃至决定购买,主要是基于对"海尔"的信赖。因为"海尔"作为一个综合家电品牌,已拥有很高的知名度和美誉度,其品质超群、技术领先、售后服务完善的形象已深入人心。若在市场上没有把"海尔"作为主品牌进行推广,而是以"神童"为主品牌,那是比较困难的。一个新的电器品牌要让消费者广为认可,没有几年的努力和大规模的广告投入是不可能的。

2. 主副品牌之间的关系不同于企业品牌与产品品牌之间的关系

这主要是由品牌是否直接用于产品以及是否为认知、识别主要对象所决定的。如"海尔—帅王子"冰箱、"三星—名品"彩电,"海尔"、"三星"是企业品牌,也是直接用于产品而且是产品品牌的识别重心。故"海尔"与"帅王子"、"三星"与"名品"是主副品牌关系。

"通用"与"凯迪拉克"、"雪佛兰"则属于企业品牌与产品品牌之间的关系,因为一般消费者对凯迪拉克的崇尚,主要是通过"凯迪拉克是美国总统座驾"、"极尽豪华"、"平稳舒适如安坐在家中"等信息而建立的。"通用"这一形象在促进人们对"凯迪拉克"的赞誉方面所能起的作用很有限。"丰田"与"皇冠"、"佳美"、"凌志","P&G"与"飘柔"、"海飞丝"、"舒肤佳"也是典型的企业品牌与产品品牌之间的关系。

3. 副品牌一般都直观、形象地表达产品优点和个性形象

"松下—画王"彩电的主要优点是显像管采用革命性技术，图画逼真自然、色彩鲜艳，副品牌"画王"传神地表达了产品的这些优势。"长虹"进行品牌战略策划时，给空调取的"雨后森林"、"绿仙子"、"花仙子"等副品牌栩栩如生地把"长虹"空调领先的空气净化功能表现出来。"红心"电熨斗在全国的市场占有率超过50%，"红心"是电熨斗的代名词。新产品电饭煲以"红心"为主品牌，采用"小厨娘"为副品牌，在市场推广中，既有效地发挥了"红心"作为优秀小家电品牌对电饭煲销售的促进作用，又避免了消费者心目中早已形成的"红心＝电熨斗"这一观念所带来的营销障碍。因为"小厨娘"不仅与电饭煲等厨房用品的个性形象十分吻合，而且洋溢着温馨感，具有很强的亲和力。

4. 副品牌具有口语化、通俗化的特点

副品牌采用口语化、通俗化的词汇，不仅能起到生动形象地表达产品特点的作用，而且传播广泛，易于较快地打响副品牌。"画王"、"小厨娘"、"海尔—帅王子"、"TCL—巡洋舰"等均具有这一特点。

5. 副品牌较主品牌内涵丰富，适用面窄

副品牌由于要直接表现产品特点，与某一具体产品对应，大多选择内涵丰富的词汇，因此适用面要比主品牌窄。主品牌的内涵一般较单一，有的甚至根本没有意义，如"海尔"、"Sony"等，用于多种家电都不会有认识和联想上的障碍。副品牌则不同，"小厨娘"用于电饭煲等厨房用品十分贴切，能产生很强的市场促销力，但用于电动刮胡刀、电脑则会力不从心，因为"小厨娘"本身倾向性的内涵引发的联想会阻碍消费者认同接受这些产品。同样"小海风"用做空调、电风扇的副品牌能较好地促进销售，若用于微波炉、VCD则很难起到促销的作用。

6. 副品牌一般不额外增加广告预算

采用副品牌后，广告宣传的重心仍是主品牌，副品牌从不单独对外宣传，都是依附于主品牌联合进行广告活动。这样，一方面，能尽享主品牌的影响力；另一方面，副品牌识别性强、传播面广且张扬了产品个性形象。故只要把在不采用副品牌的情况下，本来也要用于该产品的宣传用于主副品牌的宣传，其效果就会超过只用主品牌的策略。

近几年，越来越多的国际著名企业用副品牌来推广富有特色、科技领先的新产品，如"松下—画王"、"索尼—特丽珑"、"飞利浦—视霸"等，国内企业也开始学会选用副品牌这一营销利器且取得了不错的营销业绩，尤其是海尔集团在运用副品牌策略时更显得得心应手。"海尔"从冰箱起步，经过多年苦心经营已从品质、技术等各个方面树立了一流家电品牌的形象，其"质量管理严格"、"技术投入巨大"、"产品畅销欧洲"、"星级售后服务"等形象已深入人心，使"海尔"品牌对大多数的家电销售都有很强的带动力。但单用"海尔"一个品牌只能表达其家电产品的共性，而每种产品的个性难以有效地向消费者传播。因此海尔集团运用副品牌策略，如外形俊朗、功能先进的冰箱叫"帅王子"；用"帅英才"来表达

空调产品智能变频控制、技术超前的特点；0.5kg的小洗衣机叫“小小神童”、“即时洗”，惟妙惟肖地体现了产品的魅力。“海尔”迅速成长为中国家电业的顶尖品牌，多元发展捷报频传，副品牌策略无疑也起了很大的推动作用。“海尔”妙用副品牌策略的经验很值得正朝着产品多元化发展的国内企业学习。

（二）副品牌策划应注意的问题

1. 把握主副品牌关系，凸显主品牌的核心地位

主副品牌关系不同于企业品牌与产品品牌之间的关系，副品牌和子品牌的最大区别就在于宣传重心不同。运用副品牌策略一定要凸显主品牌的核心地位，副品牌只是主品牌的有效补充，仅处于从属位置。主品牌是副品牌的根基，副品牌是主品牌的延伸，两者是相互联系的一个有机体。广告宣传必须依附于主品牌进行，绝不可让副品牌超越主品牌，脱离主品牌。比如乐百氏“健康快车”的旺销与“乐百氏”品牌的赫赫声名分不开，因为在消费者心目中，“乐百氏”意味着高品质、健康、卫生、安全可靠。如果单以“健康快车”为主品牌进行宣传，形象既因大众化而模糊，又会因无知名度而导致业绩不佳。

2. 副品牌命名要有联想功能，不宜过分求新求怪

品牌之所以能凸显商品个性，传神地表达产品特征，在于它命名的讲究。副品牌命名一般采用通俗易懂、形象生动的词汇来体现产品特征，同时还应要求命名具有联想功能。因为主品牌往往不表述商品的功能、特质，副品牌则通过高度提炼，能产生画龙点睛的效果。如“美的—小康星”微波炉，让人联想起现代化的小康之家的厨房，摆放着代表科技领先的“美的”微波炉（因为“星”代表宇宙、科技，突出领先之质）；而且命名同明星相连，突出其具有明星般卓尔不凡的品质。在当今品牌繁多、竞争激烈、信息爆炸的时代，需要副品牌带给消费者强烈的听觉、视觉冲击力，这有利于从众多品牌中脱颖而出，在市场上形成一定的影响力和震撼力。如“海信—智能王”、“康佳—镜面”、“东芝—火箭炮”、“海尔—先行者”、“海尔—探路者”、“TCL—巡洋舰”等都是反映时代特征的富有冲击力的副品牌。但是，命名如果为此过分求新求怪就不仅起不到促销作用，反而有哗众取宠之嫌，而且容易伤害到主品牌。

3. 副品牌与目标市场相吻合

任何一个品牌都有自己的目标消费群体。副品牌所传导的意境与定位，要与欲进入的目标市场相贴近、相吻合，这样才能更好地将品牌概念传递给消费者，使其感受到“这正是我想要的”。如长虹推出的“长虹—红双喜”、“长虹—红太阳”彩电，其锁定的目标市场主要是中小城市和农村，因此命名十分通俗，表达了普通老百姓对生活的向往与追求。2000年，长虹的“精显”背投彩电闪亮登场，副品牌“精显”十分形象地表现了这款彩电超高清晰度的特点，体现了“现代、时尚、高科技”的品牌形象，切合大城市中一部分崇尚高品质生活的现代人的物质需求，使“长虹”迅速在高端彩电市场崛起。

二、子品牌策略策划

（一）子品牌策略的积极效应

一个企业有企业品牌，其产品有产品品牌。如果企业的企业品牌与其产品品牌不用同一个名字（通常出现这种情况时其产品品牌为两个或两个以上），其产品品牌便可称为子品牌（通常情况下即为多品牌策略）。如：著名的宝洁（即企业品牌）公司旗下便有“海飞丝”、“飘柔”、“舒肤佳”、“玉兰油”等数百个子品牌。

由于采用子品牌策略的要求很高，风险也大，因此近来不少企业采取类似中庸的办法，即在主品牌不变的情况下，在主品牌后为新产品添加一个副品牌，即副品牌策略。

子品牌与副品牌功能的相同之处在于都对推出新品牌起促进作用。而它们两者最大的不同点是：子品牌宣传的重点是子品牌，而副品牌宣传的重点在主品牌而非副品牌。

1. 品牌与产品及其特性高度统一

在单一品牌策略中，本来消费者对强力品牌的品牌类别、核心产品情况认知明确、记忆清晰；然而，如果该品牌过度延伸，就会扰乱强力品牌在人们心中的定位。而子品牌策略一般是一个品牌针对一类或一种产品实施的，由于广告宣传，对外传播的信息都是有关这一品牌的，所以具有高度的统一性，久而久之便能在消费者大脑中建立起品牌的产品特点、个性、形象之间的对应关系。这一点在宝洁公司的产品中尤为明显，最典型的便是“海飞丝”、“飘柔”、“潘婷”三种洗发水：“头屑去无踪，秀发更出众”的“海飞丝”，“头发更飘、更柔”的“飘柔”，“拥有健康，当然亮泽”的“潘婷”。这种明确的市场细分所传出的品牌一推向市场就给消费者留下较深的印象，有效降低了完全的单一品牌策略带来的“模糊效应”，并在很大程度上左右着消费者的品牌选择。

2. 避免“株连风险”

在单一品牌策略中，依挂在同一品牌下的多种产品中只要有一种产品在市场经营中出现问题，就极有可能影响到其他产品的信誉，子品牌策略中宣传的重点是子品牌，而企业品牌放在宣传的次要地位。这样，一旦某一子品牌产品在经营中出现质量、服务或其他问题影响该品牌经营时，不至于对企业其他子品牌造成很大的损害，对企业品牌的损害也可以降到最低，从而保证企业免受更大的损失。同样，一旦企业的企业品牌出现危机，子品牌受到损害也可有效降低。

1996年，因“常德事件”等的影响，“三株口服液”销量骤减，“三株”品牌（既是企业品牌也是产品品牌）声誉一落千丈。遭受巨大损失的三株集团领导为了避免企业受到更大的损失，立即将自己生产的护肤品子品牌“生态美”产品包装中的企业品牌“三株”字样去掉，由此才保存了在今天发展势头很好的国产护肤品牌“生态美”，这便是对子品牌策略优势的极好阐释。

(二) 子品牌策划的具体操作

1. 根据产品线的分类归属不同所采取子品牌策略

当企业同时生产相关性不大的各类产品时,可考虑在统一的企业品牌下,按产品线建立新产品的品牌。当品牌延伸的各类市场不具兼容性时,尤其应该采取此策略。名不见经传的广东雄伟集团旗下却有几大知名品牌产品:松本电工、正野电器、威利坚机器模具等。实践证明,这种品牌策略是切实可行的。

2. 根据同一类产品不同档次(质量)而采取子品牌策略

这样可以保持其高档产品的份额,同时又可以打入中、低档市场而且不对高档品牌造成影响。如前边提到过的"钟表之王"的瑞士钟表便采取了这样的子品牌策略,其一级表品牌用"劳力士"、"欧米茄";二级表品牌用"浪琴";三级表品牌用"梅花";四级表品牌用"英纳格"。而与此相反,早年美国的"派克"钢笔以物优价贵闻名于世,被视为身价的象征,但1982年新任总经理詹姆斯·彼特森上任后,欲进入低档笔市场,却采用了单一品牌策略,仍用"派克"品牌,每支售价仅3美元。结果派克公司不仅没有打入低档笔市场,反而使高档笔市场占有率下降到20%,销售额只有对手克罗斯公司的50%左右。

3. 从促销的角度出发而故意在同一类产品中采取子品牌策略

这种策略是指在同一类产品中设立两个或两个相互竞争的品牌,虽然这可能会使原有品牌的销售量(额)稍减,但几个品牌加起来的总销售量(额)却比原来一个品牌时更多。

这种策略的主要好处是:第一,零售市场的商品陈列位置都有限,多一个品牌就可多占一个陈列货位;第二,不少消费者属于品牌转换者,具有求新心理,而要抓住这类消费者的最好办法就是多推出几个品牌;第三,这种做法可以把竞争引入企业内部,使负责各个品牌的部门之间相互竞争,提高产品质量与生产效率;第四,可以使企业拥有较多的品牌而去占有较多的不同细分市场,不仅满足消费者的共同需要,也尽力满足具体市场的独特需求。如我国服装业著名的杉杉集团有五大品牌,但各个品牌市场定位不同。例如,"杉杉"品牌以男装为主,主要目标为中档偏高的消费群体;"麦斯奇莱"品牌以女装为主,主要目标为白领职业女性群体;"意丹奴"品牌以休闲装为主,主要目标为年轻活泼群体等。

4. 由于历史原因所采取的多品牌策略

如我国广东科龙集团,早期该公司只有"容声"冰箱,后来由于仿冒者甚多,影响"容声"品牌形象,因此启用"科龙"品牌重树公司形象,后来又兼并"华宝"空调,整厂采用"华宝"品牌,与"三洋"合资而采用"三洋科龙"。还有松下公司本来的品牌是"National",后来因为该词在一些国家不能注册而启用"Panasonic"。

当然,由于子公司策略中的子品牌与企业品牌的关联较小,独立性较大,因而新的子品牌无法得到已成功子品牌的庇护,企业品牌庇护也很有限;而且,在市场竞争激烈的今天，发展一个新品牌不仅投入大、周期长，而且成功率低、风险大，而要维护一个新品牌的难度更大，因此对企业要求很高，企业不仅应经济规模大、综合实力强，而且推广经验十分丰富才可。

三、子品牌、副品牌策略的选择依据

企业应采取子品牌还是副品牌策略，并不是绝对的，还得将企业状况、行业状况等方面综合起来考虑。具体而言有如下考虑：

(1) 产品的使用周期较短或客观需要更换品牌时，采用子品牌策略比副品牌策略更佳。产品的使用周期较短，更换比较频繁，容易使消费者滋生"品牌转换"心理，而子品牌认知率较高，副品牌认知率较低，因此最好采用子品牌策略。这在洗发护发用品、个人清洁用品、护肤用品等行业中运用尤为突出。而一些行业，则在客观上需要使用不同品牌的产品。如保健医生呼吁，要求消费者从保健的角度出发，不要经常使用一种品牌的牙膏。医药行业也是如此。

(2) 若由于技术不断进步等原因，产品不断更新换代，更新期较短，则最好使用副品牌策略。它既可以区别于以往产品，又可给予消费者以企业不断发展的形象。这种情况在移动电话和计算机等行业中比较典型。而这时用子品牌策略则显得成本太高。

(3) 如果企业品牌或其主导产品品牌已经定位，品牌使用范围又基本界定，还想进行品牌延伸或扩张时，最好采用子品牌策略。"派克"使用同一品牌进军低档笔市场失败便是一例。同样，"金利来"是"男人的世界"这一定位便决定了该公司不宜生产女性服饰。施乐公司历经25年，投入20亿美元，仍难以打入计算机设计领域的原因也在于此。而且，在这种情况下，使用副品牌策略的风险也比较大，因为副品牌的认知率低而主品牌的认知率高，这样极可能牵连主品牌的主导产品。

(4) 如果企业生产产品跨度太大，与已成功品牌产品相关性不大，最好使用子品牌策略。如杭州华立集团在机械电子类使用"华立"品牌，而在食品类则用"太一"品牌，也是如此。这时副品牌策略的效果也很有限。

(5) 若企业从事同一类产品，而且该市场竞争激烈，产品使用周期长时，不宜用子品牌策略而最好用副品牌策略。如家电行业适宜用副品牌策略，我国洗衣机、冰箱、空调等行业企业多采取副品牌策略。

当然，这些都不是绝对的。"登喜路"将烟草品牌用到服装上也获得成功。"科龙"也在冰箱、空调上用子品牌。品牌策略是企业拟定营销策略时的一个不可忽视的问题。而究竟采用哪种策略，应具体情况具体分析，企业必须根据自己的实际情况及产品的不同特征，辩证地来看待并合理地解决好这一问题。

小结

品牌延伸是一种营销策略。运用品牌延伸必须依据企业的内外条件审慎而行。用好了会带来正面效应,用得不当会导致负面影响。运用品牌延伸策略首先必须明确品牌延伸的基础即品牌核心价值,品牌核心价值是消费者品牌体验由体验产品到感官享受最后形成价值主张所得到的实际利益。它可以外在化为品牌的个性。品牌延伸的方式可按品牌与产品的关系分为"一牌多品"和"一品多牌";也可按延伸品牌与母品牌产品的关联性分为连续延伸和间断延伸。品牌延伸的成功必须具备相应的条件,这些条件包括行业条件、企业条件、产品条件、市场条件。品牌延伸成功的前提保障是品牌资产,只有具有品牌资产的品牌才有必要延伸,延伸后才有可能成功。副品牌和子品牌的运用是品牌延伸的不同表现形态,运用副品牌或子品牌均应注意掌握正确原则和方法。

习 题

1. 品牌延伸可能产生哪些积极效应和负面效应?
2. 品牌延伸的基础是什么?为什么?
3. 品牌延伸的方式有哪些?试加以具体说明。
4. 品牌延伸成功必须具备哪些条件?
5. 品牌延伸成功的前提保障是什么?为什么?
6. 运用副品牌和子品牌策略应注意哪些问题?
7. 副品牌一般具有哪些特征?
8. 对副品牌与子品牌策略的选择依据是什么?

第 11 章　企业关系营销策划

企业实施关系营销是 20 世纪 80 年代以来的新潮流。发达国家的先进企业纷纷实施关系营销以应对微利时代的到来。关系营销是对交易营销的发展。作为营销理念，关系营销是一种新境界；作为营销行为，关系营销是企业的重大战略。不是任何企业在任何情况下都可实施关系营销的，实施关系营销的企业必须具备相应的前提条件，需要加深对关系营销的认识，把握关系营销的实质。客户关系管理是实施关系营销的重要措施。

11.1　企业实施关系营销的条件分析

一、关系营销是对交易营销的发展

一般意义的市场营销是在工业经济的背景下，为适应机械化大生产而产生和发展的。市场营销的核心是交换（或称做交易），市场营销的任务是通过销售将物质产品卖出去，在满足人们消费需求的同时获取利润，故而为交易营销。

关系营销则是企业面对新形势而主动与供应商、消费者、各级政府部门和相关社会团体建立广泛的战略关系的行为，它通过互利交换及共同履行诺言，使各个相关主体实现各自的利益。

关系营销是在交易营销的基础上形成的。众所周知，企业营销的发展经历了七个阶段，即：

(1) 销售阶段；

(2) 广告与传播阶段；

(3) 产品开发阶段；

(4) 企业差异化营销阶段；

(5) 加强顾客服务阶段；

(6) 提高服务质量阶段；

(7) 整合与关系营销阶段。

由此可见，关系营销的形成是一个过程，一个从量变到质变的过程，关系营销是这个过程的结果，而交易营销则是其根基。

关系营销是一种新的营销境界，主要表现为以下几个方面：

(1) 关系营销在更大的市场范围产生影响。关系营销的领域不再只是局限于消费者市场，而是扩展到劳动力市场、供应市场、内部市场、影响者市场(如政府、金融机构等)。

(2) 营销的核心从“交换”转为“关系”。核心的转换意味着企业与消费者关系的性质发生了重要的变化，即企业与消费者的买卖关系转换为长期的合作关系，企业“利润第一”转向互相合作实现双赢的新关系。

(3) 关系营销的手段不是单纯的经济手段，而是综合经济手段、政治手段、公共关系手段的结果。关系营销是社会营销、大市场营销这个大系统中的一个子系统。社会营销所要解决的是以人为核心的社会中所存在的四种关系：人与自然的关系；人与社会的关系；人与人的关系；人与自我的关系。关系营销就是从研究关系出发来探讨营销制胜的真谛。在处理这些关系时，单纯的经济手段往往不够，于是产生了综合的手段。

二、实施关系营销的企业必须具备的条件

我国有 800 多万家企业，关系营销作为一种新的营销理念和营销行为，并不是每个企业都可以随意实施的，要实施关系营销必须满足几个条件。

(一) 有一定的经济活力

缺乏经济活力、势单力薄、盲目发展的企业、为生计而发愁的企业是不可能实施关系营销的，只有那些着眼于全球大市场，不计较一时一地的得失的企业才能有动力和强烈的需要实施关系营销。实施关系营销不是取决于企业规模的大小，而是取决于企业的活力。

(二) 恪守商业信誉

关系营销的关键在于“履约”。关系营销的“关系”不是逻辑学上的对立、相斥、相背或相关、相容、相交的关系，而是指企业间或企业与社会团体、政府部门之间的战略性伙伴关系，维护这一关系的不是赤裸的金钱而是企业的诚信，即对有关单位的尊重与信守承诺，以便交往双方实现各自的愿望，达到各自的目的。

(三) 有明确的战略规划

关系营销不是权宜之计，不是企业求得一时的生存的市场运作手段。企业只有确立并制定明确的发展战略和市场拓展战略，关系营销才能真正实施。

从市场营销理论与实践发展的历史进程看，关系营销的出现无疑是一种进步，是对传统营销理论的革命。但是，当企业的发展态势和营销理念尚未具备引入关系营销的条件时，不要贸然实施关系营销。因此，企业必须逐步渐进式推进这一过程。

实施关系营销不能跨越式发展。试想一个处于生产观念或推销观念下的企业能越过市场营销阶段而进入关系营销阶段吗？鉴于我国企业的发展状态以及各类企业生命周期的发展阶段性趋势，可以认同、引进关系营销理论并积极传播这一理论，但并不是所有的企业都应不顾自身的条件而盲目效仿关系营销。

三、实施关系营销要避免陷入盲区和误区

关系营销是一种先进的营销理念和营销举措，它不能作为企业打“新概念战”的口号，企业要实施关系营销必须避免陷入盲区和误区。

所谓盲区是指企业对关系营销的本质、关系营销形成的背景、关系营销对企业行为的指导意义毫无所知，而盲目地把关系营销当做在市场上与同伴竞争的时髦口号进行虚假宣传，而企业自身的行为和理念离关系营销的真谛十万八千里，这既不能使企业收到实施关系营销的积极效果，也不能在社会公众中正确树立企业的先进形象。

所谓误区是指企业将关系营销中的关系庸俗化，以为在营销活动中搞“权钱交易”、“拉关系”就是关系营销，企业如果陷入这种误区，不仅将企业置于火中取栗的危险境地，而且严重地亵渎了关系营销。

为避免陷入盲区和误区，正确实施关系营销，企业必须从以下几个方面正确认识关系营销：

(1) 关系营销是在传统交易营销的基础上发展的，又是对传统营销的修正与补充。

(2) 关系营销是进入知识经济时代的产物。人类在20世纪80年代以后逐步进入知识经济时代，现代科技的发展以及相应的系统论、控制论的推广为关系营销的发展提供了崭新的时代背景和坚实的理论基础，没有信息社会的大背景不可能产生关系营销。

(3) 关系营销是在社会经济一体化发展的大背景下形成的，关系营销是针对全球大市场的，相应的关系营销的手段不局限于4P等经济手段，同时要采取政治的和公共关系的手段。

(4) 关系营销的“关系”不是泛指一切关系而是特指战略性的伙伴关系，这种战略性的伙伴关系表现为企业与顾客、供应商、竞争者、分销商、内部员工以及影响者等诸多方面，这种战略伙伴关系要求双方密切沟通、亲密合作、协调控制，最终达到双赢的结果。用商品经济初期所采取的拉关系的方法来看待关系营销就庸俗了。

(5) 关系营销的本质特征是诚信践约。如果说交易营销交换的是买卖双方的物质或货币的话，那么，关系营销关心的则是彼此的承诺和诚信。关系营销就是要体现利益三分法、彼此双赢或多赢的精髓，彼此交换并实现自己的承诺。

总之，关系营销是一种新的境界，目前的首要任务是提高对关系营销的认知度，对关系营销的认识正确了，实施起来才能收到立竿见影的成效，对关系营销的认识产生了偏差，实施起来必将差之毫厘，谬以千里。

11.2 企业实施关系营销的策划

企业实施关系营销，就是正确处理社会各种关系以及在各种复杂的社会关系中求生存和发展的过程。企业实施关系营销的重点是处理好与供应商市场、内部市场、竞争者市

场、分销商市场、顾客市场、影响者市场的关系，处理好与六大市场关系的关键是要令顾客满意，实施客户关系管理制度化。

一、企业与六个市场的关系处理

在企业“关系营销”策划中，主要为企业处理好与下面六个子市场的关系进行谋划。

（一）供应商市场

任何一个企业都不可能独自解决自己生产所需的所有资源。在现实的资源交换过程中资源的构成是多方面的，至少包含了人、财、物、技术、信息等方面。与供应商的关系决定了企业所能获得的资源数量、质量及获得的速度。生产 1 辆汽车大约需要 8 000～10 000 个零配件，任何一个企业都不可能单独生产全部零部件，必须通过外部供应商进行专业分工协作生产；麦道飞机公司 1993 年生产的 100 架喷气式客机，有 18 种重要的零部件是由供应商负责设计的，公司因此节约了 2 亿美元的生产成本。由此可以看出，企业与供应商必须结成合作网络，进行必要的资源交换。另外，公司在市场上的声誉也是部分来自与供应商所形成的关系。例如，当 IBM 决定在其个人计算机上使用微软公司的操作系统时，微软公司在软件行业的声誉便急速上升。

（二）内部市场

内部营销来源于这样一个观念，即把员工看做是企业的内部顾客。任何一家企业，要想让外部顾客满意，它首先得让内部员工满意。只有工作满意的员工，才可能以更高的效率为外部顾客提供更加优质的服务，并最终让外部顾客感到满意。内部市场不仅是企业营销部门的营销人员和直接为外部顾客提供服务的服务人员，也包括所有的企业员工。因为在生产过程中，任何一个环节的低效率或低质量都会影响最终的顾客价值。

（三）竞争者市场

在竞争者市场上，企业营销活动的主要目的之一是争取与那些拥有互补性资源的竞争者的协作，实现知识的转移、资源的共享和二者的有效利用。例如，在一些技术密集型行业，越来越多的企业与其竞争者进行了研究与开发的合作，这种方式的战略联盟可以分担巨额的产品开发费用和风险。种种迹象表明，现代竞争已发展为“协作竞争”，在竞争中实现双赢的结果才是最理想的战略选择。

（四）分销商市场

零售商和批发商的支持对于产品的成功至关重要。IBM 公司曾花费 1 亿美元为某产品作广告，结果还是以失败告终，原因在于作为第三方的供应商和零售商反对该产品，IBM 公司投入了大量的资源去争取顾客，而忽略了与零售商、经销商等对产品的销售起关键作用的个人或组织建立积极的关系。

（五）顾客市场

顾客是企业存在和发展的基础，市场竞争的实质是对顾客的争夺。企业在争取新顾客的同时，还必须重视留住老顾客，培育和发展顾客忠诚。最新的研究表明，争取一位新顾客所需的费用往往是留住一位老顾客所需费用的6倍。企业可以通过数据库营销、发展会员关系等多种形式，更好地满足顾客需求，增强顾客信任，巩固双方关系。

（六）影响者市场

金融机构、新闻媒体、政府、社区，以及诸如消费者权益保护组织、环保组织等各种各样的社会团体，对于企业的生存和发展都会产生重要的影响。因此，企业有必要把它们作为一个市场来对待，并制定以公共关系为主要手段的营销策略。

二、顾客满意——关系营销的核心

顾客满意是关系营销的核心。顾客满意与否是企业关系营销成败的决定因素。企业经营行为应该以提供顾客满意度为方针。企业在长期经营活动中要讲究营销道德，通过提高道德水准来达到使顾客满意的目的。

（一）顾客满意(CS)理念

顾客满意是以消费者为中心的理念的发展。顾客满意理念是把顾客的现实需求和潜在需求作为企业开发产品的源头，在设定产品功能价格、建立分销促销环节、完善售后服务系统等方面，最大限度地使顾客满意；而且企业要及时跟踪研究顾客购买的满意度，并有针对性地设立改进目标，调整企业经营环节，稳定老顾客和通过老顾客的口碑宣传逐步扩大顾客队伍。顾客满意理念要求企业的全部活动以不断提高顾客满意度为行动方针，切实从顾客利益、顾客角度来考虑与分析消费者需求。顾客满意理念是在以下背景下形成的：

(1) 市场竞争打破了地域、时间局限，形成了高强度、全方位竞争之势，企业营销战略战术多种多样，CS从营销最终效果入手，有助于企业制定战略时运用逆向思维方式，由果及因作出正确决策。

(2) 市场竞争从生产率的竞争转向服务质量竞争，能否令顾客满意便成为竞争焦点。20世纪80年代初，斯堪的纳维亚航空公司率先提出了企业的成功在于服务与管理的观点，把服务与管理提到市场竞争的关键地位，从而揭示了20世纪80年代以来市场竞争的新趋势，这种趋势呼唤企业要重视提高顾客的满意度。

(3) 许多发达国家经济增长放慢，企业利润减小，竞争加剧，企业保持技术领先和生产率领先越来越不易，需聚焦在顾客身上。许多先进企业纷纷把顾客满意作为评估条件，社会新闻媒体也发表顾客对各商品满意度的排行榜，督促企业提高顾客满意度。

顾客满意理念指导企业营销时采取以下措施：

(1) 站在顾客而不是厂商的立场上去研究设计产品，尽可能预先把顾客的“不满意”从产品本身(包括设计、制造和供应过程)去掉，并顺应顾客的需求趋势，预先在产品上创造顾客的满意。通过发现顾客的潜在需要并设法用产品去引发这些需要，使顾客感受到意想不到的满意。

(2) 不断完善产品服务系统，最大限度地使顾客感到安心和便利。德国大众汽车公司周到的售后服务，曾一度是日本汽车商学习的榜样：大众汽车公司能在某一型号的最后一辆汽车出厂 15 天内，保证所有的必要配件。发达国家一些公司的服务口号是：24 小时把零件送到世界任何地方。

(3) 十分重视顾客的意见，让用户参与决策。要把处理好顾客的意见视为对创造顾客满意的推动。据美国斯隆管理学院调查，成功的技术革新和开发的新产品中，有 60%～80%来自用户的建议。美国的宝洁公司首创了顾客免费服务电话。顾客向公司拨打有关产品的电话总是一律免费。公司对来电个个给予答复，而且对电话进行整理分析与研究。这家公司的许多产品改进设想来源于“免费电话”。无独有偶，美国苹果计算机公司与 800 名消费者建立定期联络关系，让他们通过公司的免费电话提供意见。

(4) 千方百计留住老顾客。对老顾客优惠是常见的做法，而给老顾客以关怀更能打动他们的心。最好的推销员应当是那些从产品和服务中获得满意的顾客。有一位名叫吉拉德的德国汽车经销商，每个月要寄出 13 000 张卡，任何一位从他那里购进汽车的顾客每月都会收到有关购后情况的问询。据美国汽车工业的调查，一个满意的顾客会引发 8 桩潜在生意，其中，至少有一笔会成功；一个满意的顾客会影响 25 个人的购买意愿。

(5) 创造厂商与顾客彼此友好和忠诚的局面，使服务手段和过程处处体现忠诚与温暖。IBM 是享誉全球的电脑帝国，这家公司也以忠诚为用户服务而著称。一次，由于顾客突然要求会面，致使总经理宁愿延误与公司董事长会晤而首先保证顾客会面，董事长不但没有生气，反而大加赞赏。

(6) 按顾客为中心的原则，建立富有活力的企业组织。首先，组织要对顾客的需求和反映具有快速反应机制。其次，要养成鼓励员工创新的组织氛围。最后，组织内部要保证通畅的沟通。

(7) 分级授权，这是企业完成令顾客感到满意的服务的重要一环。如果服务人员(从一线经理到售货员)没有足够的决策，什么问题都要等待上司的指令，那么顾客满意是无法保证的。虽然授权不同于分权，权责不能匹配，但通常被授权的人在执行过程中会增强责任意识。

顾客的需求是无止境的，顾客对企业及产品的要求也是无止境的。顾客对众多的产品和服务有的满意，有的不满意；顾客对同一产品的不同方面有的满意，有的不满意；这个消费者群满意，另一个消费者群可能不满意。企业的职责不是抱怨消费者的指责，而是要千方百计研究“不满意”之处的不足，并及时加以改进。顾客会不断提出新的不满意的问题，企业就要不断地研究、改进这些问题。坚持不懈地为提高顾客满意度而努力，应该是企业永远的追求。

（二）顾客满意联结纽带——让渡价值

以消费者为中心，使消费者满意，企业必须向顾客让渡价值。顾客购买商品时，总是从价值与成本两方面进行比较分析，追求价值最大化。让渡价值就是企业所提供的总价值与顾客总成本之间的差额。让渡价值是企业与消费者联结的纽带。

顾客购买的总价值或称顾客整体价值，是顾客从给定产品和服务中得到的全部利益，包括产品价值、服务价值、人员价值和形象价值。

产品价值是由产品的功能、特性、品质、品牌、式样等所体现的价值。顾客对产品价值的需求评价受经济发展阶段性和消费者需求个性的影响。在经济不发达时期，获得产品比产品特色更被看重，消费者追求的是耐用性、可靠性。随着经济发展、生活质量的提高，不同阶层和收入水平、职业特征各异的顾客逐步显示出极强的个性特色和明显的需求差异性，对产品的价值会有不同的要求。

服务价值是企业伴随产品实体的出售或单独地向顾客提供的各种服务的价值。服务价值由服务质量、服务态度、服务文化内蕴所体现。

人员价值是企业员工的经营思想、知识水平、业务能力、工作效率与质量、经营作风、应变能力等所体现的价值。

形象价值是企业及其产品在公众心目中形成的总体形象所体现的价值，包括视觉形象价值、行为形象价值、理念形象价值。视觉形象价值是由产品、包装、商标、工作场所等为公众感官所把握的有形形象所体现的价值。行为形象价值是企业及员工道德表现、经营行为、工作作风、待人接物的态度等所体现的价值。理念形象价值是企业的价值观念、经营哲学所形成的价值。

顾客购买的总成本是顾客购买商品过程中所花费的各种成本的总和，包括货币成本、时间成本、精神和体力成本。货币成本是顾客购买商品支付的货币总量。时间成本是顾客为得到所期望的商品或服务而必须处于等待状态的时间和代价。精神和体力成本是顾客为搜寻商品出售处和购买商品所耗费的精神与体力。

企业要加强与消费者的联系，就要致力于使顾客获得尽可能多的让渡价值。提高让渡价值，一方面要大力创造顾客整体价值，把产品创新放在首位，并不断提高员工素质、改善形象、提高核心服务和附加服务；另一方面要尽可能降低顾客在购买中倾注的全部成本，提高顾客的满意度。让渡价值大，顾客满意度就高，企业与顾客的联系就紧密，企业就可以稳定老顾客，争取新顾客。

（三）顾客满意度与企业营销道德

顾客满意度的高低与企业营销道德的优劣有着直接的联系。营销道德高尚的企业，必然赢得顾客较高的满意度；相反，顾客满意度就低。

营销道德是人们在营销活动中应该遵循的，靠社会舆论、传统习惯和内心信念来维系的行为规范的总和。

企业营销道德是顾客满意的一个必要条件。只有企业营销行为的道德完善，才会获得顾客满意的社会效果。二者之间的关系可从以下三方面加以考察：

(1) 规范企业营销道德，可以维护消费者的根本利益。市场竞争中非价格竞争比重加大，非价格竞争包括品牌、商誉、售后服务等方面的竞争。规范企业营销道德既是提高企业信誉的途径，也是分担社会责任的行为。企业所承担的社会责任实质是在维护消费者的根本利益。

(2) 规范企业营销道德，是市场经济健康发展的条件。由于我国市场经济尚不成熟，损害消费者和社会利益的现象大量存在并不断变换方式出现，这不利于市场经济的有序化发展。规范企业营销道德，既可免除不正当竞争的滋生条件，也可以正确地引导和指导消费，保障市场经济健康发展，使顾客可以放心地消费。

(3) 规范企业营销道德，有利于社会进步与人类的长远利益。企业营销道德，还应包括营销活动对社会和生活环境的广泛影响。无节制地消耗人类的有限资源，破坏生态环境等应视为在新的条件下的不道德行为。规范企业营销道德，对于维护生态平衡、维护社会进步及人类的长远利益具有重要意义。

企业营销活动违背道德是顾客最不满意的。企业营销活动中的不道德行为表现为：

① 不真实的甚至具有欺骗性的广告；

② 交易活动中的贿赂和送礼；

③ 销售不合规格产品；

④ 欺骗性的有奖销售；

⑤ 诋毁竞争对手，以排挤对手为目的的降价；

⑥ 牟取暴利的阴谋定价、无理宰客；

⑦ 窃密行为；

⑧ 损害环境、危害消费者身心健康；等等。

企业营销行为必须遵守“自愿、公平、诚实、信用”这些基本的道德要求。

自愿，即买者有挑选权和退换权，视强买强卖、不许挑选、不许退换、搭售等行为为不道德。企业要力求做到让顾客选得随心、买得放心、退换顺心、服务舒心。

公平，即购销双方互利互惠，商品与货币的价值相当；企业与同行要平等竞争，共谋发展，视哄抬售价、售劣、贿赂、窃取商情、贬低竞争对手为不道德行为。

诚实，即保护消费者知晓真实情况的权益，虚假的特价、减价、还本销售，过分夸张的广告，隐瞒产品的缺陷或副作用，都是不道德的。

信用，即双方信守承诺，严格履行合同或口头约定，视毁约或私自违约为不道德。

企业营销活动既要不违法，也要不违反道德规范。法与道德并没有隔着遥远的距离，往往只在咫尺之间。国家制定的《公司法》、《反不正当竞争法》、《消费者权益保护法》、《商标法》、《广告法》、《反垄断法》等法律、法规是规范企业行为的准则，同样，营销道德原则也是企业自我约束的准则，法与道德都是规范企业行为的准则。企业营销活动和行为，只有既符合法律规范，又符合道德准则，顾客才会完全满意。

11.3　客户关系管理策划

一、客户关系管理的认知

客户关系管理(CRM)是关系营销中重要的一环，是当代先进企业普遍采用的手段。在客户关系管理问题上有三种片面的认识：

(1) CRM只是一个软件系统；

(2) CRM的核心在于对客户数据的管理；

(3) CRM要达到商务目标及各方面信息的整合。

这三种认识分别从客户关系管理的一个侧面表述问题，具有片面性。客户关系管理的正确描述是：利用现代技术手段，使客户、竞争、品牌等协调运作并实现整体优化的自动化管理系统。客户关系管理的目标在于：提升企业竞争能力，建立长期优质的客户关系，不断挖掘新的销售机会，帮助企业规避经营风险，以获取稳定的利润。CRM之所以重要，企业实践也充分说明了这一点，资料表明在世界500强中5年内约有50%的客户流失，留住这50%的客户有可能为企业带来100%利润的增长，而争取一个新客户的成本是保留一个老客户的7～10倍。

客户关系管理首先是一种管理理念。这种管理理念源于市场营销理念，在20世纪80年代主要表现为接触管理，即重点是收集客户信息；90年代主要表现为客户关怀，即把客户当做企业战略资源，通过电话服务，加强对客户的资料分析；21世纪则主要表现为令客户满意，企业对客户进行分类管理，不同价值的客户实施不同对策，并加强对客户生命周期的研究，这样就形成了新的客户关系管理理念。

客户关系管理同时是解决问题的全套方案，它包括硬件平台和软件环境的集成，电子与商务的结合，为企业营销提供一揽子解决问题的措施和办法。

客户关系管理是一种借助软件系统的具有先进科技特色的管理方式。这套软件系统将营销与管理固化在计算机软件中，其内容包括营销、销售管理，客户关怀、服务与支持等文件。

客户关系管理的根源在于客户价值选择的变化迫使企业重视客户关系管理。客户价值选择的变化是社会消费水平提高、恩格尔系数下降的必然趋势，其变化大致经历三个阶段：

(1) 理性消费阶段。这个阶段消费者重视商品价格、产品质量，追求价廉物美、经久耐用。消费者选择商品的标准是“好”与“差”。

(2) 感觉消费阶段。这个阶段消费者注重产品的品牌、形象、设计和使用的方便性。消费者选择商品的标准是“喜欢”与“不喜欢”。

(3) 感情消费阶段。这个阶段消费者注重的是心理上的充实与满足,追求在购买与消费过程中的满足感,真正体味“顾客是上帝”的感觉,自己的人格、尊严受到尊重。消费者选择商品的标准是“满意”与“不满意”。

客户关系管理同时也是企业营销发展的需要。当社会处于卖方市场状态时,企业追求的是产品的数量;当社会进入买方市场状态时,企业的注意力开始转向商品的营销,提高产品质量,加强企业促销力度;当市场竞争进一步加剧时,企业需要进一步强化市场营销。企业为了在薄利时代实现利润最大化必然采取对内降低成本、对外争取客户的对策。在争取客户对策中企业也会不断加大投入、频出新招,逐步使“以客户为中心”发展到“客户关怀”、“客户满意”的境界。客户关系管理与企业提高核心竞争力而采取的资源规划管理、供应链管理形成了 21 世纪新的企业管理机制的重要组成部分。

不可忽略的是,客户关系管理所包含的软件系统必然是在信息技术的支撑下才得以实现,因而信息技术为企业实施关系营销提供了便利,是客户关系管理不可缺少的工具。

二、客户关系管理程序

客户关系管理包括以下三个步骤。

(一) 客户的确认

客户关系管理首先要确认谁是企业的客户。对客户不能泛化,即要明确企业的目标市场。企业的客户包括外延客户和内涵客户两个部分。外延客户是指市场中广泛存在的、对企业的产品或服务有不同需求的个体或群体。外延客户是企业利润的源泉。内涵客户是指企业的供应商、分销商以及下属的各部门、分公司、办事处和分支机构。内涵客户是企业的基石。

(二) 选择有价值的客户

企业要在外延客户中选择有价值的客户。外延客户与企业的关系有两种状态,即一般交易关系和长期较稳定的关系。前者称交易客户,这些客户只关心商品价格的涨落,对企业及其产品没有忠诚可言;后者称为关系客户,这些客户在商品供应上有依赖关系,是长期合作的友好企业或个人。对于这类客户要准确地掌握其数量,并按其营销状态分成 A、B、C 三类分别进行管理。

(1) A 类为最具价值的客户,可为企业带来最大价值。这是企业客户关系管理的首要目标,要重点关注,要千方百计留住这些客户,而不让其归顺对手。企业要对 A 类客户的需要了如指掌,并满足其需要,提供最新的产品和最周到的服务,在需要的情况下,让其参与新产品开发和生产流程的设计。

(2) B类为最具成长性的客户。这类客户尚处于成长中，或与本企业的关系处于发展中，但前途看好，能给本企业带来一定的利润并有可能成为最大利润的源泉。企业客户关系管理要逐步提高其购买本企业产品的份额，提供个性化的产品和服务，提供人性化的关怀和服务，以促成其向A类客户转化。

(3) C类为零点或低于零点的客户。这类客户暂时尚能带来利润，但正在失去价值。企业客户关系管理要分别对待，对暂时尚有利润的客户采取维持性服务管理，对利润低于零点的客户采取收取服务费的方法，并将产品价格定在企业不致亏损的临界点上以使其向其他企业转移。

(三) 制订客户关系营销计划

为实现建立长远客户关系的突出目标，应制订客户关系营销计划。计划的目的是保证高度的协调统一开发，同时关注六个关键市场，这六个关键市场是成功的客户关系的舞台，如图11-1所示。

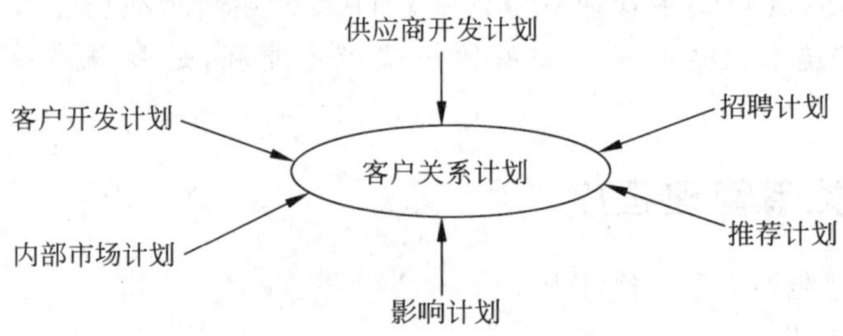

图11-1 客户关系营销计划

理想的客户关系营销计划应从企业明确保持客户的目标开始。用这种方法制订市场营销计划，目的是留住并发展现在（和今后）的“金卡”客户。这些“金卡”客户实际上只占客户总量的20%，但给公司带来80%的利润。他们是哪些人，有什么特点，怎么激励他们，了解这些内容对关系营销的成功至关重要。

因为对六个市场的关系的管理对实现整体的客户保持目标非常关键，所以在目标与六个市场计划之间一定要建立清晰的关系。比如，在制订招聘计划时，具体招聘目标应该符合企业战略，与客户的需求和特点相适应（不管这些客户是内部的还是外部的）。同理，在制订影响计划时，在明确陈述的员工保持目标和各种各样有助于实现目标的“政策”之间必须建立联系。

在公司中建立关系营销计划方案的几个步骤如下：

(1) 确定关系营销关照的主要客户。一个公司可以选定5～10个最大的客户，为他们设计关系营销方案。如果其他客户的业务有极大的增长，则可以增补为主要客户。

(2) 为每个主要客户选派精干的关系经理，现在正在为客户服务的销售员必须经受关系营销的训练。

(3) 为关系经理规定明确的职责,要明确规定上、下级汇报关系、目标、责任和评价标准。关系经理要对客户负责,他们掌握客户的所有信息,是协调公司各部门为客户服务的动员人。每个关系经理一般只管理一家或几家客户。

(4) 任命一名管理关系经理的总经理,他负责制定关系经理的工作内容、评价标准和资源上的支持力度。

(5) 每个关系经理必须制订长期和年度客户关系管理计划,年度计划要明确目标、战略和具体活动及所需的资源。

当一个关系管理程序被适当地执行时,组织应像对待产品管理一样,从开始到结束始终把客户管理作为自己的工作重点,集中关注重要客户的需要,更多地发展忠诚客户和防范客户流失,使关系管理在企业中成功地建立和实施下去。

(四) 客户关系改进

企业实施客户关系管理以后,按一定时期进行阶段性、周期性地复查和调整,在不断征求客户意见的同时,不断理解和满足客户的要求。在这一过程中,企业要加强两个系统的建设:

(1) 牵引系统。建立和促使企业与客户交流、协作,共同确定客户需求,然后创造相应产品和服务的系统。

(2) 推进系统。建立和健全企业推出新产品以及建立吸引客户参与的渠道系统。

同时,客户关系管理要注重运用 PDCA 循环法,所谓 PDCA 循环法即计划(plan)、执行(do)、检查(check)、处理(action)的缩写。该法强调客户关系管理从微观上看是一个"合作—改进—合作"循环发展的过程;从宏观上看,如果所有企业都认真地加强了客户关系的管理,就会形成"发展—跃升—发展"的可观局面。

(五) 建立防范客户流失的预警机制

企业生存的基础就是企业对客户的保持,没有了客户也就失去了市场,所以防范客户的流失是目前企业开展和建立关系的重中之重。导致客户流失的具体原因非常多,但是当我们抛开这些具体原因追根溯源探究企业经营哲学时就会发现:客户流失在相当程度上根源于企业奉行了传统的营销观念。企业欲降低客户流失率,提高客户忠诚度则应吸收关系营销在防范客户流失方面的有益成分。可以通过以下具体方法的实施来防止客户流失:

(1) 建立专门的客户关系管理系统,运用 CRM 软件管理客户,这是实施客户关系管理的基础。CRM 是客户档案的电子化管理手段,记载着以下信息:现实和潜在客户的一般信息,如姓名、地址、电话、电子邮件、个性特点、生活方式;交易信息,如曾发生过的订单、退货、投诉、咨询等;促销信息,企业对客户开展了哪些促销活动,效果如何;客户个性化需求信息,如特殊要求、特殊习惯等。国际知名的任天堂公司明文规定:当任天堂公司大厦着火时，首先要抢救的是客户档案。在美国，当有人向一位业绩卓著的经理咨询成功秘诀时，这位经理站起来指着身后的档案柜说："这就是我们成功的最大秘诀。"

(2) 以合适的价格为客户提供适销对路的产品，让渡顾客价值来谋求提高顾客满意度，追求顾客终身价值。

为防范客户流失，企业必须正确认识客户。例如，企业客户首先是终端消费者的采购代理人，然后才是企业产品的购买者，因此，生产适销对路的产品，并以合适的价格提供给客户是维系双方关系的根本所在。

根据顾客价值概念，企业欲让渡顾客价值可以做两方面工作：一是通过改进产品或服务，提高产品或服务价值；二是降低产品成本、改善客户服务，从而降低客户购买本企业产品的货币成本和非货币成本，留下较大的利润空间。

(3) 在企业内部、企业与客户之间建立相应的企业文化。支持关系营销的企业文化应有以下特征：具有强烈的质量意识；能够善待顾客投诉，建立督办系统；注重企业内部营销，处理好与员工的关系；注重与客户的双向交流，不断优化客户关系，推动客户关系向结构性战略联盟发展。

(4) 实施"客户退出管理"。所谓"客户退出"指客户终止与企业的业务关系。"客户退出管理"是指分析原因，相应改进产品或服务以减少客户退出。退出管理可以按以下步骤进行：①测定客户流失率；②分析流失原因；③测算流失客户造成的公司利润损失；④确定降低流失率所需费用，并与损害的利润进行比较，若降低流失率所需费用低于损失利润，则支出该笔费用，实施矫正；⑤制定留住客户的办法，并实施控制。

通过以上方法，可以得出结论：防范客户流失不是企业经营中亡羊补牢式的被动行为，而应是贯穿企业经营管理始终的营销策略；防范客户流失和开发新市场、发展新客户具有同等重要意义，甚至从营销效率考虑，防范客户流失比发展新客户更经济。

小结

关系营销是一种新的营销理念和营销行为。企业实施关系营销必须具备一定的条件，不具备相应的条件难以实施关系营销。实施关系营销的企业要处理好与六个市场的关系，切实做到令顾客满意。顾客满意是实施关系营销的核心，而让渡价值则是顾客满意的纽带。企业恪守营销道德是提高客户满意度的重要因素。企业实施关系营销要充分运用现代手段。加强客户关系管理正是运用现代化营销理念、管理方式和软件系统结合的有效举措和途径。从企业发展的战略高度制订客户关系营销计划和建立客户流失的预警机制是十分必要的。

习 题

1. 如何正确地认识关系营销？
2. 企业实施关系营销应具备哪些基本条件？为什么？
3. 企业如何处理好与六大市场的关系？
4. 为什么说树立顾客满意理念是关系营销的核心？
5. 什么是让渡价值？提出让渡价值理论有何意义？
6. 顾客满意与企业营销道德是什么关系？
7. 应该采取哪些措施加强客户关系管理？
8. 为某企业制订客户关系管理计划。

第 12 章　物流能力策划

随着市场竞争的日益激化，企业竞争力的内涵也在不断发生变化，越来越多的企业认识到：一个低成本、高效率的物流系统是企业核心竞争力的一部分。所谓"成也物流，败也物流"不是夸张，而是现实生活中许多企业的真实写照。对于现代企业而言，由于社会化大流通格局的形成，企业不仅要对内部物流进行优化，而且要置身于经济循环的大环境中，特别是供应链系统中，学会充分利用供应链资源，重新再造企业物流系统。这些问题是本章介绍的重点。为了分析方便，本章先从企业内部物流能力策划入手，接着分析供应链管理下物流系统的设计，最后针对电子商务发展的趋势，提出电子商务物流策划的有关方案。

12.1　企业物流能力策划

企业物流需要一定的职能部门参与，其中企业物流管理组织涉及全部物流活动的管理，而企业物流作业的组织则涉及局部的、具体的物流活动。因此，企业物流管理组织的设计和物流作业的组织设计是关系到企业物流效率的关键。从物流的内涵来看，生产物流和市场物流是最基本的物流活动，对生产物流和市场物流的策划尤为重要。

一、物流领域的内涵(以制造业为例)

物流领域的内涵处在延伸过程中，物流是消除商品从生产者到消费者之间的场所间隔和时间间隔的物理性经济活动。具体的物流活动包括：运输、保管、搬运、包装、流通加工、物流信息活动等。随着经济的发展，物流的职能也在拓展，物流的含义也要有所变化。(以制造业为例)

制造业物流可分为采购物流、厂内物流、销售物流、退货物流、废弃物回收物流。

(1) 采购物流。将采购的原材料、零部件由供应商处运入工厂，包括由销售点回收(采购)容器，以重复使用的回收物流。

(2) 厂内物流。将所采购的原材料和零部件入库、保管、出库。将其生产的产品运到物流中心、厂内或其他工厂的仓库。物流中心、工厂仓库的这种将产品进行入库、保管、出库等一系列的产品流动称为厂内物流，厂内物流还包括物流中心和工厂仓库进行运输包装、流通加工等。

(3) 销售物流。将商品从工厂、物流中心或外单位的仓库送到批发商、零售商或消费者手中的运输、配送称为销售物流。销售物流还包括将商品送到外单位仓库的运输和配送。

(4) 退货物流。与已售出商品的退货有关的运输、验收和保管。

(5) 废弃物回收物流。有关废弃的包装容器、包装材料等废弃物的运输、验收、保管和出库。

二、物流管理组织的设计

物流管理组织,指的是一个以物流管理中枢部门为核心、分工协作履行物流管理各项职能的组织体系。

设置一定数量的物流管理组织机构,是完成物流系统管理目标任务最基本的组织保证。而一定管理组织机构的形式及其设计,又是与一定的组织结构及物流管理方式相联系的。因此,需要按一定的原则和企业内外环境条件恰当地选择确定物流管理组织的基本模式。对于现代企业而言,可供选择的物流管理组织的基本模式主要有以下几种。

1. 集权型的集中管理组织模式。指企业所需全部物资及其流程集中由企业(公司或厂)一级的物资部门实施统一计划、统一订购、统一保管、统一分配、统一调度、统一控制。

这种方式有利于实行专业化管理,消除多头采购的现象,降低流通费用,保证重点生产任务的进行,兼顾全局,并有助于仓储设施及其作业的现代化,提高有关机械、设施的利用率。但是,采用这种方式,要求有先进、完整的物资信息系统,灵敏、自如的指挥调度系统,以及相应数量、较为先进的运储机械及设施。有关专业人员的培训费用和有关机械、设施的原始投资、维持费用均较大。当不具备上述技术、管理、资金方面的条件时,采取这种集中型的管理方式,不易及时掌握各生产经营部门经常变化的情况,可能导致供需脱节,对空间布置分散的大型企业尤其如此。此外,即使具备了相应的条件,由于管理高度集中,此方式也不利于其他行政层次和职能机构积极性、主动性的发挥。

2. 集分权相结合的分级分散型管理组织模式。即企业设置物流管理中枢机构,在其指导或指挥下,划分物资类别,按不同管理层次进行分级管理。

这种方式除具有第一种方式的主要优点外,还可以调动企业第二、第三级行政层次的积极性,使物资管理工作更具群众性和适应性。其在技术、管理水平上的要求,也较第一种方式为低。缺点是因物资分散管理,需层层设库,使人、财、物的利用不够经济。此外,由于企业高层主管机构授权方面的原因,致使物流管理中各部门统一指导或指挥的力度不够,企业物流管理的系统性也就不会很强,物流的经济效益也相应较差。

3. 集分权相结合的分口分散型管理组织模式。指企业按物资的不同用途划分类别,将它们分散到各个职能部门进行分口管理。如数量、品种较多的通用物资由企业供应(或供销）部门管理；机电产品、设备备品配件由设备动力部门管理；基建物资由基建部门管理。企业管理高层则负责物流活动的协调。显然，此种管理组织方式较上一种方式，其分权程度更高一些。

采用分口分散型的管理组织模式，便于企业根据生产经营技术活动的不同特点和要求实施物流管理，也有利于发挥各专业职能部门管理物资的积极作用。但是，因为物资分由几个同级职能部门管理，权力相当分散，导致横向协调的工作量和难度增大。进而使企业物流的总体控制不易，统一指挥乏力。多头采购，分设仓库，还可能在一定程度上造成物资的重复积压浪费和企业物流活动的混乱。

4. 分权型的事业部集中管理组织模式。即物流系统模拟事业部制的企业组织结构，在企业中作为一个利润中心或成本—利润中心，实行企业化或准企业化的经营管理。其具体组织形式可以是供销及配件生产（含专用工模具生产）事业部，也可以是相应名称的分公司。但其实际职能则是集中、统一地管理整个企业的物资供应和产品销售，包括外购件的供应组织、企业自制通用件的生产供应管理。物流系统与企业其他事业部间的关系，是以内部价格为主要媒介的商品交换关系。

这种物流管理组织模式的主要优点是，可以在企业政策制约和经济利益驱动下，从全局上基本保证对企业物流实行专业化的统一管理，同时有利于促进各事业部强化自行控制机能、注重提高物流经济效果。其主要不足是由于各事业部自主经营的权力很大，物流部门（事业部或分公司）对其他事业部的内部物流过程无法直接控制；利益两相矛盾时，横向协调也较困难，从而在一定程度上减弱了企业物流管理的系统性。

5. 分权型的由各事业部分散管理组织模式。这种方式从整个企业范围来看，相当或类似于上面提到的分口分散型管理组织结构形式，其利弊也大体与之相同。但由于经营方式方面的原因，即各事业部在企业领导下独立经营、自负盈亏，部与部之间实行商品交换，权、责、利结合较紧密，企业的物流经济效益一般比上述分口分散型管理组织模式要高。至于各事业部内部的物流管理组织结构，可以采用上面提到的四种模式中的一种或几种。

综上所述，同其他管理组织体制一样，物流管理组织结构也没有尽善尽美的模式。因此，企业除应根据自身环境条件选择某一较佳模式外，还应尽可能地吸取其他模式的优点以取长补短。并注意随着环境条件的变化，适时变更、完善物流管理组织结构。

一般说来，空间布置集中、生产技术经营统一性强的大、中、小各类企业，均适于采用集权型的集中管理组织模式，但应注意运用激励手段或承包经营责任制等方式调动各级员工从事物流管理的积极性。空间布置分散或生产技术经营统一性不强（如多角经营）的大型、特大型企业及部分中型企业，适于选用集分权相结合的分级分散管理组织模式或分权型的事业部制集中管理组织模式，生产经营特别分散的跨国公司一类企业，也可采用分权型的按事业部分散管理组织模式。分口分散型管理组织模式主要适于某些以科研开发为经营目标的企业，其他类型的企业通常忌用或应变通采用。由于每一种组织结构形式都可能产生协调(纵向协调或横向协调)的困难，从而削弱企业物流管理的系统性，所以在选用物流管理组织模式的同时，需相应辅以必要的组织领导措施。

三、物流作业的组织设计

(一) 物流作业的空间组织设计

企业物流作业的具体内容很多。包括外部采购作业、储存保管作业、内部供应作业、生产物流作业、现场服务作业、外销货运作业、售后技术服务作业等。其中，以生产物流作业及某些现场服务作业的技术要求最高、活动过程最为复杂、对企业产品及服务质量的影响最为直接，作业场所占据的空间面积最大。这里主要讨论生产及某些服务物流作业的空间组织设计问题。

生产服务物流作业空间组织设计的一个基本和核心问题是科学地处理生产服务物流作业现场中人与物的空间关系，使之既能保证经济便利地开展物流作业活动，又能保持相对稳定、有组织的状态。为此，这里以定置管理方法为基本方法进行生产服务物流现场的定置设计，并借助其他科学方法不断优化物流现场的定置方案。

1. 定置管理的概念及其基本原理。定置管理是以生产服务现场的基本要素之一——物质资料为主要对象，可用于企业生产(服务)、科技开发、物资流转等领域，旨在正确处理人、物、现场三者关系的一种科学管理方法。

所谓定置，指的是将生产、工作需要的物品按照一定要求，科学地固定位置。定置管理，则是指围绕定置工作而开展的一系列管理职能活动。实行定置管理，可以使生产服务物流现场处于有效的受控状态，创造文明的环境，建立良好的秩序，进而提高生产经营的效率和效益。

定置管理作为企业现场组织管理的科学方法之一，有其一定的理论基础。其理论要点是：在作业现场，人、物、现场三者的结合是否合理，主要取决于人与物的关系。以此为基础，演绎出一系列的基本概念，并相应提出一系列基本的定置管理方法。

(1) 人与物的结合。人与物合理地结合，才能提高生产工作效率，保证产品及服务质量。人与物的结合可分为两种类型。

直接结合。指所需要的物品随手取用，不需刻意寻找。这是一种理想的结合方式。但在现代化大生产条件下，能直接结合的物品较少。

间接结合。指人与物结合前处于相互隔离状态，结合时要通过信息中介。如查阅台账、口头咨询、履行领物手续等。由于现代企业生产经营过程中需用的物品很多，物理、化学性状各异，储存保管的要求不同；物资的耗用要严格实行经济核算，所以绝大多数的物品都是间接与人结合。间接结合的效率如何，取决于企业组织管理水平的高低，特别是管理信息系统(含运输系统)的状况。快捷、顺利的间接结合可视为直接结合。

（2）物的状态及其存在价值。根据人与物的不同结合方式或关系，可以将物分为三种状态。

A状态：指人与物可即时结合的状态。这是一种理想的状态。直接结合和信息传导系统完善、先进条件下的间接结合都属于此种状态。

B状态：指物在与人结合前，处于需要超常规地耗时费力予以寻找、处理的状态。

C状态：弃置或闲置不用的状态。即将与现场生产无关或无用之物置于生产现场，多属于不良状态，应予消除。

物的状态不同，其存在价值亦不同。所谓存在价值（V_e），即物的原来价值（V_0）扣减寻找该物所消耗的工时费用（C_f）的余值。用公式表示，即

$$V_e = V_0 - C_f$$

处于A状态的物品，因不需寻找或极易寻取，其寻找成本C_f接近于零，其存在价值V_e几乎等于原来价值V_0。而处于B状态的物品，其C_f大于零，V_e一般小于V_0；寻找时间越长，C_f越大，存在价值V_e则越小。当C_f大于V_0即寻找成本大于原有价值时，继续寻求实际上已造成经济损失。可见，"存在价值"的概念及其分析方法，对于现场管理中的决策工作和经济核算工作，具有一定的参考价值和适用性。

借助物的状态分析原理，对于场所和人也可相应区分为A、B、C三种状态。

总起来看，无论是物，还是人或场所，都要求保持A状态，改善B状态，消除C状态。

（3）定置管理的先决条件。根据定置管理理论，人、物、场所之间相互关系的好坏，集中体现在物与场所结合和人与物的结合这两方面的状态是否良好。物与场所的结合就是定置。而物与场所的结合，是人与物结合的先决条件。如果没有物与场所的科学结合，就没有人与物的科学结合。

按照上述原理，考虑到场所的固定性和人员的流动性，在定置管理的实际操作中，应当集中以物为控制对象。抓住这一关键，定置管理工作中的许多问题或矛盾，往往可以迎刃而解。

2. 定置管理方案的设计及其优化方法。实施定置管理，需要按一定的程度开展多项工作。其中，核心工作是进行定置管理方案的设计并不断进行优化。

定置管理方案的设计，通常是在制定定置管理规划和标准、开展定置管理诊断的基础上进行。

（1）定置管理规划和标准的制定。定置管理规划制定的目的是科学、合理地安排部署定置管理工作的活动和进程。规划的内容主要是选择定置管理的方式、方法，安排定置管理各项工作的时间进度，落实定置管理的责任人和监控者，确定相关的教育和激励措施。制定定置管理标准旨在使定置管理规范化、制度化。定置标准主要包括：定置物品分类规定，仓库、办公室定置标准，设备、工具箱定置标准，定置物放置标准、特别定置（如质量控制点定置和安全器械定置）管理标准，定置管理的全员要求，定置管理的检查考核

标准等。

(2) 定置管理诊断。其目的是发现物流现场空间组织方面的问题(现状与标准之间的差异),以便有针对性地予以改进或重新进行定置管理方案设计。定置管理诊断的基本内容首先是进行生产技术、工艺流程或服务流程的一般性调查分析,确认生产服务物流作业的技术先进性和经济合理性;其次是具体调查物流和信息流(含生产服务现场中的指示标志、取物标签、物品传递卡等)的状态;最后是调查研究作业活动的合理性如何,如人、物结合是否密切,生产服务现场及作业通道的物品摆放是否适应生产服务的需要和作业人员的需要(含心理、生理需要),作业效率的高低及其与空间布置的关联等等。

(3) 定置管理方案的设计。其主要任务是在认定生产服务物流现场技术、经济可行性的前提下,具体确定现场各要素的相互关系和空间位置,并以定置图的形式加以反映。

在定置管理方案的设计及改进设计过程中,始终要注意方案的优化问题。这里介绍一种常用的定置方案的优化方法:物流分析法。

物流分析法是一种虽简单但实用的基础性方法。它帮助人们以系统和动态的观点看待生产服务物流现场,既可以优化物流现场的平面布置方案,也可以用于定置管理的诊断。

所谓物流分析,是指从生产工艺流程出发,以与生产服务过程平面布置的关系最为密切而且最具全局影响性的物料运输条件为调查对象,分析空间组织的合理性。生产服务过程中的物料运输条件具体包括运距、运量、时间和路线等因素。通过分析,发现问题,可以改进运输路线或方式,进而达到改善生产过程平面布置的目的。

进行物料运输分析的基础步骤包括:

(1) 调查搬运区域和所经路线,测量距离(1.5 米以内不计);

(2) 调查运输的人员、次数、方法和能力;

(3) 调查搬运的工具、重量、容量和设施;

(4) 调查搬运物的装卸高度及放置方法;

(5) 将上述调查所得资料尽可能量化,填入相应的调查表中,如表 12-1 所示。

表 12-1 运输条件调查表

搬运区间	搬运手段	搬运距离/m	平均重量/kg	搬运重量/kg	通路条件	搬运次数	活性系数	备注

通过一般调查,有时可以发现一些存在的问题,应该查明原因适时予以改善。在一般调查的基础上,也可以采用其他方法继续进行分析、优化。

（二）物流作业的时间组织设计

物流作业时间组织设计的基本原理，与生产过程时间组织设计的基本原理大体相同。物流作业时间组织设计要做到先进、合理，首先，必须遵循连续性和均衡性要求，制定科学的标准和计划，合理地进行空间组织，保证物流作业过程中人、机、物的数量关系和生产工作效率实现协调性（即比例性）；其次，应尽可能地采用先进的作业组织形式（如流水作业），努力提高物品的活性系数以加速运输周转；再次，在技术组织条件既定的情况下，不断运用现代化管理方法如网络计划技术（PERT/CPM）、物料需求量计划法或制造资源计划法（MRP 或 MRPⅡ），优化物流作业的时间组织安排，同时开展工作研究（work study），包括方法研究和时间研究以改进工作操作，缩短物流作业时间；最后，构建先进适用的物流管理信息系统，加强对物流作业的日常调控。

物流作业时间组织设计的具体程度和方法，基本上与生产过程的时间组织设计相同。

四、生产物流的控制

生产物流控制的核心就是对企业生产过程中的物流和信息流进行科学的计划、管理和控制。MRP 和 MRPⅡ是近年来出现的最先进的生产物流控制的方法。

（一）生产物流控制的内容和基本程序

1. 生产物流控制的内容

（1）进度控制。即物料在生产过程中的流入、流出控制，以及物流量的控制。这是物流控制的核心。

（2）在制品控制。即对在制品进行静态、动态控制及占有量的控制。在制品控制包括在制品实物控制和信息控制。有效地实行在制品控制，对减少在制品积压、降低成本，提高生产效益具有重要意义。

（3）偏差的测定和处理。在生产过程中，按预定时间和顺序检查计划执行的结果，把握计划量与实际量的差距，并根据发生差距的原因、差距的内容及差距的程度，采取不同的处理措施。

2. 生产物流控制的程序

（1）制定期量标准。物流控制从制定期量标准开始，制定的各种期量标准要达到先进合理的水平，并且随着生产条件和环境的变化，定期或不定期地对期量标准进行修订。

（2）制订物流计划。根据生产计划制订相应的物流计划，以保持企业生产的正常运转。

（3）物流信息的收集、传递、反馈和处理。

（4）短期调整。要及时调整物流计划执行中出现的偏差，保证生产系统的顺利进行和物流计划的完成。

（5）长期调整及有效性评估。

（二）物料需求计划与制造资源计划

物料需求计划（material requirement planning，MRP）是一种利用计算机计算物料需求量和需求时间的系统。这种系统是根据反工艺顺序法的原理，从最终产品的数量和期限的计划出发，按产品结构展开，然后根据存储量和提前期等信息，确定零部件、毛坯、原材料的需要数量和需要时间。制造资源计划（manufacturing resource planning，MRPⅡ），不仅涉及物料，而且涉及生产能力和一切制造资源，是一种广泛的资源协调系统。

MRP 产生于 20 世纪 60 年代的美国，以后又有了较大发展，并且很快传播到西欧、日本和其他国家。MRP 具有广泛的适用性，既适用于多品种中小批量生产，也适用于大批量生产；既适用于制造企业，也适用于某些非制造企业。

1. MRP 的发展

MRP 的发展经历了三个阶段。

(1) 20 世纪 60 年代初期的 MRP。也称物料需求计划，它是根据主生产进度计划确定的最终产品需要量，按照产品结构、物料清单、库存记录文件，确定生产哪些零部件，生产多少数量，何时生产，何时交货，直到发出加工和采购订单，进行库存控制。其流程如图 12-1 所示。

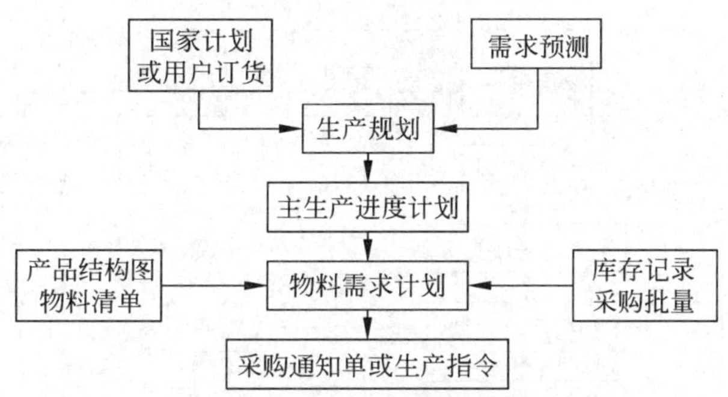

图 12-1　初期 MRP 流程图

这种 MRP 可以根据有关数据计算所需物料的数量和期限，但是没有计划实施情况的信息反馈，也缺乏对计划调整的控制。因此，这种 MRP 主要用于物料订购等方面。

(2) 20 世纪 70 年代的闭环 MRP。在初期 MRP 的基础上，引入了生产能力需求计划、车间作业计划和采购作业计划，形成一个封闭的系统。在计划执行中，需要有来自车间、供应商和计划人员的反馈信息，并且利用这些反馈信息进行计划的调整平衡，从而使各子系统得到协调统一，其工作过程是计划—实施—评价—反馈—计划的封闭循环过程。其流程如图 12-2 所示。

(3) 20 世纪 80 年代的 MRPⅡ。也称制造资源计划，它是在闭环 MRP 系统基础上增加了财务和模拟功能，将生产与财务两大系统有机地结合在一起，及时将生产中物流的

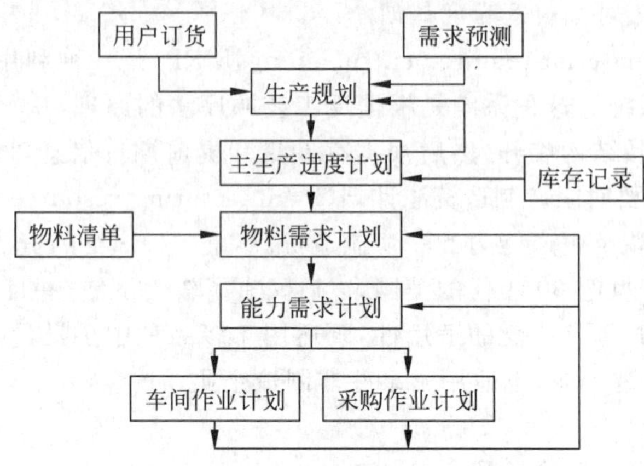

图 12-2　闭环 MRP 流程图

移动表示为资金流动。模拟功能可根据不同的决策方针对企业计划的经济效果进行模拟。因此，它也是企业上层管理机构的决策工具。必须明确指出的是 MRP 包含在 MRPⅡ中，MRPⅡ并不能替代 MRP。MRPⅡ的流程如图 12-3 所示。

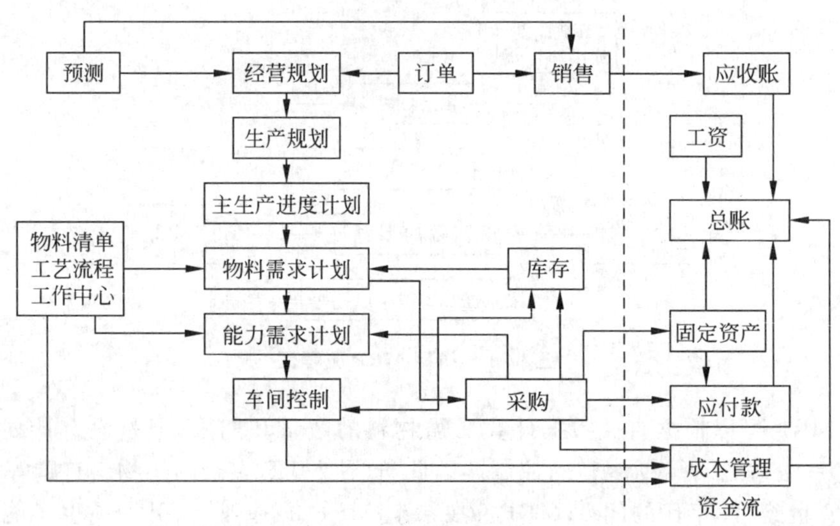

图 12-3　MRPⅡ流程图

从 MRPⅡ的流程图可看出，MRPⅡ实际是整个企业的系统，包括销售、生产、库存、财务、采购、生产作业计划与控制等整个生产经营活动。

目前，国内外已有相当多的企业采用了 MRP 技术，并且在减少库存数量、加速物资流通、减少物资储备、降低成本、节约流动资金、提高生产效率、保证按时交货等方面取得了显著的经济效益。国内已有部分企业在管理中使用这种技术。

2. MRP 的基本思想

企业的生产过程是将原材料转化为产品的过程。在大量成批生产企业,若确定了最终产品的产出数量、品种和产出时间,就可以根据产品结构图来确定产品所需的全部原材料和零部件数量,并且可按照各种零件和部件的生产周期,推算出零件和部件在各生产环节的投入时间和产出时间。物料在转化的过程中,需要不同的制造资源(如设备、工具、工艺装备、劳动力、资金等),有了各种物料的投入产出数量和投入产出时间,就可据此确定所需制造资源的需要数量和需要时间。因此,MRP 的基本思想就是围绕物料转化组织制造资源,实现按需准时生产。

根据 MRP 的基本思想,企业从产品销售到原材料、零配件的采购,从自制零件的加工到外购零件的供应,从工具和工艺装备的准备到设备的使用维修,从人员的统筹安排到资金的筹措运用,都应围绕 MRP 的基本思想展开,这涉及企业的每一个部门、每一项活动。

3. MRP 系统的目标

如前所述,采用 MRP,可以根据企业产出的产成品数量,推算出构成产品所需材料和零部件需要量,并且可由产成品的交货期计算出零部件的生产日期和原材料的采购日期。当计划执行情况发生变化,可以根据有关方面的信息反馈,及时进行控制,并对计划作出适当调整。通过采用 MRP,要达到的目标是:

(1) 按时提供用户所需产品;

(2) 尽可能降低库存储备;

(3) 及时供应生产所需的原材料、外购件和零部件;

(4) 原材料、外购件采购的数量和时间与各生产环节的需要、产品的装配做到紧密衔接。

4. MRP 系统的组成

MRP 系统一般由输入、处理和输出三部分组成。

(1) MRP 的输入。MRP 的输入包括三个部分:主生产进度计划、物料清单和库存记录文件。

1) 主生产进度计划。它表明最终产品的需求量和时间。产品的需求量是依据市场预测、用户订货,并经过生产能力平衡后编制的生产计划来确定的。主生产进度计划的对象主要是指独立需求的产成品,有些企业除产成品外,还包括用于维修或试验用的属于独立需求的零配件。

2) 物料清单。它表示生产某种产品所需要的全部装配件、部件、零件和原材料的数量和时间。物料清单不仅反映所需全部零配件、原材料的数量,而且还反映产品的结构层次及制成最终产品的各个阶段和先后顺序。物料清单的主要形式常用产品结构树来表示。产品结构树就是把组成最终产品的部件、零件和原材料，按组成成品顺序合理地分解为若干个等级层次。产品结构越复杂，等级层次就越多，零部件和材料明细账就越细越复杂，产品结构树如图12-4所示。

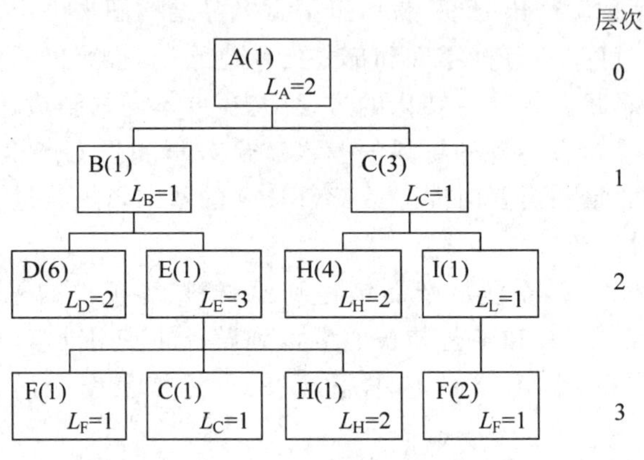

图12-4 产品结构树

在图12-4产品结构树中，A表示企业的最终产品，共有四个等级层次，第0层次一个A产品由一个B和三个C零部件组成；第1层次一个B由六个D和一个E零部件组成；三个C是由四个H和一个I零部件组成……依次类推。这些零部件有些是企业自己生产的，有些是外购的。若是外购件就不必再进一步分解。图中L表示加工、装配或采购所花的时间，称为提前期，如$L_A=2$，表示A产品从开始装配到完成装配需要2个单位时间；$L_C=1$，表示零部件C从开始加工到完成加工需要1个单位时间。产品结构树各层次分为母（父）项和子项。如零部件B由零部件D、E构成，则称B为D、E的母（父）项，D、E为B的子项。有了产品结构树，就可以根据最终产品的出产量计算出各种物料的需要量，并列出汇总表。

3）库存记录文件。它是逐期存储每一种原材料、零部件状态信息的文件。包括仓库预计存储量、预计收到量、每个产品（零部件）的提前期、订购（生产）批量、保险库存量等。

（2）MRP的处理。MRP的处理主要包括三个环节：①在需求层次上按产品结构关系分解；②在需求时间上按订货周期（生产周期）从最终产品的交货起向前推算；③在计算出各种物料总需求的基础上，根据库存状况计算净需求量，然后决定订购（生产）日期及数量。净需要量可按下式计算：

净需要量＝总需要量－预计到货量－预期库存量

为具体说明MRP的处理过程，现以图12-4所示产品结构树为例，其计算过程见表12-2。

表 12-2　MRP 的处理过程

产品项目	提前期	项　　目	周　次						
			1	2	3	4	5	6	7
A（0 层）	2 周	总需要量				20			15
		预计到货量							
		预期库存量				8			6
		净需要量				12			9
		计划发出订货量		12			9		
B（1 层）	1 周	总需要量		12			9		
		预计到货量							
		预期库存量					2		
		净需要量					7		
		计划发出订单量				7			

在表 12-2 中，计划发出订货量，是按照净需要量和提前期发出订单，保证供应母（父）项产品（零部件）在数量和时间上的需要。

（3）MRP 的输出。MRP 系统可以提供多种不同内容和形式的输出，一般分为主要报告和辅助报告。

① 主要报告。包括计划将要发出的采购订单、加工订单；重新安排进度计划的变动报告；存储状态数据等。

② 辅助报告。包括例外情况报告，即出现严重偏差的报告，如过高的产品或过期的订购等；执行情况的控制报告；预测未来某一期间的需求等。

五、市场物流的控制

市场物流指将商品从工厂、物流中心或外单位的仓库送到批发商、零售商或消费者手中的运输、仓储、包装、配送等物流活动。

（一）成品储存科学化

包括仓储作业、物品养护和库存控制。

1. 仓储作业。采用科学的管理方法，合理摆放产品，便于产品进出，改善仓储作业，提高作业质量。

2. 物品养护。针对不同产品的物理、化学性能和特点，采用科学的产品养护方法，防止产品的霉变、腐蚀、虫蛀等，保证产品的使用质量。

3. 库存控制。以产品销售计划、市场需求为导向，合理控制成品存储量，并以此指导生产，防止库存的超储积压，提高资金利用率。

（二）销售渠道控制

销售渠道有两种结构形态。

1. 消费品的销售渠道结构如图 12-5 所示。

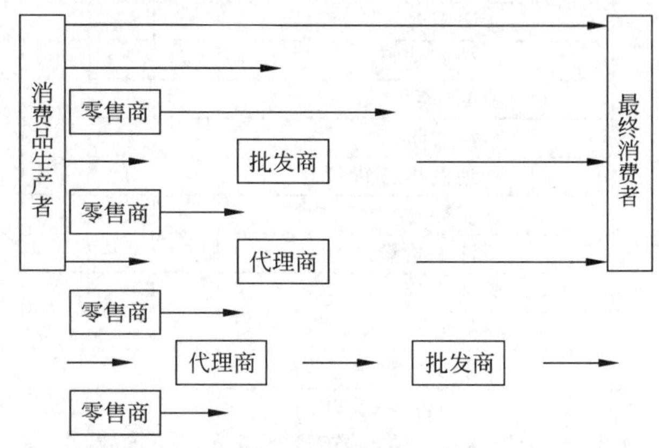

图 12-5　消费品销售渠道结构图

2. 生产资料商品销售渠道结构如图 12-6 所示。

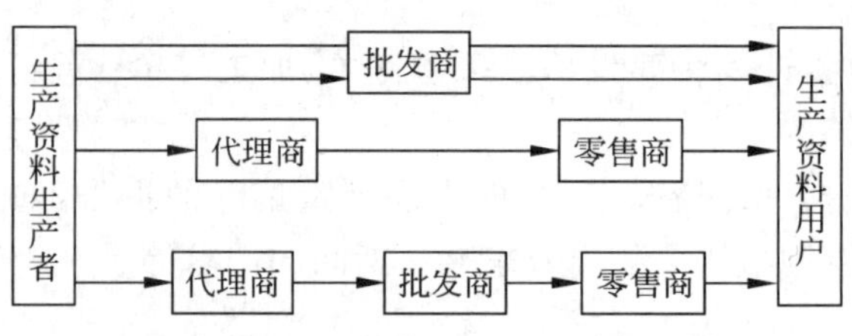

图 12-6　生产资料商品销售渠道结构图

销售渠道的选择，主要是确定企业产品采取什么样的具体销售渠道形式来销售。确定销售渠道的基本要求是：尽可能采取多种销售渠道，减少流通环节，以利于及时有效地满足用户需要，达到扩大销售、节约流通费用、加速物流和资金周转、提高经济效益的目的。为此，企业在选择产品销售渠道时，应综合考虑以下因素：

(1) 目标市场因素。主要包括市场范围的大小、市场的集中和分散、订购量的大小、消费者的购买习惯等。一般来说，若市场范围大，顾客数量多且分散，应充分发挥中间商的作用进行经销；反之，则可由生产企业自行设点，派员推销。

(2) 产品因素。包括产品的单价、重量和大小、式样和时令、易损易腐性、通用性和专业性、技术与服务等。一般来说，对于价高、体大、时令性强、易损易腐、技术性高的产品，应尽可能采用少层次的短渠道；对于通用产品，因其销售量大而广，可采用多层次的长渠道，即利用中间商组织销售。

(3) 企业本身因素。包括企业的规模、声誉、资金、经营管理的能力、经验和控制渠道的愿望等。一般来说,企业的规模大,资金雄厚,声誉高,管理能力强,销售经验丰富,可采用少层次的短渠道;反之,依靠中间商进行产品销售。

(4) 政策性因素。企业生产的产品是属于指令性计划产品,还是属于市场调节的产品,产品种类不同,销售渠道就不一样。

(5) 经济效益因素。开辟任何一条销售渠道,都需要一定的投资,都会发生一定的销售费用支出。一般来说,只有当使用这一销售渠道所带来的收益大于其费用支出时,才有意义。

企业通过对影响销售渠道的各种因素的综合研究分析,结合产品特点和企业自身要求,对各种销售渠道的销售量、开发费用、服务质量经过反复比较后,选择出最佳销售渠道。

(三) 产成品的发送

根据产成品的批量、运送距离和地理条件确定运输方式。

对于采用生产者直达用户这种销售渠道,运输形式有两种:一是用户直接取货;二是生产者直接发货给用户。对于利用中间商进行产品销售的这类渠道,可采用上述两种运输形式;另外,配送也是一种比较先进的形式。

在选择生产者直接向用户发货这种形式时,要考虑发货批量大小的问题,这直接影响到物流成本费用,应使发货批量达到运输费用加仓储费用最小的原则。

(四) 物流信息的处理

物流系统所要解决的问题包括:

(1) 缩短从接受订货到发货的时间。

(2) 库存适量化(压缩库存并防止脱销)。

(3) 提高搬运作业效率。

(4) 提高运输速度。

(5) 使接受订货和发出订货更为省力。

(6) 提高接受订货和发出订货精度。

12.2 供应链管理下的物流系统设计

21世纪企业的竞争已由过去的成本竞争、时间竞争转变为敏捷性竞争,即企业的竞争就是如何以最快的速度响应市场变化的要求,满足消费者多样化的需求。快速反应(QR)和有效客户反应(EOR)供应链管理方法应运而生。与此同时,企业物流环境也发生了巨大变化,企业在供应链中的战略联盟、资源共享、竞争与合作、同步化运作都意味着企业不仅要善于利用内部资源来优化物流环境,而且要善于利用供应链资源来优化企业物流系统,并致力于改善供应链物流环境,因为,供应链物流效率的提高,可以改善企业物流微观环境。

一、供应链管理的基本方法——QR 和 EQR

（一）快速反应策略

快速反应策略(quick response，QR)是美国零售商、服装制造商以及纺织品供应商开发的整体业务概念，目的是减少原材料到销售点的时间和整个供应链上的库存，最大限度地提高供应链的运作效率。QR 的着重点是对消费者需求做出快速反应。QR 的具体策略有商品即时出售、自动物料搬运等。实施 QR 可分为三个阶段：

1. 第一阶段：对所有的商品单元条码化，即对商品消费单元用 EAN/UPC 条码标识，对商品储运单元用 IT-14 条码标识，而对贸易单元则用 UCC/EAN-128 条码标识。利用 EDI 传输订购单报文和发票报文。

2. 第二阶段：在第一阶段的基础上增加与内部业务处理有关的策略。如自动补货与商品即时出售等，并采用 EDI 传输更多的报文，如发货通知报文、收货通知报文等。

3. 第三阶段：与贸易伙伴紧密合作，采用更高级的 QR 策略，以对客户的需求做出快速反应。一般来说，企业内部业务的优化相对来说较为容易，但在贸易伙伴间进行合作时，往往会遇到诸多障碍，在 QR 实施的第三个阶段，每个企业必须把自己当成集成供应链系统的一个组成部分，以保证整个供应链的整体效益。例如，Varity Fair 与 Federated Stores 是北美地区的先导零售商，在与它们的贸易伙伴采用联合补库系统后，它们的采购人员和财务经理就可以省出更多的时间进行选货、订货和评估新产品。

（二）有效客户反应策略

有效客户反应策略(efficient consumer response，ECR)最早出现在美国食品杂货分销系统中，分销商和供应商为消除系统中不必要的成本和费用，给客户带来更大效益而进行密切合作。

ECR 的最终目标是建立一个具有高效反应能力和以客户需求为基础的系统，使零售商及供应商以业务伙伴方式合作，提高整个食品杂货供应链的效率，而不是单个环节的效率，从而大大降低整个系统的成本、库存和物资储备，同时为客户提供更好的服务。

要实施“有效客户反应”这一战略，首先，应联合整个供应链所涉及的供应商、分销商以及零售商，改善供应链中的业务流程，使其最合理有效；其次，以较低的成本使这些业务流程自动化，进一步降低供应链的成本和时间。具体地说，实施 ECR 需要将条码、扫描技术、POS 系统和 EDI 集成起来，在供应链(由生产线直至付款柜台)之间建立一个无纸系统，以确保产品能不间断地由供应商流向最终客户，同时，信息流能够在开放的供应链中循环流动。这样，才能满足客户对产品和信息的需求，即给客户提供最优质的产品和适时准确的信息。

“有效客户反应”是一种用于工商业的策略，供应商和零售商通过共同合作(如建立供应商/分销商/零售商联盟)，改善其在货物补充过程中的全球性效率，而不是以单方面不协调的行动来提高生产力，这样能节省由生产到最后销售的贸易周期的成本。

通过ECR，如计算辅助订货技术，零售商无须签发订购单即可实现订货；供应商可利用ECR的连续补充技术，随时满足客户的补货需求，使零售商的存货保持在最优水平，从而提供高水平的客户服务，并进一步加强与客户的关系，同时，供应商也可从商店的销售点数据中获得新的市场信息，改变销售策略；对于分销商来说，ECR可使其快速分拣运输包装，加快订购货物的流动速度，进而使消费者享用更新鲜的物品，增加购物的便利和选择，强化消费者对特定物品的偏好。

二、供应链管理下的物流管理战略

(一) 供应链管理下的物流管理的新特点

由于供应链管理下物流环境的改变，使新的物流管理和传统的物流管理相比有许多不同的特点。

在传统的物流系统中，需求信息和反馈信息(供应信息)都是逐级传递的，因此上级供应商不能及时地掌握市场信息，因而对市场的信息反馈速度比较慢，从而导致需求信息的扭曲。

另外，传统的物流系统没有从整体角度进行规划，常常导致一方面库存不断增加；另一方面当需求出现时又无法满足。这样，企业就会因为物流系统管理不善而丧失市场机会。传统物流管理的主要特点表现在：

(1) 纵向一体化的物流系统；

(2) 不稳定的供需关系，缺乏合作；

(3) 资源的利用率低，没有充分利用企业的有用资源；

(4) 信息的利用率低，没有共享有关的需求资源，需求信息扭曲现象严重。

供应链管理环境的物流系统模型。和传统的纵向一体化物流模型相比，信息的流量大大增加。需求信息和反馈信息不是逐级传递，而是网络式传递的，企业通过EDI或网络可以很快掌握供应链上不同环节的供求信息和市场信息。因此在供应链环境下的物流系统有三种信息在系统中运行：需求信息、供应信息、共享信息。

共享信息的增加对供应链管理是非常重要的。由于可以做到共享信息，供应链上任何节点的企业都能及时掌握市场的需求信息和整个供应链的运行情况，每个环节的物流信息都能透明地与其他环节进行交流与共享，从而避免需求信息的失真现象。

对物流网络规划能力的增强，也反映了供应链管理环境下的物流特征。它充分利用第三方物流系统、代理运输等多种形式的运输和交货手段，降低了库存的压力和安全库存水平。

作业流程的快速重组能力极大地提高了物流系统的敏捷性。通过消除不增加价值的过程和时间，使供应链的物流系统进一步降低成本，为实现供应链的敏捷性、精细化运作提供了基础性保障。

对信息跟踪能力的提高，使供应链物流过程更加透明化，也为实时控制物流过程提供了条件。在传统的物流系统中，许多企业有能力跟踪企业内部的物流过程，但没有能力跟踪企业之外的物流过程，这是因为没有共享的信息系统和信息反馈机制。

合作性与协调性是供应链管理的一个重要特点，但如果没有物流系统的无缝连接，运输的货物逾期未到，顾客的需要不能得到及时满足，采购的物资常常在途受阻，都会使供应链的合作性大打折扣，因此，无缝连接的供应链物流系统是使供应链获得协调运作的前提。

灵活多样的物流服务，提高了用户的满意度。通过制造商和运输部门的实时信息交换，及时地把用户关于运输、包装和装卸方面的要求反映给相关部门，提高了供应链管理系统对用户个性化响应的能力。

归纳起来，供应链环境下的物流管理的特点可以用如下几个术语简要概括：

信息——共享

过程——同步

合作——互利

交货——准时

响应——敏捷

服务——满意

（二）物流管理战略的框架

1. 全局性战略。物流管理的最终目标是满足用户需求（把企业的产品和服务以最快的方式、最低的成本交付用户），因此用户服务应该成为物流管理的最终目标，即全局性的战略性目标。通过良好的用户服务，可以提高企业的信誉，获得第一手市场信息和用户需求信息，增加企业和用户的亲和力并留住顾客，使企业获得更大的利润。

实现用户服务的战略目标，必须建立用户服务的评价指标体系，如平均响应时间、订货满足率、平均缺货时间、供应率等。虽然目前对于用户服务的指标还没有一个统一的规范，对用户服务的定义也不同，但企业可以根据自己的实际情况建立提高用户满意度的管理体系，通过实施用户满意工程，全面提高用户服务水平。

2. 结构性战略。物流管理战略的第二层次是结构性战略，包括渠道设计和网络分析。

渠道设计是供应链设计的一个重要内容，包括重构物流系统、优化物流渠道等。通过优化渠道，提高物流系统的敏捷性和响应性，使供应链获得最低的物流成本，关于物流渠道的设计在后面还要进一步讨论。

网络分析是物流管理中另一项很重要的战略工作，它为物流系统的优化设计提供参考依据。网络分析的内容包括：

(1) 库存状况分析。通过对物流系统不同环节的库存状况分析，找出降低库存成本的改进目标。

(2) 用户服务的调查分析。通过调查和分析，发现用户需求和获得市场信息反馈，找出服务水平与服务成本的关系。

(3) 运输方式和交货状况分析。通过分析，使运输渠道更加合理化。

(4) 物流信息及信息系统的传递状态分析。通过分析，提高物流信息传递过程的速度，增加信息反馈，提高信息的透明度。

(5) 合作伙伴业绩的评估和考核。对物流管理系统的结构性分析的目标是要不断减少物流环节，消除供应链运作过程中不增加价值的活动，提高物流系统的效率。

用于网络分析的方法有标杆法(benchmarking)、调查分析法、多目标综合评价法等。

3. 功能性战略。物流管理第三层次的战略为功能性战略，包括物料管理、仓库管理、运输管理三个方面。内容主要有：

(1) 运输工具的使用与调度。

(2) 采购与供应、库存控制的方法与策略。

(3) 仓库作业管理等。物料管理与运输管理是物流管理的主要内容，必须不断地改进管理方法，使物流管理向零库存这个极限目标努力，降低库存成本和运输费用，优化运输路线，保证准时交货，实现物流过程的适时、适量、适地的高效运作。

4. 基础性战略。第四层次的战略是基础性战略，主要作用是为保证物流系统的正常运行提供基础性保障。内容包括：

(1) 组织系统管理；

(2) 信息系统管理；

(3) 政策与策略；

(4) 基础设施管理。

(三) 建立第三方物流系统

第三方物流系统(third part logistics, TPL)是一种实现物流供应链集成的有效方法和策略，它通过协调企业间的物流运输和提供后勤服务，把企业的物流业务外包给专门的物流管理部门来承担，特别是一些特殊的物流运输业务。通过外包给第三方物流承包者，企业能够把时间和精力放在自己的核心业务上，提高供应链管理和运作的效率。

第三方物流系统提供一种集成运输模式，使供应链的小批量库存补给变得更为经济。在某些情况下，小批量的货物运输(非满载运输)显然是不经济的，但是多品种、小批量生产的供应链环境必须小批量采购、小批量运输，这就提高了货物的供应频率，运输频率的增加就要增加运输费用，显然不经济。第三方物流系统是一种为大多数企业提高运输服务的实体，它为多条供应链提供运输服务，比如，当多家供应商彼此位置相邻时，就可以采用混装运输的办法，把各家供应商的货物依次装在同一辆货车上，实现小批量交货的经济性，这就是第三方物流系统提供联合运输（集成运输模式）的好处。

第三方物流系统不但提供运输服务，还可以提供其他服务，如仓库管理（联合仓库）、产品运输、顾客订单处理等。采用第三方物流系统，企业可以获得如下好处：

（1）降低成本；

（2）使企业更加集中于核心业务的发展；

（3）改进服务质量；

（4）快速进入国际市场；

（5）获得信息咨询；

（6）获得物流经验；

（7）减少风险。

专业化、社会化的第三方物流的承担者就是物流企业。纵观国内外物流业现状，物流企业具体有以下几种。

按照物流企业完成的物流业务范围的大小和所承担的物流功能，可将物流企业分为功能性物流企业和综合性物流企业。功能性物流企业，也可叫单一物流企业，即它仅仅承担和完成某一项或几项物流功能。按照其主要从事的物流功能可将其进一步分为运输企业、仓储企业、流通加工企业等。而综合性物流企业能够完成和承担多项甚至所有的物流功能。综合性物流企业一般规模较大、资金雄厚，并拥有良好的物流服务信誉。

按照物流企业是自行完成和承担物流业务，还是委托他人进行操作，还可将物流企业分为物流自理企业和物流代理企业。物流自理企业就是通常所说的物流企业，它可进一步按照业务范围进行划分。物流代理企业同样可以按照物流业务代理的范围，分成综合性物流代理企业和功能性物流代理企业。功能性物流代理企业，包括运输代理企业（即货代公司）、仓储代理企业（仓代公司）和流通加工代理企业等。

（四）延迟化策略

延迟化策略（postponement）是一种为适应大规模定制生产而采用的策略，通过这种策略使企业能够实现产品多样化，适应顾客的需求。实现延迟化策略的关键技术是模块化：模块化产品、模块化工艺过程、模块化分销网络设计。

在用户需求多样化的今天，如果想满足用户的需求，就必须采用产品多样化策略。但是，产品多样化，必然带来库存产品的增加。在过去的物流管理系统中，分销中心的任务是仓储和分销，当增加产品品种时，库存也随之增加，这对企业来说是一笔很大的投资，物流成本增加可能会削弱产品多样化策略的优势。为此，人们提出了延迟化策略。在延迟化策略中，地区性顾客化产品是到达用户所在地之后以模块化方式组装的，分销中心没有必要储备所有的顾客化产品，只储备产品的通用组件，库存成本就大为降低，这样一来，分销中心的功能也发生了转变。为了实现延迟化策略，物流系统中运输方式也必须相应地发生变化,如采用比较有代表性的交接运输(cross docking)方式。交接运输是将仓库或分销中心接到的货物不作为存货,而是为紧接着的下一次货物发送做准备的一种分销系统,这种物流方式就是模块化分销网络设计。

(五)战略渠道设计

渠道设计是物流管理和供应链管理的重要内容之一。战略渠道设计就是通过网络分析,优化确定物流供应链的制造工厂、分销中心、仓库等设施的位置和数量,使物流系统合理化,获得合理的运输和库存成本。网络设计是一个复杂的系统工程,需要从供应链管理的战略高度、整体的利益考虑。

战略渠道设计可以分为三个步骤:第一步要进行网络分析,通过网络分析,确定网络要素和相互之间的关系,比如工厂的位置、分销地点和数量、供应商的数量和位置等;第二步是优化设计,采用有关数学模型或采用其他方法进行优化决策分析;第三步是组织实施网络设计方案。

物流网络设计(渠道设计)有两种情况:一种是配送中心或分销点的设计,这是一种局部的物流网络设计;另一种是供应链全局的网络设计。

三、供应链管理下的库存控制系统

(一)供应商管理用户库存(VMI)

1. VMI的基本思想。近年来,在国外出现了一种新的供应链库存管理方法——供应商管理用户库存(vendor managed inventory,VMI),这种库存管理策略打破了传统的各自为政的库存管理模式,体现了供应链的集成化管理思想,适应市场变化的要求,是一种新的有代表性的库存管理思想。

传统地讲,库存是由库存拥有者管理的。因为无法确切知道用户需求与供应的匹配状态,所以需要库存,库存设置与管理是由同一组织完成的。这种库存管理模式并不总是最优的。例如,一个供应商用库存来应付不可预测的或某一用户不稳定的(这里的用户不是指最终用户,而是分销商或批发商)需求,用户也设立库存来应付不稳定的内部需求或供应链的不确定性。虽然供应链中每一个组织独立地寻求一种库存方法以使其在供应链的利益不受意外干扰是可以理解的,但不可取,因为这样做的结果影响了供应链的优化运行。供应链的各个不同组织根据各自的需要独立运作,导致重复建立库存,因而无法达到供应链全局的最低成本,整个供应链系统的库存会随着供应链长度的增加而发生需求扭曲。VMI库存管理系统能够突破传统的条块分割的库存管理模式,以系统的、集成的管理思想进行库存管理,使供应链系统能够获得同步化的运作。

VMI是一种很好的供应链库存管理策略。关于VMI的定义,有学者认为:VMI是一种存在于用户和供应商之间的合作性策略,以对双方来说都是最低的成本优化产品的可获性,在一个相互同意的目标框架下由供应商管理库存,这样的目标框架被经常性监督和修正，以产生一种连续改进的环境。

关于VMI也有其他不同定义，但归纳起来，该策略的关键措施主要体现在如下几个原则中：

(1) 合作精神(合作性原则)。在实施该策略时，相互信任与信息透明是很重要的，供应商和用户(零售商)都要有较好的合作精神，才能够保持较好的合作。

(2) 使双方成本最小(互惠原则)。VMI不是关于成本如何分配或谁来支付的问题，而是关于减少成本的问题。通过该策略使双方的成本都获得减少。

(3) 框架协议(目标一致性原则)。双方都明白各自的责任，观念上达成一致的目标。如库存放在哪里，什么时候支付，是否要管理费，要花费多少等问题都要回答，并且体现在框架协议中。

(4) 连续改进原则。使供需双方能共享利益和消除浪费。

VMI的主要思想是供应商在用户的允许下设立库存，确定库存水平和补给策略，拥有库存控制权。

精心设计与开发的VMI系统，不仅可以降低供应链的库存水平，降低成本。用户还可以获得高水平的服务，改善资金流，与供应商共享需求变化的透明性和获得更高的用户信任度。

2. VMI的实施方法。实施VMI策略，首先要改变订单的处理方式，建立基于标准的托付订单处理模式。首先，供应商和批发商一起确定供应商的订单业务处理过程所需要的信息和库存控制参数，然后建立一种订单的处理标准模式，如EDI标准报文，最后把订货、交货和票据处理各个业务功能集成在供应商一边。

库存状态透明性(对供应商)是实施供应商管理用户库存的关键。供应商能够随时跟踪和检查到销售商库存状态，从而快速地响应市场的需求变化，对企业的生产(供应)状态作出相应的调整。为此需要建立一种能够使供应商和用户(分销商、批发商)的库存信息系统透明连接的方法。

供应商管理库存的策略可以分如下几个步骤实施：

(1) 建立顾客情报信息系统。要有效地管理销售库存，供应商必须能够获得顾客的有关信息。通过建立顾客的信息库，供应商能够掌握需求变化的有关情况，把由批发商(分销商)进行的需求预测与分析功能集成到供应商的系统中来。

(2) 建立销售网络管理系统。供应商要很好地管理库存，必须建立起完善的销售网络管理系统，保证自己的产品需求信息和物流畅通。为此必须做到：①保证自己产品条码的可读性和唯一性。②解决产品分类、编码的标准化问题。③解决商品存储运输过程中的识别问题。

目前已有许多企业开始采用MRPⅡ或ERP(企业资源计划系统)，这些软件系统都集成了销售管理的功能。通过对这些功能的扩展，可以建立完善的销售网络管理系统。

(3) 建立供应商与分销商(批发商)的合作框架协议。供应商和销售商(批发商)通过协商,确定处理订单的业务流程及控制库存的有关参数(如再订货点、最低库存水平等)、库存信息的传递方式(如 EDI 或互联网)等。

(4) 组织机构的变革。这一点也很重要,因为 VMI 策略改变了供应商的组织模式。过去一般由会计经理与用户有关的事情,引入 VMI 策略后,在订货部门产生了一个新的职能部门以负责用户库存的控制、库存补给和服务水平。

一般来说,在以下情况下适合实施 VMI 策略:零售商或批发商没有 IT 系统或基础设施来有效管理它们的库存;制造商实力雄厚并且比零售商市场信息量大;制造商有较高的直接存储交货水平,因而制造商能够有效规划运输。

3. VMI 的支持技术。主要包括:EDI/Internet、ID 代码、条码、条码应用标识符、连续补给程序等。

(二) 联合库存管理

1. 联合库存基本思想。VMI 是一种供应链集成化运作的决策代理模式,它把用户的库存决策权代理给供应商,由供应商代理分销商或批发商行使库存决策的权力。联合库存管理是一种风险分担的库存管理模式。联合库存管理的思想可以从分销中心的联合库存功能谈起。地区分销中心体现了一种简单的联合库存管理思想。传统的分销模式是分销商根据市场需求直接向工厂订货,比如汽车分销商(或批发商),根据用户对车型、款式、颜色、价格等的不同需求,向汽车制造厂订的货需要经过一段较长时间才能达到,但由于顾客不想等待这么久的时间,因此各个推销商难以承受,以至于破产。据估计,在美国,通用汽车公司销售 500 万辆轿车和卡车,平均价格是 18 500 美元,推销商维持 60 天的库存,库存费是车价值的 22%,一年总的库存费用达到 3.4 亿美元。而采用地区分销中心,就大大减少了库存浪费的现象。传统的分销模式,每个销售商直接向工厂订货,每个销售商都有自己的库存,而采用分销中心后的销售方式,各个销售商只需要少量的库存,大量的库存由地区分销中心储备,也就是各个销售商把其库存的一部分交给地区分销中心负责,从而减轻各个销售商的库存压力。分销中心就起到了联合库存管理的功能,分销中心既是一个商品的联合库存中心,同时也是需求信息的交流与传递枢纽。

联合库存管理是解决供应链系统中由于各节点企业的相互独立库存运作模式导致的需求放大现象,提高供应链同步化程度的一种有效方法。联合库存管理和供应商管理用户库存不同,它强调双方同时参与,共同制订库存计划,使供应链过程中的每个库存管理者(供应商、制造商、分销商)都从相互之间的协调性考虑,使供应链相邻的两个节点之间的库存管理者对需求的预期保持一致,从而消除需求变异放大现象。任何相邻节点需求的确定都是供需双方协调的结果,库存管理不再是各自为政的独立运作过程,而是供需连接的纽带和协调中心。

2. 联合库存管理的实施策略。

（1）建立供需协调管理机制。为了发挥联合库存管理的作用，供需双方应从合作的精神出发，建立供需协调管理机制，明确各自的目标和责任，建立合作沟通的渠道，为供应链的联合库存管理提供有效的机制，图12-7是供应商与分销商协调管理机制模型。

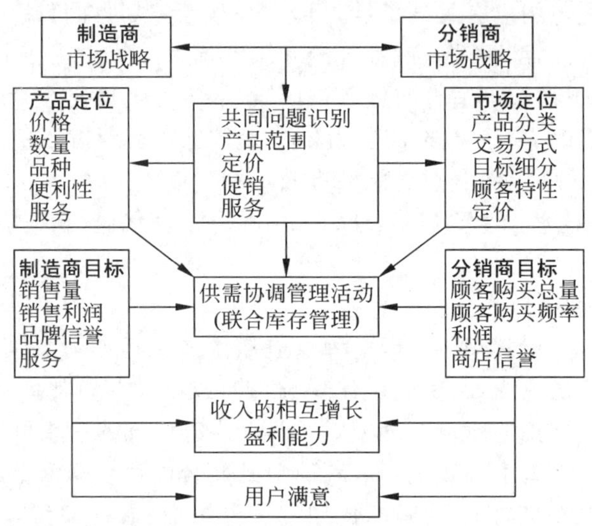

图12-7 供应商与分销商的协调管理机制模型

建立供需协调管理机制，要从以下几个方面着手：

1）建立共同合作目标。要建立联合库存管理模式，首先供需双方必须本着互惠互利的原则，建立共同的合作目标。为此，要理解供需双方在市场目标中的共同之处和冲突点，通过协商形成共同的目标，如用户满意度、利润的共同增长和风险的减少等。

2）建立联合库存的协调控制方法。联合库存管理中心担负着协调供需双方利益的角色，起协调控制器的作用。因此需要对库存优化的方法进行明确。包括库存如何在多个需求商之间调节与分配，库存的最大量和最低库存水平、安全库存的确定，需求和预测等等。

3）建立一种信息沟通的渠道或系统。为了提高整个供应链的需求信息的一致性和稳定性，减少由于多重预测导致的需求信息扭曲，应增加供应链各方对需求信息获得的及时性和透明性。为此应建立一种信息沟通的渠道或系统，以保证需求信息在供应链中的畅通和准确性。要将条码技术、扫描技术、POS系统和EDI集成起来，要充分利用互联网的优势，在供需双方之间建立一个畅通的信息沟通桥梁和联系纽带。

4）建立利益的分配、激励机制。要有效运行基于协调中心的库存管理，必须建立一种公平的利益分配制度，对参与协调库存管理中心的各个企业（供应商、制造商、分销商或批发商）进行有效的激励，防止机会主义行为，增加协作性和协调性。

(2) 发挥两种资源计划系统的作用。为了发挥联合库存管理的作用，在供应链库存管理中应充分利用目前比较成熟的两种资源管理系统：MRP Ⅱ 和 DRP，在产品联合库存协调管理中心则应采用物资资源配送计划 DRP。这样，在供应链系统中把两种资源计划系统很好地结合起来。

(3) 建立快速反应系统。如前所述，快速反应系统是在 20 世纪 80 年代末由美国服装行业发展起来的一种供应链管理策略，目的在于减少供应链中从原材料到用户过程的库存和时间，最大限度提高供应链的运作效率。

(4) 发挥第三方物流系统的作用。面向协调中心的第三方物流系统使供应与需求双方都取消了各自独立的库存，增加了供应链的敏捷性和协调性，大大改善供应链的用户服务水平和运作效率。

(三) 多级库存优化与控制

上述基于协调中心的联合库存管理是一种联邦式供应链库存管理策略，是对供应链的局部优化控制，而要进行供应链的全局性优化与控制，则必须采用多级库存优化与控制方法。因此，多级库存优化与控制是供应链资源的全局性优化。

多级库存的优化与控制是在单级库存控制的基础上形成的。多级库存系统根据不同的配置方式，有串行系统、并行系统、纯组装系统、树形系统、无回路系统和一般系统。

多级库存控制的方法有两种：一种是非中心化(分布式)策略；另一种是中心化(集中式)策略。非中心化策略是各个库存点独立采取各自的库存策略，这种策略在管理上比较简单，但是并不能保证产生整体的供应链优化，如果信息的共享度低，多数情况产生的是次优的结果，因此非中心化策略需要更多信息共享。

四、供应链管理下的共同配送战略

供应链管理下的运输是由共同配送战略实现的，与传统的运输相比，共同配送既能提高运输效率又能减少外部性。

1. 共同配送的优势(见表 12-3)。

表 12-3 共同配送的优势

货 主	运输业者
1. 运输负担减轻	1. 提高运输效率
2. 能削减物流人力成本	2. 削减物流成本
3. 少量物品的集中配送成为可能	3. 削减物流人力成本
4. 商品验收、管理的统一开展	4. 减少过度竞争
5. 物流空间的活用	5. 减少过剩服务
6. 缓和交通堵塞	6. 缓和交通堵塞
7. 防治环境污染	7. 防治环境污染

2. 共同配送的类型。共同配送从大的方面来划分，可以分为以同产业或异产业企业为共同配送基础的横向共同配送，以及如零售与批发、批发与厂商这种以流通渠道各环节成员间共同配送为基础的纵向共同配送。

（1）横向共同配送。

1）同产业间的共同配送。同产业共同配送是指处于相同产业的生产或经营企业，为了提高物流效率，通过配送中心或物流中心集中运输货物的一种方式。其具体做法有两种：一种是在企业各自分散拥有运输工具和物流中心的情况下，视运输货物量的多少，采取委托或受托的形式开展共同配送，亦即将本企业配送数量较少的商品委托给其他企业来运输，而本企业配送数量较多的商品，则在接受其他企业委托运输的基础上实行统一配送，以提高配送效率；另一种做法是完全的统一化，即在开展共同配送前，企业间就将包装货运规格完全实现统一，然后共同建立物流中心或配送中心，共同购买运载车辆，企业间的货物运输统一由共同的配送中心来开展。显然，后一种形式的共同配送制度的规模经济程度要高一些，但在某种意义上，对于单个企业而言，缺乏相对的物流独立性。一般来说，前一种做法在百货店企业中使用较为普遍；后者较适于生产企业。

2）异产业间的共同配送。异产业间的共同配送是指将不同产业企业生产经营的商品集中起来，通过配送中心或物流中心向顾客输送的一种形式。与同产业共同配送不同，异产业共同配送的商品范围比较广泛，属于多产业结合型的配送。从异产业间共同配送的形成来看，可以分为三种形式：

第一，大型零售业主导的异产业共同配送。这种形式是大型零售业为了追求物流效率化，并使输送活动能够满足本企业店铺的各种要求，而建立窗口批发制度，由指定批发商统一几种不同厂商的产品，进行集中管理，统一输送。

第二，以地域中坚型批发企业为主导的异产业共同配送，亦即地域批发商为了避免批发企业的萎缩，并支援地方零售业，而由一些中坚型批发企业为骨干来组织设立以不同产业为基础的共同配送中心或企业，对地域内小型超市、便民店等中小零售企业统一输送商品，以此来与大型批发企业相抗衡。

第三，产、批组合型产业共同配送。以前，很多食品零售店都将进货物流委托给外部某企业来进行，但这种物流制度却难以满足零售店定时配送的要求，特别是当今便民店追求商品（食品、蔬菜等）的新鲜度，不仅配送要求比较频繁（有时一日三次），为了保障及时、高质量的供应，需要一个稳定的商品物流渠道。在这种情况下，为了满足高效率、高质量和紧急配送的要求，同时自身又要低成本运营，出现了由生鲜食品、快餐、蔬菜生产商和批发企业共同出资、参加建立的共同配送企业，实施对便民店等现代零售企业多批次、小批量的统一配送活动。

异产业共同配送克服了同产业共同配送固有的缺点，亦即它既能保证物流效率化，又能有效防止企业信息资源的外流，使企业在效率和战略发展上同时兼顾，并能充分发挥产业间的互补优势。它存在的问题是：难以把握不同产业企业间物流成本的分担，因而在某种意义上增加了企业间的谈判成本（bargain cost）。特别是对于地域中坚批发企业主导型的异产业共同配送来讲，明确各批发商承担多少费用较为困难，不仅是因为商品种类不同，所涉及的物流费用存在差异，而且还因每次商品配送结构的变化增加了费用计算的复杂性，尤其在多批次、少批量的配送中更是如此，所以，异产业共同配送中，确立一个明确、合理的按销售额比例支付费用的计算体系十分重要。

3）共同集配。共同集配是指以大型运输企业为主导的合作型共同配送，即由大型运输企业统一集中货物，合作企业或批发商将商品让渡给指定运输业者，再由各运输企业分别向全国配送。

（2）纵向共同配送。

1）批发商与厂商间的共同配送。具体来看，批发商与厂商间的共同配送有两种形式：一是在厂商力量较强的产业，为了强化批发物流机能或实现批发中心的效率化，厂商自身代理行使批发功能，或利用自己的信息网络，对批发企业多批次、少批量配送服务给予支援，这是保障企业向最终顾客销售更多产品的必要条件。二是厂商通过中小企业、批发商力量较强的企业，利用拥有全国网络的批发商物流中心，完成商品保管、运输等物流活动。这种方式对批发商来讲，集中多数厂商的产品，对零售实行集中配送也有利于降低物流成本。

2）零售商与批发商之间的共同配送。纵向共同配送的另一种形式是零售商与批发商之间的物流合作，这也有两种类型：一是目前大型零售业建立自己的物流中心，批发商经销的商品都必须经由该中心，再向零售企业的各店铺进行配送。此外，为了简化进货手续，与零售商交易的批发商数目应尽可能少，这就需要批发商从原来从事专业商品的经营转向多种类经营。二是对中型零售企业来讲，它们不是自己建立物流中心，而是由批发商建立零售商专用型物流中心，并借此代行零售物流，这种方法对于中型零售企业来讲，既可以有效利用批发商所持有的物流（know-how），又能享受由于省略了本企业物流中心集配商品环节而带来的利益。当然，在批发商代行零售物流的情况下，一个重要的前提是批发商必须构筑对应特定零售企业的物流信息系统。

纵向共同配送发展的一个重要宗旨是实现流通各阶段物流成本的降低，也正因为如此，无论是厂商与批发商或批发商与零售商之间，在投资共同物流设施和共同信息系统时，必须关注投资的整体效果，亦即参与各方应充分了解相互间物流的特性以及所承担的物流成本，并且建立起行之有效的物流信息系统。

3. 发展共同物流应注意的问题。在当今物流成本占销售成本的比重越来越大的情况下，通过共同配送来降低成本是追求物流效率最重要的途径。但在此过程中，我们也应当看到，在实践中要顺利地促进共同配送的发展，必须注意如下几个问题：

1）当今大型零售业正在发生急剧的变革，零售业呈现出连锁化、网络化发展的趋势，厂商、批发商等流通渠道参与各方在组织共同配送时，应有效对应这种零售业变革的趋势。

2）货主企业之间的竞争只是一种销售竞争，但在货物配送物品方面，应该本着相互合作的原则进行；开展共同配送并不容易，它涉及人力、资源、资金、时间等多种经营要素。

3）要发展共同配送，特别是与竞争企业的共同配送，要取得本企业内部的一致认同，使企业各部门意识到共同配送经营对物流、对企业发展的作用。

4）在从事同产业共同配送时，应充分评估这种共同配送对企业战略产生的影响，包括积极因素和消极因素，如果消极面大于积极面，应考虑异产业共同配送的开展。

5）在从事异产业共同配送时，应当注意配送客户分布状态是否相似；商品特性是否相似；保管、装卸、备货等特性是否相似；经营系统是否相似。

12.3 电子商务下的物流设计

一、电子商务下的物流特点

由于商务时代的来临，给全球物流带来了新的发展，使物流具备了一系列新的特点。

1. 信息化。物流信息化是电子商务的必然要求。物流信息化表现为物流信息的商品化、物流信息收集的数据库化和代码化、物流信息处理的电子化和计算机化、物流信息传递的标准化和实时化、物流信息存储的数字化等。因此，条码技术（barcode）、数据库技术（database）、电子订货系统（electronic ordering system，EOS）、电子数据交换（electronic data interchange，EDI）、快速反应（QR）、有效客户反应（ECR）、企业资源计划（enterprise resource planning，ERP）等技术与观念在我国的物流中将会得到普遍的应用。物流信息化是物流现代化管理的基础，没有物流的信息化，任何先进的技术设备都不可能应用于物流领域，信息技术及计算机技术在物流中的应用将会彻底改变世界物流的面貌。

2. 自动化。自动化的基础是信息化，自动化的核心是机电一体化，自动化的外在表现是无人化，自动化的效果是省力化，自动化还可以扩大物流作业能力、提高劳动生产力、减少物流作业的差错等。物流自动化的设施非常多，如条码/语音/射频自动识别系统、自动分拣系统、自动存取系统、自动导引小车、货物自动跟踪系统等。这些设施在发达国家已普遍用于物流作业流程中，而我国由于物流业起步晚，发展水平低，自动化技术的普及还需要相当长的时间。

3. 网络化。物流领域网络化的基础也是信息化，这里指的网络化有两层含义：一是物流配送系统的计算机通信网络，包括物流配送中心与供应商或制造商的联系要通过计算机网络，另外与下游顾客之间的联系也要通过计算机网络，比如物流配送中心向供应商提出订单这个过程，就可以使用计算机通信方式，借助于增值网（value-added network，

VAN)上的电子订货系统(EOS)和电子数据交换技术(EDI)来自动实现,物流配送中心通过计算机网络收集下游客户的订货过程也可以自动完成;二是组织的网络化,即所谓的组织内部网(intranet)。

物流的网络化是物流信息化的必然,是电子商务下物流活动的主要特征之一。当今世界互联网等全球网络资源的可用性,以及网络技术的普及为物流的网络化提供了良好的外部环境,物流网络化不可阻挡。

4. 智能化。这是物流自动化、信息化的一种高层次应用,物流作业过程中大量的运筹和决策,如库存水平的确定、运输(搬运)路径的选择、自动导引小车的运行轨迹和作业控制、自动分拣机的运行、物流配送中心经营管理的决策支持等都需要借助于大量的知识才能解决。在物流自动化的进程中,物流智能化是不可回避的技术难题。好在专家系统、机器人等相关技术在国际上已经有了比较成熟的研究成果。为了提高物流现代化的水平,物流的智能化已成为电子商务下物流发展的一个新趋势。

5. 柔性化。柔性化本来是为实现"以顾客为中心"的理念而在生产领域提出来的,但真正要实现柔性化,即真正地能根据消费者需求的变化来灵活调节生产工艺,没有配套的柔性化的物流系统是不可能达到目的的。20世纪90年代,国际生产领导纷纷推出弹性制造系统(flexible manufacturing system,FMS)、计算机集成制造系统(computer integrated manufacturing system,CIMS)、制造资源系统(MPRP Ⅱ)、企业资源计划(ERP)以及供应链管理的概念和技术,这些概念和技术的实质是将生产、流通进行集成,根据需求端的需求组织生产,安排物流活动。因此,柔性化的物流正是适应生产、流通与消费的需求而发展起来的一种新型物流模式。这就要求物流配送中心要根据消费需求"多品种、小批量、多批次、短周期"的特色,灵活地组织和实施物流作业。

另外,物流设施、商品包装的标准化,物流社会化、共同化也都是电子商务下物流模式的新特点。

二、电子商务下的物流模式——第三方物流

由于电子商务的开展,商流、物流、信息流、资金流分离开来,同时通过信息传输的基础,各方又处于一种无形的有机结合的状态。实践证明:第三方物流是提高电子商务物流效率的有效途径。

如前所述,第三方物流是指由物流劳务的供方、需方之外的第三方去完成物流服务的物流运作方式。第三方就是指物流交易双方的部分或全部物流功能的外部服务提供者。从某种意义上可以说,它是物流专业化的一种形式。

在西方发达国家第三方物流的实践中,有以下几点值得关注:第一,物流业务的范围不断扩大。商业机构和各大公司面对日趋激烈的竞争不得不将主要精力放在核心业务,将运输、仓储等相关业务环节交由更专业的物流企业进行操作,以求节约和高效;另外物

流企业为提高服务质量，也在不断拓宽业务范围，提供配套服务。第二，很多成功的物流企业根据第一方、第二方的谈判条款，分析比较自理的操作成本和代理费用，灵活运用自理和代理两种方式，提供客户定制的物流服务。第三，物流产业的发展潜力巨大，具有广阔的发展前景。

三、电子商务下的物流配送

电子商务下的物流配送，就是信息化、现代化、社会化的物流配送。它是指物流配送企业采用网络化的计算机技术和现代化的硬件设备、软件系统及先进的管理手段，针对社会需求，严格、守信用地按用户的订货要求，进行一系列分类、编配、整理、分工、配货等理货工作，定时、定点、定量地交给没有范围限度的各类用户，满足其对商品的需求。可以看出，这种新型的物流配送是以一种全新的面貌，成为流通领域革新的先锋，容易实现信息化、自动化、现代化、社会化、智能化、合理化、简单化，使货畅其流，物尽其用，既减少生产企业库存、加速资金周转、提高物流效率、降低物流成本，又刺激了社会需求，有利于整个社会的宏观调控，也提高了整个社会的经济效益，促进市场经济的健康发展。

1. 新型物流配送中心的特征。根据国内外物流配送业发展情况，在电子商务时代，信息化、现代化、社会化的新型物流配送中心可归纳为以下几个特征：

(1) 物流配送反应速度快。新型物流配送服务提供者对上游、下游的物流配送需求的反应速度越来越快，前置时间越来越短，配送时间越来越短，物流配送速度越来越快，商品周转次数越来越多。

(2) 物流配送功能集成化。新型物流配送着重于将物流与供应链的其他环节进行集成，包括：物流渠道与商流渠道的集成、物流渠道之间的集成、物流功能的集成、物流环节与制造环节的集成等。

(3) 物流配送服务系列化。新型物流配送除强调物流配送功能的恰当定位与完善化、系列化，除传统的储存、运输、包装、流通加工等服务外，还在外延上扩展至市场调查与预测、采购及订单处理、向下延伸至物流配送咨询、物流配送方案的选择与规划、库存控制策略建议、货款回收与结算、教育培训等增值服务；在内涵上提高了以上服务对决策的支持作用。

(4) 物流配送作业规范化。新型物流配送强调功能作业流程、作业运作的标准化和程序化，使复杂的作业变成简单的、易于推广与考核的运作。

(5) 物流配送目标系统化。新型物流配送从系统角度统筹规划一个公司整体的各种物流配送活动，处理好物流配送活动与商流活动及公司目标之间、物流配送活动与物流配送活动之间的关系，不求单个活动的最优化，但求整体活动的最优化。

(6) 物流配送手段现代化。新型物流配送使用先进的技术、设备与管理为销售提供服务，生产、流通、销售规模越大，范围越广，物流配送技术、设备及管理越现代化。

(7) 物流配送组织网络化。为了保证对产品促销提供快速、全方位的物流支持，新型物流配送要有完善、健全的物流配送网络体系，网络上点与点之间的物流配送活动保持系统性、一致性，这样才可以保证整个物流配送网络有最优的库存总水平及库存分布，运输与配送快捷、机动，既能铺开又能收拢。分散的物流配送单体只有形成网络才能满足现代生产与流通的需要。

(8) 物流配送经营市场化。新型物流配送的具体经营采用市场机制，无论是企业自己组织物流配送，还是委托社会化物流配送企业承担物流配送任务，都以"服务—成本"的最佳配合为目标。

(9) 物流配送流程自动化。物流配送流程自动化是指运送规格标准、仓储、货箱排列装饰、搬运等按照自动化标准作业、商品按照最佳配送路线配送等。

(10) 物流配送管理法制化。在宏观上，要有健全的法规、制度和规则；在微观上，新型物流配送企业要依法办事，照章行事。

2. 物流配送中心运作类型。物流配送是流通部门连结生产消费、使时间和场所产生效益的设施，提高物流配送的运作效率是降低流通成本的关键所在。物流配送又是一项复杂的科学系统工程，涉及生产、批发、电子商务、配送和消费者的整体结构，运作类型也形形色色。考察传统物流配送中的运作类型，对我们设计新型物流配送中心的模式具有重要的借鉴作用。

物流配送中心按运营主体的不同，大致有四种类型：

(1) 以制造商为主体的配送中心。这种配送中心里的商品100%是由自己生产制造，用以降低流通费用、提高售后服务质量和及时将预先配齐的成组元器件运送到规定的加工和装配工厂。商品从制造到生产出来后，条码和包装的配合等多方面都较易控制，所以按照现代化、自动化的配送中心设计比较容易，但不具备社会化的要求。

(2) 以批发商为主体的配送中心。商品从制造者到消费者手中之间的传统流通有一个环节叫批发。一般是按部门或商品类别的不同，把每个制造厂的商品集中起来，然后以单一品种或是搭配向消费地的零售商进行配送。这种配送中心的商品来自各个制造商，它所进行的一项重要的活动是对商品进行汇总和再销售，而它的全部进货和出货都是社会配送的，社会化程度高。

(3) 以零售业为主体的配送中心。零售商发展到一定规模后，就可以考虑建立自己的配送中心，为专业商品零售店、超级市场、百货商店、建材商场、粮油食品商店、宾馆饭店等服务。这种方式的社会化程度介于前两者之间。

(4) 以仓储运输业者为主体的配送中心。这种配送中心最强的是运输配送能力，地理位置优越，如港湾、铁路和公路枢纽，可迅速将到达的货物配送给用户。它提供仓储储位给制造商或供应商，而配送中心的货物仍属于制造商或供应商所有，配送中心只是提供仓储管理和运输配送服务。这种配送中心的现代化程度往往较高。

从物流配送的模式来看，主要有三种类型：

(1) 集货型配送模式。该种模式主要针对上家的采购物流过程进行创新而形成。其上家生产具有相互关联性，下家互相独立，上家对配送中心的储存度明显大于下家，上家相对集中，而下家分散具有相同的需求。同时，这类配送中心也强调其加工功能。此类配送模式适于成品或半成品物资的推销，如汽车配送中心。

(2) 散货型配送模式。这种模式主要是对下家的供货物流进行优化而形成。上家对配送中心的依存度小于下家，而且配送中心的下家相对集中或有利益共享（如连锁业）。采用此类配送模式的流通企业，其上家竞争激烈，下家需求以多品种、小批量为主要特征，适于原材料或半成品物资配送，如机电产品配送中心。

(3) 混合型配送模式。这种模式综合了上述两种配送模式的优点，并对商品的流通全过程进行有效控制，有效克服了传统物流的弊端。采用这种配送模式的流通企业，规模较大，具有相当的设备投资，如区域性物流配送中心。在实际流通中，多采取多样化经营，降低了经营风险。这种运作模式比较符合新型物流配送的要求（特别是电子商务下的物流配送）。

四、国外电子商务中物流解决方案

1. 美国——物流中央化。美国——物流中央化的物流模式强调"整体化的物流管理系统"，是一种以整体利益为重，冲破按部门分管的体制，统一从整体进行规划管理的管理方式。

(1) 市场营销方面。物流管理包括分配计划、运输、仓储、市场研究、为用户服务五个过程。

(2) 流通和服务方面。物流管理过程包括需求预测、订货过程、原材料购买、加工过程，即从原材料购买直至送达顾客的全部物资流通过程。

2. 日本——高效配送中心。

(1) 物流过程是：生产—流通—消费—还原（废物的再利用及生产资料的补足和再生产）。

(2) 物流是非独立领域，由多种因素制约。

(3) 物流（少库存多批发）与销售（多库存少批发）相互对立，必须统筹安排来获得整体成本最小的效果。

(4) 物流的前提是企业的销售政策、商业管理、交易条件。

(5) 产品设计阶段决定效率。

(6) 销售订货时，交货条件、订货条件、库存量条件对物流的结果影响巨大。流通中的物流问题已转向研究供应、生产、销售中的物流问题方向。

小结

物流能力是企业核心竞争力的重要方面。企业物流能力的提高首先取决于企业内部物流(或称自我物流)能力的设计,企业内部物流能力的设计包括企业物流管理组织的设计和物流作业的组织设计,以期提高企业的生产物流和市场物流,在高效率的前提下降低成本,形成竞争能力。

随着竞争的加剧,21 世纪企业竞争的优势已由成本竞争转变为敏捷性竞争,即企业如何以最快的速度响应市场变化的要求,满足消费者多样化的需求,快速反应和有效客户反应供应链管理方法应运而生。在供应链管理下导致企业物流环境发生了巨大变化,企业要善于利用供应链资源来优化物流系统,并致力于改善供应链物流环境。供应链管理下第三方物流系统是一种实现供应链集成的有效途径。

电子商务的普遍应用也导致物流出现了信息化、自动化、网络化、智能化、柔性化等特点,进一步发展第三方物流和物流配送是新时代的要求。

习 题

1. 物流管理组织设计的模式有哪些?
2. 什么是定置管理? 参观某一物流先进企业,了解其定置管理体现在哪些方面。
3. 生产物流控制的内容主要有哪些? 生产物流控制的目的是什么?
4. MRP 的发展过程如何? MRP 的基本思想和系统目标如何?
5. 市场物流控制的内容如何?
6. 供应链管理下的物流系统管理与传统的物流系统管理有什么区别?
7. 什么是快速反应策略(QR)和有效客户反应策略(ECR)?
8. 什么是第三方物流? 第三方物流对我国企业物流的发展有何意义?
9. 供应链管理下的库存控制与传统的库存控制有什么区别?
10. 什么是共同配送? 共同配送有什么特点?
11. 电子商务下的物流与传统物流相比有什么特点? 如何开展电子商务下的物流服务?

第13章　企业融资策划

在企业的整个生命周期中，资金有效投入的意义就如同人体保持顺畅的血液循环一样，企业融资是企业营销不断扩大的保证，企业运行中常常因资金的短缺限制了正常的经营和发展。在我国，融资难以成为严重制约企业尤其是中小企业发展的瓶颈。在此背景下，企业家必须注重融资战略的研究。融资战略应受企业目标及由此引起的融资要求的驱动，并最终决定于各项可能的选择方案。在融资活动中需考虑的最基本因素是成本和风险，同时应结合企业特定的成长阶段选择最适当的融资方案。

13.1　融资方式与融资能力

对融资方式的总体把握是开展融资活动必要的背景知识。企业融资总是从评估企业的融资能力开始的。对融资能力的评估必须考察企业的资金需求以及偿还能力两个方面的因素。

一、了解一般的融资方式

企业融资是企业根据其创设、生产经营、对外投资以及调整资金结构的需要，通过一定渠道，采取适当方式，获取所需资金的行为。在市场经济中，企业的一般融资方式见图13-1。

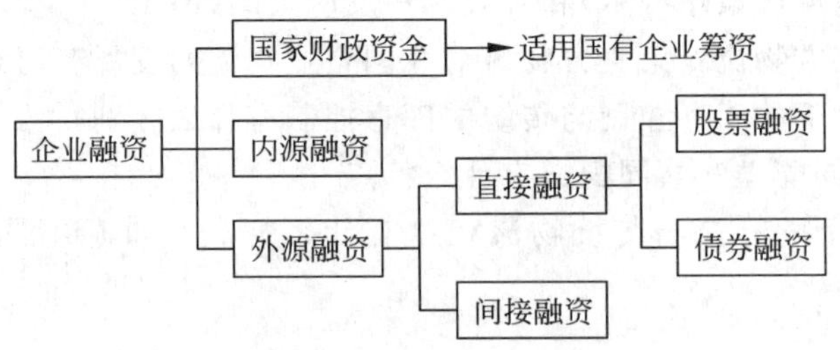

图13-1　企业的融资方式

在图13-1中，国家财政资金是指国家对国有企业的直接投资，特别是国有独资公司，其资本全部由国家投资形成。这种筹资方式产权归国家所有，适用国有企业筹资。但在市场经济条件下，即使对于国有企业，这也不再是主要的融资渠道。

（一）内源融资和外源融资

内源融资是企业不断将自身的留存收益和折旧转化为投资的过程，也是企业挖掘内部资金潜力，提高内部资金使用效率的过程。内源融资自主性强，是成本最低、风险最小的融资渠道。应该为各种类型、不同发展阶段（初创期除外）的企业所重视和采用。其不足是有一定的积累期，不能适应大规模融资的需要。

外源融资是企业在承诺一定的收益回报的条件下，融入其他经济主体的资金，使之转化为自身投资的过程。外源融资的灵活性与选择性强，可在相对较短的筹资期内集中筹集大量资金以满足企业需要。但其资金使用成本、融资交易成本以及融资风险要明显高于内源融资。如果是权益性资本融资，则还会涉及企业控制权分散和转移的问题。

结合企业的发展进程，在企业创设之初，由于自身规模和实力不足，其对外源资金的吸引力和对负债成本的承担能力较弱。主要的策略是避免过度的负债经营，注重自有资本的积累，依靠内源融资增加投资，扩大生产经营规模。在企业逐步成长壮大的过程中，虽然内源融资的能力也相应提升，但无法满足企业加速发展和扩张的资金需要，此时，外源融资逐渐成为企业主要的融资手段。但对于真正建立了现代企业制度、拥有国际知名品牌的国际性大公司而言，其融资模式的发展方向必将是以内源融资为主、外源融资为辅，在外源融资中银行融资比重减少，证券融资逐渐占据主要地位，且债券融资又要高于股票融资，在形式上既有国内融资又有国际融资，形成多元化的企业融资结构。

总的来说，适应市场经济信用化、资产证券化的背景，外源融资在今后相当长时间内将是我国绝大多数企业获取资金的主要渠道。需要强调的是：在企业发展的任何阶段，重视内源融资、提升内源融资的能力总是必要的。

（二）直接融资与间接融资

1. 直接融资。直接融资是企业不通过任何金融中介，采用出售自身的有价证券（股票、企业债券）的形式，在资本市场上融取所需资金的方式。其特点如下：

(1) 规模性。有价证券的投资回报率一般高于银行储蓄，而且可以在证券二级市场流通，所以对投资者吸引力较强，有利于企业及时融入较大规模的资金。

(2) 稳定性。企业可以通过发行中、长期证券的方式融入具有较长使用期限的资金，而通过发行股票融取的资金甚至可以永续使用。

(3) 高成本性。由于需要支付有价证券发行费用、兑现承诺的投资回报，使得直接融资的成本较高。

2. 间接融资。间接融资是企业通过金融机构充当信用媒介，间接性融入所需资金的融资方式。在我国的运作方式主要是企业以银行为中介，获取信贷资金。具有局限性、短期性、低成本性的特点。

直接融资与间接融资的比较见表 13-1。

表 13-1　直接融资与间接融资的比较

	直接融资		间接融资
产权关系	所有权与控制权（股票融资）	债权债务（债券融资）	债权债务
资金约束主体	投资者		（主要是）银行
融资风险	相对较高		相对较低
融资成本	相对较高		相对较低
融资规模	一般较大，比较及时，选择自由度相对较高		大规模融资难以保证及时足量
资金使用期限	一般较长，选择自由度较高		一般较短，限制较多
资金使用权限	投资者较少干预		银行对此限制较严

二、确定企业的资金需求

1. 确定资金需要量。企业每一项具体的融资活动通常要受特定动机的驱使。无论企业的融资活动受何种动机驱使，企业财务人员必须认真分析和评价影响融资的各种因素。首要的是分析企业实际的资金需求，具体包括：

- 营业需求，即融入资金用作运营资本；
- 资产需求，即融入资金用于创建企业或增加设施、设备、研发及其他明显属于一次性开支的方面。

所有这些可以总括为投资需求，包括流动资产投资、固定资产投资和资本市场的间接投资等。是否要进行融资活动，主要通过比较投资收益和资金成本来决定。对以下问题必须有明确的答案：

- 投资项目未来的年均报酬率（或年均利润率）是多少？
- 通过融资活动占用资金所付出的代价（或称资金成本率）是多少？

因此，企业在开展融资活动之前，必须对未来的投资收益作一个较为可靠的预测，只有当投资收益远大于资金成本的前提下，才可以确定所进行的融资活动是合理和有意义的。

当投资方向确定以后，接下来要做的是估算投资数量，因为投资数量决定融资数量。只有事先仔细估算资金需要量，才能使融资数量与投资数量相互平衡，避免融资不足而影响企业的投资效果或融资过剩而降低资金的效益。

2. 评估企业外部融资需求。一旦确定了资金需要量，企业就应在充分利用内源资金之后，再考虑外部融资问题。企业内源资金的占用虽然也会发生资金的使用成本（实际上是非付现的），但是却不要支付融资费用。而外源资金的占用不仅会发生使用成本，还要支付融资费用。因此，也可以认为企业真正开展的融资活动就是外源融资，真正的融资需求就是需要向外部融入的资金总量。

评估企业外部融资需求的核心概念是自由现金流。其公式为

$$\text{自由现金流}=\text{息税前收入(EBIT)}-\text{上缴税收(税率·EBIT)}-\text{增加的营业流动资金}-\text{资本开支}+\text{折旧和其他非现金缴费}$$

与自由现金流对应，有三个重要的系数：

- 现金流出率，公司现金的使用速率；
- OOC(outflow of cash)时间，即企业何时用完现金；
- TTC(time to cash)时间，即完成融资、获取融资所需的时间。

这些系数之所以重要，是因为它们将极大影响企业外源融资的选择权、条件、价格和契约，或者说它们决定了企业与各种股权/债务资本源的砍价能力。图 13-2 反映了这些系数的影响力。

从图 13-2 中可以得到一个很明确的结论：理想状况是，在企业需求尚不急迫的时候筹集资金。更准确的表述是：等到急需资金的时候，企业已经失去了最有利的融资时机。

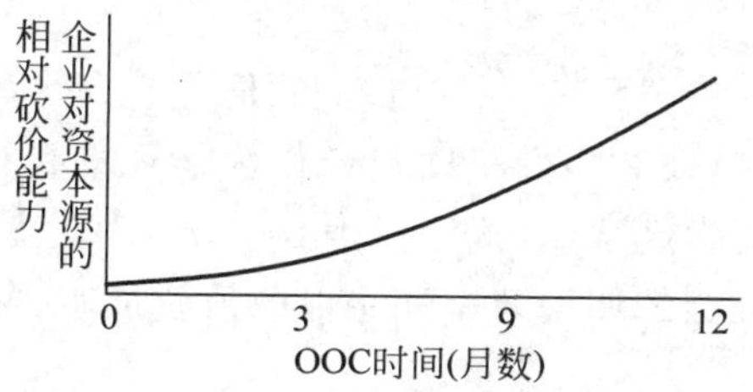

图 13-2　OOC 时间与企业融资的砍价能力

3. 企业资金需求的预测方法。为了把握有利的融资时机，企业需要根据自身财务结构、营销状况以及企业未来的发展战略设计一份合理且力求准确的资金预测需求计划。保证企业在未来的经营活动中有足够的资金运用，又将资金闲置的可能降至最低。

以下两种方法的结合有助于资金需求预测计划的设计制订：

(1) 定性预测法。定性预测法是利用相关财务资料，依靠经验丰富的个人的判断和分析能力，对融通资金需要量作预测。其实施过程如下：

- 由熟悉财务情况和生产经营的专家，依据积累的经验和现有资料，进行分析判断，提出预测的初步意见。
- 圆桌讨论、协商或发出各种形式的调查表格，对初步资金需求预测意见进行修正补充。
- 多方论证，确立预测的资金需要量。

定性预测法虽然较为实用，但其缺陷是无法揭示资金需求量与有关因素之间的关系。

(2) 销售百分比预测法。销售百分比预测法是首先假设收入、费用、资产、负债和销售收入存在一个相对稳定的百分比关系，根据预计销售额和相应的百分比预计资产、负债

和所有者权益,然后利用合计等式确定融资需求。其实施过程如下:

- 计算企业销售额;
- 计算预计销售额下的资产和负债;
- 计算预计留存收益增加额;
- 计算需要的融资数额。

三、分析企业的偿还能力

由于企业必须为外源融资承诺一定的收益回报,所以偿还到期债务的能力直接影响企业的融资能力。可以通过短期偿债能力和长期偿债能力的相关指标分析考察企业的偿还能力。

1. 短期偿债能力指标分析。

(1) 流动比率

$$流动比率=\frac{流动资产}{流动负债}\times 100\%$$

该比率表明企业流动负债有多少流动资金作为偿还的保证。一般情况下,流动比率越高,反映企业短期偿债能力越强,实践中一般认为 2∶1 为适宜比率。过高则表示企业流动资产占用较多,影响资金的使用效率和企业的筹资成本,降低企业获利能力。

(2) 速动比率

$$速动比率=\frac{速动资产}{流动负债}\times 100\%$$

由于速动资产剔除了存货等变现能力较弱且不稳定的资产,速动比率较流动比率能更客观、准确、可靠地反映企业的短期偿债能力。实际应用中需注意的是,如果企业存货流转顺畅,变现能力较强,即使速动比率较低,只要流动比率高,企业仍然具有一定的短期偿债能力。

(3) 现金比率

$$现金比率=\frac{现金+有价证券}{流动负债}\times 100\%$$

一般而言,现金比率越高,反映企业短期偿债能力越强,但过高的现金比率意味着企业流动负债未得到充分利用,存在资金闲置的情况。

2. 长期偿债能力指标分析。

(1) 资产负债率

$$资产负债率=\frac{负债总额}{资产总额}\times 100\%$$

该比率表明企业中由债权人提供的资金来源占资金总来源的比重。这一比重越小,企业的长期偿债能力就越强。但如果该比率较大,也说明企业充分利用了财务杠杆,即利用较少的自有资金投资而形成了较多的经营资产。需指出的是，如果该比率过大，则表明企业债务负担沉重，甚至有破产的可能。

(2) 有形资产负债率

$$有形资产负债率=\frac{负债总额}{有形资产总额}\times 100\%$$

由于该指标在企业资产总额中去除了并无直接变现能力的一些项目，如待摊费用、待处理财产损失、无形资产、递延资产等，所以比资产负债率能更准确地反映企业的长期偿债能力。

(3) 产权比率

$$产权比率=\frac{负债总额}{所有者权益}\times 100\%$$

该比率越低，表明企业长期偿债能力越强。还可用以评价企业财务结构是否稳健合理。

(4) 利息保障倍数

$$利息保障倍数=\frac{税前利润+利息费用}{利息费用}\times 100\%$$

从长期看，利息保障倍数至少应大于1，才能维持企业基本的偿债能力。该倍数越大，企业长期偿债能力一般越强。

13.2 生命周期融资策划

一、企业生命周期与融资

在具体的融资活动中，各种不同类型、处于不同发展阶段的企业面临不同的融资背景与融资环境。它们对于融资源的识别、融资途径和融资时机的选择有很大的个性差异。尽管如此，它们仍有一个共性原则，那就是各个企业应根据其所处的发展阶段和资金的需求状况，决定采用相应的融资方式。我们可以按不同的销售水平，将企业的发展阶段作如下划分：

- 种子期——研究与开发阶段；
- 创业期——初创阶段；
- 成长期——早期成长阶段；
- 成熟期——快速成长阶段；
- 衰退期——退出阶段。

企业融资需求主要在前四个阶段。运用“生命周期融资策划”可以分析在不同的发展阶段对资金需求的不同特点，提出与之相适应的融资策划方案。各类企业都能从中获得相应的融资参考。图 13-3 揭示了现阶段我国企业各发展阶段的融资渠道。

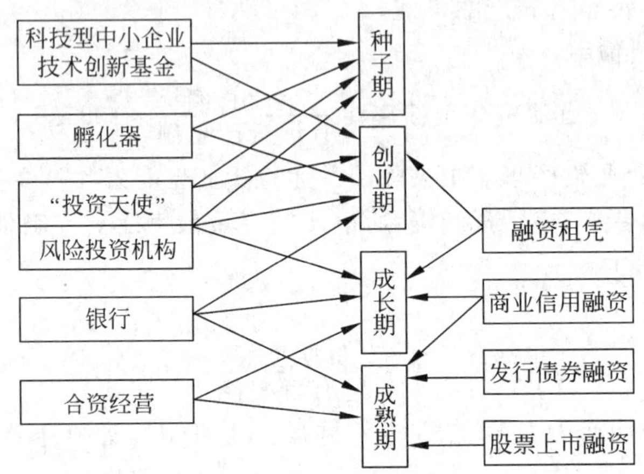

图 13-3　现阶段我国企业融资渠道

按照企业不同发展阶段的主要融资途径，可以从总体上划分融资的两大时期：

- 初创期——涵盖种子期和创业期。
- 发展期——涵盖成长期和成熟期。

二、初创期融资策划

（一）阶段特点与融资背景

1. 种子期(seed stage)

(1) 阶段特点与资金需求。这个阶段主要特点就是有一些创意、技术的雏形和一些核心的成员，最迫切的任务是突破技术上的难关，将构想中的产品开发出来，取得雏形产品。此时，创业者需要资金投入进行研究开发，或继续验证这个创意。此时资金的需求量一般不太大，但往往超过了创业者个人储蓄的支付能力而需要融资。由于还不能产生收入现金流，最好是能够融入可以长期使用的资金。

(2) 融资背景。由于这一阶段研究成果出现的时间不确定，商业目的不明确，在申请专利之前研究成果容易被外界所共享，因此这一阶段的投资成功率最低。如果创新不成功，或创新成果的商业性不强，则资金投入很可能有去无回。而且由于没有过去的经营记录和信用基础，几乎不可能得到商业银行贷款融资。创业者的融资希望在于获得政府基金的资助，更多的是希冀得到孵化器、风险投资者的支持，此时的主导融资方式是股权融资。

2. 创业期(又称导入期，start-up stage)

(1) 阶段特点与资金需求。一旦产品研制成功，创业者为了实现产品的经济产业价值，着手筹建公司并进行试生产。该阶段资金主要用于购买生产所必需的厂房、设备、生产材料、后续的研究开发和初期的销售，需要的资金约是种子期的 10 倍。

(2) 融资背景。由于创建阶段的技术风险和市场风险未得到有效释放，企业仍处于现金流出远大于现金流入的阶段，同样缺乏经营、信用记录，因此企业要想得到商业银行贷款融资极其困难，而且初创建不久的企业也无法承担银行贷款融资引致的沉重债务负担。非营利机构如政府基金在此阶段由于受法律条件限制也不再适用，但却是风险投资大显身手的时期。

(二) 融资渠道策划

1. 企业孵化器(incubator 或 innovation center)

(1) 特点与运作。企业孵化器是一种介于市场与企业之间的社会经济组织，通过提供研发、生产、经营的场地，通信、网络与办公等方面的共享设施，系统的培训和咨询，政策、融资、法律和市场推广等方面的支持，降低新创企业的创业风险和创业成本，提高企业的成活率和成功率。孵化器的主要目的是帮助初创企业成为能够独立运作并健康成长的企业。

我国孵化器大致分为七种类型：综合性科技企业孵化器；专业技术孵化器；大学创业园；海外学人创业园；国际企业孵化器；企业孵化器网络；专利技术孵化器与流动孵化站。

企业孵化器是一个创造成功的创新型企业的综合系统，它通过成功创造一批充满创新活力的企业，并通过入孵企业的成长来实现自己的增值，因而形成了自己独特的运作机制。

(2) 融资选择。需要指出的是，企业孵化器提供的是一个综合服务系统，其中直接融资服务只是综合服务中的一项，所以，从融资的角度，它更多的是提供间接与隐性的融资。对于初创阶段尤其是种子期的高科技企业，入住“孵化器”是一项不错的融资选择。

2. 科技型中小企业技术创新基金

(1) 特点与运作。该基金是经国务院批准设立用于支持科技型中小企业技术创新的政府专项基金，不以营利为目的，实行公开、公平、公正、竞争、择优的管理原则。根据入选企业的不同特点和项目所处的不同阶段，以下列方式提供支持：

- 贷款贴息：一般要求项目总投资人民币 3 000 万元以下，实施周期不超过 3 年，贴息总额不超过 100 万元。
- 无偿资助：一般要求项目总投资人民币 1 000 万元以下，实施周期不超过 2 年，资助总额不超过 100 万元。
- 资本金投入：该项目即将启动，数额预计一般不超过企业注册资本的 20%。

(2) 融资选择。符合下列条件的中小企业可以申请科技型中小企业技术创新基金的支持：

- 具备独立企业法人资格；

- 主要从事高新技术产品的研制、开发、生产和服务业务;
- 领导班子有较强的市场开拓能力和较高的经营管理水平,并有持续创新的意识;
- 职工人数不超过500人,具有大专以上学历的科技人员占职工总人数的比例不低于30%,直接从事研究开发的科技人员占职工总人数的比例不低于10%;
- 有良好的工作业绩,资产负债率不超过70%;
- 每年用于高新技术产品研究开发的经费不低于销售额的3%,注册不足一年的新办企业不受此款限制;
- 有严格的财务管理制度、健全的财务管理机构和合格的财务管理人员。

3. 风险资本

风险投资行业是为具有高增长潜力的企业创业者提供风险资本和其他资源的行业,目的是获得投资基金的高额回报率。而风险资本是投入到新兴的有巨大竞争潜力的初创企业中的一种权益资本,它通常要求一定的股份形式承诺。

(1)“投资天使”——非正式风险投资者

1)投资特点:非正式风险投资者基本都是富有的个人和成功创业者,通常受过良好教育。其中很多人凭自己的力量创造了财富,具有很扎实的商务和财务经验。

“投资天使”通常在附近地区投资。他们的投资数额往往比较小,对一家企业的投资通常为人民币2万~20万元。这些投资者可能单独投资,也可能和其他“投资天使”一起联合投资。

通常,这些“投资天使”对他们所投资的市场和技术有很深的了解,他们的经验和关系网络可能会给所投资企业带来比其投入资金更多的价值。对创业者非常有利的一个因素是,由于“投资天使”的投资决定往往包含着“希望参与创业过程”或者“帮助其他创业者起步”等非经济因素,所以对自身潜在的无形投资估价一般不如正式的风险投资组织的估价彻底。

2)融资选择:“投资天使”尤其适合下列发展阶段的企业:

- 还未开发出雏形产品的种子期融资。
- 预期销售额及利润增长率在20%~100%的小型初创企业,因为这个增长率对正式风险投资者的吸引力有限。
- 资金要求在人民币20万~150万元的小型初创企业。

3)融资难点与技巧:由于“投资天使”是一个广为分散的群体,而且喜欢匿名,所以很难找到他们,因为他们既没有网络联系,也不属于商业协会。要识别他们并和他们建立联系需要创造性的技巧。

创业者应充分利用自己的商业伙伴网和其他接触的人员寻找“投资天使”。除了意外的发现外,以下途径须加注意:

- 其他成功的创业者可能有与“投资天使”合作的经历,或许有信息提供;

- 寻求商业伙伴、会计师、律师、大学教师等的推荐，他们比较接近“投资天使”的圈子；
- 因为许多“投资天使”一起联合投资，可以通过一个“投资天使”接触到其他投资者。

联系到“投资天使”，只是意味着找到了潜在的投资者。接下来与“投资天使”们关于合作关系的会谈是非常关键的。但如果与两个以上的“投资天使”同时会面，将面临一种风险：如果其中一名投资者对创业者的产品设计、商业计划或管理团队等提出消极意见，则很可能影响到其他“投资天使”的投资态度。所以会面的一个原则是：创业者必须避免在同一时间会见两个以上的“投资天使”。

另外，要充分挖掘与“投资天使”会面的成果。即使未能达成投资意向，也要尽可能在会面中获取其他“投资天使”的信息。

(2) 风险投资基金与风险投资公司——正式的风险投资者

1) 投资特点：风险投资基金与风险投资公司是专业的风险投资组织，有较雄厚的资本基础和专业管理人员。

风险投资基金(或公司)通常只对自己所熟悉的行业或者自己了解的技术领域的企业进行投资，所资助的企业大多分布在公司所在地的附近，而且偏爱发展潜力巨大的中小公司。它们的投资注重规模效应，一般倾向于投资人民币100万元以上，对少于人民币80万～100万元的投资基本不予考虑，某些实力强的基金单项投资额超过人民币1000万元并不鲜见。它们在投资前往往进行专业、彻底的投资调查及评估。其投资方式有三种：

- 直接股权投资，这是最主要的投资方式；
- 直接股权投资并提供一部分贷款或担保资金；
- 提供贷款或贷款担保，单独采用此方式较为少见。

风险投资主要是一种股权投资，但主要目的并不是为了控股，更不是为了经营企业，而是通过投资和提供增值服务将对象企业做大，然后利用公开上市(IPO)、股份出售、兼并收购等方式退出，实现投资回报。

2) 融资选择：风险投资机构在企业发展前四个阶段都有投资，但分布在种子期和成熟期投资的总和在整个投资中的比例一般不到10%。主要的投资阶段是创业期与成长期。所以适于下列发展阶段的企业：

- 特别适于创业期的企业融资，尤其是生物工程、计算机、半导体等高科技风险行业。
- 预期销售额及利润增长率在20%以上的初创企业，对风险投资机构的吸引力较强。资金要求在人民币80万元以上的小型初创企业。

由于不同的风险投资机构的背景与实力各有不同，在对投资阶段、行业、技术和拟定资本的要求与偏好方面差别很大。早期创业者应根据下列条件慎重选择风险投资者：

- 正在考虑新的投资建议并且能提供所需资金的投资者；
- 对公司所处的特定成长阶段感兴趣的投资者；
- 理解并喜欢在该特定行业投资的投资者；

• 能提供好的商业建议、有道德支持并能接触到商业圈和融资圈的投资者；
• 有信誉、有道德并且与创业者关系良好的投资者；
• 有多年成功的提供咨询和创建小型公司业绩记录的投资者。

3）融资难点与技巧：虽然风险投资基金（或公司）可以带来充足的资金，还有经验、关系网络和行业接触，对初创企业十分有吸引力。但在接触风险投资基金（公司）的企业中，实际获得融资的企业不超过2%～4%。那些能够成功运用融资技巧的企业显然更可能受到青睐。

以下一些建议有助于与风险投资基金（或公司）的风险资本家或投资经理打交道：

• 尽可能请非常了解创业者，同时对投资者也非常了解的人进行个人引见。
• 创业者必须对投资方批评、修改或重整自己的商业计划有所准备，对正确的意见虚心接纳，不甚理解之处应耐心讨论。
• 让事实说话，永远不要说谎。保持诚信的形象远远重于赢得一次融资谈判。

（三）风险融资关键文件——经营计划书（或称商业计划书）

1. 经营计划书的意义

对于风险投资机构与风险投资家而言，风险企业创业者的空口许诺毫无价值，一份精心制作的可行的经营计划书往往才是打动他们的关键。

对种子期企业而言，酝酿中的项目其前景通常并不清晰。在制定经营计划书的过程中需要逐条推敲，列举评估正反理由，使创业者对项目有更清晰、深入的认识。经营计划首先是把计划中要创立的企业推销给创业者自己。

对创业期企业来说，经营计划可以看做企业的发展规划较为具体的方向和重点，从而激励员工为共同的目标而努力。

2. 经营计划书的要点

（1）种子期的经营计划书必须说明下列问题：

• 创办企业的目的。
• 创办企业所需的资金。为什么要这么多的投资？为什么投资人值得为此投资？

已建风险企业的计划书需要说服投资者（原有的或新加入的）为企业的进一步发展提供资金，潜在投资者必须了解：企业的经营目标；企业的经营状况。

（2）为了提高计划书被接纳的“命中率”，创业者应把握一些要点：

• 关注产品。应提供所有与企业的产品或服务有关的细节。对产品或服务的阐述要让投资者相信该产品（服务）会在市场上产生革命性的影响，并且认为企业的论据充分有力。
• 敢于竞争。细致分析竞争对手情况，使投资者相信：本企业不仅是行业中有力的竞争者，而且有很大机会成为确定行业标准的领先者。
• 了解市场。提供企业对目标市场的深入分析和理解，提出主要的营销计划，明确每一项活动的预算和收益。特别关注销售中的细节问题。

- 表明行动的方针。提供无懈可击的行动计划，如现有资源与需购入资源情况、设备来源及成本、原料来源与生产线设计、产品推向市场的具体战略等。
- 展示管理队伍。首先描述整个管理队伍职责分工，再介绍每位管理人员的特殊才能、将为企业所做的贡献。应明确管理目标及组织机构图。
- 出色的计划摘要。这是创业者最后撰写，但却是潜在出资者首先要看的内容，它必须能让投资者有兴趣并渴望得到更多的信息。

三、发展期融资策划

（一）阶段特点与融资背景

1. 成长期(expansion stage)

(1) 阶段特点与资金需求。该阶段是技术发展和生产扩大阶段。技术风险已基本消化，但市场风险和管理风险加大。这一阶段的资金需求相对前两个阶段有所增加，主要投向为：

- 扩大生产；
- 增加营销投入，开拓市场；
- 预研第二代产品；
- 注入新的资本金。

(2) 融资背景。这一阶段资金称作成长资本，主要来源于原有风险投资的增资和新的风险投资进入。同时，企业开始拥有较为稳定的顾客和供应商以及较好的信用记录，银行贷款等稳健资金会择机介入。利用信用融资也开始起步。此外，由于企业发展非常迅速，企业往往需要注入新的资本金，通常情况是需要引入新的股东，这种融资实际上是引进战略合作伙伴。

2. 成熟期(mature stage)

(1) 阶段特点与资金需求。成熟期的企业已经具有相当的品牌效应；技术成熟；产品进入大工业生产和延伸阶段。工作重点是完善现代企业制度，通过成功上市转型为成熟的公众公司。发展目标是力争取得和保持行业领先地位，根据发展需要向知名跨国公司发展。这一阶段的资金需求是最为庞大的，但融资环境也得到了很大改善。

(2) 融资背景。这一阶段的资金需求称为成熟资本。随着各种风险的大幅降低，高额利润率已不再是企业的主要追求，对追求高风险、高回报的风险投资已不具有吸引力。同时，企业的收入现金流充足稳定、拥有稳固的资信能力，银行贷款、债券发行等债权融资已成为常规的融资手段。而成功上市更是企业成功和创业者最终完成资本原始积累的标志。同时使内源融资成为主导的融资渠道。以往阶段的投资主力——风险投资已经很少增加投资了，但是选择这一阶段退出，可以获取最佳回报水平，完成自身良性循环。

（二）融资渠道策划

1. 银行贷款

在我国当前资本市场发展尚不完善、风险投资起步不久的背景下，向银行贷款融资是我国企业最主要和常规的融资渠道。对于中小企业来说，甚至可能是创始融资之外唯一的融资途径。所幸这种情况业已得到广泛关注与重视，情况正在得到逐步改善。

(1) 银行贷款的程序。

1) 出具借款申请：填写包括借款金额、用途、偿还能力以及还款方式等主要内容的借款申请书。

2) 银行审查借款申请：

- 对借款企业信用等级进行评估；
- 对贷款的合法性、安全性、营利性等进行调查；
- 最后决定贷款审批。

3) 借贷双方签订借款合同。

4) 贷款的按期发放与按约归还。

(2) 选择银行。选择银行的重要性体现在两个方面：

- 我国规定企业不允许多头开立基本账户，企业应根据信誉、服务、便利等因素慎重选择。
- 如能选择合适的银行与之交往，则银行不仅是贷款提供者，而且还会成为极好的合作伙伴。好的合作伙伴会带来比借款额大得多的利益。

选择银行可以着重考虑如下因素：

- 被选银行应该大小合适，既有满足企业可预见资金需要的能力，又不至于太大而使得企业这个客户无足轻重。
- 银行应对企业所处的行业有贷款经验，对于成长期的企业这一点特别重要。这时银行对企业面临的问题有较大的容纳力，企业有更大机会获得贷款。
- 当贷款企业遇上难题时，该银行是否有想象力和创造力帮助解决，而不是惊慌失措。
- 创业者和银行贷款关键人物是否有很好的私人关系。

(3) 银企关系处理技巧。

- 预先规划资金需求，如果提出过于急迫的借款要求(比如第二天就需要资金)，只会被认为规划和管理能力低下。要留给银行处理贷款申请的时间。
- 积极向银行通报业务情况，这样更容易在出现困难时得到银行的帮助。
- 如果不能及时归还贷款，也不能回避银行，应该主动拜访解释不能偿付的原因，并告知能够归还的日期。
- 及时偿贷，建立良好的贷款和偿贷记录。

• 企业应该尽力达到向银行展示的财务目标，提高自身的可信度。
• 如果某一笔贷款要求被银行拒绝，要充分理解，不要纠缠。

2. 发行债券融资

企业可以凭借自身的资信能力向社会公众发行债券融资，对债权人承担发行契约规定的偿付责任。

(1) 发行债券筹资的条件与程序。我国《公司法》与《企业债券管理条例》规定了发债企业的条件：

1) 股份有限公司净资产额不低于3 000万元，有限责任公司净资产额不低于6 000万元。保证公司具有足够的偿债能力。

2) 累计债券总额不超过公司净资产的40%。

3) 最近3年连续盈利，可分配利润足以支付公司债券1年的利息，有利于保护持券人的利益。

4) 债券利率不得高于银行相同期限居民储蓄存款利率的40%。

5) 所筹资金符合国家产业政策。

我国企业债券的发行程序是：

• 作出发债决议；
• 制定发债章程；
• 办理债券评级；
• 提出发债申请(债券等级评定须为A级以上)；
• 公告发行办法；
• 签订承销合同(如果采用间接发行)；
• 发售债券；
• 收进债券发行款项。

(2) 选择债券发行的时机及债券期限。发行债券虽然具有自主、灵活的优点，但也要避免财务风险，只有选择最佳的发行时机才会保证得到最大的收益。一般来说在如下情况发行最好：

1) 公司负债率低：公司负债总额不可超过公司实有资产净值的一定限度，如果超过这一限度，公司对外借债必然发生财务困难。

2) 预期收效好：公司发行债券要先进行经济效果预测，如果预测的结果为融资后经营利润大于债券利息，并且收益前景乐观，发行债券确为优选方案。

3) 当期市场利率水平低或预期通涨率上升：如我国近年利率多次下调，企业债券融资成本相对较低，而且较低的利率水平分流了银行储蓄，有利于企业债券发行。另外如果预期偿付期内通胀率有上升趋势，发行债券对发行企业有利。

企业确定债券期限的相关因素有：

- 投资项目性质：这是确定债券期限的主要因素，债券期限应与筹资用途相适应；
- 债券市场发育状况：我国债券市场尚不发达，流动性不足，长期债券的市场吸引力较差；
- 市场利率变动趋势及投资者心态。

（3）发行可转换债券：可转换债券是一种以企业债券为载体，允许持有人在规定时间内按规定价格转换为发债公司或其他公司股票的金融工具。由于它具有筹资和避险的双重功能，比单纯的筹资工具或避险工具更有优势：

- 由于选择性强，可转债对投资者吸引力强，筹资难度相应降低；
- 其利率低于一般债券，可以降低融资成本；
- 转为普通股后可以减少发行企业债务，增加自有资本。

但是我国目前发行可转债的程序非常复杂，发行门槛较高，与股票公开上市条件基本等同。所以，能够发行可转债的企业范围还有很大限制。

3. 发行股票融资

（1）普通股融资与优先股融资利弊对比见表13-2。

表13-2 普通股与优先股融资利弊

	普通股	优先股
融资优势	• 能够增加自有资本，增强企业实力 • 没有还本压力，红利发放自主性强，成本负担较小且具灵活性	• 能够增加自有资本，增强企业实力 • 优先股东没有表决权，不会分散企业控制权
融资缺陷	• 企业控制权分散 • 发行风险较高，发行成本高于优先股与债券	• 优先股股息支付固定，融资成本高 • 融资对象范围有限，融资规模有限

（2）公开上市融资：企业公开上市可以筹集大量供企业持续发展的资金，同时表明市场对企业以往业绩的认可，将极大提升企业的品牌效应和资信能力。企业可以通过这个契机以成熟公众公司的形象迈向更高的发展层次。

在我国，按发行对象和上市地区的不同，公开上市股票分为A股、B股、H股和N股等。A股是供我国内地个人或法人买卖的，以人民币标明票面金额并以人民币认购和交易的股票。B股在上海、深圳上市；H股在香港上市；N股在纽约上市，以人民币标明票面金额但以外币认购和交易。

我国新设立的股份有限公司申请公开发行股票，应当符合下列条件：

- 生产经营符合国家产业政策。
- 发起人认购的股本数额不少于公司拟发行股本总额的35%。
- 在公司拟发行的股本总额中，发起人认购的部分不少于人民币3 000万元，但国家另有规定的除外。

- 向社会公众发行的部分不少于公司拟发行的股本总额的 25%，其中公司职工认购的股本数不得超过拟向社会公众发行股本总额的 10%。公司拟发行股本总额超过人民币 4 亿元的，证监会按照规定可以酌情降低向社会公众发行部分的比例，但是最低不少于公司拟发行股本总额的 10%。
- 发起人在近三年内没有重大违法行为。
- 证监会规定的其他条件。

原有企业改组设立股份有限公司申请公开上市，除上述外还应符合下列条件：

- 近三年连续盈利。
- 发行前一年年末，净资产比例不低于 30%，无形资产占净资产比例不高于 20%，证监会另有规定的除外。

从我国目前股票上市融资情况看，主板证券市场更多地向国有大中企业倾斜，且上市门槛较高。难以登陆主板市场的中小企业、民营企业最好在针对中小企业定位的二板市场上市，目前主要利用的是美国的纳斯达克市场和我国香港的创业板市场。

4. 引进外资

(1) 国际融资。经国家有关部门批准，企业还可从国际金融市场融入资金。引进外资本身形式多样。这种方式主要解决企业引进国外先进技术和先进设备的外汇资金需要，在引进外资时一定要考虑清偿能力，并注意提高融入资金使用的经济效益。

(2) 合资经营。通过与外商合资，共同投资建设项目是企业常用的方式，既可以解决技术引进，消化吸收，又可以获得所需的资金。其中的 BOT 方式协议外商经营若干年后就交给中方，对交通、发电等行业非常适用。

13.3 融资风险规避策划

与投资行为一样，企业的融资行为也属于风险行为。为了外源资金使用权的取得，企业必须承担相应的风险和成本。如果融资风险和成本不能很好地识别及有效的控制，外源资金的流入就会利少弊多。

一、外部股权融资风险的评估与规避

企业不同发展阶段对外部股权融资的依赖程度不同，风险特点和规避对策也有差异。

1. 外部股权融资完全依赖阶段

(1) 融资特征。主要包括成熟期以前阶段的企业，一般经营现金流及税后利润均为负；同时，为支持增长的投资现金流出规模日益增加，因此自由现金流为负。但此时缺乏获得债权融资支持的资信条件，只能寻求外部直接投资，主要是股权融资。

潜在的直接投资人分为以下几类：

- 风险投资人：这类投资人除了自己的投资重点外，更看重被投项目本身的优势，比较注重与已投项目的配合与互补。风险投资人把投资过程看成产品的制造过程，对被投资项目能否尽快成为可以卖的“产品”，从而成功“退出”非常注重。
- 实业投资人：这类投资人更看重的是投资某一项目后给企业带来的整体效益，所以对被投资的具体项目的发展看得相对长远一些。这类投资人的投资理念是投资就要拥有。
- 投机性的投资人：他们投资一个项目多数是出于项目本身以外的目的，他们的赌博心理很强，责任心比较差。在国内，这类投资人为数不少。
- 公益性投资人：主要是一些国际组织和私人机构建立的投资机构，它们的投资重点侧重于文教、卫生、环保等领域。

（2）融资风险。初创企业的企业家的一大难题就是在利用外部股权融资获得创立与发展企业所需资金的同时，不得不面临股权流失与控制权分散的风险。

（3）风险规避途径。以下策略有助于保护股权与控制权，而又不失去企业发展的机会：

- 充分利用融资租赁。融资租赁业务是一种以实物为载体的融资手段，租赁公司必须用所筹资金，按企业的指定购买设备，然后出租给企业使用。是企业扩大投资，又不稀释股权与控制权的有效筹资渠道。
- 引入外部投资者的首选是公益性投资人，然后是投机性的投资人、风险投资人，实业投资人对控制权威胁最大。
- 必要时可以企业30%甚至50%的股权换取风险资本，要记住“大馅饼上的一小块也比小馅饼上的一大块要好”。
- 不要等到企业资金严重短缺时才寻求投资，那样会降低在谈判中的地位。
- 创业者可以通过事先确定期权的方式在未来买回投资者持有的股权。
- 可以在与投资者的合作协议中加入“反稀释条款”，采用固定股份比例等方式，以此保护创业者及其团队对企业的合理股权与控制权。

2. 外部股权融资部分依赖阶段

（1）融资特征。经过股权融资的企业，投资主营业务获得成功，但需要大量的外部股权融资支持，进一步扩张企业。企业上市后，借助公开上市募集的股权资本，竞争地位和经营现金流产生能力增强，信用等级提高。随着内源融资能力和外部债务融资能力提高，外部股权融资的依赖性和规模相对下降。

（2）融资风险。公司上市的目的无疑是为了发展融资，但上市后并不意味着持续依靠外部股权融资。上市公司需要慎重选择投资项目、用好募集资金，增强主业竞争和现金流产生能力，使公司从外部股权融资依赖状态转为自由现金流充裕、财务自由状态，切实给投资者创造价值。

（3）风险规避途径：

- 摒弃“圈钱”行为，按需融资，集中发展企业核心能力；
- 完善公司的治理结构，防止内部人控制；
- 在保证公司财务稳健的前提下，加大债权融资比例，发挥财务杠杆的作用，为股东谋求收益最大化。

3. 现金流自由充裕、财务自由阶段

（1）融资特征。主要是成熟成长阶段的蓝筹股公司，如通用电气、可口可乐以及微软等。此时，企业竞争地位和收入增长稳定，利润及经营现金流为正，经营净现金流入持续稳定，并且超过公司增强竞争地位所必需的投资支出规模，因此，公司的自由现金流为正。此时，公司通常累积了大量的现金储备，大大超过公司能够为股东创造价值的投资机会所需资金。公司往往逐步提高现金红利支付率，同时开展股票回购，股票净融资规模为负。

（2）融资风险。由于具备了强大的内源融资能力，该阶段的融资环境最为理想，融资风险最低。转而主要考虑如何充分利用正向现金流的问题。现阶段我国企业能够达到这种境界的凤毛麟角。

二、债权融资风险的评估与规避

（一）风险识别

1. 融资环境风险

对我国企业尤其是中小企业来说，债权融资的最大风险体现为融资资源不足及资金供给能力有限。目前债权融资的主渠道是银行信贷融资，即使是接受国有商业银行信贷服务的国有大企业，也受国有商业银行加强资产负债风险管理、把清理金融资产、降低不良贷款作为工作重点的影响，贷款融资能力大为下降；而本来就占不到总贷款规模 20% 的中小企业贷款，更在国有商业银行培育“双大”、“双龙”等客户战略中属于压缩之列。其他如农村信用社、股份制商业银行、城市商业银行，由于现阶段需要解决自身发展问题，以及整体实力、知名度、业务范围、规模等方面的约束，也不可能将中小企业作为贷款重点。

债券融资方面，目前发行的重点建设债券、中央企业债券和地方企业债券，利率固定，期限较长，主要局限于大规模工业技改、城市化进程以及基础设施等资本密集型项目的投资。就债券本身所具有的利率、期限特征和所有制特征来看也难以适应广大企业融资需求。

民间借贷这一渠道资金有限，还因“非法”而受到打压，对企业融资起不到根本性作用。

2. 融资结构风险

在企业的经营活动中，收入现金流经常处于不稳定状态；而债权融资由于契约约束，存在具有时间、数量刚性的现金支出；如果不能在科学、明确的融资原则基础上，合理安排长短期债务融资的结构，就有可能由于收入现金流的不确定性导致严重的融资风险。

（二）风险规避途径策划

1. 融资环境风险规避

充分利用内源融资与商业信用，减少外部融资需求，是规避融资环境风险的基本途径。

（1）充分利用留存收益融资。留存收益是企业在生产经营活动中纯利润的积累，是企业内部融资的一个最主要的形式。企业的留存收益可分为盈余公积金、公益金、未分配利润三大部分。

1）企业盈余公积金：企业按照规定从税后利润中提取的积累资金叫做盈余公积金。法定盈余公积金最少提取10%，如果达到企业注册资本的50%，可不再提取。股份公司在向投资者分配利润前根据公司的章程或者股东会议的决议提取盈余公积金。企业可以利用盈余公积金补充经济亏损，也可以依法转增资本金，当作企业后备基金和生产发展基金。

2）企业公益金：企业的公益金是专用于职工集体福利设施建设的。

3）企业未分配利润：系企业已实现利润和已分配利润的差额，构成了企业内部的资金来源。

通过以下途径，企业可以有效增加留存收益：

- 提高资金利润率：资金利润率指的是企业利润与投资的比例。资金利润率越高，企业就能够把更多的资金转为自有积累，增加企业留存收益。
- 利用法律回避不合理税收：可以增加税后利润，扩充盈余留存额。
- 企业应精心处理股利与留存收益间的比例关系，确定合理的股利分配指标，既取得股东理解，又增加企业留存额。

（2）充分利用隐性融资手段，开源节流。

1）精简人员、会议、文书、接待；

2）突出主业与主打产品，出售转让分支业务与生产线回收资金；

3）科学管理调度，减少存货资金占用；

4）授予客户信用额度，吸引客户购货；给予折扣优惠，鼓励客户付款；

5）资金现收现存，及时生息。

（3）充分利用商业信用进行短期融资。

- 赊购商品；
- 预收货款；
- 商业汇票：即企业向供货商（或服务提供商）开具在未来某一时间支付货款的票据。根据承兑人的不同，可分为商业承兑汇票和银行承兑汇票，是一种短期融资方式。

2. 融资结构风险处理

根据企业实际的经营特征与资金需求状况，可以选用以下三种类型的债务融资结构原则。

（1）中庸型融资原则。公司的资产按照是否有规律性变化的特点，可以分为波动性资产和永久性资产。永久性资产包括固定资产和一部分流动资产。属于永久性资产的流动性资产数量多少取决于公司经营处于低谷时的流动资产规模。波动性资产的内容是扣除永久性资产后剩余的部分。

中庸型融资原则的特点是，对波动型资产采用短期融资的方式筹资，对于永久性资产则采用长期融资的方式筹资。这种筹资政策，可以避免因资金来源期限太短引起的还债风险，也可以减少由于过多地借入长期资金而支付高额利息(见图 13-4)。

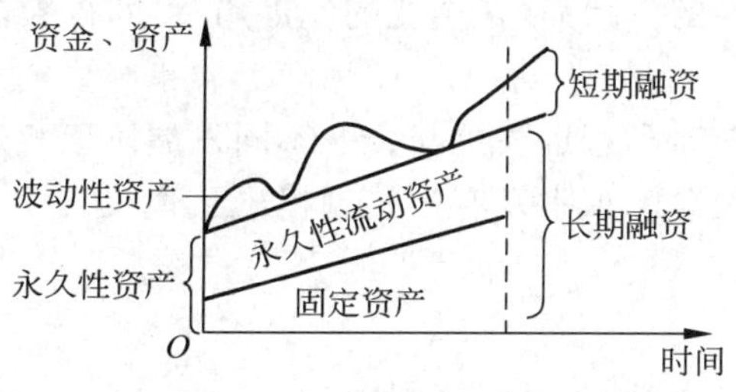

图 13-4　中庸型融资原则

(2) 积极型融资原则。积极型融资原则的特点是，公司以长期资金来源满足永久性资产对资金需求的一部分，余下的永久性资产和全部波动型资产，全部靠短期资金来融通(见图 13-5)。

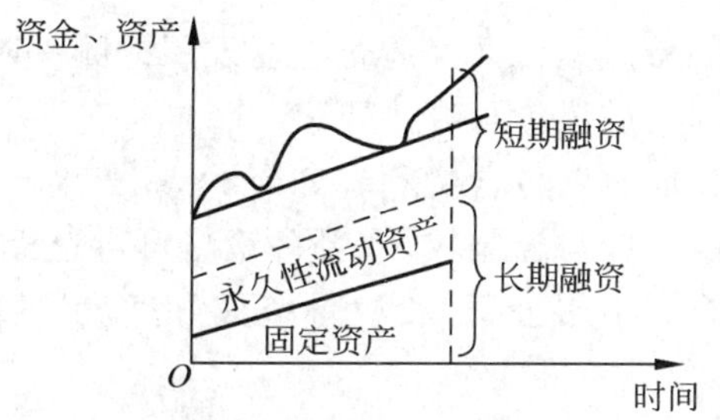

图 13-5　积极型融资原则

(3) 稳健型融资原则。稳健型融资原则的特点是，公司不但用长期资金融通永久性资产，还融通一部分甚至波动性资产(见图 13-6)。

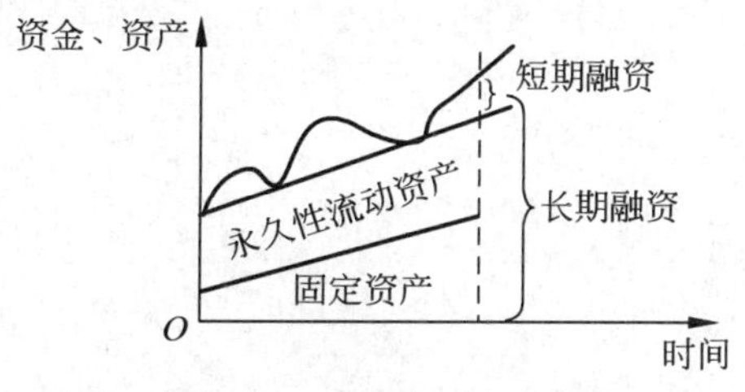

图 13-6　稳健型融资原则

小结

企业在融资活动中首先须明确的是，外源资金的获取总是要付出代价的：进行股权融资意味着股权与控制权的稀释；而债权融资后则面临未来刚性的偿债支出，外源融资总会增加企业的成本负担和风险因素。所以在企业发展的任何阶段，重视内源融资、提升内源融资的能力总是必要的。然而，在企业的发展历程中，外源融资需求却总是必要与不可或缺的。

运用“生命周期融资策划”可以找到与企业不同发展阶段相适应的融资策划方案。本章最后一节对外源融资风险的识别及有效控制提出了建议。

习题

1. 解释以下概念：内源融资、自由现金流、孵化器、天使投资者、风险投资。
2. 如何预测企业的资金需求？
3. 举一个筹集过外部资金、后来被董事会解雇的创始人或 CEO 的例子，从中得出的教训是什么？
4. 利用孵化器融资的特点是什么？适合企业发展的哪一阶段？
5. 一份好的经营计划书应该包含哪些要素？
6. 普通股融资与优先股融资各自的利弊如何？
7. 为了保护创业者的股权与控制权，有哪些策略可供选择？
8. 我国当前为什么存在上市公司“股权融资偏好过度”的融资风险？对企业有什么危害？
9. 充分利用内源融资的意义何在？主要途径有哪些？

第 14 章 企业提升发展策划

企业要经历从幼稚、成长、鼎盛、衰老的发展演变过程。企业的成长期是企业最富有理想和希望、对发展战略最需要审慎选择的时期。企业对专业化或多元化的战略选择应因企业而异、因条件而从善取之。同时,企业成长拓展的过程也是企业从产品营销到资本营运的过程,企业要综合谋划产品营销和资本营运战略,要注意选用资本营运的方式方法。企业成长拓展策划既要从营销战略的选择入手,又要从资本营运的角度着眼。

14.1 企业市场生命周期分析

一、企业存在类似生物的生命周期

生命周期本是生物学中对生物体经历出生、成长、衰老、死亡等生命阶段的描述,管理学中将企业的生存过程与生物进行类比,认为企业也存在着类似生物的从生到死、由盛转衰的过程,这一过程包括新创期、成长期、成熟期和衰退期四个阶段,故将这一过程称为企业生命周期,如图 14-1 所示。

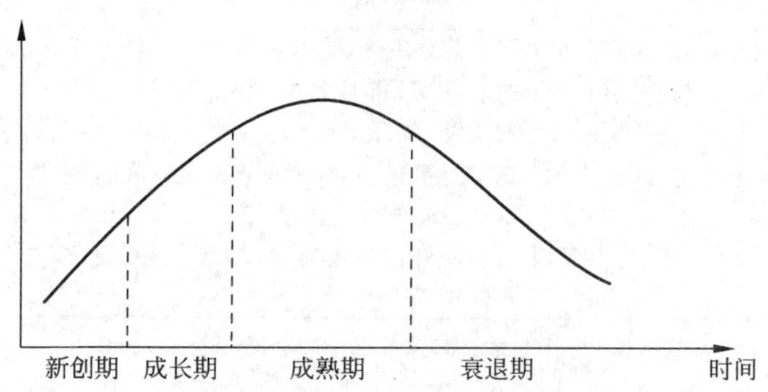

图 14-1 企业生命周期的 4 个阶段

(1) 企业新创期。在这一阶段,企业富有活力,创业者雄心勃勃,具有美好的理想和一定的创造性,但企业组织不健全,资本实力不强,产品品种少,生产规模小,盈利水平低,尚未树立鲜明的企业形象,在同行业中暂时处于劣势。

（2）企业成长期。企业实力由小到大、逐步增强的时期。企业找到了自身发展的动力和主导产品，企业的组织活力、创造力和凝聚力逐步加强，企业开始注意开拓并竭力寻求目标市场，尽力推进主导产品的增长速度和盈利水平，企业开始注意在竞争中树立自身的形象。但在进一步发展中深感因资金不足而捉襟见肘的窘迫。

（3）企业成熟期。这一阶段企业的目标市场明确，主导产品成功地占据了一定的市场份额甚至取得优势，企业生产规模得以扩大，盈利水平达到高峰，企业树立起了良好的形象并形成了一定的无形资产。但此时企业发展速度逐步放慢，各种职能部门组织体系虽然完备但矛盾开始产生，组织的创造力和凝聚力削弱，企业的活力日渐衰落。

（4）企业衰退期。这是企业走向衰老和死亡的时期。在这一阶段，资本负债率高，生产规模膨胀、包袱沉重，产品品种多，有些已呈亏损之势，企业内部管理部门出现种种矛盾，企业形象开始在消费者心目中暗淡。

企业生命周期不等于行业生命周期。产品生命周期是依据行业集中率与行业增长率的指标来划定的。产品生命周期也分为导入期（或称为新生期）、成长期、成熟期和衰退期4个阶段。处于导入期的行业称作朝阳行业，处于衰退期的行业称作夕阳行业。

企业生命周期与行业生命周期存在着内在联系，通常处于行业生命周期的导入期、成长期的企业，其生命周期自然长；相反，处于行业生命周期的成熟期和衰退期的企业，其生命周期一般会短些。表14-1是当前主要行业在生命周期中所处的阶段，分析和把握企业在行业生命周期所处的阶段是分析企业生命周期的前提。

表14-1　当前主要行业在生命周期中所处的阶段

	典型行业	发展面临的主要困难	企业生产之外的主要支出
导入期	生命科学、高温超导、外层空间	需求前景不确定，投资高风险	科技开发，市场调查，说服投资者，
成长期	半导体、新材料、信息通信	产品升级，市场拓展，提高开发速度，降低成本	产品与市场开发，扩大投资规模
成熟期	汽车、石化、家用电器、大宗化学品	竞争对手过多，技术与产品难以适应差别化	降价竞争，开发新产品，市场营销
衰退期	日用纺织品、日用工业品、钢铁	市场份额饱和或萎缩，产品差别化难，转产难	亏损，转产

资料来源：陈明森. 市场进入退出与企业竞争战略. 北京：中国经济出版社，2001

二、企业生命周期的特征

企业不同于生物的地方在于：企业如一个生命体，它既拥有生命系统的所有基本特征，同时还拥有生命系统所不具备的人工产物的特征。企业所具备的生命系统的特征是：新陈代谢、自我复制、突变性。企业所具备的人工产物的属性是对环境的自主选择性。

(一) 企业的新陈代谢

企业不断从外界获得资源,为企业生命提供营养,通过企业内部的经营机制将得到的人、财、物、技术、信息等资源结合起来,经过消化吸收后成为企业的生产要素并生产出产品。

(二) 企业的自我复制

企业通过自我积累,不断生产和扩大再生产,使本企业人员素质提高,技术水平提高,生产经营规模扩大,循环反复螺旋式上升,企业在不断地扩展中发展壮大。

(三) 企业的突变性

突变是指质的变化,其原因是多方面的,企业在发展过程中会不断地产生突变,如经济政策的变化、新技术的引进、原材料供应的变化、竞争态势的变化、用户需求的变化等都会导致企业发生质的变化。

(四) 企业对环境的自主选择性

生物对环境的选择是自然的,如鱼选择水。企业都可以选择最适合于自己生存的环境,如对竞争对手、竞争场所、目标市场、经营方式等的选择则是自主的。

正因为企业具有上述特征,因而,其生命周期与生物的生命周期相比也有不同之处,具体表现为:

1. 生命的可延续性

生物的寿命是有极限的,是既定的;企业作为人工系统则可以不断地根据环境来调整自身的结构,以保持与环境的适应性,并维持正常的能量的新陈代谢,持续地延续生命周期。

2. 企业生命的可逆性

生物的生命是不可逆的,即生物不可能返老还童;企业则可通过重塑形象或重新进行体制、组织结构的改革与调整,重返上一个阶段或上几个阶段。企业这种曲折式不断发展的形态如图 14-2 所示。

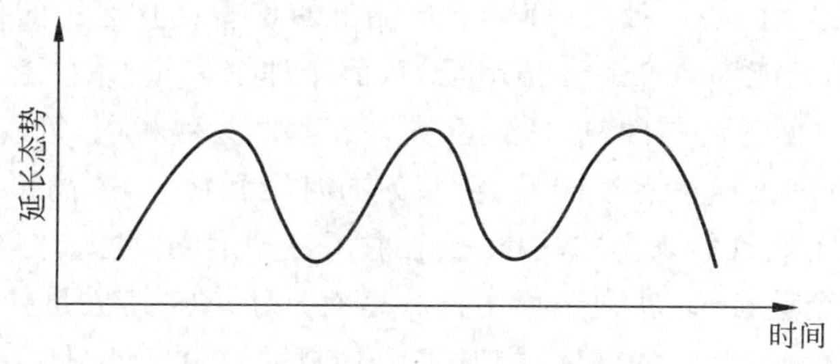

图 14-2 企业生命的延续曲线

3. 企业生命阶段与时间无必然联系

企业所处的阶段不以时间长短为限,有的企业虽已几百年,但仍然处于生机勃勃的成长期或成熟期，这种成熟期也未出现向衰退期滑落的迹象；而有的企业虽只有几年的历史，有的甚至更短，却已老气横秋、步履维艰，进入衰退期。

企业在其生命周期的变化、发展过程中，出于新陈代谢、自我复制的本能会不断地采取各种战略措施以便延续自己的生命，专业化发展、多元化发展只是企业依据自身条件的战略选择，基于不同条件企业会在不同发展阶段作出不同的选择。从产品营销到资本运营则是企业发展从幼稚到成熟的必然趋势。对企业拓展的策划就是围绕这些问题展开的。

14.2 专业化与多元化成长的选择策划

一、企业的专业化成长

企业经营专业化成长或称为集中化战略，是指企业将全部资源集中使用于最能代表自身优势的某一技术、某一市场或某种产品上的一种战略。经营集中化或专业化战略，既是各企业生产逐渐分离而形成许多独立企业的过程，也是同类产品由分散生产趋向集中生产的过程。经营集中化是企业分散经营和集中经营的统一。没有专业分解，就没有同类专业的集中。但只有分解，没有同类生产的集中，就不能实现专业化大批量生产的经济效益。

经营集中化所强调的核心问题是生产过程的协同效应。所谓协同效应是指生产过程的不同环节、不同方面共同利用同一资源（原材料、设备、管理、技术、信息）产生的整体效应。其内容包括：

(1) 生产技术方面的协同效应，即在产品设计与开发、生产技术、生产设备、原材料和零部件的利用上具有共享性，从而减产投资、节约开发和生产的成本。

(2) 产品销售方面的协同效应，即新老产品的销售有相互促进的作用，老产品能带动新产品销售，新产品又能为老产品开拓市场，从而增加销售额，减少营销费用。

(3) 经营管理方面的协同效应，即经营决策的基准大致相同，管理方法和手段比较一致，从而节省企业管理人员熟悉新产品、新业务的时间和精力，提高管理效率。

集中化战略是企业最常采用的战略，也往往是企业刚刚建立时的首选战略。其之所以被普遍采用或为企业首选，就在于集中化战略有利于增加其主要业务的销售量，提高市场占有率，培养用户对本企业的好感，同时集中化战略有利于企业不断扩大产品线，以满足不同细分市场的需要，因而能不断地扩大经营的地域范围。

集中专业化经营与协作无疑是现代企业先进的组织形式。但选择实施集中化专业化战略是有条件的，应该考虑的条件是：

(1) 只有市场需求具有较大规模时，才宜选用集中化专业化战略。因为市场需求是制约专业化协作发展的根本因素。

(2) 只有生产技术特点适合专业化经营，才能选用集中化专业化战略。这里所涉及的生产技术特点包括产品的生产技术特点、劳动手段的生产技术特点、工艺的生产技术特点和劳动对象的生产技术特点等诸多方面。因为不同行业、不同企业生产技术特点不同，所采取的专业化形式和发展水平也就不同。

(3) 只有适合按标准化要求生产的企业，才适合选用集中化专业化战略。因为企业的标准化水平是制约企业标准化协作发展的重要条件。标准化不仅可以加速新产品设计、发展品种、提高产品质量、方便使用和维修、减少备件储备，而且可以合理简化品种、扩大零部件的通用范围、增加生产批量、提高专业化程度。因此专业化生产必须按照标准化的要求组织生产销售。

企业采取集中化战略所收到的积极效果是明显的。其积极意义主要表现为：

(1) 由于资源的集中，所以，能保证生产技术的优势，保证提高企业的知名度和对市场了解的程度；

(2) 集中化意味着企业活动范围的相对缩小，迫使企业必须采取科学的管理方式，以最高的效益和最经济的价格提高产品的质量；

(3) 使企业的经营方向、目标都十分明确，从而聚集企业的智力、劳力，努力实现目标；

(4) 风险较小，对追加资源的要求最低，最能发挥企业已有能力。

集中化战略也有其局限性，其局限性主要表现在：

(1) 竞争范围狭窄，当行业趋势发生变化时，采用这一战略容易受到较大的打击；

(2) 应变能力较差，经营的单一化不利于应变市场、技术、购买者需求的变化，一旦出现较大变化，企业转换战略较难。

集中化战略是企业进入国际市场可供选择的战略，但不是唯一可供选择的战略。企业选用集中化战略要从宏观和微观两个方面考虑其可能性和合理性，不能不顾企业本身的条件而作出决断。

二、企业多元化经营成长

多元化经营成长是指一个企业同时经营两个以上行业的产品的市场经营战略，或者表述为同时生产和提供两种以上基本经济用途不同的产品、劳务的一种经营战略。

企业多元化经营的核心问题是分散风险。采取多元化经营战略的企业参与多种商品和劳务的生产和销售活动，它不仅局限于产品品种的增加，而且包括生产和市场范围的扩大。多元化经营之所以能分散风险，就在于企业避免出现产品高度相关的组合。高度相关的产品组合会出现以下几种情况：

(1) 所有产品都处于市场生命周期的同一阶段；

(2) 所有产品都是风险产品或滞销产品；

(3) 所有产品都存在对某种资源的严重依赖。

企业多元化经营得以分散风险分为以下几种情况：

(1) 不相关多元化。即一个企业的主要业务收入低于企业全部收入的70%，而且其他业务与主业之间不具备相关性。这类企业亦称为混合企业。

(2) 相关—关联型多元化。主业收入占总收入的比例低于70%，但是与其他相关业务(并不与主业直接相关)总共所占的比例超过70%。

(3) 相关—延长限制型多元化。主业收入不超过70%，但与其他直接与主业相关的业务一起占的比例超过70%。

(4) 优势—垂直型多元化。垂直整合的业务收入占总收入的70%以上。

相应地，可将所有实行多元化经营的企业分为同心多元化企业、水平多元化企业、混合型多元化企业。

企业多元化经营战略是对企业内部的资源、结构进行合理化调整，使其内部各项功能高度分化和专业化，而企业(通常是集团)作为一个整体又拥有新的协调方式，使得各个子系统、各个环节有效衔接，确保企业运作的稳定高效的一种长期规划。因此，企业多元化经营战略的实施是伴随着企业的成长、集团化发展而出现的行为举措。发达国家是在20世纪50年代就开始出现了多元化经营，但由于整个世界经济形势的不断变化，在不同时期，多元化经营呈现出不同的特点和不同的变化趋势。概括起来，多元化经营经历了“发散—有序—集中”这样的变化历程。

20世纪五六十年代为发散阶段。即企业多元化经营呈现出跨行业经营、形成混合型企业的态势。例如，60年代美国的食品、机电等主要工业部门最大的8家公司，一方面控制原有部门的生产；另一方面又不同程度地渗透到其他244个行业内，其中107个行业的产值超过30%为这8家公司所占有。

20世纪70年代为业务组合阶段。20世纪60年代末混合企业的绩效受挫，美国波士顿咨询公司为实施多元化经营的公司建立的业务组合计划这一新技术应运而生，以平衡多元组织，帮助管理者在不同业务之间进行资源配置。《财富》杂志1979年对500家大公司的调查表明，有45%的企业采用了开放式的业务组合计划，使企业管理者们明确：不同的业务需要按不同的方式管理，而不能靠某种通用的模式千篇一律地进行管理。

20世纪80年代为核心的业务阶段。80年代许多企业发现多元化经营并没有带来更大的效益，反而提高了组织成本，于是开始纷纷对一些与主业不相干的辅业采取了剥离的办法，或分离，或出卖。于是，“企业应基于核心业务”的观点被众多的企业所接受。《追求卓越》一书的作者彼得斯和沃得曼研究得出：就盈利而言，集中经营核心产品的企业最高，其次是相关多元化经营的企业，最低的则是那些采取不相关多元化经营的企业，在这类研究的影响下，企业盛行重组，形成以核心业务为主体的企业组织状态。

20 世纪 90 年代为核心业务集中化阶段。90 年代以来，由于经济全球化的大背景，企业的竞争更在于实力的雄厚，于是多元化经营显现出更为集中化的趋势，导致新一轮大规模的企业兼并和资产重组，甚至出现强强联合，形成巨型企业。与此同时，核心能力、协同整合、优势逻辑等新的思维和概念成为企业经营中的时髦语言。

企业多元化经营是与集中化经营相对应的一种战略。很显然，这两种战略可以交替实施，相互转化。不同的企业可以采取不同的战略，同一企业在不同的阶段亦可选取不同的战略。多元化经营和集中化经营各有优劣，企业的选择是要扬长避短，这就要在恰当的时间作出恰当的选择，适者生存，适者发展，“刻舟求剑”或“瞎子摸象”似的经营战略，只能事与愿违。

三、企业扩张战略的选择

国际企业成长扩张的战略选择既有困难处，又拥有方便。难处在于国际企业组织化的潮流与自身组织化程序存在着巨大的差异，企业在战略选择上是以集中化战略为主还是以多元化战略为主难以决断。方便在于国际企业在战略转换中的利弊得失已很清楚，我国可以根据自身条件择善而行，关键是选择过程的决策，两种不同的方案均可供选择，均有取胜的可能，而不必重新运作摸索途径。

20 世纪 90 年代中后期，中国理论界和实业界展开了对多元化经营和专业化经营问题的争论，争论中，双方均有人执其一端否定对方，支持多元化经营者，历数多元化经营的好处；反对多元化经营者，把所有失败企业的原因都归咎于多元化经营。显然这是偏见。

事实上，两种战略选择都有可能成功，也会有失败。“科龙”和“海尔”是中国两家制冷企业，但它们分别选择了不同的发展战略，都取得了巨大成功。

“科龙”选择了集中化、专业化发展战略。它立足于制冷家电行业这个专一领域发展。“科龙”只有 11 个下属公司，生产也集中在冰箱、空调和冰柜 3 大类产品上。科龙人的理念是“自己熟悉的领域里做到最好胜于求大求全，科龙要成为世界最大的冰箱生产商”。为与“海尔”的扩张相抗衡，“科龙”制订了一个“铁三角”组合战略，即在南方顺德、东北营口、西部成都建立三大生产基地，以图扩大东北、西部地区的市场份额。在企业兼并问题上，采取了“只吃生猛海鲜，不吃休克鱼”的策略，当 1998 年年初，“科龙”兼并大型国有军工企业成都发动机厂组建成都科龙公司并予投产时，不能不让人钦佩科龙人的气魄。“科龙”的成功有力地证明企业在专一领域的扩张是行之有效的正确战略。

“海尔”所选择的是另一条道路，即多元化经营的发展道路。海尔公司不但生产范围广泛的白色产品(冰箱、冰柜、空调等制冷电器)，而且大规模地向制药和包括电视机在内的黑色电子产品领域扩张，“海尔”下属有 70 家企业。不仅“海尔”，像“长虹”、“春兰”、“小天鹅”等公司不也先后进入别的行业吗？而且这些企业同样取得了巨大的成功。

同样是对上述两种发展战略进行选择的企业，都在实施中遭到惨败，现实生活中不乏实例，像相当多单一化经营的国有企业并不成功。而曾风光一时，在15个城市控股公司达44个之多的“宝安”，涉及了房地产、生物制药、建材、商贸、金融酒店等10多个行业，公司业绩从每股收益为0.67元下降到0.003 5元，由原来的蓝筹股变成了三线股。“宝安”是典型的多元化经营战略失败的例子。显然，企业的成败不在于经营战略本身，而取决于企业自身的决策，即在什么条件下作出什么样的选择。

企业发展的选择通常要考虑以下因素。

1. 环境因素

包括企业所处的地域环境、所进入的行业领域环境、行业竞争环境、目标市场的社会文化环境等。环境不同，经营的情况和生产的效果就不尽相同。

2. 制定战略的动机因素

企业发展的战略动机是以生产某一主导产品为主，然后渐次开发新产品。还包括有意识地进行产品战略转移，进而考虑怎样的动机才能实现企业的利益最大化、风险最小化原则。

3. 组合方案因素

多元化经营能否成功取决于资产组合方案，集中专业化经营能否成功取决于新产品开发和新市场拓展组合方案。不论是投资组合还是产品市场组合，都要紧密地结合企业实际，对企业的发展有很准确的把握。

4. 时机因素

宏观时机，包括国际市场的发展潮流、国内经济发展所处的阶段及政策导向；微观时机，即企业自身成长的阶段，企业资产的重组、企业领导集体的变更等。

企业的发展战略选择不能依企业决策人拍脑袋而成，它应该是在分析了企业内外条件的前提下作出的决定。综合考虑上述影响因素有助于企业作出正确决策。

中国企业无论以什么样的姿态进入国际市场，都必须做到自身强大富有竞争力，战略明确，行为受战略支配不盲目。实行多元化经营或集中化经营战略进入国际市场的企业还必须具备以下条件：

(1) 已成功地经营了某一产品；

(2) 能够形成某一方面的竞争优势；

(3) 有明确的目标市场，对海外市场情况了解；

(4) 有国际领先的技术，产品有高附加值；

(5) 有完备的战略经营方案等。

战略是企业行为的灵魂和方向，战略错了，会导致企业行为失当；战略对了，也不能保证企业行为成效显著，还需要有完善的策略措施。

14.3 产品营销向资本营运升级的策划

一、产品营销导致资本营运的必然性

企业是资源的转化体。企业对资源加工后，促成其到产品再到商品的转化。企业对资源的转化不是一次性的转化，而是经历了两次转化，即资源—产品，产品—商品。产品营销关注的主要是第二次的转化，即如何使产品进入市场实现其价值与使用价值。而资源向产品转化则既包含有营销的问题，也关系着资本营运的问题。

资本营运就是把企业的全部资源即全部生产经营要素都转化为可以经营的价值资本，以获取最大限度的价值增值。资本营运战略则是以资本为营运对象，以实现资本最大限度保值增值为目标的整体的、长期的谋划。

资本营运是一种现代经营管理方式，资本营运是市场经济发展到一定阶段的产物，是市场经济发展的高层次的企业行为。

产品营销与资本营运是顺次出现的，或者说资本营运是在产品营销基础上产生的企业行为，这是因为：

(1) 产品营销是伴随着企业的出现而出现的，但企业的出现并不意味着资本营运的相伴而生。市场经济初期，市场发育有限，产权流动困难，资产配置的市场机制尚未形成，资本营运不具备市场条件。

(2) 企业入市之初本身不具备从事资本营运的条件。当企业处于企业生命周期的最初阶段，企业的生存主要依赖产品，不可能在产品营销的同时进行资本营运。

(3) 企业不可能自发地形成资本营运的观念。观念的形成来自于客观实际。当企业的生存状态尚处于生产观念阶段、推销观念阶段时，企业的中心是生产和推销产品，不可能意识到资本营运的问题。

当市场经济发展到一定时期，企业处于生命周期的成长发展阶段时，企业随着产权的明晰而真正充当市场主体，市场体系的发育不仅催化了商品市场的成熟化趋势，而且促使生产要素市场的发展，这为企业真正实现资源配置的市场化提供了前提条件，企业才有可能全面促成人、财、物资源向人力资本、金融资本、生产资本和无形资产转化，企业才有必要和可能通过资本营运把资本投入到社会急需的、报酬率高的部门和行业，以谋求企业的良性循环和最大经济效益。企业只有处于成长期和成熟期时，才有自我拓展、自我壮大、跃上新台阶的冲动和可能，也就是说企业只有发展到一定的阶段才有从事资本营运的内在要求和必备条件。

资本营运是在产品营销的基础上发展的，产品营销的发展可能导致资本营运的发生，资本营运与产品营销是顺次出现的，但是资本营运与产品营销并非此生彼灭、依次取代的

关系，而是彼此共存、相互渗透的关系。资本营运是产品营销的延伸与拓展，资本营运又可以进一步促进产品营销的持续发展。

资本营运与产品营销有明显的区别，这些区别表现为：

(1) 企业运作重点不同。产品营销以产品决策为重点，围绕产品制定战略和策略，企业行为是谋求产品价值的实现。资本营运的重点是在于加速时间，企业行为是谋求资本增值。

(2) 关注企业资产的角度不同。产品营销关注资产增量投入的多少；资本营运则重视盘活存量，加速存量的流动和重组，以突破原有经营范围的局限，倾注于回报的产品和行业。

(3) 在经营着力点上，产品营销着力于企业内部，谋求实现资源自我配置，量力而行；资本营运则是外向型，充分利用社会大协作的宏观环境，以"合纵连横"、"借船出海"、"借鸡下蛋"等方法谋求资本增值。

(4) 风险大小与分散风险的手段不同。产品营销的风险来自于产品与市场的互动，企业只要正确地把握市场行情和正确地进行经营决策，就可以进行自我保护性的回避风险。资产营运的风险远比产品营销大，一招失手会导致满盘皆输。但是，资本营运在分散风险上则有更多的办法：一方面由若干不同产业支撑企业可分散产业风险；另一方面由若干个投资者合作兴办企业，可分散投资风险。

二、综合谋划产品营销和资本营运战略

企业成长是依其生命周期有规律地进行的。企业的成长在适应其规律性并在严酷的市场竞争中生存、成长、壮大，不至于中途衰落夭折，就要综合谋划产品营销和资本营运战略，以便企业一方面控制好企业内部的可控因素；另一方面充分利用外部环境中的不可控因素，使企业进入新境界。综合谋划产品营销和资本营运战略有如下意义。

(1) 综合谋划双战略可以加速企业成长壮大，实现企业的规模化和国际化。企业资本在产品营销中充当生产要素，所经历的是资源—产品—商品的转化过程，这是个重要的过程但也是一个较长的过程，企业仅靠这个过程实现其成长是缓慢的。但在资本营运中，企业资本却成了特殊的商品，通过资本营运，企业将其资产由实物化、存量化、封闭化转化为价值化、货币化、证券化、社会化，以推进企业资本的增值，推进企业跨行业、跨地区经营，形成多元化、集团化的格局，进而进军国际市场，实现资本规模优势和国际化竞争优势。长虹集团、海尔集团、小天鹅集团、春兰集团等都是走的这样一条成功的道路。

(2) 综合谋划双战略，有助于缓解企业资金短缺的困难。企业单纯实施产品营销战略往往受到资金紧缺的制约，有时甚至陷入困难。企业资金紧张除了投资失误、产品结构不合理等原因造成外，还有一条很重要的原因是企业资产闲置所导致的。企业在实施产品营销战略时，同时实施资本营运战略，就可以另辟一个市场，另谋一条生路，促进资产的

流动和重组，通过资本营运的各种方式聚集资金，加速资金的周转、循环和增值，为保证企业的快速运转而造血、输血，以弥补单纯产品营销的不足。

(3) 综合谋划双战略，可以推进企业制度创新和经营管理方式创新同步发展。企业制度和企业经营管理方式，要适应社会主义市场经济需要的变化，其中产权制度是企业制度的基础和前提，而经营管理方式则是产权制度的支撑点，现代制度的确立必须要求组织管理、人才管理、管理方法等方面的全面创新，企业只有综合谋划和实施产品营销战略及资本营运战略，才可以推进企业制度和经营管理方式创新的同步发展。

(4) 综合谋划双战略，有利于造就一支既懂营销又善于营运资本的企业家队伍。仅仅只会策划营销产品还不能算是合格的现代企业家，只有既善于营销产品，又善于营运资本的人，才算是具有现代经营管理素质的企业家。营销管理固然有一定的风险，可以考验企业家的经营管理水平，但是，资本营运的经营责任和经营风险更大，更需要高超的经营管理艺术，更能体现企业家的远见卓识和驾驭风险的能力，资本营运更能锻炼人、造就人。

14.4 资本营运的方式方法策划

资本营运的目标是决定资本营运方式的前提条件。资本营运方式是多种多样的，方式的选择必须围绕目标展开。

一、资本营运的目标

资本营运以资本为营运对象，以实现资本最大限度保值增值为目标。

资本是带来剩余价值的价值。在社会主义市场经济条件下，资本不仅包括企业融资性资产即有价证券，而且包括企业的有形资产（厂房、设备、土地）和无形资产（声誉、商标）。或者说，企业一切可以利用的生产经营要素都在进入市场的营运过程中转化为价值资本，如人的要素转化为人力资本，财的要素转化为金融资本，物的要素转化为生产、经营资本。

在现代经营实践中，作为价值形态的资本与同样作为价值形态或货币形态的资金在经济内涵中的区别在于：资本包括代表所有者权益的自有资本和进行负债经营的借入资本，企业的自有资本是企业原始资金与新增价值的和；而资金只是企业自有固定资金、流动资金和专项基金之和。资产是资金的物化形态。静态的资产不会带来剩余价值，只有动态的资本才有可能带来剩余价值，使价值增值。资本营运就是使静态的资产及其他生产经营要素进入动态，谋求价值的增值。静态资产非但不增值，反因时间的损耗造成减值，资产要保值也需要通过营运才能达到目标。

资本的保值增值是指投资者投入资本金在企业的生产经营过程中得以保全并在此基础上获取资本的投资收益。资本的保值增值不只是见之于会计账面上，而必须是真正意义上的，即企业的资产不能处于闲置状态，而要通过生产经营要素的流动和重组，寻找新的经济增长点，形成新的生产能力，增加企业的价值总量使企业的预付资本得到足额补偿，并在再生产能力不断扩大的基础上，使营运资本能连续积累。

资本营运目标是一种综合性目标，而不是单一目标。谋求保值增值的最大限度是个多层次的综合指标，应该包括利润最大化、每股盈利最大化、所有者财富或企业价值最大化、管理者报酬最大化、社会财富最大化等内涵。资本营运目标的追求，是企业各利益主体所追求目标的综合体现。

资本营运的目标与社会主义生产目的是一致的，社会主义的生产目的就是尽可能地满足人们日益提高的物质文化生活的需要，就是要在坚持公有制的前提下，坚持共同富裕。资本营运谋求的最大限度，可以在“国家得大头、企业得中头、个人得小头”的原则下，实现企业财富的增加，并通过税收的形式使国家聚集财富，实现社会财富的增加，从而提高整个国民经济发展水平，实现全体人民的共同富裕。

二、资本营运的方式

资本营运就其方式来划分，可分为有形资产营运、融资性资产营运和无形资产的营运，其具体营运方式则多种多样，大致可作如下划分。

（一）有形资产营运

有形资产营运是对企业的有形资产如厂房、土地、设备等通过进入市场，促使其流动、重组以便保值增值。具体方式包括：

1. 资产租赁

资产租赁分经营性租赁和融资性租赁两种方式。

经营性租赁是指将资产以实物形态出租，定期收取租金，到期后将实物收回。这是一种使用权暂时性让渡，而所有权无根本变化并在租期满时仍要收回使用权的方式。

融资性租赁是指将出租物评估作价，以同值形态出租，除定期收取利息外，还分期收回本金，租期内将本金全部收回后，到期不再收回实物。这实质上是租售结合的方式。出租人只是名义上享有出租物所有权，而实际上由承租人享有出租物的所有权，因此，这是一种资产永久性的转让方式。

融资租赁程序是：

（1）选择租赁公司；

（2）办理租赁委托；

（3）签订购货协议；

（4）办理验货与担保；

（5）收取租金；

（6）租赁期满的设备处理。

融资性租赁不同于企业收购与兼并。

2. 企业收购与兼并

企业收购或兼并破产或亏损严重的企业，将其闲置、沉淀的存量资产进行重组和利用，使其保值增值。

企业破产或严重亏损的原因可能是：行业处于衰落状态而企业过剩；企业产品结构不合理，生产的主导产品已遭淘汰；企业本身经营管理不善，企业组织状态不佳，不适应新形势的发展等。企业收购与企业兼并虽在形式上有所不同，企业收购以买下亏损企业的生产资料为特征，企业兼并则表现为一个企业吃掉另一个企业，但二者的实质是一致的，都是以优势企业的壮大，劣势企业的转移或消失，形成生产要素的合理流动，提高经济效益的结局。

企业收购或兼并的程序大致上有以下步骤：

(1) 酝酿和筹划以收购与兼并为主要方式的资本营运战略及其实现方式。主要确定如何进入产权市场，如何通过这种方式来改善企业的资源配置、壮大企业实力。

(2) 对产权市场目标的搜寻与机会分析。通过市场调查，捕捉收购兼并对象，并对可供选择的对象进行初步评价和比较分析。

(3) 以企业进行评价评估。主要对企业的技术水平、管理水平、财务状况、劳资环保、资产的流动性及抗风险能力进行评价与评估，以确定资产价值。

(4) 税务与法律评价。评价收购或兼并后对买方总体税务的影响，确认和防范原企业未了断的或遗留的潜在法律纠纷对买方的影响。

(5) 交易谈判并核查账目。

(6) 融资。买方为收购准备资金或兼并重组资产准备资金。

(7) 签约成交。

3. 嫁接改造

以转让部分产权和市场为代价，换取以先进技术为目标，嫁接新技术，吸引外资与外商组合并发展长期战略性合作关系的资本营运方式。

这种方式应以嫁接新技术为手段、改造原企业为目的，以实现原企业对资金、技术、管理、研究、开发等事宜得以全面的创新和发展。

这种方式的应用重点是选择好合作伙伴，坚持中方控股的原则，坚持保护国有商品和名牌，坚持合作前的资产评估，新产品力图外销，以进入国际市场，提高企业经营管理水平和竞争实力，以便能收到嫁接改造的预期效益，达到提升企业素质和实力的目的。

4. 剥离辅体

长期以来企业承担着许多社会职能，依附着各类服务性组织。剥离辅体就是将这些服务性组织，甚至一些辅助性的可以独立经营的组织从企业母体中分离出去，以使企业主体更精干，剥离出去的辅体还可以繁殖出新的经济增长点。这些被分离出去的部分成为独立经营的子公司或二级法人单位，充分调动其积极性。剥离辅体的具体步骤如下：

（1）将服务组织或辅助性生产组织从母体中分离出去，成立子公司二级法人单位。

（2）分别确定其经营责任目标，建立各自配套的目标责任体系。

（3）制订内部结算价格和结算方式。

（4）定期进行经营管理业绩考核。

剥离辅体带来的是主体的精干和新经济增长点的形成。

（二）融资性资产营运

融资性资产营运是资本货币化、证券化的营运方式。具体方式包括：

1. 股份制改造及股票上市

企业采用股份制的办法，吸纳资金，促进联合，加大资金流量，推动资本规模运转，使企业从封闭走向开放。

国有大中型企业通过股份制改造，可以广泛吸收国有、集体、个体资金，形成有限责任公司或股份有限公司，以利于实现规模经营及规模效益。企业通过控股和参股发展纵横联合。股票上市是股份公司经营业绩良好的标志，也是公司进一步融资的途径。企业对股票的上市及上市后的运作，是资本营运的重要方面。企业资本营运能否跃上新的台阶，取决于股票运作的成败。

2. 负债经营与经营债权

企业要适时地把握发展机会，充分利用各种专业银行信贷功能，不失时机地筹措发展资金。企业负债经营必须纳入企业发展战略规则，不能陷入盲目境地。同时还要管好用好债权。在我国当前债权债务清理机制不健全和地方保护主义的情况下，管好用好债权显得十分重要。主要处理好以下问题：

① 加强应收账款的内部控制，建立赊销审批制度和销售责任制度；

② 树立风险意识，加强风险防范，建立完善的风险防范制度；

③ 运用法律武器和行政管理制度，对账款纠纷寻求合理解决途径；

④ 促进债权债务关系转换为投资关系。

3. 多元化经营，多渠道融资

企业利用新的市场机会，新增与现有业务有一定联系或毫无联系的业务，实行跨行业多元化经营，以便从多方受益，多渠道融资，分散投资风险和业务经营风险。

多元化经营可以形成两种大势：

一是多元俱优，即企业所经营的各个行业都很景气，全面兴旺繁荣的态势，这可以推动企业的发展壮大。

二是多元互补，即企业所跨的行业，有的景气，经营效果佳；有的不景气，经营效果差。多元经营便可以以优补劣，以图企业整体的效益。东边不亮西边亮，企业仍有希望。

多元化经营为企业在众多行业和领域积累和融通资金提供了众多的渠道。

（三）无形资产的营运

无形资产是指可供企业长期使用而没有实物形态的资产，包括专利权、非专利技术、商标权、商誉等。具体营运方式如下：

1. 专利权与非专利技术的有偿转让

专利权代表着企业所拥有的法定权利，非专利技术是企业所拥有的特殊技术。企业的专利和非专利技术是企业获得超过同行业平均正常的投资报酬率的前提条件和保证。企业可通过对专利权和非专利技术的有偿转让或是采取特许经营的方式，谋求无形资产的增值。有偿转让是买断所有权的行为，特许经营是暂时转让特殊技术或产品的特殊配方、独特的经营管理方式的行为。专利权的转让或特许经营是能带来无可估量的经济效益的企业行为。

2. 商标输出与名牌运作

商标是品牌的法律名称，商标经市场的检验和有关部门的认定成为驰名商标便拥有超出企业有形资产许多倍的价值。企业常以商标权入股，商标权出售等方式使商标成为企业资产增值的途径。

对商标价值的权威性的评估和认定有助于商标价值的实现。商标有了公认的价值，企业的无形资产才为社会承认，企业才可能利用商标去筹资、参股或控股、转让，以便充分利用名牌产品的声誉吸引资金、招揽合作、扩大影响、赚取利润。

3. 企业形象与声誉的价值利用

现代市场竞争除了产品力、促销力的竞争外，还有形象力的竞争。企业形象的树立和声誉的赢得是企业长期努力苦心经营的结果。而一旦企业拥有了独特的形象与良好的声誉，无疑企业就拥有了无形资产、拥有了在竞争中占据优势的条件。企业形象是企业的整体形象，包括企业的视觉形象、理念形象和企业行为在内的方方面面。企业声誉的赢得是与企业美好的形象、优良的产品和周到的服务分不开的。企业既要努力塑造自身美好形象，同时又要充分利用美好形象和声誉在营销活动中寻求合作伙伴，扩大流通渠道，推动资源的优化流动和配置，以形成资产增值的新源泉。

三、资本营运的方法

资本营运的方式是指企业采取什么样的经济形态或模式实现资本的保值增值，资本营运的方法则是指企业采取什么样的手段和技巧实现资本的保值增值。资本营运的方式与方法有着内在的联系，不同的方式会有不同的方法，一种方式也可由不同的方法实施。方法可以在实践中不断创造发展。目前，资本营运常用的方法有如下几种。

（一）扎木成排法

将分散的资产聚集在一起，形成合力。这是随着生产社会化程度的提高，需要集中资本，以便以较大的资本实现规模经营而使用的方法。这种方法的运作，表现在现实经济生活中就是推进企业联合形成企业集团这种经济方式，企业联合是多方面的，而资本的联合是实质性的、紧密的，也只有资本的扎木成排，才能通过资本在新的更高的水平上的营运获取效益。扎木成排的效应并不是各个企业效能的累加，而是超出各个企业效能的总和，形成新的效能与效益。

（二）强手领先法

在同行业中，以经营实力强、效益好的企业为"领头雁"，通过采取控股的方法，将实力弱、效益差的企业纳入经营好的企业的麾下，实现以强带弱、强者更强，双方获利共同发展。强手领先法充分利用强手的技术优势、管理优势、市场优势带动弱者，同时强手也可以在控股中通过盘活弱者的资产存量，获取经济效益。

（三）小蛇吞象法

经营势头好的企业通过兼并、收购等资本营运方式，可以吃掉资产存量庞大但经营严重不善的企业。小蛇吞大象看似不可能，实际上常有发生。其前提必须是小蛇有极大的生存活力，保证通过吞掉大象后使企业实力猛然增长数十倍。

（四）金蝉脱壳法

行业结构调整中的夕阳行业的某些企业，通过转让土地、设施设备，转向经营其他行业。采取这种方法一要妥善处理原有的有形、无形资产，进行评估；二要审慎地选择新的经营方向和行业，以便原有资本能在新的领域和条件下得以保值和增值。

（五）剥离枝蔓法

国有企业在传统计划经济条件下，不堪重负地承担了许多社会职能和政治职能，使国有企业组织横生出许多枝蔓。通过资本营运和企业深化改革，采取剥离枝蔓的方法，将企业的一些辅助组织分离出去，使之独立于市场经济之中求生存、求发展，企业自身则能专司经济职能，免除额外负担的羁绊。

（六）借船出海法

企业本身虽有技术、产品优势，但缺乏营销能力，可以通过与具有较强营销能力的企业联合，以便把产品推向市场。企业或是借用别人的驰名商标，或是借用别人的营销网络，或是借用别人的商誉。他人之船既可以是有形资产也可以是无形资产。这当然只能是暂时的措施。

（七）抢占高点法

企业在战略谋划和资本运作中，始终把目标瞄准本领域、本行业的最高点，通过占领制高点来集合力量、聚集资本、形成强大的实力，以保证领先地位来获得超乎寻常的发展。企业资本的投放主要满足拥有竞争能力的产品的发展，在市场上形成遥遥领先之势。

（八）投资排序法

企业实施资本营运除了在积累、扩大、集中资本和加速资本运行等方面进行运作外，还包括对资本运用上的取舍和轻重缓急的排序。波士顿矩阵法和多因素投资组合矩阵法就是为企业进行投资排序所提供的具体操作方法。投资排序法通过科学地安排企业对组织或产品的投资量和投资顺序，以促使企业资源的有效流动和合理配置，尽快地出效益，推动企业发展壮大。

（九）资本分散法

企业的多元化经营就是为了分散资本，从而分散风险。多元化经营，东边不亮西边亮，既分散投资风险，也分散经营风险，缓解市场的不利因素造成的影响。

小结

企业同生物一样也有一个从幼稚到成长、衰老的过程。中国 800 万个企业大都处于不同的成长阶段。成长期是一个较漫长的历史过程。成长健康与否要靠正确的选择与策划。企业既可以沿着专业化的方向继续发展，也可以选取多元化成长的道路，一切因企业的条件而定。营销策划就是要帮助企业作出正确的选择和妥善的规划。

企业的成长既是一个营销扩展的过程，也是企业资本营运的过程，综合谋划企业营销与资本营运是企业成长的必然途径。企业家不能只盯着产品经营，还要谋划如何进行资本营运。

资本营运是推进企业成长扩张的强大动力和重要举措。要审时度势确定好企业资本营运的目标，根据企业自身的情况和外部环境选择合适的方式、方法。

习题

1. 企业专业化成长的具体内容及理论依据是什么？应考虑哪些前提条件？
2. 企业多元化成长的具体内容及理论依据是什么？应考虑哪些前提条件？
3. 试比较企业专业化成长和多元化成长的利与弊。
4. 企业扩张发展的战略选择中否定多元化经营的主张是片面的，为什么？
5. 企业扩张发展的战略选择依据是什么？
6. 为什么要综合谋划产品营销和资本营运战略？
7. 资本营运的方式有哪些？
8. 资本营运的方法有哪些？

第 15 章　营销国际化策划

营销国际化的过程是企业在国际市场成功地进行营销的过程。国际市场由于组成国家的复杂和各自国家的经济动荡，往往在不同时期呈现出不同的态势。20 世纪 80 年代至 90 年代，国际市场经济全球化、市场多极化的态势越来越明显。企业进入国际市场营销必须首先把握国际市场的时代背景和现实状态，这是企业制定正确战略的前提条件。忽视对国际市场的发展趋势和时代特点的判断和分析，或是作出错误判断和分析，必将导致企业战略的失误。20 世纪 80 年代以来的国际市场不同于 80 年代以前的国际市场，绝不能对 80 年代以来的国际市场出现的新趋势、新观点视而不见，而用老眼光看待已经起了巨大变化的国际市场。

15.1　营销国际化背景与国际市场分析

一、经济全球化的发展趋势

国际市场是世界各国商品交易的场所和交换关系的集合。它是国内市场以外的一切市场，包括两国之间、多国之间及全世界所有国家之间通过交换关系而构成的市场。国际市场既通过固定的市场组织形式体现，也包括没有固定的市场组织形式而只是偶尔发生交换关系的交易行为。

市场行为和市场组织都是以经济发展状况和经济联系方式为基础的。某一时期的国际市场状况是与那一时期的各国经济发展状况和彼此的经济联系相关的。从第二次世界大战到 20 世纪 70 年代，超级大国控制着世界经济，发展中国家处于被掠夺、被奴役的境地，国际市场是由发达国家控制的市场。80 年代以来，国际市场几经动荡和聚合，出现了经济全球化、多极化的发展趋势。具体表现如下。

(1) 各个国家越来越多地相互渗透、相互依存。其主要标志是：

① 国际贸易迅猛发展。世界商品贸易量多年来超过世界生产增长率。

② 国家之间的区域化、集团化不断发展。全球已形成了 24 个区域集团，它们是经济合作组织、东南亚国家联盟、海湾合作委员会、南亚区域合作联盟、阿拉伯合作委员会、阿拉伯马格里布联盟、西非经济共同体、西非国家经济共同体、南部非洲发展协调会议、东部

和南部非洲优惠贸易区、中非国家经济共同体、安第斯集团、加勒比共同体、拉丁美洲一体化协会、南锥体共同市场、北美自由贸易区、中美洲自由贸易区、澳新自由贸易区、欧洲自由贸易联盟、比荷卢经济联盟、欧洲经济联盟、维谢格拉德集团、黑海经济合作区、独联体经济联盟等。已有 140 多个国家参与到 24 个区域集团中去，并集聚成欧盟、北美自由贸易区、亚太经合组织三极格局。

③ 跨国投资急剧增长。

(2) 跨国公司迅速发展并左右着世界经济的发展。当今世界跨国公司的发展极为迅速，联合国跨国公司中心的统计数据显示全球跨国公司发展状况，如表 15-1 所示。

表 15-1 全球跨国公司发展状况 家

年　份	跨国公司	分支机构
1986	12 000	110 000
1995	39 000	270 000
1997	44 000	
2004	70 000	69 000

资料来源：贸发会议.《2005 年世界投资报告：跨国公司与研发国际化》

跨国公司从事和控制世界贸易的 60%、直接投资的 70%、技术专利的 80%。世界上 100 家最大的跨国公司主要集中在欧盟、美国和日本，其公司数量约占 87%，资产约占 88%。

(3) 金融市场全球化。随着各国货币先后进入自由兑换，金融的流动速度加快，金融交易量大大高于世界贸易总量。

期货交易已由以商品期货交易为主发展为以金融期货交易为主，美、英、日等国的期货交易业务逐步扩大到世界范围，加上信息技术的发展，期货交易已可在全球有业务往来的地方实时从事期货交易。由于东西半球的时差关系，使得全球商品交易所昼夜衔接，所以，一天 24 小时均有期货交易进行。期货交易进一步促进了金融市场的全球化。

(4) 信息全球化。由于全球电脑网络的形成，全球信息的传递与接收既不受空间的限制，也不受时间的限制，一年 365 天，每天 24 小时都有信息的沟通。

经济全球化对发展中国家来说既有正面效应，也有负面效应。从积极方面来看，经济全球化打破了超级大国的集权控制，为发展中国家进入国际市场提供了机遇；从消极影响看，经济全球化使发达国家在国际市场竞争中占有优势地位，而发展中国家只能寻找竞争市场的缝隙以图发展，加之国际上许多代表发达国家利益的国家法规、惯例以及国际市场竞争在追赶发达国家经济发展的过程中要付出更多的代价和艰辛。经济全球化好比一个列队进餐的过程，排在前面的无疑可以享受更多的好处。

二、知识经济对全球经济发展的影响

进入21世纪以后，我们将面临知识经济时代。知识经济是建立在知识和信息的生产、分配和使用基础上的经济。知识经济是以信息产业为主的经济增长模式。信息是知识经济的燃料和动力。创新是知识经济的灵魂。当今世界所有的经济都属于知识经济，现在很难区分什么是知识领域，什么是经济领域，两者不可分开。经济离不开知识，没有知识的经济是不存在的。

国际社会对知识经济的日益崛起正给予越来越多的关注。世界银行1998年10月发表《知识促进发展》的年度报告，强调知识是经济增长和可持续发展的关键。据统计，发达国家中以知识为基础的行业的产值已占GDP的50%以上，在制造业产值中，高技术产业产值已占25%，比20年前增长了一倍。知识经济对农业经济和工业经济既是一种否定，又是一种提升，即否定其主导地位和时代特征地位，提升其内在素质和水平，使知识经济成为工业腾飞的翅膀。

知识经济形态伴随着全球经济一体化的进程出现了。知识经济对全球经济一体化有着重大的推动作用和深远的影响。

首先，知识经济形态的出现促进了整个世界新的时代的到来。按照生产力的发展变化，可将社会和经济发展阶段划分为农业经济、工业经济和知识经济三个不同的阶段。对于发达国家来说，可能率先进入知识经济时代；对于发展中国家而言更多是迎接知识经济的挑战的问题。当发达国家已经开始向知识经济转变的时候，中国再亦步亦趋地遵循工业化发展进程已无必要，中国完全可以跳跃地进入知识经济时代。

其次，知识经济率先在发达国家形成，使全球经济体系将面临一次新的国际分工。知识经济国家将成为“头脑国家”，专门向全球提供知识、技术、智能和理念；另一部分不能进入知识经济形态的国家将成为“躯干国家”，即专门利用知识经济国家提供的知识、技术、智能和理念进行物质生产的工业国家。

再次，知识经济将改变人类的经济生活现状。整个社会的生产、分配、交换、消费方式都会发生深刻的、巨大的变化。物质生产的比例将下降，信息生产的比例将取得主导地位；国民经济的分配与再分配在三个产业中的比例也将发生变化，个人分配不仅要本着多劳多得的原则，而且要实行优劳优厚；交换的方式以网上贸易部分地替代面对面的贸易；人们的生活消费更多地依赖信息来改善消费结构、提高生活质量，生产资料的消费更多地以信息技术作为主导，逐步减少对社会自然资源的恶性损耗。

最后，知识经济将改变企业管理方式和手段，知识经济要求企业管理的创新。在工业经济时代，硬性的制度化管理是主要管理方式。知识经济时代软性化管理即人性化管理逐步上升为主导地位。从管理手段看，工业经济时代借助于制度、规则、经济奖惩等法规、经济和行政手段；知识经济更要加强思想、作风、理念、价值取向等教育、培训、引导等手段。为此，知识经济时代对管理者的素质要有新思维、新要求，即要求管理者要有创造性思维，要有创新技巧，要有风险意识和崭新的人格（包括健全的心智和稳定的心理素质等）。

知识经济与经济全球化几乎是同时进行的。知识经济的迅速发展必将推进经济全球化加快实现，反过来，经济全球化必然推动知识经济的迅猛成长。从事国际市场营销的研究一方面要关注经济全球化的发展趋势，关注国际市场的风云变幻；另一方面要关注经济发展的质变即由工业经济向知识经济的转变。

三、多极化的国际市场格局

国际市场多极化是在世界生产力发展的客观推动和各国谋求国民经济跨越式发展的主观努力的综合作用下，特定区域内的主权国家通过经济合作的承诺，或者组成更严密的经济合作组织，以达成区域内商品流通、生产分工、生产要素流动的最优化，直至形成各自区域经济体制的统一，从而使国际市场出现若干不同特点的区域市场的经济现象。20 世纪后期，世界经济在逐步趋向全球化的同时，逐步形成了各种形式和规模的区域经济集团 24 个，其中对全球经济发展产生巨大影响的区域经济集团有 3 个，即欧盟区域集团、美洲区域经济集团和亚太地区经济集团，从而使国际市场形成多极格局。这些区域经济集团的成员国家达 140 多个，使世界经济在相互融合、相互依存的大趋势下，出现了地域性的聚合。国际市场的多极化集中反映了各区域集团外向的竞争性和内向的保护性的双重特性。一方面，在各区域集团的成员国内部要谋求经济合作，其合作内容包括：经济互补性合作、实行关税减免互惠、取消贸易壁垒、组成共同市场、推动区域经济一体化等；另一方面，各区域集团又往往针对其他区域集团采取比某一个国家更大范围的竞争性措施，以期保护区域集团内部成员的利益，削弱竞争对手集团成员的力量。

国际市场多极化是世界经济全球化进程中的必然现象，它对经济全球化的发展具有积极的影响。

国际市场多极化有利于形成区域规模经济，从而形成区域集团的竞争力，提高区域集团的经济实力。

国际市场多极化有利于在区域内打破或取消贸易壁垒，促使生产要素合理配置，区域内经济运行效率的提高和社会福利的增加。

国际市场多极化打破了个别超级大国对全球经济及其发展的控制、干涉和垄断，使各地区国家的民族工业得以发展并逐步融入国际化潮流，这对推动整个世界经济发展和经济全球化的进程具有重大意义。

国际市场多极化也有负面效应。它促使国际竞争加剧，使各国国民经济的竞争为区域经济竞争所取代，国际贸易中贸易自由与区域壁垒限制之间的矛盾更为突出。

国际市场的三个区域集团分别有各自的形成过程和市场特色，但撇开各自的情况不论，各区域集团一般都要经历由低级层次向高级层次发展的过程。国际市场的三个区域市场由于各自内在原因可能分别处于不同的阶段。一般而言，最低层次为自由贸易区形成，区域内相互取消贸易壁垒；中级层次为关税同盟缔结，区域统一关税政策；高级层次为组建共同市场，统一货币，促进生产要素的自由流动。显然，欧洲共同体自1999年1月1日欧元面世之日起，就表明欧共体已率先进入高级层次的组合状态。

欧元启动除了强化欧洲国家紧密共生的政治利益之外，还将给欧元区国家带来巨大的经济利益。

当今的经济全球化是在一定的国际管理下展开的，具体途径是通过国际经济组织（WTO、IMF等）、国际经济法规、国际经济协调和国际信息网络。随着经济全球化的深入，国际市场与国际管理将进一步结合。经济全球化的趋势将要求国际经济组织更加有力地发挥协调作用。经济全球化包含着国际市场多极化的内容，国际市场多极化其实就是经济全球化的反映。国际市场多极化的格局给企业进入国际市场营销提出了许多新的课题，使整个国际市场出现了更多复杂多变、丰富多彩的状况。

15.2　企业进入国际市场的条件分析

一、外部宏观条件分析

中国企业已具备了进入国际市场的宏观条件。这些宏观条件主要表现在以下几个方面。

（一）体制保证

中国以建立社会主义市场经济体制为目标的改革取得重大突破，新的宏观调控体系框架初步建立，市场在资源配置中的基础性作用显著增强。20世纪90年代以来，我国大步推进了财政、金融、税收、外汇、计划、价格和投资体制的改革。农村经济、社会保障、商品流通、对外贸易、城市住房等方面的改革，都有新的进展，国民经济市场化、社会化程度提高，为我国企业跻身国际市场注入了新的活力。

由于社会主义市场经济体制的运行，我国涌现了中国石油、中国石化、中国粮油食品、中国五金矿产、中国土产畜产、中国技术、中国航空器材、中国电子、中国机械、中国冶金、中国工艺品、中国丝绸等国家巨型进出口公司，同时随着改革开放的深入，海尔、长虹、科龙、康佳、小天鹅、春兰、海信、澳柯玛、双星、轻骑、方正、联想等一大批新型企业脱颖而出，成为驰骋国际市场的生力军。这些企业在运用市场机制、运用营销手段上已积累了许多成熟的经验，并形成了自己的营销管理理论和企业文化，为其他企业起了表率作用。

社会主义市场经济体制是推动中国市场与国际市场沟通的保障，也是推动中国企业走向国际市场的前提条件。唯有市场经济体制，企业才有经营自主权，才能按国际通行的惯例进行企业组织现代化建设和管理，才能把追求利润和效益作为自身的奋斗目标，才能使中国市场与国际市场连接起来成为市场整体，也只有在市场经济的条件下，外贸体制才能相应地放开，形成商品进出口的宽畅通道。

（二）外贸通道

经过几十年的努力，我国发展对外贸易和对外经济关系的道路已经开通。1997 年我国已跻身世界贸易十强。20 世纪 80 年代以来，我国已同世界上 180 多个国家和地区开展了贸易活动，有 6 000 多种商品进入国际市场。这样，我国不仅成功地打通了中国企业通向世界各个市场的通道，而且拥有较强的外贸实力。

中国企业在进入国际市场过程中，采取多种手段、多种方式，形成全方位、多层次、宽领域的开放格局。在以下几方面进行了成功运作：

(1) 开拓多元化的国际市场。20 世纪 90 年代以来，我国注重全方位开拓多元化的国际市场，不仅继续增强了与东亚、东南亚、欧盟、中亚、东欧等市场的联系，而且对非洲市场出口增长 24.9%，对拉美市场增长 47.7%。“十二五”期间我国将重点开拓约 30 个新兴市场，广泛分布于亚洲、非洲、欧洲和美洲，俄罗斯、印度、南非等一些资源丰富、战略地位重要的国家都包含在内。

(2) 改善出口商品结构。我国工业制成品出口比重有所增加，劳动密集型初级产品的比重相对缩小，使出口商品结构得以改善。

(3) 发展多种营销方式。我国逐步改变只靠单一的商品出口的方式，而在国外建厂、合资、合作、联营、寻找代理商等方式都有一定的进展，使我国企业进入国际市场不至于局限于某一种方式。

(4) 整体出口竞争力有显著提高。我国出口额占世界出口总额的比重和位次在逐年提高，分别从 1985 年的 1.5%，居第 17 位，提高到 1995 年的 2.6%，居世界第 11 位，1997 年晋升到第 10 位，2007 年上升至第 3 位。2012 年，我国预期进出口总额增长 10%左右，以逐步实现从贸易大国向贸易跨国的转型。

(5) 我国企业在不断发展壮大，已经有不等企业的经济实力已进入了世界 500 强的行列，它们拥有了在国际市场一争高下的能力，见表 15-2 和表 15-3。

表 15-2　2011 年《财富》世界 500 强前十名公司排名　　百万美元

2011 年排名	2010 年排名	公司名称	营业收入	利润	国家
1	1	沃尔玛	421 849	16 389	美国
2	2	荷兰皇家壳牌石油公司	378 152	20 127	荷兰
3	3	埃克森美孚	354 674	30 460	美国
4	4	英国石油公司	308 928	−371 9	英国
5	7	中国石油化工集团公司	273 421.9	7 628.7	中国
6	10	中国石油天然气集团公司	240 192.4	14 366.9	中国
7	8	国家电网公司	226 294	4 556.1	中国
8	5	丰田汽车公司	221 760.2	4 765.7	日本
9	6	日本邮政控股公司	203 958.1	4 891.2	日本
10	11	雪佛兰	196 337	19 024	美国

资料来源：根据【中国时刻】：http://www.s1979.com/caijing/chanjing/201107/0815178508.shtml 整理

根据《财富》2011年7月7日公布的2011年世界500强排行榜，沃尔玛再次成为《财富》世界500强排行榜的榜首，而中国石油化工集团公司则在所有中国公司中排名最前，居第五名。中国(不包括台湾地区)共有61家公司进入《财富》世界500强排行榜，比上一年增加了15家公司，这是中国上榜公司数量连续第8年上升。如果计入台湾地区的上榜企业，中国的上榜公司数量将达到69家，已经超过日本，仅次于美国(133)家，位居世界第二。

表15-3 中国十大企业在2011年度世界500强中的排名 百万美元

2011年排名	2010年排名	公司名称	营业收入	利润
5	7	中国石油化工集团公司	273 421.9	7 628.7
6	10	中国石油天然气集团公司	240 192.4	14 366.9
7	8	国家电网公司	226 294	4 556.1
60	112	鸿海科技集团	95 190.5	2 450.4
77	87	中国工商银行	80 501.3	24 398.2
87	77	中国移动通信集团公司	76 673.3	9 733.1
95	137	中国中铁股份有限公司	69 973.3	1 106.3
105	133	中国铁建股份有限公司	67 414.1	627.3
108	116	中国建设银行	67 081.4	19 920.3
113	118	中国人寿保险(集团)公司	64 634.5	3 505.4

资料来源：根据 http://zhidao.baidu.com/question/346997712.html 整理

(三) 强大后盾

新中国成立60年来已建成完整的工业体系和国民经济体系，这为我国企业进入国际市场提供了强大的后盾。随着我国基础产业和基础设施不断发展，交通、能源、农业、钢铁等国民经济的基础得以巩固与加强；科技水平在某些领域(如航空航天领域、通信领域等)具有较强的优势，科技与产业出现了联姻态势，新产品的高科技含量日渐增大；国民经济的支柱产业形成了强劲的发展态势，据2001年《政府工作报告》，我国从1997年起就出现了主要生产资料和消费品供求平衡或供大于求的格局；高新科技等先导产业已引起举国上下足够的重视，一个围绕迎接知识经济时代而推崇科教兴国的新风尚正在形成。

工业体系和国民经济体系的建立带来的直接结果是，可供进入国际市场的产品不仅丰富而且产品结构齐全，可以全方位、多层次、多种类、宽领域地满足国际各类市场的需求。

(四) 发展快速

我国国民经济一直保持持续增长的势头，其发展速度超过了世界经济平均增长的速度。据世界银行的报道，20世纪90年代以来世界经济平均增长率为3%～4%。我国国民经济主要指标增长速度在20世纪80年代平均分别为：国民生产总值为9%，国民收入为8.7%,工业总产值为12.6%,农业总产值为6.3%。进入20世纪90年代,当经济衰退、经济萎缩困扰着许多国家时,我国经济虽有过短暂的失衡现象,但国民经济总趋势仍保持较高的增长势头,1997年经济增长率为8%,1998年虽遭受亚洲金融危机和特大洪水的双重威胁和打击,其经济增长率仍有7.8%。2003年,我国国民经济在克服了"非典"侵袭和各种自然灾害的情况下,其增长率仍高达9.1%。国民经济总产值已跃居世界第6位,超过了意大利,与法国相差无几。2007年,国内生产总值达24.66万亿元,比2002年增长65.5%,年均增长10.6%,从世界第6位上升到第4位;全国财政收入达到5.13万亿元,增长1.71倍;外汇储备超过1.52万亿元。2011年国内生产总值已达47.1564亿元,跃居世界第2位,全国财政收入10.3740亿元。

我国经济的快速发展既为中国企业进入国际市场提供了竞争优势,也为中国企业增强了发展动力。

国民经济的快速发展也是我国企业快速发展的集中体现。我国企业大致包括两类,一类属于传统企业;另一类属于改革后的新兴企业。对于传统企业,当务之急是改制、改造、改建。对于新兴企业,主要是通过资产扩张促进其实力的增强。

从上述几个方面可以看出,中国企业进入国际市场的宏观条件业已具备。同时,从整个世界发展来看,中国需要国际市场,国际市场也需要中国。中国巨大的市场容量和潜力,是国际市场拓展的可观空间,中国经济发展的巨大成就和深远的影响力,足以引起国际市场欲接纳它的强烈冲动。

二、进入国际市场必须具备的微观条件

国际市场是强者生存、适者生存的市场。中国企业当然也不能害怕进入国际市场。一般来说,企业只要具备某些条件就可以到国际市场去寻求缝隙市场。企业的必备条件是:

(1) 法人资格。必须是政企分开、自主经营的经济实体。

(2) 物质基础。固定的营业场所、必要设施、必备的资金。

(3) 人才齐备。各类人才齐备,组织机构健全。

(4) 自产商品。产品既符合质量标准也有特色,适合进入国际市场并有可观的目标市场。

(5) 承受能力。能承受自负盈亏的风险,有独立出口经营的能力和渠道等。

企业不仅能进入而且能在国际市场上驰骋自如、发展迅速,途径有二:一是通过联合兼并,走外延扩张式道路;二是依靠本企业积累滚动发展,走内涵增长之路。不论是哪条途径,最终要形成具有与国际跨国公司抗衡的大集团,我国只有拥有若干个国际性企业集团,才为我国企业占有一定的国际市场份额提供保证。这样的大型企业必须是以资本为纽带,通过市场形成的,它应同时具有生产、营销、技术开发、财务控制、融资和资本经营等

综合功能，以充分发挥大集团的集合优势。在组建过程中，既不能一味强调外部扩张，否则会欲速不达；也不能限制企业的外部扩张，干涉企业正常的资本运营。

我国企业进行跨国经营在1988年以前是处于自发阶段，1988年至1991年间为试点阶段，1992年以后进入扩展阶段。中国各类企业已在134个国家和地区开办了4 000多家合资、独资和合作型的企业，中方投资达52亿美元，其中在美国、中国香港、俄罗斯、泰国、日本、加拿大、澳大利亚、新西兰、德国、奥地利十国和地区兴办企业912家，中国企业进入国际市场已迈出了一大步。

1998年，我国广东、上海、江苏、浙江、山东、福建、辽宁、天津、河北、北京十个省市合计出口1 579亿美元，占全国出口总额的86%。这十个省市是我国外向型企业较集中的地方，这十大省市的出口业绩正是我国企业进军国际市场的辉煌成果。事实表明，凡是具备了条件的企业，只要战略明确，措施得当、有力，进入并扩大国际市场份额是能够达到的。

15.3 企业进入国际市场的营销方式策划

一、进入国际市场的方式

进入国际市场的方式既可采取国内生产出口产品的方式，也可采取在外国生产就地销售的方式和补偿贸易方式。具体而言有以下几种。

（1）间接出口。间接出口是企业把自己的产品卖给国内出口的贸易公司或由它们代理，由这类公司负责进入国际市场销售产品的方式。可分为三种情况：

① 企业把产品出售给国内的出口贸易公司。

② 企业委托外贸公司代理，负责办理各种出口业务，外贸公司收取一定的佣金。这类外贸公司称作国内外贸代理商。

③ 企业委托某家在国外有销售机构的公司代销，企业给予代销公司适当的代理费。

间接出口适合于非国际型企业采用。这类企业对外销市场了解甚少，或能力不足，无法处理外销各项商务；或对某些市场毫无把握，先行试销。间接出口的方式有如下优点：

① 降低风险。可由中间商承担销售风险和信用风险，而且可尽早获得货款，以加速企业资金周转。

② 伸缩自如。可利用中间商对海外目标市场的认知，企业在不投入大量资金的情况下，测试自产产品在海外的销售状况，有利则发展，无市场则转向。

③ 节约费用。企业可专心生产，免除许多流通环节的成本，也不必负担外销人员和机构的费用。

（2）直接出口。直接出口是指企业拥有直接对外出口权及完备的组织机构，独立地向国际目标市场办理出口业务的方式。可分为以下几种情况：

① 直接接受外国政府或外国企业的订货；

② 直接与外商签订生产和销售合同；

③ 参加外国政府或企业对某一工程项目招标的投标；

④ 在国外直接寻找合适的中间商；

⑤ 在国外建立自己的外销机构。

直接出口是国际企业进行国际市场营销的主要方式。直接出口的国际企业必须具备必要的条件，必须对国际市场有较高的认知度。我国为了推动国民经济的持续发展和外贸体制的改革，对直接出口是积极鼓励的。

直接出口可使企业更直接地了解国际市场并根据国际市场的需求组织生产，企业可统筹经营的全过程并制定相应的战略策略，这有利于企业的成长和发展。

(3) 在国外独资经营或合资经营。独资经营是指企业在国外独立建厂或建立分公司，这是一种以资本为纽带形成的企业进入国际市场的方式。合资经营是指由输出国企业将技术和设备作为投资股份，东道国则是以土地、厂房投资形成的国际企业。收益分配按各股份比例进行分成，其纽带也是资本。

以资本为纽带的方式进入国际市场，表明我国企业进入国际市场进一步深入。无论是独资或合资都可以充分利用以资本方式进入国际市场，可免除外贸活动中的关税、进口配额等限制，而直接在国外市场销售产品。

(4) 国外装配。企业在国内生产一部分或大部分零部件，然后运往本企业在国外建立的工厂去装配。这也是国际企业的一种形式。产品在国外直接装配可以减轻在国内装配成品后的运输困难，同时，在海外装配可随时根据市场形势的变化作适当调整，并可充分利用对方的资源，减轻外贸活动中的税负和限制。

(5) 特许经营。特许经营是指允许外商使用本企业的技术专利、技术秘密、商号商标进行生产，然后从生产出来的商品中取得一部分利润的方式。这是一种无形资产的经营方式，企业不必进行有形的投入即可获利。相对而言，以这样的方式所获得的利润要低微一些，而且也不是所有企业都能实施特许经营的。

(6) 补偿贸易。补偿贸易是指导买方以贷款形式购进成套设备或无形资产，一个项目竣工投产后，即用该项目的产品或双方商定的其他产品或劳务清偿债务的方式。对于进口技术设备的一方来说，则是利用外国资金和技术，发展本国经济的一种方式。我国企业在有些方面是以进口方的身份，但在有些情况下是可以以出口方的身份立于国际市场的。补偿贸易又可分为三种情形：

① 产品返销方式。即进口技术设备的一方，用进口的技术设备生产出来的产品，去偿还购进设备的货款。

② 互购方式。技术设备出口的一方，在一定时期内向对方购进一定数量的产品，作

为偿付方式，而这些产品不是由上述进口设备直接生产出来的，而是由间接产品来偿付的。

③ 部分补偿贸易。即对引进的技术设备，部分用产品偿还，另一部分用货币偿还。偿还的产品可以是直接产品，也可以是间接产品；偿还的货币可以是现汇，也可以用货款后期偿还。

中国企业的生存状态和资源状况是多种多样的，各类不同的企业应该依据自身的条件选择进入国际市场的方式。“具体问题具体分析”是企业进入复杂的国际市场应该把握的活的灵魂。

二、进入国际市场的障碍和风险

我国企业进入国际市场必须冲破层层障碍，这些障碍是：

（一）市场壁垒和贸易限制障碍

为了争取贸易顺差，各国政府都会不同程度地实施贸易保护主义，尤其是发达国家，得优先发展之便，尽量采用关税和非关税壁垒来鼓励出口，限制进口。国界限制、政府限制、习惯和文化限制，许多国家还采取外汇管制措施，使得中国企业进入国际市场障碍重重。

（二）各国海关制度及贸易法规的障碍

各国都设有森严的海关，对于货物的进出口，都有准许、管制和禁止的规定。货物的进口都有严格的报关制度。同时，各国使用的货币和度量衡制度不同，在采用哪国货币作计价结算工具、采用何种衡器及其单位，两国货币的汇率换算等都构成了障碍。

（三）语言文化障碍

世界上各国语言差异大，虽通常多用英语，但英语也不是畅通无阻的，有些地区使用并不普遍。中国企业必须突破语言障碍，同时各国的文化背景不同，消费习惯、经商行为也各不相同，进入国际市场必须入乡随俗，突破种族的、民族的、国别的文化障碍。

（四）国际惯例障碍

国际惯例是发达国家长期贸易活动中形成的，虽不是国际条约，不具有法律约束力和强制力，但由于长期约定俗成，已能充分体现发达国家的利益，并为大多数发达国家所维护。这些国际惯例对于后发达国家和非欧美国家具有歧视性和诸多不适应之处，因而对中国企业进入国际市场也构成了障碍，往往使后发达国家在技术的鉴定、货物的交割、品质规格的认定、包装等方面受到非难和歧视。

（五）世界市场需求相对缩小及需求量调研的艰难

世界市场需求相对缩小是由两个原因造成的：一是贫富两极分化的加剧，富国与穷国之比竟高达200倍，这种状况造成富国需求饱和，而赤贫国家需求极度饥饿而丧失了购买力；二是出现了世界性的债务危机，国际资本对发展中国家的残酷盘剥使世界80多个国家陷入巨额债务中而不能使国家经济正常运行。

在各国之间存在诸多限制和障碍的情况下，企业要想进行科学的市场调研，从而准确地测算出需求量也就显得十分艰难。

除了上述障碍以外，中国企业进入国际市场还会面临下述风险。

1. 商业风险

商业风险包括交易风险和价格风险。交易风险是指进口商以各种理由拒收货物，使出口商蒙受风险。拒收的理由可能是货样不符、交货期晚、单证不符等口实。价格风险是在双方签好合同后价格出现变动造成的。卖方交货前，价格上涨，卖方受损；买方收货后，价格下跌，则买方受损。

2. 储运风险

商品在储存中，发生物理的、化学的、生物生化的变化，会给企业带来损失。商品运输由于路程长，运输方式多采用海运，气候的变化，偶发性灾害的出现，都会带来风险。

3. 金融风险

金融风险涉及信用风险、汇兑风险等。买卖双方从接洽到签订购销合同，到货款交割，这中间有一段时间，在此期间若买方或卖方财产状况发生变化，危及履约，就会给对方构成风险。交易过程中双方必以外币计价，但外汇汇率在不断变化，如掌握不好，企业还要负担货物本身以外的汇兑损失。

4. 政治风险

世界各国大都实行贸易管制，这些贸易管制政策与措施受制于该国的政治经济状况。一些经济处境困难的国家常常频繁地、实用主义地修改具体政策措施，再加上一些国家内部政局的变动，也会给企业带来经济损失。

综上所述，中国企业进入国际市场虽有诸多有利条件，也有艰难障碍，中国企业只要审时度势，清醒地认识这一切又谨慎果断地作出正确的决策，是不会为障碍所困扰，也不会为风险所羁绊的。

15.4 企业扩大国际市场份额的策划

一、中国企业扩大国际市场份额的意义

国际市场份额即国际市场占有率是指该国某类产品出口额占全世界同类产品出口总额的比例。用公式表示为

$$\text{A国}\,i\,\text{类产品的国际市场占有率}=\frac{\text{A国}\,i\,\text{类产品出口额}}{\text{世界}\,i\,\text{类产品出口总额}}\times 100\%$$

国际市场占有率通常用来比较若干个国家(或地区)某类产品在国际市场的竞争力大

小，也用来比较若干个企业的竞争力大小。一种商品的竞争力大小，最终将表现在市场占有率上。一种商品在国际市场上的占有率，能反映该产品在国际市场的竞争力，市场占有率高，竞争力就强；反之则弱。因此，中国企业要千方百计扩大国际市场份额。扩大国际市场份额对我国经济和社会发展有如下意义：

(1) 有利于促进经济快速发展。外贸出口在国民经济中的比重在1997年达20.9%，由此可见，保持外贸出口基本稳定，扩大国际市场份额能够推动国民经济达到预期的增长目标。20世纪90年代以来，我国货物出口需求占社会总需求的比重都保持在20%左右，有力地推动和刺激了经济增长。

(2) 有利于保持国际收支平衡。我国利用外资已连续多年居世界第二位。出口贸易稳定发展，出现了资本项目和贸易项目的双顺差，使我国外汇储备达1 400多亿美元，跃升至世界第二位。继续扩大国际市场份额，对于我国抵御国际性的金融危机，稳定人民币汇率，实现我国对外均衡，进而实现国内均衡具有积极意义。

(3) 有利于扩大就业，维护社会稳定。我国现阶段出口产品以劳动密集型为主，每出口1亿元的工业制成品，可以创造1.2万个就业机会，那么按现有出口规模，即可提供4 000多万个就业机会，这对于社会稳定、保障劳动者利益有现实意义。

(4) 有利于促进经济结构调整和升级。通过扩大国际市场份额，有助于鼓励我国一些较有优势的长线加工生产能力对外投资，并通过国际性的交流和借鉴，我国可更多地引进新技术，提高产品的技术含量和附加价值，以推动产业结构的调整和升级。

我国经济发展迫切要求我国企业不断扩大国际市场份额，但我们不得不看到在开拓国际市场上我国有较大的差距，因而制约我国进一步扩大国际市场份额。差距主要表现在：

(1) 我国对外出口中，低附加值产品竞争力较强，高附加值产品竞争力弱的反差，使整体竞争力呈现下降的趋势。我国出口产品中服装约占20%的比重，但纺织业被西方称为夕阳产业，低附加值、劳动密集型，发展前途暗淡；而高附加值的产品却依赖进口，如机电产品竟占进口产品总值的44%。而随着知识经济时代的到来，这样的结构反差是极为不利的。

(2) 我国民族企业受到外资企业的挤压，不少国企被兼并、收购，民族企业在国内就受到外国资本的严峻挑战，发展艰难。我国在国际市场上有一定份额的服装业、纺织业企业亏损面十分严重，服装业的企业亏损面达57%，纺织业全行业净亏损20亿元。这些传统行业的产品出口主要靠低廉的价格，从而降低了盈利率。例如我国每件皮革服装的换汇额仅为国际市场平均价格的1/4，五金制品仅为国外发达国家同类产品的1/7～1/5。极为低下的盈利率抑制了企业扩大国际市场份额的冲动和欲望。

(3) 国际利益格局和国际比较利益发生了巨大的变化，而我国企业却不能采取一致对外的策略，牵制了国际市场份额的扩大趋势。随着经济全球化的形成，国内市场与国际市场两相交织，我国企业在处理国内、国际各类经济关系中，由于利益关系，我国企业与外国企业既可以竞争,也可以合作,对手和伙伴的角色随时在转换,这就不能使我国企业一致对外。同时,在新的条件下,我国产品与重要贸易对象国之间存在的比较利益关系及其传统的国际分工被突破,各国产业结构的升级导致国际比较利益的变化,我国企业也完成了从单纯追求创汇到注重成本/效益目标的转变,使得中国企业在谋划扩大国际市场份额的过程中,不得不盘算成本与效益,从而决定是否扩大市场、扩大到什么程度等问题。

以上差距说到底是因为我国处于发展中国家的地位而导致的。我国企业的后发性状况不是一朝一夕可以扭转的。这就表明,我们可以有扩大国际市场份额的愿望和可能,也应该作出相应的努力去拼搏,但缩小我国与发达国家之间的差距非一蹴而就,企业家们必须以极为坚韧的精神持之以恒地进行艰苦的奋斗。

二、中国企业扩大国际市场份额的策略

中国企业扩大国际市场份额靠政府的宏观扶持,政府在宏观上要为中国企业扩大国际市场份额创造有利条件,这包括:

第一,根据我国经济发展和国际市场经济发展的走势,确定好我国一定时期的支柱产业和主导产品。

公司制是被国际上经过近百年实践后公认为最佳的制度。这种企业制度在产权关系、责任制度、管理方式、筹资渠道、承担风险、实现规模经济等方面都具有科学性、规范性和优越性。

第二,根据企业的组织原理,对全能厂(大而全、小而全)进行改造,提高专业化协作水平,组建企业集团。我国曾经是小商品经济占主导的国度,这在我国工业企业的组织建设上则表现为分散化、规模小,多为全能厂,这样,生产的专业化水平低、协作差,生产成本高。以我国汽车行业为例,在全国100多家汽车制造厂家中,年产量超过1万辆的不足10家,超过10万辆的只有3家,致使我国汽车行业整体缺乏竞争能力,怎能与拥有资产高达2 288.88亿美元的通用公司竞争呢?因此,我国企业要想纵横国际市场,就必须从企业组织结构和规模结构上进行改组,组成以骨干企业为核心、以优质名牌产品为龙头的企业集团,加速国际企业的成长,以改变“全能厂”的落后面貌。

第三,根据国际企业的需要,加速外贸、信贷、金融、税收、投资、价格、外汇管理等管理体制的配套改革,为国际企业扩大国际市场份额提供宽松的国内政策环境。国家放宽企业的出口经营自主权,协调好企业相互掣肘的矛盾,组织企业一致对外减少内部摩擦,为企业进入市场提供必要的政府服务及组织措施。

除了政府的宏观支持外,主要还在于企业自身的努力,企业要从以下方面下工夫:

第一,尽快实现企业经营机制的转换,增强企业活力。企业活力来源于企业自身,来源于企业经营机制的灵活程度。不转换无活力,小转换小有活力,彻底转换则富有活力。企业活力要在市场中得以体现,只有主动寻求市场,参与市场竞争,才能发挥活力。

第二,尽力实现经营理念创新,用新理念统率企业行为。在经济全球化的条件下,企业要用大市场营销理念、战略联盟理念、提高顾客满意度理念、寻求伙伴关系理念、持续发展理念等,来创造市场,满足市场,占领市场。海尔进军美国市场的成功首先就是理念创新的成功。

第三,不断开发新产品,以高附加值的优质新产品占领和扩大市场。消费者的消费水平提高和消费结构的完善,导致市场需求的多样化、多层次和易变性,企业只有不断开发新产品,才能适应市场、稳定市场的销售量和占有率。新产品开发要走"科研—开发—生产综合体"的路子,采取以自行研制为主,技术引进和技术协作为辅的方式,这样既节约时间,又使产品有所创新,从而形成具有竞争力的出口创汇产品,以巩固和扩大国际市场份额。

第四,严格采用国际标准,提高国内产品的国际竞争力。产品的国际标准是在世界范围内对制造产品所需的技术、劳动、管理的要求所作的规定。国际标准化组织所制订的ISO 9000和ISO 14000以及其他的系列认证标准,为产品的生产制定了关于质量和环保等方面的规范化管理措施,企业要自觉加以贯彻。企业在组织产品进入国际市场时,还要采取使用条形码,进行商标注册保障措施。

小结

企业发展到一定程度时必然要进入国际市场,实行国际化营销。企业面对的国际市场是经济全球化和多极化的市场。企业进入国际市场要充分分析国际市场的新特点。我国企业已具备了进入国际市场的外部宏观条件,各企业自身的条件千差万别,只有同时具备内在条件的企业,才具有进入国际市场的竞争力。

企业进入国际市场的方式是多种多样的,应依据企业自身条件加以选择,进入国际市场的障碍和风险要求企业有充分的准备。我国企业要在国际竞争中力求扩大市场份额,并为此采取相应的策略。

习题

1. 国际市场的经济全球化趋势体现在哪些方面?
2. 如何评价国际市场多极化格局?
3. 中国的宏观环境在哪些方面为企业进入国际市场提供保障?
4. 企业进入国际市场自身应具备哪些条件?
5. 企业进入国际市场的方式有哪些?
6. 企业扩大国际市场份额要采取哪些策略?

附录

案　例

案例1　“暖阳阳”远红外暖毯市场推广策划案

电热毯一直是我国北方寒冷地区和南方潮湿地区消费者常备的床上取暖用品。生产厂家众多，市场竞争比较激烈，但近年来整体规模较过去有一定萎缩，除了人民生活水平提高、室内取暖消费品档次提高外，传统电热毯产品技术含量低，材料易氧化，耐曲折性差，使用后产生燥热感，产品更新换代缓慢，无法满足消费者更高要求也是导致萎缩的重要原因。

在电热毯市场上，北京华讯智慧科技发展有限公司是后起之秀，作为一个兼具“取暖”和“保健”两个功能的新产品，在经过认真的市场调研和论证分析之后，今年年初，他们推出了采用先进 ACF 纤维材料的远红外暖毯“暖阳阳”，重新激活了市场，并在短期内取得了惊人的市场份额，实现了目标市场电热毯产品的升级换代。

一、目标市场分析

- 市场形势：依据市场调研数据分析，东北、华北、上海、四川等地有规模、有品牌并在主流商场销售的电热毯生产厂家约 20 个，年产电热毯近 200 多万床，约占国内电热毯市场的 40％。在未来几年市场销售预计稳定(在主流消费市场)，主要购买者为潮湿地区和寒冷地区收入在中、低层次的消费者，年龄从 20～60 岁，由于地理及气候关系，他们以此为床上取暖用品，但又不想花更多的钱购买高档的电热产品。他们主要购买当地品牌的电热毯，要求产品在安全、质量及售后服务等方面值得信赖。
- 产品形势：现有电热毯市场规模较过去几年在需求方面有一定萎缩，但作为一种床上取暖用品，还没有哪种产品从真正意义上取代它。应强调产品的安全性、功能的多样性、规格及花色品种的可选择性，逐渐扩大农村市场的份额。
- 分销形势：电热毯产品主要是通过百货商场、家电批发市场或一、二级日杂批发市场来进行销售的。在百货商场销售平均让利 25％给商家，还有一些柜台费用、促销、POP、宣传及相关人员的费用，合计让利幅度为 30％。而其他一、二级批发市场让利不足 10％(低档产品)。

二、竞争对手及替代品分析

- 现有直接竞争对手状况：全国电热毯生产厂家近千家，四川彩虹、上海小绵羊等一批行业经验丰富的中小企业，在当地市场有一定的品牌知名度和稳固的市场份额；由于质量优良，均以大中型百货商场为主要销售渠道。在东北地区，电热毯的生产厂商以小型及手工作坊生产为主，不具备行业规模，且在产品质量上难以保证。一般都在当地一、二级批发市场上销售，进入不了主流消费市场，从价格来看，在主流消费市场的零售价 40～100 元，而一、二级批发市场的价格为 20～50 元；从功能上看，只是床上取暖、隔凉，"暖阳阳"与之比较，来自价格方面压力较大。
- 新加入竞争对手分析：电热毯是一块特有的消费品市场。近几年由于城镇居民收入的提高及自然界的暖冬现象，消费者仅靠电热毯为室内取暖用品的意识逐渐转变，原有市场萎缩，产品供大于求，加之生产电热产品须通过国家标准认证等因素，如无明显差异的同类产品不敢贸然进入竞争已十分激烈的市场。新加入者对"暖阳阳"构不成压力。
- 用户分析：用户对产品最敏感的地方是价格，其次为服务、质量、功能等因素。"暖阳阳"如提供质量安全保障，降低生产成本，提高服务水平，辅以市场人员对消费时尚变化的引导，准确的市场定位，集市价格略高于同类产品，用户也可接受，不构成压力。

三、机会与问题的分析

- 产品面临的主要机会如下

1. 消费时尚变化，消费层次提高，消费者安全与保健意识加强，注重产品的保健理疗功效及对远红外产品的市场需求。
2. 电热毯市场各种产品无序竞争，普遍技术含量低。
3. 电热毯使用者为 20～60 岁，无针对性年龄段的目标群体。
4. "暖阳阳"产品只要有广告支持，各商家愿意承担该产品的销售。
5. 来自北京高科技公司生产的产品，易提高信誉度。

- 产品面临的主要威胁

1. 来自同类产品的激烈的市场竞争。
2. 来自消费者的习惯，旧的思维模式（针对电热毯）。
3. 来自产品供应商（价格及质量）威胁。
4. 自然界的威胁（暖冬现象）。

• 同直接竞争对手相比的优势

1. 老市场上开发的新产品，技术领先（专利），材料领先（ACF 纤维），市场上基本没有相同档次的类似产品。

2. 产品核心材料 ACF 纤维固有的优点。

3. 市场营销人员素质高，地处北京，来自各方面的专家、学者的评审及有关权威机构的推荐。

四、战略方案

• 产品策略

由于“暖阳阳”暖毯产品与传统电热毯产品所采用的导热材料不同，增加了该产品的附加价值，使其与传统电热毯产品相比在使用功能上有了本质的差别，此差别是采用产品差异化策略的根本所在。

• 市场策略

电热毯市场是一块形成已久的固有市场，且竞争十分激烈。取暖是所有电热毯产品的共性。而“暖阳阳”产品的附加值（高质量、舒适、远红外保健、节能）是共性之中的个性，以共性为基础，突出个性，并利用产品的个性差异填补共性市场的空白点，最终使该产品成为市场的领导者。

• 营销策略

针对在寒冷地域和潮湿地域的中老年消费人群，尤其是中等收入层次家庭，提供高质量的健康床上取暖用品；产品的价格将高于普通电热毯平均价格 30%～50%；公司将开展一个新广告宣传攻势来增强消费者心目中本产品安全可靠性的印象。项目组将设计一个有效的促销计划来吸引更多的消费者和经销商对本产品的注意。产品的分销渠道向百货零售商店及全国大型连锁超市扩展。

1. 市场机会：消费者对电热毯安全舒适的需求和对健康的关系。

2. 市场定位：高功效、中价格。

3. 目标市场：北方寒冷区域及南方湿冷区域消费能力强的大中型城市，从其中选择。

4. 个别地区为主要目标市场，集中资源重点突破。

5. 目标客户群：以中老年消费者为主，但并不排除所有电热毯使用人群。

6. 销售方式：主流商场销售、分销商经销。

7. 分销网点：大中型百货商场和连锁超市。

• 定价策略

用产品差异化特点制定价格，选择和平发展策略，避开与同类产品打价格战。

1. 产品定型：健康型、礼品型。

2. 产品价格：产品价格将高于普通电热毯平均价格 30%～50%。

• 广告宣传策略

1. 在目标市场采用“拉动”最终用户消费并带动中间商参与销售的宣传战术。

2. 以电热毯的使用者及使用者家人、朋友为目标对象。

3. 立足暖毯讲清附加值、睡眠养生，倡导健康睡眠新主张，以此为基本宣传点。

4. 利用产品的认证证书材料、临床案例以及专家参与的背景，制订一个广告计划用于支持产品定位策略，在广告中着重宣传高品质、舒适、红外保健等附加价值。

5. 广告投入的具体方式：方式一，以报纸硬/软性广告投入配合营业终端POP宣传（目标市场的基本宣传方式）。方式二，试点城市以方式一为主，辅以电视、广播等媒介宣传。其他促销：可配合宣传曲线设计促销具体活动方案并及时切入。

• 销售渠道策略

1. 各目标市场以大中型营业终端、中老年用品商店、有知名度的一级批发市场为主，组建营销网络（营业终端采用专柜方式）。

2. 通过宣传组合拉动中间商加入（目标市场的周边地区）。

3. 试点城市设置分支机构及产品销售中心。

4. 采用直销方式推动集团购买。

• 风险分析

1. 市场机会、产品定位、市场定位的准确性是产品是否盈利的关键，最终将受到市场的检验。

2. 作为消费品，适量的宣传投入与市场风险是成反比的。

3. 消费者对产品的认同度、市场需求量、季节的差异性、产品的周转期都是造成产品库存增加的主要因素。

4. 任何市场行为的投资都是有风险的，但风险和机会是并存的，这取决于决策者如何规避风险、利用风险，把握机会取得收益。

（摘自《中国经营报》）

讨论题

本策划案主要立足于营销的主要战略是什么？

案例2　新咖啡厅进入武汉市场营销策划案

“咖啡”一词源自希腊语“Kaweh”，意思是“力量与热情”。据资料记载，1884年咖啡在中国台湾首次种植成功，从而揭开了咖啡在中国发展的序幕。中国大陆地区最早的咖啡种植始于云南，是在20世纪初，一个法国传教士将第一批咖啡苗带到云南的宾川县。在以后的近百年里，咖啡种植在幅员辽阔的中国也只是“星星点点”。然而，近年来中国咖啡种植和消费的发展愈来愈为世界所瞩目。麦斯威尔、雀巢、哥伦比亚等国际咖啡公司纷纷在中国设立分公司或工厂，为中国市场提供品种更优、价格更合理的产品。北京、上海、广州等大城市的咖啡厅伴随着咖啡文化的成长也如雨后春笋般出现，成为年轻人新的消费时尚，装点着都市风情。

这里依据武汉市某市场调查公司对武汉市肯德基、麦当劳、老街咖啡厅、名典咖啡厅、江汉路步行街410名咖啡消费者的抽样调查结果，在分析目前武汉市咖啡消费者的消费习惯、消费状况及生活形态的基础上，为新的咖啡店进入武汉市场进行营销策划和提供合理的建议。

第一部分　咖啡消费市场营销现状

一、咖啡消费的市场状况

（一）武汉市人们普遍接受咖啡消费

武汉市民接受咖啡的有90%，比例很高，可见咖啡作为一种文化已经开始渐渐地深入人心，咖啡市场是一个非常具有潜力的市场。

（二）武汉市民的咖啡消费习惯

(1) 咖啡厅消费频率以每月一至两次为主；

武汉市咖啡厅消费者到中式餐饮、西式餐饮及咖啡厅消费的频率都集中在每月一至两次及每月三到四次，其中在咖啡厅消费的比例分别为40%和17%。

(2) 消费持续时间以半个小时至1个半小时为主；

(3) 消费时间以周六居多；

(4) 消费黄金时段：17点至20点；

(5) 个人消费金额主流是20～50元；

(6) 消费者类型主要是情侣、白领、高收入人群。

（三）人们在咖啡厅消费更注重格调和品位

在咖啡厅里面消费，许多人很注重咖啡厅的格调和品位。以下是该市场调查公司的被访者在咖啡消费时注重的因素调查结果(见图1)。

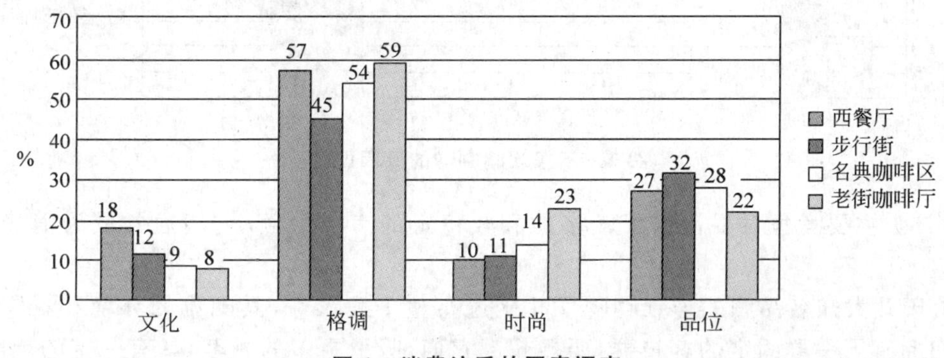

图1　消费注重的因素调查

二、咖啡厅主要竞争对手

名典咖啡厅处于市场领先者的地位；老街和上岛咖啡厅处于挑战者的地位，非常具有竞争力，可以用以下市场调查的具体结果加以说明。

咖啡厅的认知情况中，被访者在不经提示下第一提及的咖啡厅情况为：名典咖啡厅 43%，老街咖啡厅 22%，上岛咖啡厅 14%。不同的配额中，名典咖啡厅都是提及率最高的。本次的咖啡厅配额是选择在老街咖啡厅进行，因此老街咖啡厅的提及率在咖啡厅配额中较高是由于抽样所导致的，不应作为差异进行分析。

提示后咖啡厅的提及率为：名典 76%，上岛 69%，老街 47%。另外，香格里拉酒店咖啡厅和亚洲大酒店咖啡厅的认知率分别为 58%和 38%，也有较高的知名度。其中，步行街行人在经过提示后对于香格里拉酒店咖啡厅和铿锵玫瑰咖啡厅的认知度较高，而西餐厅消费者则对蓝色天空咖啡厅的认知度比较高。

在消费情况中，去名典咖啡厅消费过的有 68%，比例最高；其次是上岛咖啡厅，有 56%的被访者曾经消费过；再次分别是老街咖啡厅和香格里拉酒店咖啡厅，为 38%和 28%。喜欢程度的评价中：名典咖啡厅最受欢迎，有 34%的被访者提到最喜欢它，而提到最喜欢上岛咖啡厅的有 20%，最喜欢老街咖啡厅的为 11%。

第二部分　进入咖啡消费市场形势分析

一、进入咖啡消费市场面临的问题

（一）一些消费者不喜欢喝咖啡

在不喜欢喝咖啡的人群中，主要的原因是消费者不习惯咖啡的味道，并未适应这一外来饮品的独特风味。图 2 是武汉被访者不喜欢喝咖啡的原因。

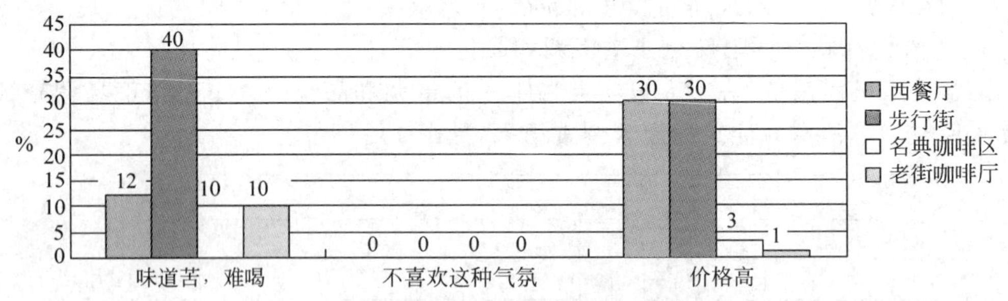

图 2　不喜欢喝咖啡的原因调查

（二）主要竞争对手占据了较多的和较稳定的市场份额，它们通常成为消费者的首选

由于几大知名品牌的连锁咖啡厅几乎遍布整个武汉市，其幽雅的环境和氛围已经使它们拥有了一群固定的客户群，要想超越它们，吸引更多的顾客，具有一定的难度。

（三）开辟网点的好地方比较少

武汉市目前的咖啡厅数量不少，许多咖啡厅已选择建在繁华商业区，要想寻找新的比较好的地段也不是一件容易的事情。

（四）开咖啡厅的成本比较高，风险比较大

咖啡的成本是比较高的，加上装修费用、地皮购买或租赁费、服务费使得新建咖啡厅的成本很高；此外，咖啡厅属于中高档消费，而武汉的中高档消费群体数量有限，一旦选址不当或经营不善，就会面临倒闭的危险。

（五）一些消费者认为咖啡厅消费环境做作，服务态度不好，消费人员素质低

调查结果表明，在被访者对于目前的咖啡厅不喜欢方面的评价中，被访者提到了装修做作、颜色夸张、格调低，服务态度不好和消费人员素质低的比例分别为24%、19%和17%。另外武汉的步行街行人样本中有20%的人提到了价格太贵，而咖啡厅消费者样本更多提到的不足之处是咖啡厅的装修格调低。

二、进入咖啡消费市场面临的机会

（一）一些消费者虽然不喜欢喝咖啡，但他们会去咖啡厅选择一些其他消费品种

去咖啡厅的消费者，有一部分是不喜欢喝咖啡的，但是他们喜欢咖啡厅的氛围和环境，他们在咖啡厅里有其他的一些附属消费，如可乐、果汁、茶、酒类、奶昔、奶茶、冰激凌等，因此咖啡厅的潜在消费群还是很多的。

（二）武汉市人们饮用咖啡的频率越来越高

调查结果表明，在武汉的被访者中，包括所有的场合下饮用咖啡的频率，每月饮用在20次左右的占有大部分比例，为59.7%，其中又以每月饮用11～20次居多，为41.8%。另外的一个高比例为每月饮用26～30次，比例为17.9%。

（三）人们越来越青睐在咖啡厅消费

许多人认为在味道方面，咖啡厅里所提供的咖啡会比速溶咖啡更加纯正和地道。另外，许多人也认为在咖啡厅里面消费氛围更好，咖啡厅幽雅的环境和异国风情成为越来越多上班族和情侣的休闲场所。

（四）咖啡厅的利润比较丰厚

高成本和高风险一般对应着高利润，否则该行业就没人愿意投资。咖啡厅成本和风险高，意味着其利润也高，经营得当的投资者可以取得丰厚的回报。目前咖啡厅市场并未饱和的原因之一也是因为其投入的高成本，使许多人想投资但是又没有能力投资，因此，这比较适合于能够承担得起风险的投资者，他们会取得更多的丰厚回报。

（五）人们普遍有兴趣尝试新的咖啡厅

市场调查结果表明，有95%的被访者都表示愿意尝试去新开的咖啡厅。不愿意尝试

的人主要是因为自己本身对喝咖啡或咖啡厅不感兴趣，并不是因为不能接受不知名品牌。图3是关于新的咖啡厅接受程度调查图。

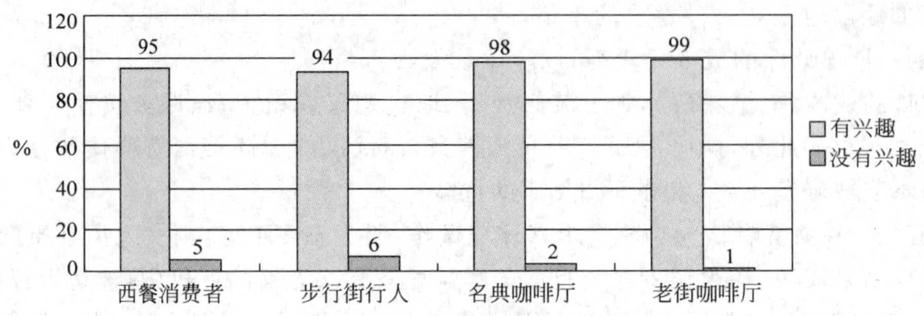

图3　新咖啡厅接受程度调查

第三部分　新咖啡厅进入武汉市场的行动方案

新咖啡厅进入武汉市场，要逐步赢得市场份额和忠实消费群，可以从以下几个方面来采取一些具体措施。

一、打造别具特色、有格调的咖啡厅氛围

环境幽雅、整洁舒适、服务专业等，这些是消费者在咖啡厅获得的一种附加享受。环境、气氛、服务等也是吸引消费者的重要原因。随着生活消费水平的提高，人们对于就餐环境的要求也将越来越高，除了要求环境整洁舒适外，同时也希望布局富于创意，给消费者以印象深刻的感官享受。因此，在选择咖啡厅消费的时候，咖啡厅的环境是人们的重要衡量标准之一。作为一个新的加入者，一定要有自己别具特色的文化和氛围，千万不要模仿。可以从以下几个方面进行：

（1）咖啡厅的格调方面，要给人以新鲜感，但是色调不宜过于渲染，装饰不宜过于做作，整体氛围应与咖啡厅的文化相结合，具有古典风情，体现出咖啡厅的历史文化。

（2）构造异国风情的消费意境，一定要选取不同于其他咖啡厅的、某一特定国家或地区的意境，使消费者能够在现场消费的时候感受到西方特定地域或国家的文化生活的氛围。

（3）保持环境装饰的个性化和人性化，不经常更换、改变装饰的布置，保持咖啡厅一贯的个性化风格。

（4）咖啡制造工艺要地道、味道纯正，可考虑选择在显眼的地方制作，作为一种咖啡文化呈现给消费者。

（5）保证咖啡厅内外整洁，包括卫生间的清洁，以及设计的独特、温馨、个性化。

（6）保证服务人员的素质，服务专业，服饰的统一和独特设计，定期进行专业培训，及时解决服务过程中的各种问题；保证服务的及时性和准确性，提供令人舒适的流畅服务。

(7) 适时进行广告宣传，传播咖啡文化。

二、采取合适的定价策略，开拓一定比例的高价位品种

咖啡厅消费的品种目前还比较单调，不像中式餐馆那样，品种繁多且价格差别巨大。根据调查得到的资料，在咖啡厅的价格方面，人均消费在20～30元是比较合理的价位，能够满足大部分消费者的消费心理，建议大部分品种在此价位范围以内。

由于在30～50元的范围内，部分被访者认为稍贵但是仍然可以接受，所以可以考虑在产品中有一定比例的高价位品种，积极开拓高价位品种市场，引导消费流行，以满足不同的消费群体。建议在宣传中重点突出高价位的品种，传播咖啡的文化发展，衬托出咖啡厅的独特文化。

三、选择在闹市商业区或大学校园附近设立咖啡厅

咖啡厅店址的选择将在很大程度上影响着咖啡厅的消费者来源，在闹市商业区，消费群体最多，部分的消费者是由于路过而随机地去消费，因此，具有很大的消费潜力可以挖掘，促销在这种情况下显得较有吸引力。大学校园附近，学生情侣也是一个庞大的消费群，有些学生并不喜欢到较远的地方去消费，因此可以在大学校园附近的黄金地带设址。

四、加强广告宣传，提升品牌形象

在竞争越来越激烈的现代市场环境中，广告是使品牌脱颖而出的有力手段。对于咖啡厅来讲，做的是广告，推销的是产品，咖啡厅通过广告把产品和消费者联系起来，消费者对广告的反应往往也是消费者对咖啡厅的感受。咖啡厅要有自己的理念，产品也要有其自身的文化概念，要根据消费者的心态来做广告，这样的广告才不会引起消费者的反感。肯德基的家庭化广告，以及明星云集的麦当劳广告，都能很好地深入人心。

五、连锁经营，逐步占据大的市场份额

在闹市商业区和大学校园附近提及率较高的几个咖啡厅中，如名典咖啡语茶、上岛咖啡厅、北京的星巴克咖啡厅等，都在当地开有数个分店，具有一定的规模。由此看来，连锁经营的模式是很有必要的。其最大的好处是提升了品牌形象，让品牌深入人心，同时也可以占据大的市场份额。在饮食行业，连锁经营的企业给消费者的感觉通常是具有一定的规模和文化，产品成熟、稳定、可靠，具有长期性和战略性的发展。这些对于消费者来说是很重要的，因为消费者在咖啡厅消费注重的是咖啡厅的文化和品位，一家没有品牌形象、没有企业文化的咖啡厅是难以吸引更多的消费者的。

第四部分 新咖啡厅进入武汉市场的营销策略

一、广告宣传策略

新进入的咖啡厅在广告费用上应该大量投入，至少应该是竞争对手的5倍以上，主要应针对两个市场进行宣传：一个是年龄在22～30岁，有稳定的职业，个人月收入在1 000元以上的上班族；另一个是对生活质量有一定要求的高校学生。

(1) 根据季节特点和人们的户外活动情况及心理状况，确定春、夏、秋、冬四季不同的

主打咖啡产品、主打饮料产品和广告语。如春天主要推荐蓝山咖啡；夏天主打巴西冰咖啡和冰柠檬汁；秋天的广告语是“片片枫叶情，尽在……”；冬天的广告语是“拥有它，您将多一份浓浓的情意”；等等。

(2) 运用媒介组合，定期在《楚天都市报》、《武汉晚报》、《楚天金报》上的夹页刊登广告，宣传咖啡文化、品牌文化，使得人们对广告语朗朗上口；在阅读比例较高的《读者》和《时尚》附上浓情彩页和海报；在各大知名网站上推出自己的特色铃声下载；在路过咖啡店的公交车上播放电视广告；另外，午间音乐电台也不失为一种性价比较高的媒体传播方式。

(3) 如果有经济实力的话，不妨邀请具有一定知名度的明星或名人来店现场品尝咖啡，这将具有非常大的长期影响。

二、促销策略

（一）店内促销

在节假日可以进行打折，不断推出实惠高档的组合套餐，并取上特色名字，如“两情相悦”、“火焰组合”等，并配有免费的现场艺术表演，如钢琴、小提琴演奏，异国风情舞蹈等。

（二）店外促销

主要是派发优惠券、现场派送等。

三、公关活动

刚进入武汉市的咖啡厅一定要注重社会效益，可以开展赞助，如赞助公开游戏竞赛、高校网球和游泳竞赛，资助足球队等，既为社会作了贡献，又大大提高了知名度。

四、形象设计

一定要有醒目的标识和店内装饰，最好是让在店外的人都能感觉到里面的异国风味和消费档次，另外要强调绿色和健康，让女性能消除肥胖、高脂肪等心理疑虑。

五、对新品种和组合进行研究

人们都有尝鲜的心理，许多人不管新的好不好吃，都要去尝试一下，因此，不断地研究推出适合顾客口味的特色新品或新品组合，一定可以保持对顾客的长期吸引力。

六、增加热线服务和送货上门服务

在闹市街头、公交车或报纸杂志上打了醒目的广告后，许多消费者可能对新品牌知觉上很熟了，但是有些消费者有时会出现找不到准确位置的情况，因此要在广告中强调自己的服务热线，为消费者提供24小时的热线咨询服务；同时也可以对一些特殊情况的消费者提供上门服务。

当然，还有另外一些具体的措施要依据咖啡厅的定位、目标、环境不同来采取。

讨论题

1. 如何进行新咖啡厅的市场定位策划？
2. 分析新咖啡厅的营销组合策划。

案例3 绿普世蔬菜水市场营销策划案

当今世界已经把“健康、营养、安全、可口”作为饮料发展的主流，十分重视饮料新品种的研究开发，各种以健康、方便、新颖和趣味为主题的饮料新品种发展迅速。由此可以看出，占据半壁江山的传统碳酸饮料的主流地位将受到挑战，而瓶装饮用水、茶饮料、果汁饮料、功能性饮料等新时代饮料将更加受到重视，可以预见，未来饮料市场的竞争将是产品多样化的竞争，而天然、健康、功能性饮料将成为21世纪饮料市场的发展方向。

一、产品分析

绿普世蔬菜水市场将面临一个机遇与挑战并存的市场环境，同时，该产品以其独特的自身特色，将给饮料市场带来新的商机。从产品自身特点看，绿普世蔬菜水市场具有以明显区别于其他饮料品类的特征。

1. 独一无二的产品创意。目前，市场上尚没有任何一种的饮料种类能与其构成直接的市场竞争。

2. 16种蔬菜的营养成分高度浓缩其中，保证此产品营养成分，使其在功能上更具竞争力。

3. 由于产品具有柠檬香味，对于白领阶层、挑食的儿童、野外工作者及各类无法吃到也没有时间吃到新鲜蔬菜的人，有很强的吸引力。

同时，该产品具有以下强大的获利潜力，主要体现在：

1. 专利技术，高科技含量，难以被仿冒，从而保证市场竞争的领先优势和经营者的持久利益。

2. 产品特色鲜明，功能性强，进入新市场的壁垒相对较小。

3. 性能价格比优于其他饮料，符合食品发展的国际潮流。

二、问题点

- 作为一个新的品类，相对于其他业已壮大的饮料产品如碳酸、果汁等，消费者对蔬菜水市场的认知甚少，企业必须经历市场教育和引导的历程。
- 绿普世作为一个新的品牌，在竞争激烈的买方市场环境中，要投入持续的宣传，才能建立起它在消费者心目中的知名度和美誉度。
- 在现今的行销环境下，除了搞人员直销，产品或品牌对分销通路的依赖会越来越强，众多厂商工作的重点是抢占渠道终端。必须在渠道系统设计、构建以及经销商的激励方面独树一帜，才能赢得经销商的全力支持与配合。

三、产品定位

在经过××××年一年的试销和充分研究产品特点的基础上，企划人员对绿普世蔬菜水市场进行了全方位的产品定位。

- 确定品牌含义主要包括以下构成要素：新时尚、高营养、高科技、日本风情（从包装和整体感觉上）。
- 从产品对消费者的利益承诺上，主要包括以下要点：

1. 16种南北时令蔬菜一齐喝，构成产品独特的销售主张；
2. 时尚性的心理满足；
3. 营养的全面、均衡吸收；
4. 独特的口味感受。

- 核心目标消费群定位：年龄在25～35岁，白领，具有较高收入和教育水平，注重健康、生活品位的年轻族群为该产品的主攻对象。
- 由于绿普世蔬菜水市场特有的营养功效，它尤其适宜于偏食、厌食但又急需营养的成长期儿童、青少年（诉求对象应为他们的父母）以及特殊职业者如野外、地矿、远洋、运输等行业人群，该族群又构成产品的又一重点子市场。

四、营销方式

一般情况下，食品类的新产品进行前期市场开发、主渠道建立时，一般采取以下几种形式：

1. 各城市分别指定当地有名的总代理（总经销）后，召开专题订货会，将产品向销售终端推进，这样做的好处是：比较稳妥，可相对形成区域优势。不利之处在于：全国市场开发的速度较慢，对于蔬菜水这种季节性很强的产品，容易造成销售时机延误。

2. 采用分区域刊登招商广告的形式，建立销售网络，此种方式优势在于费用较低，但同样存在第一种方式的劣势。

3. 参加一年一度的糖酒会。

全国糖酒商品交易会（简称“糖酒会”）是由原国家贸易部，中国糖业酒类集团公司主办的大型全国性商品交易会。每年春、秋两季举办两次。糖酒会自1965年以来，其成交额和影响逐年加大，被食品界称为“第一大会”。

经过数十年举办经验的不断积累，糖酒会具备了以下一些特点：

1. 规模大。参会企业达数千家，参展商品达数万种，参会代表最多时突破10万人，展销面积突破6万平方米，成交额一般在100亿元人民币左右。

2. 作用大。中国糖业酒类集团公司组织各省、市糖酒公司作为糖酒会的固定成员参会，这一完整的糖酒经销网络对于糖酒食品生产企业具有很大的吸引力。参加糖酒会对于生产企业销售产品、购买原料等具有事半功倍的良好作用，很多其他种类食品的生产企业纷纷参会正是因为看到了这点。同时，众多经销商也把糖酒会作为发现国内外新产品、抢占新的市场机会的重要方法。在全国统一市场体系还不健全，市场信息仍不够畅通的今天，大型商品交易会富集信息，促进沟通的作用十分明显，短短几天会议，对于了解行情、认识市场、把握方向有十分显著的成效。

备战糖酒会期间，“绿普世”重点完成以下工作：

1. 借助糖酒会在宣传企业及产品形象，开拓全国市场的独特作用，完成绿普世蔬菜水在全国十个重点城市，全面上市的分销渠道的建立工作。

2. 搜集行业发展信息，为企业整体营销工作提供决策依据。

3. “展示产品、企业形象”，作为参会的主要目的，并确定“世纪畅想”，“日本风情”，“高科技、高营养”为参会期间宣传主题，同时，对工作流程、组织管理、展览馆现场气氛营造、促销活动、媒体发布、制作物等几个方面进行了严密的前期策划。

糖酒会期间，在成都糖酒会上独领风骚，受到全国各地经销商普遍关注，企业在短时间内迅速打开了全国市场，完成营销渠道的初步建立。

五、媒体策略

借助成都糖酒会的“东风”企业很快完成营销网络的前期建立工作，对消费者的拉动工作便被提到议事日程上来，为了将广告投资效益提高到最大，将大众媒体发布和有效行销有机结合，企业制订了集中优势“兵力”，开展整合媒体发布的总的媒介策略。具体做法如下：

1. 选择中央电视台1～3套发布电视广告，支持全国市场的开拓。

2. 在发布电视广告的同时，以北京市场为代表，分别在4月下旬～5月上旬，选择有代表性的批发市场现场开展有奖订货会活动，为二级渠道的开发建立铺平道路。

3. 在大规模电视广告播出之前，北京市5 000家C级店开展了以下形式的推广活动。

4. A、B类商场营业推广跟进，即在七八月份销售旺季，开展堆头、现场买赠、抽奖等促销活动，促成消费者的大量尝试及重复性购买，以期快速提升销量。以上工作形成了广泛的立体交叉式的信息发布攻势，用电视媒体的力量协助二级渠道的开发和主渠道的维护，同时，媒体发布和促销活动举办相得益彰，在提升品牌形象的同时，带动产品销售，从而最大限度地提高了产品进入北京市场的范围及速度，弥补大众媒体在广告信息发布过程中的缺陷，并通过一系列营销推广活动，增加了消费者对产品的接触频率及深度，提高产品认知率及品牌知名度。

六、特殊渠道开拓

销售渠道既是企业物流的重要通道,又是消费者完成购买行为的重要场所,所以,任何企业都会将销售渠道的内外延伸作为企业营销行为的重要一步。而社区、大学和旅游休闲娱乐场所构成了饮料类产品的重要特殊渠道。占有这些市场,将对企业的销售工作起到巨大的推动作用。在以上策略思想的引导下,企业策划了促销活动(以大学校园为例)。

大学校园开展户外媒体开发、发布及免费品尝活动。执行时间为5月,地点为北京市50所大学及学院。操作方式:同学校有关部门进行公关联络,向其免费赠送以下带有产品形象的物品,说服其进行悬挂和摆放;食堂价目表;舞厅、沙龙内的饮料牌;校园餐厅或商店门外遮阳棚;宿舍楼层牌等(以上物品可组合送,也可单一赠送);选择重点学校26家,在其食堂内进行免费品尝,有奖销售活动。

(摘自《中国经营报》)

讨论题

本策划案抓住什么为突破口?主要营销方式有何特点?

案例4 武汉香满楼、天山雪早餐奶上市策划案

一、市场现状分析

(一) 市场背景

1. 市场需求变化。2004年城镇居民的乳品消费与前几年高速增长的势头相比,增速趋缓,2005年城镇居民的奶类消费增长不可能有大的突破,农民消费难以启动。2005年奶类消费难以出现前几年高速增长的局面。

2. 市场竞争现状。武汉牛奶市场汇聚着三股不同等级的势力:一股是以已本地化了的"四大名奶"为代表的品牌奶,几乎统一了订户奶的天下;一股是以"伊利"、"蒙牛"、"均瑶"、"夏进"、"旺仔"、"妙士"为代表的外来著名品牌奶,以零售奶开路,几乎抢占了武汉奶市的半壁江山;还有一股是以"统一"、"双叉"等为代表的新生品牌,处于两股势力的夹击中,同时在订户奶与零售奶这两条战线上拼抢搏杀,争生存也求发展。

3. 早餐奶前景良好,潜力巨大:随着生活水平的提高,人们已经在不知不觉中将牛奶当成早餐的必备品。而与此同时,消费者越来越注重饮食健康和饮食水平,对奶制品的要求也越来越高,由"有奶喝"逐步转变成"喝好奶"。早餐奶特有的概念、营养成分、功能特性,使其潜力无限。

(二) 竞争者状况

对于同类产品的竞争对手——蒙牛"早餐奶"的"4P"分析如下:

通过市场调查,目前蒙牛早餐奶的现有产品目录见表 1。

表 1 蒙牛早餐奶的现有产品目录

产 品	价格/元	规格/ml	促销价/元	广告语	包 装	销售方式
麦香味	2.4	250	2.3	精力充沛	利乐包、利乐枕	单卖或整箱出售
麦香味(低蔗糖)	2.4	250	2.3	精力充沛	利乐包、利乐枕	单卖或整箱出售
核桃味	2.4	250	2.4	闪亮智慧	利乐包、利乐枕	单卖或整箱出售
鸡蛋味	2.4	250	2.3	均衡营养	利乐包、利乐枕	单卖或整箱出售

1. 价格。零售价格为 2.4 元/250ml。蒙牛所有产品均属于高价策略,早餐奶也不例外,高于其他同类产品的平均水平。例如:友芝友的玻璃瓶 200ml,价格为 1.3 元;扬子江的百利包 200ml,价格也为 1.3 元。而蒙牛早餐奶的价格定在 2.4 元/250ml,一方面与它的品质、包装、成本有关;另一方面是为以后经常性的促销留下降价空间。

2. 渠道。在武汉地区,除主要在各大超市销售外,在其他的零售点,如酒楼、订奶点不见有销售。这同其生产基地和奶源供应受地方限制有很大的关系。

3. 促销。在每个超市目前设有堆头促销。由于促销力度大,目前在超市里销售额良好。

蒙牛几乎没有停止过促销活动!每逢周末或节假日,总能看到大堆大堆的蒙牛堆头促销,极具声势,赢得了很多的随机购买机会。蒙牛的定价策略为其创造了很多促销机会和空间。一般的,其促销价就是其实际期望的零售价,但是,当其在商场报高了零售价之后,为自己经常性的促销赢得了条件,可以经常搞促销,经常带给消费者心动和惊喜。

蒙牛的终端销售,是推崇整箱陈列。除了单支陈列外,蒙牛借助促销,大量进行货架上的整箱陈列。对于很多家庭来说,整箱购买,习以为常,而蒙牛的这种陈列方式,恰恰扩大了单次购买量,自身销量无疑增加很多。

蒙牛设立品牌区隔,强化广告拉动,重视事件营销,重视中央电视台的广告投放,借助中央电视台,树立领先品牌的权威形象。借助中国载人航天的壮举,蒙牛投巨资赞助,投巨资推广,从电视广告、路牌到终端,统一传播,形成了极大的品牌冲击和提升。

(三) 替代品威胁

1. 原有市场中的液态奶。随着生活水平的提高,人们已经在不知不觉中将牛奶当成早餐的必备品,而许多牛奶生产厂家仍然开发着不同口味的牛奶产品,对于早餐奶这一概念浑然不觉。当三元首先提出早餐奶的概念后,其他生产厂家会依次跟进,可想其竞争的激烈程度。由于早餐奶概念被消费者接受还要一段时日,且消费行为具有一定的惯性,改变起来有很大困难。所以原有的液态奶对早餐奶仍有可替代威胁。

2. 豆制品。在老年人市场上,由于其消费特点——追求经济、实惠、营养、健康,豆制品(豆浆、豆腐花)成为老年人早餐的主要食品。而年轻人也由于时间紧张、生活压力大,通常也会选择具有价格优势的豆制品。

3. 珍珠奶茶。从台湾传到大陆的珍珠奶茶，由于其独特的口味，营养价值高，集茶和牛奶的优点于一身，既满足营养的需要，也符合中国人喝茶的习惯，所以，对早餐奶市场有替代威胁。

4. 其他替代品。通常有一部分消费者会选择鱼奶、藕粉、干奶粉、芝麻糊等作为早餐奶的替代品。因为这些食品有独特的风味和口感，消费者对其有偏好，因此也会占领一部分早餐市场。

（四）早餐奶消费者状况

1. 早餐的消费心理：早餐要吃好。

2. 消费者关注因素(见表2)。

表2　消费者关注因素

产品属性	重要程度/%
新鲜	60.5
营养丰富	54.3
来自无污染的草原牧场	51.5
纯天然	28.1
口感细腻柔滑	27.9
口味纯正	19.8
奶源优质	18.6
牛奶的颜色	10.0
采用最新的加工工艺	8.3
采用先进的保鲜包装	7.9
闻起来奶味很香	5.7

3. 早餐与牛奶的消费者状况。据统计，我国10%～20%的居民未养成每天吃早餐的习惯，或是不知道真正营养丰富的早餐应该怎样吃，其中没有时间准备是最大的原因。以上海为例，根据对上海家庭早餐状况的调查，不吃早餐的人群中，“没时间吃早餐”的占大多数，为56.7%，多数是35岁以下的年轻人和男性。中小学生80%以上在家中吃早餐，所以他们的早餐习惯深受家庭影响。调查发现，不吃早餐的比例，中学生高于小学生。

根据20/80法则，在当前早餐奶的市场竞争中，宜将市场的主要目标锁定在80%坚持吃早餐的群体上，需要做的只是教育他们尝试“面包＋牛奶”的西式早餐，或者努力将他们日常消费的纯鲜牛奶换成早餐奶，这二者通过一个核心的市场诉求就可以达到，那就是早餐奶的科学营养及其体现的快节奏的激情生活。20%“没时间吃早餐”的群体，其背后是一种很难改变的生活习惯，需要付出一定成本，既要宣传早餐的重要性，还要宣传牛奶的健康营养，建议暂不作为主要市场目标。

（五）香满楼的市场表现

武汉香满楼天山雪乳业有限公司是维维集团的一家分公司，2000年入驻武汉。现有奶产品品牌有“香满楼”、“天山雪”。在武汉其品牌知名度不高，市场占有率不理想，销量也不及其他品牌。

二、SWOT分析

O	T
① 牛奶是易消耗品 ② 政府政策支持 ③ 武汉市区人口多，消费潜力大 ④ 早餐奶——新概念，市场机会大 ⑤ 消费观念的变化导致市场机会的出现	① 替代品多 ② 强大竞争对手——蒙牛 ③ 大量的市场潜在者 ④ 技术要求越来越高 ⑤ 市场整体发展速度增长缓慢
W	**S**
① 奶源——本地企业，便利，临近 ② 维维集团的品牌，资金和技术支持 ③ 可依据原有渠道优势进行时常推广	① 没有明确的营销战略与营销组合策略 ② 企业综合实力不占优势 ③ 促销力度弱

三、营销策略

（一）产品定位

品牌形象定位：营养，健康，活力。

产品功能定位：降低血糖，提供全面营养。

消费者定位：武汉市场早餐消费者。

（二）产品理念

天山雪早餐奶，好生活好质量。

（三）营销组合

1. 产品。突出早餐奶的诉求点：营养有质量，提供高质量的产品。
2. 价格。通行价格定价法，产品组合定价法，特别事件定价法。
3. 渠道。巩固原有销售渠道，开拓新渠道。
4. 促销。广告，销售促进，公共关系。

四、主题活动

（一）香满楼早餐奶武汉高校推广计划

活动主题：“释放激情，属于自己的MVP”，武汉香满楼乳业有限公司赞助武汉高校篮球联赛。

活动目的:借助赞助武汉高校篮球联赛来提升企业品牌知名度,打开早餐奶市场。

(二)"亲近自然,关爱健康"维维天山雪户外联谊活动

活动主题:亲近自然,关爱健康。

活动目的:将"亲近自然,关爱健康"的活动主题植根于消费者心中,通过让消费者走进企业,了解健康乳制品的制造过程,促使其对企业的认可,促进产品销售。

五、香满楼活动进程实施表

1. 香满楼早餐奶武汉高校推广活动。
2. 维维天山雪户外联谊活动。

六、预算安排

(王剑锋等供稿)

讨论题

试分析该策划调研和宣传活动的特点。

案例5 康乐绿色食品有限公司营销策划案

一、背景

目前市场上的普通蔬菜因为化肥、农药、催熟剂、保鲜剂的大量使用遭到了严重污染,有些菜农为了减少虫害的袭击,竟然用农药浸泡过的种子培育幼苗。这不仅使得蔬菜表面附着了一层厚厚的有害物质,而且使得蔬菜本身就含有有害成分,这对消费者的健康来说都是无形的杀手。另外,一些超市和菜摊上出售的纯天然的蔬菜由于土壤等因素的污染也不全是无害蔬菜,对人类的健康还是有很大影响的。"病来如山倒",每个人都希望有一个健康的身体,"癌"字的结构就可以清楚地告诉我们很多疾病就是由"口"入的。所以预防疾病,应该把好"口"关。蔬菜是人们每天饮食的一大部分,注意蔬菜安全势在必行。与此同时,随着经济水平的提高,人们的消费需求也在朝着健康的方向发展,绿色蔬菜作为一种绿色食品(通过应用无公害的技术进行生产,经专门机构检测认定,允许使用无公害农产品标志的蔬菜),迎合了人们的这种需求。

目前武汉市场还没有形成绿色蔬菜的规模经营,康乐公司的绿色蔬菜在武汉市场可以说处于产品进入期,人们对它的认知度、重视度、接受度还不够。如何让更多的武汉市民接受绿色蔬菜这个健康产品,如何开拓武汉市场成了康乐公司面临的问题。

二、策划目的(1～3年)

1. 提高武汉市民对绿色蔬菜的消费意识,使绿色蔬菜的消费量达到武汉市民蔬菜消费总量的60%～70%。

2. 使80%～90%中高端用户消费绿色蔬菜。

3. 提高低端用户对绿色蔬菜的认知度。

三、现状分析

通过问卷调查得出如下结论:

1. 对绿色蔬菜的认知度。45%的人无法定位何为绿色蔬菜;22%的人认为颜色是绿色的为绿色蔬菜;22%的人没有听说过绿色蔬菜;11%的人在市面上没有见过绿色蔬菜。

2. 购买蔬菜时影响因素。50%的人看重新鲜程度;29%的人看重营养价值;13%的人看重污染程度;8%的人看重价格。

3. 潜在需求度。62%的消费者不放心现在使用的蔬菜,希望买到安全可靠的蔬菜。

4. 购买渠道选择。57%的消费者想在超市买到绿色蔬菜;24%的消费者希望在绿色蔬菜专营店买到;19%的消费者选择在菜场买到。

5. 市场所能接受的绿色蔬菜的价格。大多数消费者希望绿色蔬菜的价格高于普通蔬菜的程度小于10%。

6. 对包装的需求度。47%的人对包装无要求;28%的人觉得需要包装;25%的人觉得不需要包装。

7. 对脱水干菜的需求度。54%的人愿意购买脱水蔬菜;33%的人愿意购买新鲜的蔬菜;13%的人持无所谓态度。

8. 消费者的年龄分布。56%的购买者是老年人,年龄在50岁以上;22%的人是中年人,年龄在30～40岁;22%的人是青年人,年龄在20～30岁。

9. 消费者的文化程度。44%的消费者为大专以上学历;34%的消费者为高中学历;22%的消费者为初中以下学历。

10. 采购用途。84%的人购买蔬菜是为自己的家庭食用;16%的人是为集体采购。

11. 消费者的家庭收入情况。47%的人家庭月收入在2 000元以上;37%的人在1 000～2 000元;16%的人在1 000元以下。

四、SWOT分析

优势(strengths):

1. 技术含金量高,难以被对手模仿。

2. 无污染,健康安全。

3. 产品特征迎合目前消费潮流。

劣势(weaknesses):

1. 成本高,售价高。

2. 不易保鲜,生产周期长。

3. 市场秩序紊乱,价格定位没有统一标准,不容易形成规范经营。

4. 绿色蔬菜生产的环境和技术要求高,难以形成大批量生产。

5. 目前公司品牌在武汉没有知名度。

机会(opportunities):

1. 市场上同类产品没有形成规模,没有强势的竞争对手。

2. 城市人员素质整体较高,便于宣传和理解。

3. 不满足现状,对绿色蔬菜有很高的潜在需求。

4. 收入增加引发市场需求的变化,安全优质的绿色蔬菜日益受到消费者的欢迎。

5. 时尚心理严重,绿色蔬菜定位于时尚消费,有望引起随从效应和消费热潮。

6. 中部崛起,国家资金投放加大,人们生活水平有待提高。

7. 武汉饮食文化浓厚,饮食考究,注重饮食质量。

威胁(threats):

1. 市民对绿色蔬菜认识不足,对其标准难以定位。

2. 主要购买人员56%是老年人,对新生事物接受度低。

3. 外观上难以区分,消费者仍会购买价格低廉的普通蔬菜,菜贩可能以假乱真。

4. 目前对绿色蔬菜的鉴定技术不成熟,难以形成统一标准,容易假冒。

五、营销策略

(一) 产品策略

绿色蔬菜由于其自身特点,不易储存、营养成分易流失、生产周期长。在生产和种植绿色蔬菜的过程中应该注意如下方面:

(1) 应考虑绿色蔬菜相对于普通蔬菜的知晓度和信任度比较低,所以可以与某个农业研究机构合作,利用它们的高科技进行种植,达到高质量和多产的效果,这样做也容易使用户信任公司的产品,从而乐于购买。

(2) 蔬菜种类虽然繁多,但根据调查资料显示,应集中力量生产消费者最喜爱的蔬菜,如黄瓜、西红柿、豆角、冬瓜、花菜。

(3) 顾客购买蔬菜时最关注的就是蔬菜的新鲜度,应每天按时向各销售点供应当天的蔬菜,确保其新鲜度,保证其健康营养,从而使消费者相信产品质量。

(4) 根据调查,25%的消费者认为不需要包装;47%的人认为无所谓。由此可知我们的产品不需要特别包装。这样可以方便用户根据自己的需要自由购买。若给产品加上包装会出现两个方面的问题：其一，每个消费者的需求量不一样，不容易根据量来包装。若包装的数量过大，反而会影响销售，用户会放弃购买。其二，给产品加上包装会增加成本而提高价格。与普通蔬菜相比，绿色蔬菜高 10%，所以增加包装会增加用户购买负担。

(5) 采用统一商标策略，公司的商标在其他市场上已经获得了较高声誉，此种策略利于公司利用已经取得声誉的商标将绿色蔬菜带入武汉这一新市场。同时为公司创造品牌忠诚者，增加重复购买的消费者，树立公司形象，获得经销商和消费者的信任，从而更容易推出新产品。

(6) 根据消费者的口味和市场环境及其季节的变化增减产品项目、改进原有产品或增减产品的生产量，不断适应市场变化。

(二) 价格策略

1. 渗透定价。问卷中显示 57.8%的人认为能接受高于普通蔬菜 10%的价格，我们的产品刚刚进入武汉市场，所以我们就以低于这个预期价格的价格销售，力争获得最高的销售量和最大的市场占有率。

2. 数量折扣。当用户购买我们的绿色蔬菜达到一定数额或者有团购时，我们给予一定的折扣。

3. 季节折扣。由于蔬菜具有很强的季节性，我们对时令蔬菜采取适当的降价销售，对反季节的蔬菜，稍微提高价格出售。

4. 尾数定价。(尾数定价指企业利用消费者求廉、求实心理，制定价格时有意使价格带有尾数。)消费者对蔬菜价格的尾数存有某种心理状态，会觉得低一位比高一位要便宜些。如 1.99 元比 2.00 元便宜，所以我们对于蔬菜的零售价格定位采用此方法。

5. 在超市和专营店根据具体情况再灵活定价。

(三) 渠道策略

1. 分销渠道类型

"绿色蔬菜"由于其生产过程中的严格工艺，可以说是一种技术含量较高的产品，而且不易存放、营养成分易流失、生产周期长、单位价值低、附加服务少，且购买批量小而分散。根据我们的调查，90%的人在购买蔬菜时最看重新鲜度，这要求销售的核心在于速度，因此需要每天按时上新货并收回前一天的剩余蔬菜以保证其新鲜度。这些特点也要求选择一种直接和以超市为零售商的间接营销模式相结合的渠道。我们采取的具体形式为：

(1) 接受用户的电话订货或者网上订购。

采用送货上门服务，既保证蔬菜的新鲜，又能提高顾客忠诚度。

(2) 设立绿色蔬菜专营店。

这一销售形式具有购买方便、可信度高的特点，减少了销售环节，降低了营销成本。集中营业利润率，降低价格。

(3) 产品进入武汉的大型超市。

调查显示，68.75%的人选择在超市购买绿色蔬菜，仅有18.75%的人会在菜场购买绿色蔬菜。

2. 渠道管理

(1) 分销商选择

- 有实力进入上述卖场。
- 具有较强的配送能力。
- 有丰富的农产品或快速消费品营销经验。

(2) 分销商激励

- 独家分销，保证较高利润。

(3) 分销商工作评价

- 根据合同要求进行周、月、季及年度考核。如销售额、销售量、退货率、供货质量、与公司合作效率等指标，并根据考核结果进行奖惩及调整。

(四) 促销策略

总体思路：

- 在前期密集型广告宣传后全面上市。
- 上市后利用媒体报道跟进宣传。
- 利用展览会等方式补充宣传。
- 根据市场反应调整广告及促销策略。

（王慧丽等供稿）

讨论题

试分析该策划的理念，策划中如何体现该理念？

参考文献

1. 菲利普·科特勒著.洪瑞云等译．市场营销管理(亚洲版)．北京：中国人民大学出版社,1997
2. 邝鸿．现代市场营销大全．北京：经济管理出版社,1990
3. 孙尚清．中国市场．北京：经济科学出版社,1989
4. 林磐耸．CI理论与实践．中国台北：台北艺风堂出版社,1988
5. 陈大金．企业成功的学问——策划．北京：中国经济出版社,1995
6. 约翰·利特著．曾中译．企业文化与经营业绩．北京：华夏出版社,1997
7. 陈惠湘．策划中国．北京：中国经济出版社,1998
8. 叶万春．国际市场营销学．武汉：武汉工业大学出版社,1999
9. 牛海鹏．特许经营．北京：企业管理出版社,1996
10. 王超．竞争战略．北京：中国对外经济贸易出版社,1999
11. 王超．跨国战略．北京：中国对外经济贸易出版社,1999
12. 迈克尔·波特著.陈小悦译．竞争优势．北京：华夏出版社,1997
13. 弗雷德·R.戴维著.李克宁译．战略管理．北京：经济科学出版社,1998
14. 厉以宁．中国企业管理教学案例．北京：北京大学出版社,1999
15. 国内贸易部．全国连锁经营发展规划．商场现代化,1995
16. 李岚清．发展连锁经营,推动商业体制改革和流通产业现代化．人民日报,1995-03-27
17. 杨树德．连锁经营与管理．北京：中国三峡出版社,1995
18. 刘国光．重视我国可持续发展经济学的深入研究．中南财经大学学报,1997(4)
19. 刘思华．创造中国特点的可持续发展经济．中南财经大学学报,1997(4)
20. 郭清．绿色技术．新华文摘,1995(5)
21. 姚成海．连锁经营与管理．北京：中国社会出版社,1994
22. 普雷布尔·迪安．特许经营的国际趋势．中国经贸,1999(11)
23. 梁宪．现代企业集团经营管理方式．北京：中国经济出版社,1996
24. 余明阳．名牌战略．深圳：海天出版社,1997
25. 石广生．我国对外经济贸易二十年．经济日报,1998-12-12
26. 于苟宽．论知识经济下的企业管理．经济日报,1998-12-14
27. 艾丰．知识经济四则．经济日报,1998-11-16
28. 周立公．营销广告策划．上海：上海财经大学出版社,1997
29. 叶万春．营销创新与策划．北京：企业管理出版社,1998
30. 黄春．一种具有潜力的商业经营形式——特许经营．企业经济,1996(12)
31. 吴晓云．全球营销管理．天津：天津大学出版社,1999
32. 马洪．中国市场发展报告．北京：中国发展出版社,1999
33. 孙黎．策划家．北京：中国经济出版社,1993
34. 付春玲．企划人．北京：企业管理出版社,1998
35. 宋翰乙．企业力．北京：企业管理出版社,1998

36. 梁朝晖．POT策划学经典教程．北京：北京出版社，1998
37. 陈初友．PTO创意学经典教程．北京：北京出版社，1998
38. 胡其辉．营销策划．大连：东北财经大学出版社，2000
39. 叶万春．企业营销策划．广州：广东经济出版社，2001
40. 中国台湾哈佛企业管理丛书编纂委员会．企业管理百科全书．中国台北：台北出版社，1990
41. 张文贤.市场营销创新.上海：复旦大学出版社，2002
42. 王方华等.营销渠道.上海：上海交通大学出版社，2005
43. 杨为民等.现代企业营销创新.北京：中国时代经济出版社，2004
44. 马国斌等.现代企业营销策划.北京：中国时代经济出版社，2005
45. 魏杰.企业战略选择——企业发展航标图.北京：中国发展出版社，2002
46. 万后芬.市场营销学.武汉：华中科技大学出版社，2011
47. 叶万春，万后芬，蔡嘉清.企业形象策划——CIS导入(第三版).大连：东北财经大学出版社，2011

教学支持说明

尊敬的老师：

您好！为方便教学，我们为采用本书作为教材的老师提供教学辅助资源。鉴于部分资源仅提供给授课教师使用，请您填写如下信息，发电子邮件或传真给我们，我们将会及时提供给您教学资源或使用说明。

（本表电子版下载地址：http://www.tup.com.cn/sub_press/3/）

课程信息

书　　名			
作　　者		书号（ISBN）	
课程名称		学生人数	
学生类型	□本科　□研究生　□MBA/EMBA　□在职培训		
本书作为	□主要教材　□参考教材		

您的信息

学　　校			
学　　院		系/专业	
姓　　名		职称/职务	
电　　话		电子邮件	
通信地址		邮　　编	
对本教材建议			
有何出版计划			

________年____月____日

清华大学出版社

E-mail: tupfuwu@163.com

电话：8610-62770175-4903

地址：北京市海淀区双清路学研大厦 B 座 506 室

网址：http://www.tup.com.cn/

传真：8610-62775511

邮编：100084